HAMBURG

MATTHIAS KRÖNER

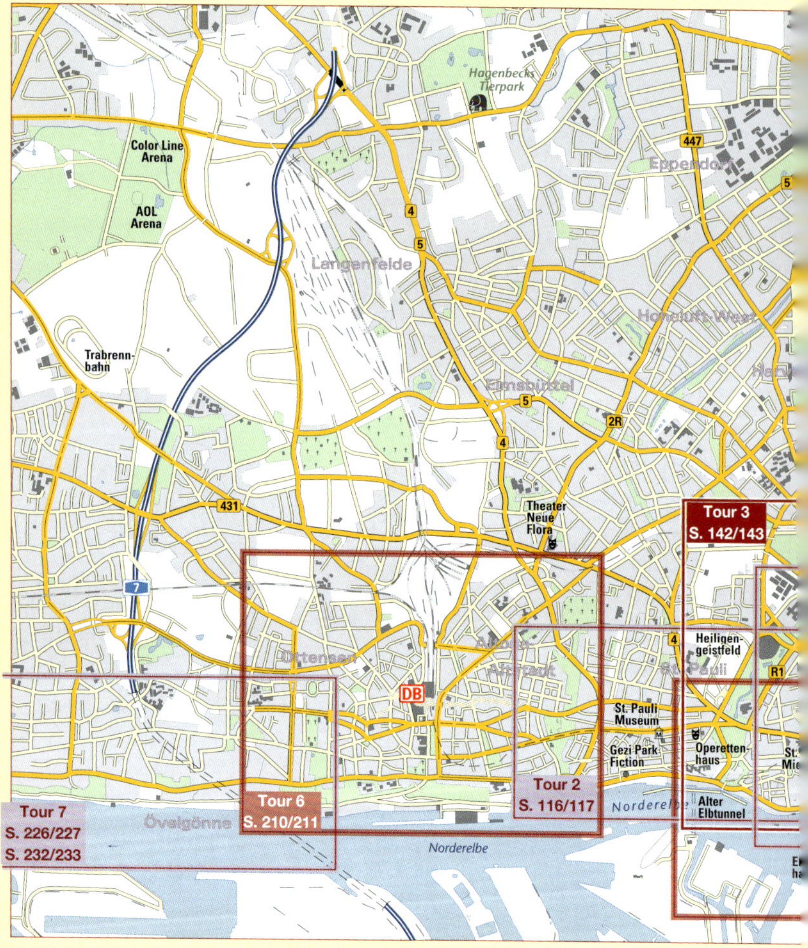

Hagenbecks Tierpark
Color Line Arena
AOL Arena
Langenfelde
Eppendorf
Hoheluft-West
Eimsbüttel
Trabrenn-bahn
Theater Neue Flora
Tour 3 S. 142/143
Heiligen-geistfeld
Ottensen
Altona
Altstadt
St. Pauli
St. Pauli Museum
Gezi Park Fiction
Operetten-haus
Tour 2 S. 116/117
Alter Elbtunnel
Norderelbe
Tour 6 S. 210/211
Tour 7 S. 226/227 S. 232/233
Övelgönne
DB
447
431
4
5
2R
7
R1

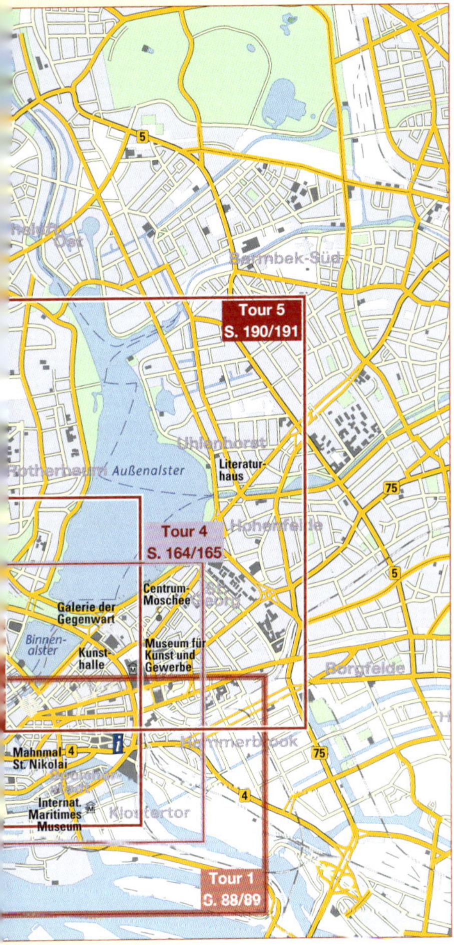

Hintergründe & Infos

Tour 1
Hafen

Tour 2
St. Pauli

Tour 3
Neustadt

Tour 4
Altstadt

Tour 5
St. Georg
und Außenalster

Tour 6
Ottensen und
Altona-Altstadt

Tour 7
Elbufer

Grindelviertel
Schanzenviertel
Eppendorf

Ziele außerhalb des Zentrums

Tierpark Hagenbeck • Ohlsdorfer Friedhof • Willkomm Höft •
BallinStadt • Konzentrationslager Neuengamme

Unterwegs mit Matthias Kröner

Mein erster Recherchetag bleibt mir unvergessen. Ich spazierte durch eine Altstadt, die mir nicht sonderlich gut gefiel, kam nicht ins Rathaus, da dort gerade getagt wurde, fand ein wenig überzeugendes Fischrestaurant – und verzweifelte vorsichtig. Als ich wieder zu Hause ankam, wusste ich, dass ich dieses Buch nicht schreiben würde. Wenige Tage später packte es mich erneut. Ich kann nicht sagen, was genau passiert war. Doch plötzlich wollte ich wieder nach Hamburg, wo man beim Beladen der riesigen Pötte am Elbstrand zusehen kann, in den gespenstischen Alten Elbtunnel, ins Kontorhausviertel mit seinen expressionistischen Klinkerbauten, in die „Science-Fiction-Stadt" HafenCity und ins St. Pauli der Einheimischen. Ich freute mich auf die Tage und Nächte, die ich hier verbringen durfte. Längst gefielen mir die großen Gebäude, von denen jedes seine eigene Geschichte hat. Ich begriff, was es mit der Speicherstadt und dem Hafengelände auf sich hat, wieso sich Hamburg immer wieder neu erfindet, ja neu erfinden muss, und weshalb es so überragend spannend ist, genau dorthin zu reisen – in diese wilde und schöne Stadt. Mein letzter Recherchetag bleibt mir unvergessen. Ich spazierte durch eine Metropole, die mich faszinierte.

Impressum

Text und Recherche: Matthias Kröner **Lektorat:** Ute Fuchs, Peter Ritter, Christine Beil, Dirk Thomsen; Carmen Wurm (Überarbeitung) **Redaktion:** Ute Fuchs **Layout:** Jana Dillner **Karten:** Janina Baumbauer, Hans-Joachim Bode, Judit Ladik, Michaela Nitzsche, Gábor Sztrecska, Copyright: iPublish GmbH und Michael Müller Verlag GmbH **Fotos:** siehe S. 6 **Covergestaltung:** Karl Serwotka **Covermotive:** oben: Speicherstadt (Berit Koepke), unten: Landungsbrücken (Matthias Kröner)

2. KOMPLETT ÜBERARBEITETE UND AKTUALISIERTE AUFLAGE 2016

Inhalt

Hamburg – Hintergründe & Infos

Inhalt

Hamburg – Stadttouren und Ausflüge

Fotonachweis

Matthias Kröner: S. 10, 10/11, 11, 12, 12/13, 13, 14/15, 21, 23, 27, 29, 31, 33, 38, 42, 43, 45, 49, 56, 60, 64, 67, 73, 74, 75, 76, 84/85, 87, 90, 93, 94, 95, 96, 98, 100, 101, 104, 106, 109, 115, 119, 120, 121, 123, 125, 126, 127, 129, 130, 141 (2), 174, 193, 194, 195, 197, 199, 201, 202/203, 204, 205, 206/207, 208, 213, 214, 215, 216, 218, 219, 220, 221, 223, 228, 230, 231, 235, 236, 239, 240, 242, 244, 245, 246, 249, 251, 252, 254, 255, 256, 265, 266, 268 | **frauhedi.de**: S. 108 | **Berit Koepke**: S. 1, 9, 34/35, 92, 99, 103, 122, 135, 136/137, 162/163, 224/225, 229, 271 | **Kirsten Koepke**: S. 39, 183, 184 | **Gabriele Kröner**: S. 4, 18, 25, 28, 41, 48, 53, 63, 69, 70, 82/83, 102, 138/139, 141 (1), 144, 146, 149, 151, 152, 154, 156, 158, 160, 167, 168, 169, 170, 172, 173, 177, 179, 181, 186, 269 | **Miroslav Menschenkind**: S. 78 | **Thomas Rabe**: S. 111 (www.john-rabe.de) | **Mirja Schellbach**: S. 16/17, 36, 40/41, 46, 54, 68, 77, 112/113, 118, 124, 133, 188/189, 217, 247, 264, 267 | **Falk Simon**: S. 81

Kartenverzeichnis

Zeichenerklärung für die Karten und Pläne

Autobahn	Industrie-/Gewerbefläche	Information
Hauptstraße	Grünfläche	Museum
Nebenstraße	Friedhof	Theater
Bahnlinie	Jüdischer Friedhof	Brunnen
Fährlinie	Fußgängerzone	Denkmal
DB Bahnhof	Anfang des Spaziergangs	Sehenswürdigkeit
U Landungsbr. U-Bahn-Haltestelle	Ende des Spaziergangs	Krankenhaus
S Landungsbr. S-Bahn-Haltestelle	Kirche/Moschee	BUS Bushaltestelle
Bebaute Fläche	Synagoge	P Parkplatz

Was haben Sie entdeckt? Haben Sie ein besonderes Restaurant, ein neues Museum oder ein nettes Hotel entdeckt? Wenn Sie Ergänzungen, Verbesserungen oder Tipps zum Buch haben, lassen Sie es uns gerne wissen!

Schreiben Sie an: Matthias Kröner, Stichwort „Hamburg" | c/o Michael Müller Verlag GmbH | Gerberei 19, D – 91054 Erlangen | matthias.kroener@michael-mueller-verlag.de

Inhalt

Alles im Kasten

Vielen Dank! Ich danke Berit, Emil und Lennard, die den ganzen Wahnsinn, einen Reiseführer über eine Weltstadt zu schreiben, mitgemacht haben. Ich danke Berit Koepke, Gabriele Kröner, Mirja Schellbach und Kirsten Koepke für geniale Fotos, die ich so nie zustande gebracht hätte. Und ich danke meinen Lektoren Ute Fuchs, Peter Ritter, Dirk Thomsen und Christine Beil, die mir den letzten Nerv geraubt haben und ohne die dieses Buch nicht so gut geworden wäre.

Für Tipps in Leserbriefen und kluge Anmerkungen bedanke ich mich bei: Britta Koth, Wolfgang Scharfenberger, Gabriele Tröger, Michael Bussmann, Dagmar Krappe, Martina Hagemann, Angelika Hackenberg, Andreas Weber, Michael Loskill, Peggy Orth, Doreen Kraft und Anneliese Fleischmann-Stroh.

Außerdem danke ich Diethard Brohl – genauer kann man ein Reisebuch nicht Korrektur lesen.

Mit dem grünen Blatt haben unsere Autoren Betriebe hervorgehoben, die sich bemühen, regionalen und nachhaltig erzeugten Produkten den Vorzug zu geben.

Hamburg: Die Vorschau

Hamburg in Zahlen

Hamburg ist mit seinen über 1,75 Millionen Einwohnern die zweitgrößte Stadt der Republik und die größte der EU, ohne Hauptstadt zu sein. Dabei hat das zweitkleinste Bundesland eine Fläche von 755,26 km^2, was wiederum heißt: Die dritt- und die viertgrößte Stadt Deutschlands, München und Köln, würden locker in den Stadtstaat hineinpassen.

Obwohl Wasser und ganz besonders die Elbe für Hamburg bedeutend ist, beträgt die Landfläche der Stadt satte 92 Prozent. Gleichzeitig gehören zu Hamburgs „Staatsgebiet" auch der Nationalpark Hamburgisches Wattenmeer mit seinen drei Nordseeinseln Neuwerk, Scharhörn und Nigehörn, von denen nur Neuwerk (44 Einwohner) und Scharhörn (ein Einwohner) bewohnt sind. Die höchste Erhebung sind die Harburger Berge mit gerade mal 116,2 m über Normalnull.

Hafenstadt an der Elbe

Kein Besuch der Elbmetropole ohne einen Besuch der backsteinernen Speicherstadt und der futuristischen HafenCity. Die Millionenmetropole Hamburg erfindet sich stets neu und nirgendwo sonst kann man das unmittelbarer erleben als hier. Die 74 km^2 großen, 60 km von der Nordsee entfernten Hafenanlagen sind das größte Hamburger Beschäftigungsfeld. Man geht davon aus, dass über 250.000 Menschen direkt oder indirekt vom Hamburger Hafenerfolg profitieren. Wer die gesicherten Containeranlagen aus nächster Nähe besichtigen möchte, kann zum Beispiel an einer dreistündigen Terminaltour teilnehmen. Wer lieber ein Millionengrab betrachten mag, macht eine Elbphilharmonie- und HafenCity-Tour mit – und sieht, wo die Grenzen des ständigen Sich-neu-Erfindens liegen.

„Schriller Trubel auf dem Kiez“

Innenstadt und Außenalster

Westlich des Hauptbahnhofs befindet sich Hamburgs Zentrum: die Alt- und die Neustadt. Dazu muss man wissen, dass diese zwei Stadtteile nicht gerade für liebreizende Architektur bekannt sind. Beckett drückte es im Tagebuch während seiner Deutschlandreise von 1936 so aus: „Die Stadt ist superb … nichts ist älter als Mitte neunzehntes Jahrhundert.“ Gründe dafür sind der Große Brand von 1842, der ein Viertel des Stadtgebietes verwüstete, und die 213 Luftangriffe während des Zweiten Weltkriegs. Trotzdem liegt ein architektonischer Hochkaräter ausgerechnet im von Zerstörung gebeutelten Herzen Hamburgs: das Rathaus. Aber auch die Handelskathedralen des Kontorhausviertels, unlängst von der UNESCO als Welterbe ausgezeichnet, können sich mehr als sehen lassen.

Neuere und neueste Architektur (und natürlich der Michel) erwartet einen in der Neustadt, wo man darüber hinaus ausgiebig shoppen kann – an Regentagen sogar im Trockenen, wenn man sich von Passage zu Passage arbeitet. Bei schönem Wetter sollte man unbedingt auch die Grünanlage der Stadt schlechthin besuchen: Planten un Blomen. Eine Umrundung der Außenalster, des Hamburger Meeres, ist ebenfalls ein Spaziergang mit Naherholungswert, den man mit einem Streifzug durchs individuelle und eigenwillige St. Georg östlich des Hauptbahnhofs verknüpfen kann.

Auf dem Kiez

Wohin, wenn man feiern will? Natürlich nach St. Pauli! Die Straßenzüge Reeperbahn und Große Freiheit sind international berühmt und berüchtigt. Nicht wenige der jungen Besucher Hamburgs kommen genau deshalb hierher. Wo sich früher Seemänner in schrägen Kneipen getroffen haben und es gar nicht so ungefährlich gewesen ist, werden

heute Junggesell(inn)enabschiede gefeiert, Gäste aus aller Welt und allen sozialen Schichten wollen sehen und gesehen werden. Aber auch jenseits des schrillen Trubels auf dem Kiez kann man eintauchen ins Hamburger Nachtleben, man findet Kneipen, Cocktailbars und Clubs zuhauf.

Mehr Zeit – mehr Hamburg

Im Schnitt bleiben die jährlich ca. 5,9 Millionen Besucher Hamburgs, darunter weit über vier Millionen Deutsche (Stand Ende 2014), lediglich zwei Tage lang in der Stadt. Dabei verpasst man als allzu eiliger Städtereisender einiges: zum Beispiel das multikulturelle und alternative Ottensen oder den grandiosen Elbstrand, der an sonnigen Tagen ein fast schon maritimes Feeling aufkommen lässt. Auch das von jüdischer Vergangenheit geprägte Grindelviertel, die Schanze oder der Isemarkt in Eppendorf sind einen Besuch wert. Außerhalb lohnen sich einige sehr unterschiedliche Ziele: Der am weitesten entfernte Abstecher führt in die Schreckenskammern deutscher Geschichte, zur KZ-Gedenkstätte Neuengamme; aber auch den riesigen, parkähnlichen Ohlsdorfer Friedhof oder den Hagenbeck'schen Tierpark könnte man besuchen, wenn man mehrere Tage in der Elbmetropole verbringt.

Events, Kulturleben, Museen

Was man unbedingt bei seiner Reiseplanung berücksichtigen sollte, sind einige der großartigen Veranstaltungen, die in Hamburg stattfinden. Noch nicht so bekannt ist zum Beispiel das ziemlich geniale Elbjazz-Festival im Mai, bei dem man sehr gute Musik, u. a. auf dem Werftgelände von Blohm & Voss, zu hören bekommt. Aber nicht nur Musikalisches, auch Filmfeste, Sportevents oder Volks- und Straßenfeste bereichern Kulturleben und Veranstaltungskalender der Stadt.

„Erfindet sich stets neu“

Apropos Kultur: Die Hamburger Bühnen bieten eigentlich alles: Musicals und große Oper genauso wie Varieté, politisches Kabarett oder plattdeutsche Volksstücke – und sogar einen „Hamburger Jedermann“ vor der Kulisse der Speicherstadt.

Unter den vielen, vielen Museen und Ausstellungen, die der Stadtstaat zu bieten hat, sind das Deutsche Zollmuseum (wenig Eintritt für ganz viel Unterhaltung), der Dialog im Dunkeln (eine echte Erweiterung des Bewusstseins) und das Internationale Maritime Museum hervorzuheben; doch auch das Bucerius Kunst Forum, das riesige Museum für Kunst und Gewerbe, das sensibel gestaltete Ernst-Barlach-Haus im Jenischpark sowie das medial-moderne Auswanderermuseum BallinStadt auf der Veddel sind unbedingt einen Besuch wert.

Von Fisch bis Rundstück warm

Obwohl es alles andere als bewiesen ist, dass der Hamburger oder das Alsterwasser in der Stadt an der Elbe erfunden wurden – geschweige denn die Currywurst, die der Schriftsteller Uwe Timm am Großneumarkt angeblich bereits 1947 verspeist hat –, gibt es sie, die typischen Speisen der Hansestadt. Neben dem „Rundstück warm“ oder „Birnen, Bohnen und Speck“ bekommt man in der Weltstadt selbstverständlich auch ganz viel frischen Fisch, sehr gute vegetarische und vegane Speisen und feinste Sterneküche.

Hamburg, meine Perle

Man hat es schon hunderttausendmal gehört – dass Hamburg eine Perle sei, wie es Lotto King Karl in seiner inoffiziellen Stadthymne betont. Dabei darf ruhig gesagt werden, dass Perlen mitunter dreckig sind. Hamburg ist da keine Ausnahme: Die wilde und spannende Metropole glänzt nicht überall und doch ist sie zweifellos eine echte Besonderheit und definitiv mehrere Reisen wert.

Wusssten Sie, dass …

… Hamburg noch heute nach seinem Ursprung sucht?
→ S. 171

… Paul McCartney und Pete Best eine Nacht auf der Davidwache verbringen mussten?
→ S. 121

… ein aus Hamburg stammender Nationalsozialist 200.000 Menschen das Leben rettete?
→ S. 110/111

… der Kiez in den 80er-Jahren lebensgefährlich war?
→ S. 128

… Hagenbeck im 19. und 20. Jh. sogar Menschen ausstellte?
→ S. 248

… die Alsterschwäne unter stadtstaatlichem Schutz stehen?
→ S. 157

… der erste Paternosteraufzug Deutschlands in Hamburg seine Runden drehte?
→ S. 159

… in Ottensen ein jüdischer Friedhof in einen Supermarkt integriert ist?
→ S. 208

… in Finkenwerder das derzeit größte Personenflugzeug der Welt ausgeliefert wird?
→ S. 231

… die Minarette der Centrum-Moschee ein grünes Fußballmuster schmückt?
→ S. 193/194

Topfpflanzen, Graffiti und Alltagskunst – eine Hausfassade der Hafenstraße

Hintergründe & Infos

Das Hafengelände am Horizont: Symbol für den Aufstieg Hamburgs

Stadtgeschichte

Dass Hamburg mit seinen heute über 1,7 Mio. Einwohnern eine Weltstadt geworden ist, verdankt es vor allem seinem Hafen, dem „Tor zur Welt". Gerade mal 60 km von der Nordsee entfernt, wäre die Handelsmetropole auch heute ohne ihre Lebensader, die Elbe, nicht denkbar. Nach einer langen Phase des gemächlichen Aufstiegs wurde Hamburg zum größten europäischen Auswandererzentrum und erfand sich nach den Zerstörungen während des Zweiten Weltkriegs neu als Medienhochburg und touristischer Anziehungspunkt.

Ham(ma)burg und die Heiden

Ohne Fluss keine Stadt. Die alte Maxime der Weltgeschichte trifft auf Hamburg gleich dreimal zu. Als fränkische Missionare zwischen 810 und 822 die Hammaburg bauten, eine schlichte Wehranlage gegen die Heiden, hatten sie sich einen Platz unweit von Elbe und Bille an der Alster ausgeguckt. „Hamm" oder „Hamme" bedeutete so viel wie „Ufergelände" oder „Auwiese". Doch der freundliche Name trog. Die sächsischen Nordalbingier (= Menschen nördlich der Elbe), die ein Jahrhundert zuvor den Geeströcken im Osten kultiviert und ihr Vieh im sumpfigen Marschland geweidet hatten, gehörten zu jenen Heiden, die man auch gewaltsam mit der „frohen Botschaft" beglückt hatte (→ Kasten S. 171).

831/32 übernahm der Benediktinermönch Ansgar den neu gegründeten Hamburger Bischofssitz im Norden. Der Vorzeigemissionar hatte sich in Dänemark und Schweden einen Namen gemacht, zumindest vorübergehend. Der neue Glaube blieb den Nordmännern insgesamt fremd: Ihre Götter hätten niemals den eigenen Sohn geopfert ... Es kam, wie es kommen musste: 845 zerstörten dänische Wikinger die Hammaburg, wo zu dieser Zeit bereits Händler, Handwerker, Bauern und Fischer lebten. Ansgar „entrann ohne Kutte nur mit größter Mühe", kommentierte sein Biograf Rimbert aufgebracht. Dem „Apostel des Nordens" sollte die Flucht nicht schaden. Ansgar wechselte einfach seinen Standort: Er verwaltete von nun an als Erzbischof von Bremen das Bremer und Hamburger Bistum.

Auch einstige Verbündete wollten den karolingischen Siedlungsplatz zurückerobern: 880, 983, 1066 und 1072 mordeten und brandschatzten die slawischen Obotriten, was das Zeug hielt. Selbst Markgraf Hermann Billung, der 953 die weltliche Macht in Ham(ma)-burg erhielt, sowie ein „Heidenwall", der die Ostseite der Missionsstation schützen sollte, konnten wenig dagegen ausrichten. 964 wurde auch noch ein Papst in den abgelegenen Flecken strafversetzt: Benedikt V. leitete die Geschäfte in Rom gerade mal einen Monat, bevor ihn Otto I. in die Verbannung schickte. Der Kaiser wollte lieber den vorherigen Papst wieder in Amt und Würden sehen.

Fazit: Die heutige Elbmetropole spielte bis zur ersten Jahrtausendwende eine untergeordnete Rolle. Es handelte sich um einen kleinen Ort am Rande der damals bekannten Welt, von Überfällen und nasskaltem Schmuddelwetter heimgesucht. Letzteres beklagte schon der zum Diakon degradierte Papst, der – als Italiener an ganz andere Temperaturen gewöhnt – bereits 965 in Hamburg verschied.

Der Bischof, der Graf und der Kaiser

Im 11. Jh. waren Revierstreitigkeiten zwischen den Domherren, die über die Altstadt herrschten, und den weltlichen Machthabern in der damaligen Neustadt alltäglich. Sie fanden unter anderem ihren Ausdruck in einem wahren Bauboom. Während Bischof Bezelin 1035 einen Mariendom aus Feldsteinen (nicht erhalten) und 1040 einen steinernen „Bischofsturm" (→ S. 171) in Auftrag gab, konterte Graf Bernhard II. Billung 1043 mit der Alsterburg (nicht erhalten), sein Nachfolger Herzog Ordulf 1061 mit der Neuen Burg (nicht erhalten), die an der Alsterschleife zu finden war – dort, wo heute das Mahnmal der Nikolaikirche steht (→ S. 179).

Im 12. Jh. ging es endlich mit Hamburg aufwärts, ein Verdienst des Grafengeschlechts der Schauenburger. Sie förderten u. a. den Zuzug von Händlern, indem sie den Grundzins abschafften. Adolf III. erwirkte sogar bei Kaiser Friedrich Barbarossa höchstpersönlich einen Freibrief für die Stadt. Seit dem 7. Mai 1189 waren die Bewohner vom Kriegsdienst befreit und mit Fischereirechten ausgestattet, die Schifffahrt bis zur Elbmündung und der Warenverkehr in Holstein waren für sie zollfrei. Somit stand einer Konjunktur nichts im Wege, denn den Hamburgern wurde sogar das Stapelrecht zugestanden. Die durchziehenden Händler mussten nun stets ihre Waren in Hamburg anbieten, und zwar zu einem von Hamburg festgelegten Preis ... Leider ertrank Barbarossa während des Dritten Kreuzzugs in einem Fluss in Anatolien, ohne die Vorrechte unterzeichnet zu haben. Die Ratsherren wussten sich nicht anders zu helfen: Sie investierten umgerechnet an die zwei Millionen Euro, um das kaiserliche Privileg zu fälschen – und um ein paar neue Rechte zu ergänzen, die den Stadtkassen ziemlich gut taten (z. B. Zollfreiheit für Hamburger Schiffe) ... Erst 1907, rund 650 Jahre danach, entdeckte ein Historiker, dass Schrift und Siegel der Urkunde frühestens aus der Kaiserzeit Friedrichs II. (1220–1250) stammten.

Händler und Handwerker etablieren sich

Zu Beginn des 13. Jh. vereinigte sich die Neustadt mit der Altstadt. Auch die Inseln Cremon und Grimm (heute ein Teil der Altstadt) wurden bebaut.

1230 errichtete man ein Rathaus (Ecke Kleine Johannisstraße/Dornbusch, abgebrannt). Ein erster Rat aus 30 Kaufleuten und Grundbesitzern überwachte die Umschläge des Hafens, denn Hamburg mauserte sich zur Handelsstadt. Am Nikolaifleet an der Alsterschleife landeten die Schiffe mit Leinen, Schmalz und Heringen aus Brügge, Utrecht und Gent an. Sie luden ihrerseits Getreide, Metalle, Mehl und später vermehrt Bier auf. Aus Platzmangel bebaute man das Gebiet östlich des Doms. Bald existierten vier Stadtteile – die sog. „Kirchspiele" St. Petri, St. Nikolai, St. Katharinen, St. Jacobi –, ein Heiligen-Geist-Hospital (1832 abgebrochen) und eine ziegelsteinerne Stadtmauer mit zehn Türmen. Die Alster wurde gestaut, das Wasser mit Dämmen in die gewünschte Richtung geleitet. Der Fluss konnte dadurch die Mühlen antreiben, die das Getreide mahlten, aber auch Sägewerke und Kupferhämmer in Gang setzten. Selbst der verheerende Stadtbrand von 1284 konnte den Aufschwung nicht stoppen. Um 1300 lebten schon 5000 Menschen im Stadtgebiet. Zuvor war es den Hamburger Ratsherren gelungen, den Grafen von Schauenburg alle wichtigen Herrschaftsrechte abzukaufen. Endlich waren sie die alleinigen Herren ihrer Stadt.

Was man trotz alledem nicht vergessen sollte: Die meisten Städter hausten in engen Fachwerkhäusern unter katastrophalen hygienischen Bedingungen. Krankheiten und Seuchen waren die Folge, große Armut und der tägliche Kampf ums Überleben ganz selbstverständlich. Nur ein kleiner Kreis von Bürgern war „steinreich", um sich ein Haus aus ebendiesem Material zu leisten. Trotzdem, der zunehmende Wohlstand lockte mehr und mehr Handwerker in die Stadt, was man aus den ältesten Straßennamen herauslesen kann: Knochenhauertwiete, Schmiedestraße, Brodschrangen, Pelzerstraße.

Hanse, Pest und Piraten

Im 14. Jh. gewannen die Städte an Macht und Einfluss. Lübeck war das Vorzeigemodell einer Handelsmetropole im Norden. Lüneburg hatte sich mit seinen Salzsalinen einen Namen gemacht. Und auch die Elbmetropole wuchs und wuchs – nicht zuletzt wegen des erschlichenen Stapelrechts ... (siehe oben). Lediglich die Wasserstraßen lagen nicht so perfekt, wie man es sich gewünscht hätte: Weil ein Kanalbau zwischen Hamburg und Lübeck scheiterte, musste man mit den Koggen immer noch umständlich über die Nordspitze Dänemarks segeln, um beim Ostseehandel dabei zu sein.

Einen gehörigen Schub nach vorne brachte den Hamburgern der Beitritt zur Hanse. Seit 1321 gehörten sie jenem Städtebund an, der auf seinem Höhepunkt 200 Städte und einen Handelsraum von 6 Mio. km^2 umfasste. Selbst die meilenweit vom Meer entfernten Mittelaltermetropolen Köln und Frankfurt waren Mitglieder. Dank des Exportschlagers Bier hatte Hamburg zudem einen geachteten Ruf als „Brauhaus der Hanse", denn Mitte des 14. Jh. war ein Drittel der aus der Stadt exportierten Waren tatsächlich Bier. 1376 stellte man in sage und schreibe 457 Brauereien 170.000 Hektoliter des begehrten Getränkes her. Von 1410 bis 1416 war Hamburg sogar vorübergehend das Haupt der Hanse (da Lübeck aufgrund von Bürgerunruhen in die Reichsacht geraten war).

Mensch und Mythos Störtebeker

Er lebt in Festspielen, Filmen, Songs und Romanen weiter, sogar eine Biermarke hat man nach ihm benannt: Klaus Störtebeker. Gerne wird der Freibeuter als sympathischer und edler Genosse dargestellt, als Robin Hood der Meere. Die Realität sieht freilich ein bisschen anders aus: Für die wenig zimperlichen und ebenfalls raffgierigen Kaufleute waren die Freibeuter größtenteils eine Plage. Es ist mehr oder weniger erwiesen, dass Störtebeker und seine Gesellen nicht davor zurückschreckten, die Besatzungen der gekaperten Kaufmannskoggen über die Reling zu werfen oder niederzumetzeln.

Vieles andere verschwimmt im Nebel der Zeit. Schon Störtebekers Vorname ist nicht gesichert, das Geburtsjahr unklar. Man nimmt heute an, dass der bekannteste Hauptmann der Vitalienbrüder 1350 in Wismar zur Welt kam, 1394 wird er erstmals in einer Akte erwähnt: Die Engländer beschwerten sich über hohe Kaperverluste ...

Die Vitalienbrüder waren ein Seeräuberkollektiv, das die politischen Wirren des 14. Jh. im Ostseeraum geschickt ausnützte. Sie dienten verschiedenen Herren, machten aber auch schon mal Beute auf eigene Faust. „Gottes Freund – Aller Welt Feind“ war demzufolge ihr Wahlspruch. Ihr Name kommt übrigens von den Lebensmitteln („Viktualien“), mit denen sie das eingeschlossene Stockholm während des dänisch-mecklenburgischen Krieges (1389–95) versorgten. „Like(n)deeler“, wie sich die Bruderschaft ebenfalls nannte, spielt auf die Verteilung der Beute an, die angeblich allen den gleichen Anteil einbrachte.

1398 vertrieb der Deutsche Orden den Großteil der Vitalienbrüder von der Ost- in die Nordsee. Zwei Jahre später, in der Seeschlacht vor Helgoland, wurde Klaus Störtebeker gefangen genommen, kurz darauf griffen die Hamburger den wohl bedeutendsten Hauptmann der Vitalienbrüder auf: Gödeke Michels. Im Oktober 1400 (im „Hamburgischen Jahresregister“ ist irrtümlich von 1402 die Rede) enthauptete man ca. 30 Freibeuter (die Legende spricht von 73) auf dem Grasbrook, dem Richtplatz der Hansestadt, darunter wohl auch Klaus Störtebeker; Gödeke Michels wurde 1401 geköpft. Die Hamburger spießten die abgeschlagenen Häupter, für alle Augen sichtbar, auf Pfähle: eine Abschreckung für diejenigen, die sich von den vogelwilden Kaperern angezogen fühlten.

Obwohl Gödeke Michels zu Lebzeiten bedeutender als Störtebeker gewesen ist, favorisiert die Legendenbildung den Mann mit dem griffigen Nachnamen, nicht zuletzt, weil er auf die Trinkfestigkeit seines Trägers hinweisen könnte: „Stürz den Becher“. Störtebekers letzter Wunsch gehört definitiv ins Reich der Legende. Demnach forderte er eine Begnadigung für alle Gefährten, die er nach seiner Enthauptung schreitend erreichen sollte ...

Seit 1982 befindet sich ein Denkmal zu Ehren des Kriminellen in der Osakaallee (→ S. 97). Im Hamburgmuseum (→ S. 146) ist seit 2004 sein Konterfei nachgebildet. Die Vorlage lieferte ein auf dem Grasbrook ausgegrabener Schädel. Ob er je den Rumpf des Seeräubers zierte, ist allerdings äußerst fraglich.

Doch nicht nur von Aufschwung und Wohlergehen ist zu sprechen: Die Hälfte der inzwischen 10.000 Bewohner Hamburgs fiel im 14. Jh. dem Schwarzen Tod zum Opfer. Mehrere Pestwellen rollten damals durch ganz Europa, in denen 25 Mio. Menschen starben. Einigen Schrecken, wenn auch lange nicht so todbringend und vernichtend, verbreiteten auch die Freibeuter, die im 14. Jh. die Ost- und die Nordsee heimsuchten (→ Kasten S. 21).

Neben den Piraten, die bis ins 16. Jh. ihr Unwesen trieben, versuchten auch Raubritter ihr Einkommen aufzubessern. Diese verarmten Adeligen aus dem Umland betätigten sich kurzerhand als Wegelagerer an einigen Hauptverkehrsadern des Handels. Besonders wild trieben es drei Brüder aus Bergedorf, weswegen ein 1800 Mann starkes Heer der Hansestädte Hamburg und Lübeck ihre Burg im Sommer 1420 einnahm.

Rezesse, Bürger und ein König

In Hamburg hatte seit dem 13. Jh. der dreißigköpfige Rat das Sagen. Er setzte sich aus Mitgliedern der mächtigen Kaufmannsfamilien zusammen. Doch im Laufe der Jahrzehnte wuchs die Zahl von Handwerkern in der Stadt, die sich zu Zünften, in Hamburg „Ämter" genannt, zusammenschlossen. Sie verlangten mehr Einfluss auf die Stadtregierung. 1410 wurde den Ämtern in einem sog. Rezess mehr Mitsprache an der Stadtregierung eingeräumt. So konnte der Rat zum Beispiel nur noch mit Zustimmung der Bürgerschaft Kriege erklären. Im 15. Jh. folgten noch zwei weitere Rezesse, die es den Bürgern ermöglichten, nun auch Abgeordnete in den Rat zu entsenden – sofern diese ein Grundstück in Hamburg hatten. Die Rezesse konnten aber den Konfliktherd zwischen Rat und Bürgerschaft nur bedingt löschen. Immer wieder kam es zu Auseinandersetzungen, denen wiederum weitere Rezesse folgten (z. B. der Lange Rezess von 1529). Erst im Hauptrezess von 1712 klärten Rat und Bürgerschaft die politischen Machtverhältnisse: Beide regierten nun zusammen. Allerdings galt dies nur für Bürger mit einem gewissen Vermögen und Grundbesitz. Gerade mal 300 der damals 70.000 Hamburger zählten zu diesen Auserwählten.

Im 18. Jh. klärte sich auch ein lange währender Streit zwischen der dänischen Krone und der Stadt Hamburg. 1459 war der letzte der Schauenburger Grafen ohne Erben gestorben. Die Grafschaft Holstein fiel an den dänischen König. Der Hamburger Rat hatte sich an seine Unabhängigkeit gewöhnt und ließ sich von seinem neuen Landesherrn nur äußerst ungern in die Geschäfte reden. Selbst auf den Reichstagen herrschte Verwirrung über den rechtlichen Status der Stadt. War sie nun eine unabhängige Reichsstadt oder war sie dem dänischen König unterstellt? Durch geschicktes diplomatisches Taktieren und auch durch kräftige Geldtransfers nach Kopenhagen konnten sich die Hamburger Räte immer wieder dem Herrschaftsanspruch der dänischen Könige entziehen. Mit dem Gottorper Vergleich von 1768 fand der Konflikt endlich ein Ende. Dänemark erkannte die Unabhängigkeit Hamburgs an.

Reformation und neue Freiheiten

Um 1500 hatte Hamburg nach weiteren Pocken- und Pestepidemien um die 14.000 Einwohner. Vielen von ihnen war das Domkapitel ein Dorn im Auge. Nicht nur, dass sich mehrere Kleriker durch sündhaften Lebenswandel einen schlechten Ruf erwarben. Der Dombezirk selbst war ein Staat im Staat, der sogar geringere Abgaben zu zahlen hatte. Auch der rege Ablasshandel stieß

Das bekannteste Trockendock der Stadt

vielen Hamburgern sauer auf. Sobald sie jedoch dagegen protestierten, verhängte der Papst den Kirchenbann über die Stadt (so geschehen 1472 und 1499). Kein Wunder, dass Luthers kirchenkritische Thesen von 1517 auch an der Elbe großen Anklang fanden. Obgleich der Rat zunächst schwankte, beauftragte man 1529 Johannes Bugenhagen, einen engen Vertrauten Luthers, eine Hamburger Kirchenordnung zu verfassen. Die meisten Bürger fanden die protestantische Lehre entschieden anziehender. Allerdings bedeutete die Reformation auch das Ende der Klöster und der vielen Stiftungen, die sich um die Armen der Stadt gekümmert hatten. Um das Almosenwesen zu erhalten, stellte man sog. Gotteskästen für Spenden auf. Ein originales Exemplar dieser eisenbeschlagenen Truhen befindet sich noch immer im Michel (→ S. 140). Die Verwalter dieser Kassen, die zwölf Oberalten (später 15), rekrutierten sich aus den Kirchspielen. Voraussetzung für ihre gehobene Stellung war tatsächlich ihr Alter (der Altersdurchschnitt lag bei 63 Jahren). Mehr noch: Diese Senioren vertraten durch ein neues Vertragswerk die bürgerlichen Interessen dauerhaft. Dieser sog. Lange Rezess (1529) führte die Überlegungen der ersten „Verfassung" von 1410 weiter (welche man 1458 und 1483 bereits ergänzt hatte). Egal, ob es um neue Gesetze oder Bauprojekte ging, um Steuer-, Finanz- oder Kriegsfragen: Alles mussten die „Überalten", wie sie der Volksmund veralberte, und zwei weitere bürgerliche Kollegien absegnen. Auch aufgrund dieser 132 Artikel schiffte Hamburg ohne größere Unruhen durch die schwierige Zeit der Reformation.

Schifffahrt, Börse und Stadtmauern

In der Mitte des 16. Jh. beschäftigte ein Rechtsstreit die Stadt. Selbstverständlich ging es um die Elbe, die Lebensader Hamburgs. Es störte die Städter gewaltig, dass man ihr so gut gefälschtes

Stapelrecht umgehen konnte, wenn man einen Südarm des Flusses befuhr. Davon profitierten wiederum Harburg, Lüneburg, Stade und Buxtehude. Da die Hamburger die Schiffe rigoros in die Norderelbe zurückzwangen, kam es zu unschönen Szenen auf beiden Seiten. Eine zwölf Meter lange und einen Meter breite handgezeichnete Karte eines Kupferstechers, Künstlers und Architekten überzeugte das Reichskammergericht zu Speyer. Wie das? Der aus Flensburg stammende Melchior Lorichs (1527–1594) hatte die Norderelbe überproportional groß gezeichnet und mit bedeutenden Schiffen versehen, während auf der wasserärmeren Süderelbe nur kleine Segler und Ruderkähne zu sehen waren. Die kartografische Reinzeichnung der Tonnen und Blaken, alles Seezeichen, die natürlich die Hamburger angebracht und vorsorglich mit ihrem Stadtwappen versehen hatten, erwies sich als ebenso kluger Schachzug. 1569 entschieden die Juristen zugunsten Hamburgs, weshalb die Schiffe wieder die Norderelbe befahren und damit das Stapelrecht befolgen mussten. Das endgültige Urteil zog sich allerdings noch bis 1618 hin – und endete damit, dass die Elbe samt ihrer Seitenflüsse als ein einziger Strom angesehen wurde, über den Hamburg die Hoheitsrechte jetzt auch legal erhielt. Übrigens: Das originale und so selbstbewusst gestaltete Meisterwerk liegt im Staatsarchiv Hamburg und kann jeden zweiten Mittwoch im Monat besichtigt werden (Kattunbleiche 19, 15–16 Uhr, ✆ 428313200).

Einen entscheidenden Vorteil brachte Hamburg die Entdeckung Amerikas. Die Warenströme liefen nun über Westeuropa, der Handel in der Ostsee und über Lübeck verlor an Bedeutung. 1558 entstand eine erste Börse am Nikolaifleet neben der Trostbrücke: Es handelte sich schlicht um einen eingezäunten Platz unter freiem Himmel. Da das Schmuddelwetter die Versammlungen empfindlich störte, bauten sich die Kaufleute 1577–83 die „alte“ Börse. Nun konnte man im ersten Renaissancegebäude Hamburgs den Geschäften und dem (Finanz-)Tratsch nachgehen.

Um die Stadt vor Angriffen zu sichern, gaben die Bürger zwischen 1616 und 1628 eine gewaltige Verteidigungsanlage in Auftrag: 21 Bastionen im Zickzackmuster, zahlreiche Wälle und Wassergräben sowie sechs Stadttore mit jeweils hintereinandergeschalteten Eingängen entstanden. Dafür hatte man sich einen echten Experten geleistet: den niederländischen Festungsbaumeister Johan van Valckenburgh. Die enorme Investition von 1,6 Mio. Lübischer Mark lohnte sich: Hamburg blieb von den Schrecken des Dreißigjährigen Krieges (1618–48) verschont. Mehr noch, die Stadt mauserte sich zum zweitgrößten Waffenhändler (nach Amsterdam) und verkaufte an alle kriegführenden Parteien. Sogar Dänenkönig Christian V. konnte man 1686 dank der erweiterten Wallanlage von seinem Vorhaben abbringen, Hamburg zu okkupieren. Zuvor wurde noch ein neues Stadtgebiet in den Befestigungsgürtel eingebunden: die Neustadt im Westen. In diesem Arme-Leute-Viertel entstand die erste St.-Michaelis-Kirche (1648–61), die freilich erst rund 100 Jahre später ihre so überaus populäre Gestalt erhielt.

Altona, Sklavenkasse und die Aufklärung

Im 17. und 18. Jh. gelangten Kaffee, Kakao, Tee und exotische Gewürze an die Elbmetropole. Hamburgische Handelsniederlassungen lagen in Lissabon, Malaga, Sevilla, auf den Azoren, Madeira und den Kanaren. Außerdem kamen niederländische und jüdische Religionsflüchtlinge nach Hamburg, Engländer gründeten die „Merchant Adventurers", die die begehrte britische Wolle über die Elbe nach Deutschland brachten. Das alles eröffnete der Stadt neue Märkte.

Gleichzeitig gärte der Streit mit dem dänischen Königreich weiter. Christian IV. hatte bereits 1616 eine zweite Handelsstadt an der Elbe aus dem Boden gestampft: Glückstadt. Doch erst mit der Verleihung der Stadtrechte für Altona (1664) schuf sein Nachfolger Friedrich III. eine ernste Konkurrenzsituation zu Hamburg. Neben den Handels- und Zollprivilegien waren es auch die Religions- und Gewerbefreiheit, die den Durchbruch für den Nachbarort („all to nah") brachten: Katholiken, Mennoniten, Reformierte und Juden lebten die „Große Freiheit" (→ S. 126), wohingegen sie in Hamburg ihrem Glauben nicht öffentlich nachgehen durften.

Trotz alledem: Hamburg und sein Hafen prosperierten. Besonders das Geschäft mit Getreide war lukrativ. Die reich beladenen Schiffe schafften Begehrlichkeiten – und lockten im Mittelmeer nordafrikanische Freibeuter („Barbaresken") an. Sie kaperten auch Hamburger Schiffe und nahmen die Seeleute gefangen, um dann für sie Lösegeld zu erpressen. 1624 richteten die Hamburger eine Sklavenkasse ein, um die unglücklichen Seemänner freizukaufen. Eine Vereinigung der Kaufleute gründete die sog. Commerzdeputation, eine Vorläuferin der Handelskammer (→ S. 181), und setzte beim Rat eine Sonderausgabe durch: Sieben waffenbewehrte Konvoischiffe eskortierten in den letzten Jahrzehnten des 17. Jh. bis in die 40er-Jahre des 18. Jh. die Handelsschiffe auf ihren gefährlichen Reisen über die Weltmeere.

Doch nicht nur Piraten setzten der Hansestadt zu, auch der Schwarze Tod forderte zu Beginn des 18. Jh. noch einmal 10.000 Todesopfer. In der Mitte des

Das Denkmal für den in Hamburg geschmähten Lessing

17. Jh. und bis weit ins 18. Jh. hinein gaben sich die reichen Bürger einem Repräsentationsbedürfnis hin, das auch der Entspannung diente: Sie legten sich große Gärten an, erst im geometrisch-niederländisch-französischen Stil, dann als Landschaftsgärten nach englischem Vorbild; an exotische und seltene Gewächse gelangte man dank des florierenden Überseehandels. Die ausschweifende Prunksucht reichte sogar bis in die Begräbniskultur: Nicht wenige Leichenzüge gerieten zu regelrechten Events, die sich nur noch zwischen 20 und 22 Uhr ereignen durften. Warum? Da man sich untereinander kannte, lenkten die opulenten Beerdigungen die hohen Stadtherren von ihren Pflichten ab. In diesen verschwenderischen Zeiten

gab es aber auch sozial orientierte Bürger, die sich für die Belange der weniger begünstigten Schichten einsetzten. Sie gründeten 1765 die Patriotische Gesellschaft (→ S. 180), die sich über alle beruflichen und Glaubensgrenzen hinweg – sogar Juden waren seit 1800 zugelassen – z. B. um die schulische Förderung kümmerte, außerdem gründete man eine Rettungsanstalt für im Wasser Verunglückte (1768) und errichtete die Allgemeine Armenanstalt (1788), die stilbildend für europäische Städte werden sollte. Auch der Dramatiker Gotthold Ephraim Lessing (→ S. 150) und der Dichter Friedrich Gottlieb Klopstock (→ S. 215) drückten der Stadt ihren Stempel auf. Allerdings war der Boden für ein wirklich kritisches Theater, das die bestehenden gesellschaftlichen Verhältnisse hinterfragt, noch nicht bereitet. Bereits 1678 hatte das erste bürgerliche deutsche Opernhaus am Gänsemarkt für große Meinungsverschiedenheiten gesorgt: Der Hamburger Klerus verdammte die „Theatromania" und deren „Werke der Finsternis", welche freilich von über 2000 Besuchern begeistert verfolgt wurden. Noch rund 100 Jahre später hatte Lessing mit dieser wenig aufgeklärten Sichtweise zu kämpfen, u. a. in einem Streit mit Johann Melchior Goeze, dem Hauptpastor von St. Katharinen, der sich gegen eine wissenschaftliche Auslegung der Bibel wehrte. Ein Grund, weshalb Lessings „Nathan der Weise" 1783 in Berlin und eben nicht in Hamburg uraufgeführt wurde. Dass der Rat sogar 1781 alle Nachrufe auf Lessings Tod unter Strafe stellte, zeigt die Verstörung, die der aufklärte Denker in Hamburg ausgelöst hatte.

Ein Duell mit Händel

Dass wir heute Georg Friedrich Händels (1685–1759) „Feuerwerksmusik" oder seinen „Messias" hören können, verdanken wir einem unscheinbaren Metallknopf.

Der scheue und junge Händel hatte 1703 als Violinen- und Cembalo-Spieler im Opern-Orchester am Gänsemarkt angeheuert. Er freundete sich mit Johann Mattheson an, einem Komponisten, Dirigenten, Musikschriftsteller und Sänger. Das Multitalent der Hamburger Kulturszene nahm Händel einen Gesangsschüler weg, wertvolle Einnahmen gingen dem angehenden Komponisten flöten. Als Mattheson während der Aufführung seiner Oper „Cleopatra", in der er als Sänger und als Dirigent auftrat, in den Orchestergraben zurückkam, verweigerte ihm Händel die Orchesterleitung. Man beleidigte und ohrfeigte sich.

Am selben Abend, am 5. Dezember 1704, duellierten sich die beiden Ehrversessenen auf dem Gänsemarkt. Mattheson erzählte später von diesem Zweikampf, „welcher für uns beide sehr unglücklich hätte ablaufen können, wenn es Gottes Führung nicht so gnädig gefüget, daß mir die Klinge im Stoßen auf einen breiten, metallenen Rockknopf des Gegners zersprungen wäre".

Händel schrieb in Hamburg drei Opern, von denen die erste („Almira", 1705) unter Beifallsstürmen uraufgeführt wurde. Dennoch: Der neben Bach bedeutendste deutsche Komponist des Barock kehrte der Elbmetropole nach gerade einmal drei Jahren den Rücken und empfing die höheren Weihen der Musikgeschichte – in London.

Franzosen, Kosaken und der Große Brand

Die ersten 50 Jahre des 19. Jh. waren für Hamburg bitter: Am 19. November 1806 rückten 2600 französische Soldaten in die Elbmetropole ein. Die im gleichen Jahr von Napoleon verhängte Kontinentalsperre brachte den Überseehandel gänzlich zum Erliegen. Handelsfirmen gingen bankrott, über 300 Schiffe schaukelten arbeitslos im Hafen. Die kurzzeitige Rückeroberung durch die Kosaken unter Oberst von Tettenborn (der sogleich der erste Hamburger Ehrenbürger wurde) hielt gerade einmal zweieinhalb Monate an. Aus Rache plünderten die zurückgekehrten Franzosen das Silberdepot der Hamburger Bank (Napoleon: „Ich ziehe es vor, die Hamburger zahlen zu lassen; das ist die beste Art, Kaufleute zu bestrafen.") und zerstörten die Häuser und Wohnungen von ca. 8000 Menschen, um die Verteidigungslinien auszubauen. Da man die 42.000 stationierten Franzosen und die Zivilbevölkerung während einer möglichen Belagerung nicht mehr satt bekommen konnte, mussten am Heiligen Abend des Jahres 1813 ca. 20.000 der 55.000 Hamburger unter Gewaltandrohung die Stadt verlassen. Kriegsrechtlich war dieses menschenverachtende Verhalten zwar gedeckt: Man wollte keine Hungersnöte und Seuchen in der Stadt riskieren. Dennoch: Während der Flucht nach Altona, Ottensen und Lübeck starben mindestens 1183 Alte, Frauen, Kranke und Kinder. Der Lyriker und Orientalist Friedrich Rückert hat die Verzweiflung der Vertriebenen 1814 so beschrieben: „Wir haben gewohnt in Frieden / Zu Hamburg in der Stadt, / Bis uns daraus vertrieben / Ein fremder Wüthrich hat. // Er hat uns ausgestoßen / Im Winter zur Stadt hinaus, / Die hungernden, nackenden, bloßen, / Wo finden wir Dach und Haus?" Zu allem Überfluss verteidigte der Generalgouverneur Louis-Nicolas Davout die Stadt noch weiter, als Napoleon längst in der Verbannung auf Elba war. O-Ton des kompromisslosen Militärs, der als „Robespierre von Hamburg" bezeichnet wurde: „Ein Mann von Ehren betrachtet sich nicht seines Eides entbunden, weil sein Souverän Unfälle erlitten haben kann." Erst am 30. Mai 1814 übergab Davout auf Befehl seines neuen Souveräns Ludwig XVIII. den russischen Truppen die Stadt.

Die Feuerkatastrophe von 1842 nahm in der Deichstraße ihren Anfang

Nach einer kurzzeitigen Erholung der Wirtschaft, französischen Reparationszahlungen, der Aufnahme von Hamburg in den Deutschen Bund und den ersten Dampfschiffen, die auf der Elbe schipperten, ereignete sich zwischen dem 5. und 8. Mai 1842 das zweite große Desaster für Hamburg: der Große Brand. Das Feuer fraß sich von der Deichstraße 38 und 42 des Nikolaifleetes über die Nikolaikirche bis zum heutigen Standort von Börse und Rathaus. Obwohl 1150 Feuerwehrleute (u. a.

Einsatzkräfte aus Lübeck und Lauenburg) an Christi Himmelfahrt und die Tage danach gegen die lodernden Flammen kämpften, rollte die Brandwelle nach Nordwesten bis an den Gänsemarkt weiter und verwüstete sogar den Jungfernstieg und St. Petri. In einer letzten Aufwallung wälzten sich die Feuerherde bis in die Nähe des Glockengießerwalls im Nordosten; die direkte Parallelstraße dazu heißt bis heute „Brandsende". Der laue Frühlingsmonat und die späte Erlaubnis für Sprengungen (u. a. für das Alte Rathaus und das Streit's Hotel) hatten dafür gesorgt, dass knapp 2000 Fachwerkhäuser und Speicher in über 40 Straßen bis auf die Fundamente niederbrannten. Was wesentlich schwerer wog, waren die 51 Toten, 130 Verletzten und 20.000 Obdachlosen. Nahezu jeder fünfte Hamburger hatte seine Wohnung eingebüßt, ein Drittel der Altstadt und ein Viertel des gesamten Stadtgebietes lagen in Schutt und Asche. Einen bösen Reim machte sich Heinrich Heine im 21. Kapitel seines Wintermärchens (1844) auf die Feuerkatastrophe:

Heinrich Heine, sinnierend über (seinen) brennenden Büchern

„Aufmunternd sprach ich: ‚Ihr lieben Leut', / Ihr müßt nicht jammern und flennen; / Troja war eine bessere Stadt / Und mußte doch verbrennen. // Baut eure Häuser wieder auf / Und trocknet eure Pfützen, / Und schafft euch beßre Gesetze an / Und beßre Feuerspritzen.'"

Nach dem Inferno begann eine neue Hamburger Zeitrechnung: Holzbauten verschwanden aus dem Stadtbild. Die Metropole erfand sich architektonisch neu im klassizistischen Stil (z. B. die Alsterarkaden und das Rathaus).

Auswanderungswellen und Speicherstadt

In den 30er-Jahren des 19. Jh. und nach der gescheiterten Revolution von 1848 versuchten viele Menschen ein neues Glück in der Neuen Welt zu finden. Ca. 5 Mio. Deutsche und andere Europäer (darunter ca. 2,7 Mio. Juden) entschieden sich bis 1938 über Hamburg zu diesem Schritt ins Ungewisse; ihr Ziel war fast immer Amerika. BallinStadt, das Auswanderermuseum auf der Veddel, erzählt eindrucksvoll von den Erlebnissen und Sehnsüchten der Emigranten (→ S. 251). Mittels eines Tenders verfrachtete man sie vom heutigen Kreuzfahrtterminal in der HafenCity nach Cuxhaven, von wo sie, nicht selten wie Frachtgut, weiterverschifft wurden.

Seit 1863 entstand am einstigen Richtplatz, dem Grasbrook, ein Hafenbezirk, der Hamburgs Ruf als „Tor zur Welt" begründen sollte. Die Idee dahinter war so genial wie simpel: Man entschied sich für einen kostengünstigen und umschlagsschnellen Tidehafen, der ohne Schleusen auskam. Die Gezeitendifferenz von lediglich 2,5 m war beim Auf- und Abladen durch Dampfkräne gut zu bewältigen. 1866 weihte man den Sandtorhafen mit eigenem Eisenbahnanschluss ein.

Nach dem Krieg gegen Frankreich 1870/71 schloss sich Hamburg dem

Die Speicherstadt: ein Megaprojekt, das 20.000 Umsiedelungen erforderte

deutschen Kaiserreich an. Eine der entscheidenden politischen Fragen betraf die Zollfreiheit des Hafens, die vorgeblich auf Barbarossa zurückging (→ S. 19). Nach zähen Verhandlungen konnte man sich auf einen Freihafen einigen. Dabei handelte es sich um ein zollfreies Areal, das ein Siebtel des 10.000 ha großen Hafengeländes umfasste. Dafür und für den Bau von Lagerhallen mussten 20.000 Menschen innerhalb des Stadtgebietes umgesiedelt werden. Besonders die Arbeiter, die dort gelebt hatten und jetzt eine teure Bleibe außerhalb des Hafenbezirkes finden mussten, traf diese Maßnahme hart. Zwischen 1885 und 1927 errichtete man auf den Inseln Wandrahm und Kehrwieder die Speicherstadt (→ Tour 1).

Selbstverständlich lebten im 19. Jh. auch erfolgsverwöhnte Reeder und Werftbesitzer an der Elbe. Einer von ihnen war Johann César VI. Godeffroy. Als „ungekrönter König der Südsee" betrieb er einen lukrativen Überseehandel, besaß Plantagen auf Samoa, wo er Ureinwohner verschleppte und als Zwangsarbeiter ausbeutete, und eröffnete 1861 das erste Museum der Stadt mit ozeanischen Objekten der Alltagskultur, aber auch mit Tierpräparaten und botanischen Besonderheiten. Ein zweiter gefeierter Hamburger wurde der Tierimporteur und Zoohändler Carl Hagenbeck, der mit äußerst fragwürdigen Völkerschauen (→ Kasten S. 248) auf sich aufmerksam machte.

Cholera, Hunger und Feierlaune

Im Übergang zum 20. Jh. war Hamburg eine aufstrebende Großstadt mit ca. 600.000 Einwohnern. Das neue Rathaus machte einiges her, ein 34 m hohes Bismarck-Denkmal kündete von patriotischen Hochgefühlen und der Hauptbahnhof glich einer Hochburg, in der man 1912 sogar die dritte deutsche U-Bahn eröffnete. Auch der Bau des Elbtunnels galt als überragende Ingenieursleistung.

Beschämend war die Wasserversorgung der ärmeren Hamburger, von denen viele immer noch in den engen Gängevierteln lebten und ihr Trinkwasser ungefiltert aus der Elbe bezogen. Das alles andere als saubere Flusswasser, das man in Sammelanschlüssen in die Ganghäuser leitete, verbreitete die asiatische Variante der Cholera in der Stadt, die wahrscheinlich durch die einfahrenden Schiffe eingeschleppt worden war. Die bakteriellen Erreger kosteten 8605 Menschen das Leben (knapp 17.000 hatten sich infiziert). Der spätere Nobelpreisträger Robert Koch fällte 1892 ein vernichtendes Urteil: „In keiner anderen Stadt habe ich solche ungesunden Wohnungen, Pesthöhlen und Brutstätten angetroffen." Erst 1905 erreichte das Trinkwasser eine Qualität, die Altona längst gehabt hatte ...

1914 begrüßten auch viele Hamburger den Ersten Weltkrieg – es sollten Jahre des Hungers für die Hansestadt werden. Von 1916 bis zum Ende des Krieges 1918 blockierte die englische Flotte die deutschen Häfen. Die Versorgungssituation verschlechterte sich zusehends. Kartoffeln und Brot wurden rationiert, die Städter versuchten sich von Steckrüben zu ernähren und die Ärmeren waren gezwungen, die Lebensmittellager zu plündern. Am Heiligengeistfeld demonstrierten über 10.000 Hungernde für ein Ende des Krieges. Erst im Sommer 1919 war die Zeit der Entbehrungen endgültig überstanden. Dafür war die Trauer über die Kriegsgefallenen groß: 40.000 Hamburger starben in den vier Kriegsjahren.

Während der Weimarer Republik hielt die fiebrige Feierlaune der „Roaring Twenties" auch Einzug in die Hansestadt. Legendär wurden die avantgardistischen und dadaistischen Künstler-

„Führerstadt" Hamburg. Oder: Eine Stadt wird vergrößert

Neben Berlin, München, Nürnberg und Linz sollte auch Hamburg eine „Führerstadt" werden: die „Hauptstadt der deutschen Schifffahrt". Aus diesem Grund trat am 1. April 1937 das „Groß-Hamburg-Gesetz" in Kraft. Worum ging es? Die eigenständigen Städte Altona, Harburg und Wandsbek sowie einige Gemeinden, die bislang zu Pinneberg und Stormarn gezählt hatten, wurden der Hansestadt zugeschlagen. Diese Maßnahme vergrößerte das Stadtgebiet um sage und schreibe 80 %, die Zahl der Bevölkerung stieg um über 40 % an!

Man wollte die wirtschaftlichen Zentren der Region zusammenfassen, um die Werften und andere Rüstungsindustrien zu stärken. Neben einer Fläche von 755 km^2 besaß Hamburg nun über ein Drittel der Fischindustrie, ein Viertel der Werften und ein Fünftel der Mineralölindustrie innerhalb der nationalsozialistischen Staatsgrenzen. Nach dem gewonnenen Krieg sollte sich auch städtebaulich einiges ändern: mit gigantomanischen Bauten, die jede Diktatur schmücken ...

Es wird kolportiert, dass sich die Regierenden Hamburgs während eines von Hitlers 33 Besuchen über die Konkurrenz in der direkten Umgebung beklagt hätten (also über Altona, Harburg und Wandsbek). De facto ist allerdings Hermann Göring der Verantwortliche dieser enormen Gebietserweiterung gewesen; es galt den Vierjahresplan umzusetzen, der die deutsche Rüstung ankurbeln sollte. Dabei handelte Göring selbstverständlich ganz im Sinne Adolf Hitlers.

Nach 1945 wurde die neue Ordnung zwar angefochten, doch nicht wieder zurückgenommen. Somit ist Hamburgs heutige Größe pikanterweise auf einen „Führerbefehl" zurückzuführen.

partys im Curio-Haus (Rothenbaumchaussee 11–17), wo u. a. Hans Henny Jahnn und Gustaf Gründgens auftraten; später fanden hier übrigens die Prozesse gegen einige der Täter des KZs Neuengamme (→ S. 254) und der Hersteller von Zyklon B statt. In der Neustadt und in St. Pauli schossen Tanzlokale und Varietés aus dem Boden, in denen die schrägen und wilden Melodien des Jazz zu hören waren. Man zeigte Haut und feierte erregt den Frieden, gab sich aufgeschlossen und freigeistig und lenkte sich von den Krisen der neuen Republik ab: von Straßenschlachten, der Weltwirtschaftskrise, der Inflation und hoher Arbeitslosigkeit.

Ein trauriger Tiefpunkt der ersten Demokratie Deutschlands war der 17. Juli 1932. In einer bürgerkriegsähnlichen Schlacht zwischen ca. 7000 SA-Leuten, Kommunisten und Polizisten wurden 18 Menschen erschossen. 13 von ihnen waren als unbeteiligte Fußgänger zwischen die Fronten des „Altonaer Blutsonntags“ geraten.

Bücherverbrennung und Bombenkrieg

Mit der nationalsozialistischen „Machtergreifung“ am 30. Januar 1933 begann auch in Hamburg eine Zeit der Angst und der Unmenschlichkeit. Bereits seit April 1932 bildete die NSDAP die stärkste Fraktion der Bürgerschaft.

Auch in der Hansestadt schreckten die Nationalsozialisten vor Bücherverbrennungen nicht zurück. Zumindest während der ersten dieser dummdreisten Propagandaaktionen hatte das berühmt-berüchtigte Hamburger Schmuddelwetter sein Gutes: Der Scheiterhaufen am Kaiser-Friedrich-Ufer war feucht und wollte nicht so, wie es der SA-Studentensturm gerne gehabt hätte. Deshalb verbrannte man zehn Tage nach der Machtübernahme „nur“ ca. 1000 der beschlagnahmten Bücher bei mehr oder weniger starkem Regen.

Das umstrittene Weltkriegsdenkmal auf dem Rathausmarkt

In der Reichspogromnacht am 9. November 1938 zerstörten die braunen Schergen u. a. das Innere der Synagoge am Bornplatz und verhafteten und verschleppten über 1000 Juden. Zwei Drittel der in der Stadt lebenden Juden flüchteten bis Herbst 1941 ins Ausland. Ca. 10.000 Hamburger jüdischen Glaubens ermordeten die NS-Schergen bis Kriegsende, u. a. im KZ Neuengamme (→ S. 254). Sie gehören zu den 55.000 Menschen, die in diesem Konzentrations- und Vernichtungslager ums Leben kamen.

Zwischen den Maimonaten von 1940 und 1945 gingen mehr als 1,7 Mio. Brand- und Sprengbomben über der Elbmetropole nieder. 45.000 Zivilisten starben allein in Hamburg während der Fliegerangriffe. Der schwerste Bombenabwurf ereignete sich während der Operation mit dem biblischen Namen „Gomorrha“. Sie fand in sechs Angriffen während der sternenklaren Nächte vom 25. Juli bis zum 3. August 1943 statt und entfachte einen noch nie da gewesenen Feuersturm in der Stadt, der mindestens 34.000 Tote zur Folge hatte.

Am Ende des Kriegs war Hamburg eine Schuttwüste enormen Ausmaßes: Zwei Drittel aller Einwohner waren obdachlos, 43 Mio. Kubikmeter Trümmer stapelten sich hinter Häusergerippen. Hans Erich Nossack schilderte in „Der Untergang“ (1948) seine Eindrücke angesichts der zerstörten Weltstadt: „Wo früher der Blick auf Häuserwände stieß, da dehnte sich eine stumme Ebene bis ins Unendliche. War es ein Friedhof? Aber welche Wesen hatten dort ihre Toten beigesetzt und ihnen Schornsteine auf die Gräber gestellt? Schornsteine, die wie Ehrenmale, wie Dolmen oder mahnende Finger als einziges aus dem Boden wuchsen. Atmeten die darunter Liegenden durch diese Schornsteine den blauen Äther ein? [...] Wieviel haben wir doch in der Schule gelernt, wie viele Bücher gelesen und Abbildungen bestaunt, aber hierüber hatte noch niemand berichtet. Gab es also doch noch unerforschte Weltteile?“

Am 3. Mai 1945 übergab Generalmajor Alwin Wolz die längst geschlagene Stadt den Briten. Gauleiter und Reichsstatthalter Karl Kaufmann (1900–1969), der mit Wolz auf einen „Kampf um Hamburg“ verzichtete, wurde deshalb zu einem „Rebell gegen den Führer“ und „Retter Hamburgs“ hochstilisiert. Dabei war Kaufmann, der sein in der Nazizeit erbeutetes großes Vermögen zurückerhielt und dem niemals ein Prozess gemacht wurde (u. a. weil er in einem britischen Fahrzeug auf dem Weg zum Nürnberger Prozess leicht verunglückte), ein Nazi der ersten Stunde gewesen; sogar am Hitlerputsch im November 1923 hatte er teilgenommen. Während der Nazizeit befahl der „gute Gauleiter“ (O-Ton eines Archivrates in der Nachkriegszeit) u. a. die Reichspogromnacht in Hamburg und war für die unmenschlichen Zustände im KZ Fuhlsbüttel verantwortlich (das man später zu einem Gestapogefängnis und einem Außenlager des KZs Neuengamme ausbaute). Über 450 politische Gegner und Juden, Obdachlose, Homosexuelle, Zeugen Jehovas, ausländische Widerstandskämpfer und Zwangsarbeiter wurden dort während der Nazizeit systematisch gefoltert, ermordet und in den Tod getrieben. In den 1950er-Jahren strebte der ehemalige Reichsstatthalter eine zweite politische Karriere an: im rechtsnationalen Milieu des Naumann-Kreises, der u. a. die FDP zu unterwandern versuchte.

Sturmflut und Spiegel-Affäre

Mitten in den Wirren der Nachkriegszeit machte eine Neugründung von sich reden: Am 21. Februar 1946 veröffentlichte die ZEIT ihre Erstausgabe. Außerdem wurden zwischen 1946 und 1956 die Grindelhochhäuser in Harvestehude hochgezogen. „Elb-Manhattan“, wie man das Ensemble aus zwölf Wolkenkratzern mit 2100 Wohnungen euphorisch nannte, stand für modernste Architektur, die ihren Bewohnern „Licht, Luft und Sonne“ bringen sollte. Auch die Kultur glänzte wieder: Wolfgang Borcherts (1921–1947) eindrucksvolles Kriegsheimkehrerdrama „Draußen vor der Tür“ wurde im Februar 1947 als Hörspiel uraufgeführt. Einen Tag nach dem Tod des schwer kranken Schriftstellers gab man es in den Hamburger Kammerspielen. Mitte der Fünfziger wurde Gustaf Gründgens (→ Kasten S. 201) die Intendanz des Deutschen Schauspielhauses angetragen. Auch die Operndiva Maria Callas lockte man nach Hamburg, wo sie ihr Deutschland-Debüt gab. Sogar eine Weltkarriere begann in der Elbmetropole: 1962 rockten die Beatles als Newcomer den Star-Club von St. Pauli (→ Kasten S. 121).

Zwei Monate zuvor hatte die wieder aufblühende Metropole – seit dem 23. Mai 1949 als eigenes Bundesland – eine neue Katastrophe heimgesucht: die Sturmflut vom 16. auf den 17. Februar 1962, die 340 Menschenleben kostete.

20 % des Stadtgebietes waren überschwemmt. 25.000 Helferinnen und Helfer befanden sich im Dauereinsatz, um die Situation unter Kontrolle zu bringen. Der Senator der Polizeibehörde, Helmut Schmidt, zeigte sich als tatkräftiger Krisenmanager. Allein der Sachschaden betrug 3 Mrd. Mark. Wie konnte es dazu kommen? Ein mangelhaftes Warnsystem, Deichbrüche und der Zusammenbruch der Stromversorgung sorgten u. a. dafür, dass zeitweise 60.000 Menschen von den Wassermassen umzingelt waren. Auch heute noch ist Hamburg von Sturmfluten bedroht. Bis 2015 investierte man satte 700 Mio. Euro für eine Erhöhung der ca. 100 km langen Hauptdeichlinie.

Ein handfester politischer Skandal ereignete sich im Oktober 1962. Verteidigungsminister Franz Josef Strauß verfügte in einer beispiellosen Aktion die Verhaftung von Redakteuren des SPIEGEL, darunter Herausgeber und Chefredakteur Rudolf Augstein, der 103 Tage in U-Haft verbrachte. Auslöser war ein kritischer Artikel von Conrad Ahlers über die Bundeswehr („Bedingt einsatzbereit"), den ein Reservegeneral als „Landesverrat" zur Anzeige brachte. Dieser Einschätzung schloss sich die CDU-Regierung unter Konrad Adenauer an. Es hagelte heftige Proteste aus der Bevölkerung. Das Ende vom Lied: Strauß musste zurücktreten.

Auch wegen solcher politischer Skandale brach sich die studentische Revolte Ende der 1960er ihre Bahn. Während einer offiziellen Amtsübergabe im Audimax trugen zwei Studenten, Detlev Albers und Gert Hinnerk Behlmer, ein Transparent vor den Würdenträgern und der versammelten Presse durch den Saal. „Unter den Talaren – Muff von 1000 Jahren" wurde zu einem der Slogans der 68er. Der Konter von Bertold Spuler, ordentlicher Professor für Islamkunde, ließ tief blicken: „Sie gehören alle ins KZ."

Berühmtester Kettenraucher der Republik

Hafenstraße und Koalitionen

Hamburg hatte auch in den 1970ern, 1980ern und 1990ern einige Krisen zu überstehen. Neben der Ölkrise und dem Werftensterben entwickelte sich St. Pauli zum „bedeutenden" Sex-Kiez, in dem der Menschen-, Waffen- und Drogenhandel mehr oder weniger „normal" wurde und es in den 1980ern sogar Auftragsmorde gegeben hat (→ Kasten S. 128).

Seit 1981 schwelte zudem ein jahrelanger Konflikt um die besetzten Häuser in der Hafenstraße. Im Herbst 1987 umstellten sage und schreibe 5000 Polizisten und Beamten des Bundesgrenzschutzes (heute Bundespolizei) das Gebäudeensemble. Seit 1995 werden die Häuser endlich und endgültig selbstverwaltet (→ Tour 2, S. 114). Politische Protestaktionen und Demos fanden auch gegen die vier Atomkraftwerke in der näheren Umgebung von Hamburg statt. Nach der Nuklearkatastrophe von Tschernobyl vom 16. April 1986 eskalierte am 8. Juni desselben Jahres eine politische Aktion gegen das Atomkraftwerk Brokdorf, das noch heute am Netz ist, auf dem Heiligengeistfeld. 862 Demonstranten wurden im sog. Hamburger Kessel teilweise bis zu 16 Stunden festgehalten.

Von 1957 bis 2001 stellten die Sozialdemokraten den Ersten Bürgermeister, danach übernahm die CDU mit Ole von Beust das Amt. Er koalierte erst mit dem Rechtspopulisten Ronald Schill, von 2008 bis 2010 ging er eine bis dahin nicht für möglich gehaltene Koalition mit den Grünen ein. Nach dem Rücktritt des CDU-Politikers übernahm sein Parteifreund Christoph Ahlhaus vom 25. August 2010 bis zu den Bürgerschaftswahlen im Folgejahr die Amtsgeschäfte. Seit 2011 ist Hamburg in absoluter Mehrheit unter dem Ersten Bürgermeister Olaf Scholz wieder sozialdemokratisch.

Noch ein Wort zu Schill: Nachdem der Populist erstaunliche 19,4 % der Stimmen auf sich hatte vereinigen können, setzte sich der als „Richter Gnadenlos“ bekannt gewordene Jurist nach seinem Rauswurf aus der Koalition nach Rio de Janeiro ab; 2008 kursierte ein Video, auf dem er koksend zu sehen war.

Gegenwart

Hamburg ist nach wie vor eine Medienhochburg: Neben der ZEIT und dem SPIEGEL haben Gruner + Jahr, die dpa und der NDR, der die „Tagesschau“ und die „Tagesthemen“ produziert, in der Elbmetropole ihr Hauptquartier. Insgesamt arbeiten über 60.000 Medienschaffende in der Stadt.

Mit der Auflösung des Ostblocks rückte Hamburg wieder ins Zentrum Europas. Man besitzt den zweitgrößten europäischen Hafen (nach Rotterdam) und belegt den weltweit dritten Platz im Flugzeugbau (nach Seattle und Toulouse,

siehe auch Kasten S. 231). Nichtsdestotrotz hat Hamburg knapp 25 Mrd. Euro Schulden. Dem gegenüber stehen Privatvermögen von über 200 Mrd. Euro.

Auch architektonisch will die Stadt weiterhin hoch hinaus. Nach ehrgeizigen Projekten der 1970er-Jahre wie der Köhlbrandbrücke (→ S. 216) und dem neuen Elbtunnel (→ S. 227) ist ein neues Wahrzeichen projektiert: die Elbphilharmonie (→ S. 94). Der höchst attraktive Glasbau, der auf einen denkmalgeschützten Kaispeicher gestellt wird und mit geschwungenen Dachkonstruktionen angibt, verschlang bislang ein Vermögen, das man permanent nach oben korrigieren musste. Was für 77 Mio. Euro geplant war, wird wohl 865,6 Mio. Euro kosten. Dem stehen Einnahmen und Spenden von 76,6 Mio. Euro entgegen, weswegen der Senat eine Summe von 789 Mio. Euro ausgab. Lange haben die Arbeiten an der Elbphilharmonie geruht, unter anderem wegen juristischer Streitigkeiten zwischen der Stadt und dem Bauträger Hochtief. Nach dem neuesten Zeitplan soll die umstrittene Musikkathedrale am 11. Januar 2017 eingeweiht werden, doch da heißt es: abwarten ... „Alles hat ein Ende, nur die Elbphilharmonie nicht“, spottete bereits SPIEGEL ONLINE.

Doch auch ohne dieses Konzerthaus steht die Weltstadt touristisch sehr gut da. Dafür sind nicht nur Musicals wie „König der Löwen“ oder „Liebe Stirbt Nie“ verantwortlich, die Fortsetzung des einstigen Kassenschlagers „Das Phantom der Oper“. Besondere Anziehungspunkte sind die kulturell aufgewertete und im Juli 2015 von der UNESCO zertifizierte Speicherstadt mit ihren vielen Museen und die neue HafenCity (→ S. 91), die bis 2030 fertiggestellt sein soll. Sie wird wegen ihrer Blockkastenarchitektur jedoch auch kritisch gesehen.

Durchschnittlich besuchen knapp 6 Mio. Urlauber die Stadt an der Elbe jährlich. Warum? Bitte weiterblättern!

Sinnbild der sich stets neu erfindenden Elbmetropole: die HafenCity

Straßenkunst in St. Pauli

Hamburg von A bis Z

Anreise

Hamburg erreicht man ziemlich unkompliziert mit dem **eigenen Fahrzeug** über die A 1, die A 7 oder die A 24. Viele Hotels stellen eigene Parkplätze zur Verfügung, ansonsten muss man sich zu den „üblichen Konditionen" (Parkverbote, Anwohnerparkplätze etc.) irgendwo in der Nähe seiner Unterkunft umschauen.

Wer die Mitfahrvariante wählt, findet unter www.mitfahrgelegenheit.de zahlreiche Angebote ohne Vermittlungsgebühr. Eine Fahrt von München z. B. kostet dann zwischen 30 und 45 €, von Köln um die 25 € und von Berlin etwa 15 €.

Erstaunlich, dass es mit **Fernbussen** bisweilen noch günstiger geht: MeinFernbus (www.meinfernbus.de), einer der Pioniere auf dem Markt, hat die Fahrt von München nach Hamburg derzeit (Herbst 2015) für 28 bis 41 € pro Person im Programm. Zuletzt haben sich mit der Deutschen Post und dem ADAC zwei Giganten zusammengeschlossen, um ihre gelben ADAC-Postbusse auf die Reise zu schicken (www.adac-postbus.de) – die gute alte Postkutsche in neuem Outfit sozusagen. Allerdings erfordert die Busfahrt ein bisschen mehr Ausdauer als die Anreise mit anderen Verkehrsmitteln: Von München nach Hamburg ist man 12 bis 13 Stunden unterwegs. Vor allem Kinder dürfte das auf eine sehr harte Probe stellen …

Weitere Anbieter sind www.flixbus.de oder www.berlinlinienbus.de. Über die günstigsten Verbindungen informiert man sich entweder in einem Reisebüro oder sucht selbst im Internet. Dort stehen einige Vergleichsportale zur Verfügung, darunter www.busliniensuche.de, www.fernbusse.de oder www.fahrtenfuchs.de.

Erheblich teurer ist die Anreise mit der **Bahn**, zumindest dann, wenn man den Normaltarif zugrunde legt: Von München zahlt man in der 2. Klasse 142 €

für die einfache Fahrt, ein Rückfahrt-ticket gibt's mathematisch ganz exakt für das Doppelte. Der Normaltarif greift allerdings nur bei Spontanreisenden; wer sich mindestens drei Tage vor seiner Reise entschließen kann, kommt in den Genuss von Spar-Tickets. Wie hoch der Rabatt ist, hängt wiederum unter anderem davon ab, wann man bucht, für welchen Wochentag man bucht und für welche Uhrzeit. Wer das auf eigene Faust via Internet machen will (www.bahn.de), hat dort Zugriff auf einen sog. Sparpreis-Finder, der einem die günstigsten Tarife raussucht (zwischen 79 € und 119 € anstelle des Normaltarifs von 142 € für das Beispiel München–Hamburg sind realistisch, für absolute Schnäppchenpreise sind die Chancen kaum größer als beim Lottospielen ...). Der Spartarif kann noch einmal um 25 % reduziert werden, wenn man eine BahnCard 25 besitzt; die BahnCard 50 kann dagegen nicht auf die Spartarife angewendet werden, d. h., hier gibt's lediglich 50 % Rabatt auf den Normaltarif. Kinder bis einschließlich 14 Jahre fahren übrigens in jedem Fall kostenlos mit, sofern eines der Eltern- oder Großelternteile dabei ist – ob die ihre Tickets mit oder ohne BahnCard buchen, ist dabei belanglos.

Mit dem **Flugzeug** kann man die Hansestadt noch einen Ticken schneller erreichen, zumal der Hamburg Airport in Fuhlsbüttel von allen deutschen und den meisten internationalen Fluggesellschaften angeflogen wird. Er liegt 8 km nördlich vom Zentrum und man erreicht den Hauptbahnhof in ca. 25 Minuten ganz einfach und direkt mit der S 1 („Hamburg Airport"). Um die 14 Mio. Passagiere werden in über 150.000 Flügen alljährlich abgewickelt.

Alle in diesem Buch angegebenen Telefonnummern liegen – wenn nicht gesondert angegeben – im Vorwahlbereich Hamburg **(040)**.

Ärztlicher Notfalldienst

Wer außerhalb der normalen Sprechzeiten ärztliche Hilfe benötigt, ruft den Notfalldienst der Kassenärztlichen Vereinigung Hamburg an: ✆ **228022**.

Wen das Leiden vor 24 Uhr ereilt, kann sich alternativ auch direkt an eine der zwei folgenden **Notfallpraxen** wenden (in der Woche ab 19 Uhr, Mi ab 13 Uhr, Sa/So ab 7 Uhr): Notfallpraxis Altona, Stresemannstr. 54 (Nähe S-Bahn Holstenstraße, S 11, 21, 31), und Notfallpraxis Farmsen, Berner Heerweg 124 (Nähe U-Bahn Farmsen, U 1).

Kinderärztlichen Notfalldienst an Wochenenden und Feiertagen leisten vier Kliniken: Asklepios Klinik Nord, Tangstedter Landstr. 400, ✆ 1818870; Krankenhaus Mariahilf, Stader Str. 203 c, ✆ 790060; Altonaer Kinderkrankenhaus, Bleickenallee 38, ✆ 889080; Kinderkrankenhaus Wilhelmstift, Liliencronstraße 130, ✆ 673770.

Die **zahnärztliche Notdienstansage** der Kassenzahnärztlichen Vereinigung Hamburg erreicht man unter ✆ 01805-050518; bei starken Zahnschmerzen wird man im Bundeswehrkrankenhaus zwischen 19 und 1 Uhr behandelt (Lesserstr. 180, ✆ 69470).

Baden und Wellness

Mögliche Anlaufpunkte, um einen extrem heißen Sommertag rumzukriegen oder sich ein Wellness-Programm zu gönnen, sind unter anderem diese drei Bäder: Das größte Schwimmbad des Bundeslandes ist die **Alster-Schwimmhalle** in der Ifflandstr. 21 (Mo–Fr 6.30–23 Uhr, Sa/So 8–22 Uhr, 9,50 € pro Tag, Sonntag ist Damensauna). Das **Frei- und Naturbad Stadtparksee** befindet sich am Südring 5 b und kann mit dem sehr günstigen Eintrittspreis von 3 € pro Tag punkten. Der edelste Badetempel der Metropole ist wohl das **Holthusenbad** von 1914, Fritz Schumacher

(→ Tour 4, Kontorhausviertel) verewigte sich als Architekt: Goernestr. 21, Mai–Aug. 9–22 Uhr, Sept.–April bis 23 Uhr; für Badehalle, Therme und Außenpool zahlt man ca. 10 € pro Tag, Saunalandschaft und Spa-Bereich gibt es dort natürlich auch.

Unter www.baederland.de werden alle Hamburger Bäder vorgestellt – samt Saunalandschaften und Wellnessangeboten.

Barrierefreiheit

Laut Auskunft von Hamburg Tourismus ist derzeit bereits „ein Großteil des S- und U-Bahn- sowie des Busnetzes [...] behindertengerecht" ausgestattet. Etwa 90 % der eingesetzten Busse seien „Niederflurbusse, die mit Rampen und Kneeling-Funktion (seitliches Absenken)" versehen sind. Allerdings verfügen noch nicht alle U-Bahn-Stationen über Fahrstühle, eine flächendeckende Ausstattung mit entsprechenden Einrichtungen hat der Hamburger Erste Bürgermeister Olaf Scholz für 2020 angekündigt.

Hamburger Fenstertheater

Wer detaillierte Angaben zu den Verbindungen und zur Ausstattung der jeweiligen Haltestellen haben will, kann sich am umfassendsten via Internet unter www.hvv.de/wissenswertes/mobilitaet-fuer-alle informieren. Dort bietet der Hamburger Verkehrsverbund (HVV) u. a. die Möglichkeit, sich einen persönlichen Fahrplan einzurichten, der die Verbindungen nach Optionen wie „Haltestellen ohne Treppe/ohne Stufe" filtert.

Was die Zugänglichkeit und behindertengerechte Ausstattung von Museen, anderen Kultureinrichtungen sowie gastronomischen Betrieben angeht, bietet die Seite http://stadtfuehrer.lagh-hamburg.de wertvolle Informationen. Dort kann man u. a. die Stadtführer-Broschüren Tourismus sowie Gastronomie als PDF herunterladen, die beide relativ detailliert angeben, was man jeweils vor Ort zu erwarten hat.

Unter www.barrierefreie-wege.de kann man sich Karten anschauen, die zeigen, „an welchen Stellen in Hamburg Probleme durch Barrieren auftauchen". Informationen zu barrierefreien Toiletten findet man unter http://barrierefreies hamburg.de/toiletten.html.

Wer sich nicht aufs Internet verlassen will bzw. kann, bekommt entsprechende Informationen auch vor Ort in den Touristeninformationen (→ S. 47).

Bootsverleih

Wer es sportlich-aktiv mag, findet rund um die Außenalster diverse Ruder-, Tret- und Segelbootverleihe (z. B. An der Alster 67 a, Fernsicht 2, Schöne Aussicht 20 a, Harvestehuder Weg 16); auch Kajaks, Kanus und Katamarane werden angeboten. Selbst den Alster-, Goldbek- und Isebekkanal kann man unsicher machen. Eine recht gute Übersicht mit Telefonnummern und Öffnungszeiten erhält man unter www.hamburg.de, wenn man „Boots- und Kanuverleih" in die Suchmaske eingibt.

Im HSV-Stadion vor einem Rockkonzert

Fundsachen

40.000 bis 50.000 Gegenstände werden alljährlich im **zentralen Fundbüro im Bezirksamt Altona** in der Bahrenfelder Straße 254–260 abgegeben und bis zur Versteigerung nach einem halben Jahr verwahrt: Mo 7–16 Uhr, Di bis 13 Uhr, Do 8.30–13 und 14–18 Uhr. ✆ 428113501.

Wer in den **Zügen der Deutschen Bahn** oder in den Hamburger S-Bahnen etwas vergessen hat, kann unter www.bahn.de (Suchbegriff Fundservice) einen Nachforschungsantrag stellen. Alternativ lautet die Fundservice-Hotline ✆ 0900-1990599 (0,59 €/Min. aus dem deutschen Festnetz).

Wer Wertsachen im Flieger gelassen hat, sollte sich an die jeweilige Fluggesellschaft wenden. Für auf dem **Flughafengelände** vergessene Gegenstände gibt es ein „Lost and Found" im Airport Office im Airport-Plaza-Gebäude. Ein Entgelt zwischen 5 und 20 € wird je nach Gegenstand bei der Abholung fällig. Unter www.airport.de (Suchbegriff Fundsachen) sind die Fundsachen der letzten 30 Tage aufgeführt.

Bei **Verlust Ihrer Geld- oder Mobilfunkkarte** können Sie diese schnell und unkompliziert unter ✆ 116116 sperren lassen (24 Std., im Inland gebührenfrei).

Fußball

Tickets für ein Spiel des **Hamburger Sport-Vereins** bekommt man im HSV City Store (Schmiedestr. 2, Mo–Fr 10–19 Uhr, Sa 10–16 Uhr, → S. 174). Eine **Stadionführung** kann man unter ✆ 41551550 buchen: 1. Jan.–31. März Mo–Do 12 und 14 Uhr, Fr–So und an Feiertagen zusätzlich um 16 Uhr, 1. Apr.–31. Okt. tägl. und feiertags 12/14/16 Uhr (außer an Heimspieltagen). Da man ohnehin ein Kombiticket benötigt, könnte man hinterher die 700-m²-Ausstellung des gut gemachten **HSV-Museums** besuchen (tägl. 10–18 Uhr), Deutschlands größtes und ältestes

Fußballmuseum: 12 €, erm. 8 €, Kinder bis 14 J. 6 €, Familienticket 28 €. Der Treffpunkt für die Stadionführung liegt am HSV-Museum (Eingang Nord-Ost „Rautenwelt") in der Sylvesterallee 7. Wer nur ins Museum möchte, zahlt einige Euro weniger.

Wer einem Fight des supersympathischen **FC St. Pauli** beiwohnen möchte, muss zuvor zur FC St. Pauli Vermarktungs GmbH & Co. KG am Harald-Stender-Platz 1 (Mo/Di und Do/Fr 10–18 Uhr, Mi und Sa bis 15 Uhr). Auch **Stadionführungen** kann man hier klarmachen (→ S. 130).

Grillen

Wer während seiner Städtereise im Sommer einen Ort zum Grillen sucht, kann sich in den **Stadtpark** zwischen Jahn- und Südring sowie Ohlsdorfer und Saarlandstraße begeben. Auf der Fest- und der Liegewiese westlich des Planschbeckens ist dieses Freizeitvergnügen ausdrücklich erlaubt – sofern man mindestens einen halben Meter Abstand zum Boden lässt und keine Einweggrills verwendet (zwei fest installierte Grills sind vorhanden); andernfalls können Geldstrafen von mindestens 35 € fällig werden ... Die Glut sollte danach mit Wasser gelöscht und in die dafür aufgestellten Container geschüttet werden. Schön ironisch kommentiert diese Selbstverständlichkeit die Website www.hamburgerstadtpark.de: „Gerade angesichts der doch angespannten Staatsfinanzen und damit mehr Mittel für die Elbphilharmonie zur Verfügung stehen, sollte man hier schon auf die richtige Mülltrennung achten."

Kinder

Generell ein guter Ort für Familien mit Kindern ist **Ottensen**. Dort gibt's u. a. einen Hühnerhof und einen ausgedienten Bagger von 1954 ... und es gibt vor allem jede Menge „Gleichgesinnte", sprich Eltern, die mit ihrem Nachwuchs

Bereits das Eingangsportal weist darauf hin, dass Hagenbeck einst Menschen ausstel

unterwegs sind. Das spürt man auch in den Cafés (z. B. dem lässig-stilvollen Laden-Café Adele & Clodwig, → S. 222) und Restaurants, wo es meistens sehr kinderfreundlich, locker und entpannt zugeht.

Bei kleineren Kindern beliebte Hamburg-Attraktionen sind z. B. die **Märchenschiffe** am Jungfernstieg im November und Dezember (→ Veranstaltungen, S. 81), aber auch das **Altonaer Museum** (→ S. 213) mit seinem großartigen Kinderbuchhaus und Kinderolymp. Ein Klassiker ist natürlich ein Besuch des Tiergartens **Hagenbeck** (→ S. 246), der jedoch kein günstiges Erlebnis werden wird. Im **Miniatur Wunderland** (→ S. 93) gibt es ebenfalls viel zu gucken, wenngleich die Besuchermassen, die über die größte Modelleisenbahnanlage des Planeten herfallen, schon manchmal gewöhnungsbedürftig sind. Deshalb könnte man ins **Hamburgmuseum** (→ S. 146) ausweichen, wo auf einem weitaus kleineren Parcours immerhin 40 Züge

Nicht nur Kinder fühlen sich in Planten un Blomen wohl

an den Besuchern vorüberrollen, darunter sogar ein „Ameisenbär" und ein „Schienenzeppelin". Auch in **Planten un Blomen** (→ S. 151) werden Kinderwünsche erfüllt, z. B. durch eine Minigolf- und Trampolinanlage und eine Inliner- und Kunsteisbahn. Für größere Kinder lohnt sich sicherlich ein Besuch der Museumsschiffe **Cap San Diego** (→ S. 90) oder **Rickmer Rickmers** (→ S. 88) sowie des **Hamburger Dungeon** (→ S. 93).

Außerdem existiert ein eigenes **Kindermuseum** in Hamburg: das **KL!CK** (Achtern Born 127, Mo–Fr 9–18 Uhr, So ab 11 Uhr, 4 €, Familienkarte 12 €, www.kindermuseum-hamburg.de). Es ist für 4- bis 8-Jährige geeignet, die z. B. Geld herstellen, auf einer Baustelle „arbeiten" oder in das Leben der Steinzeitjäger eintauchen wollen. Einziger Nachteil: Das KL!CK hat ausgerechnet samstags zu ... Auch das **Planetarium** (→ Museen, S. 44) ist geeignet für einen Ausflug mit Kindern. Bei den anderen Museen wird auf spezielle Kinderbereiche hingewiesen, so z. B. beim Museum für Kunst und Gewerbe oder in der Hamburger Kunsthalle und Galerie der Gegenwart. Last, not least ist auch das Kinderkino im **Abaton** (→ S. 74) eine feine Sache: Täglich um 15 Uhr werden gute Kinderfilme ohne Werbung und fernab der immergleichen Disneyproduktionen für 5- bis 12-Jährige gezeigt.

Kultur- und Tourismustaxe

Seit dem 1. Januar 2013 gibt es in Hamburg eine Kultur- und Tourismustaxe. Sie ist gestaffelt und wird automatisch mit der Bezahlung der Übernachtung abgegolten: Bei Unterkünften bis 25 € werden 0,50 € fällig, ab Hotelkosten von 250 € sind es 5 €. Es besteht die theoretische Möglichkeit, dass die Vermieter die Taxe selbst übernehmen, doch realistischerweise muss man von einer „indirekten Steuer“ sprechen. Das Gute an der Geschichte: Die Einnahmen sollen zu 100 % in touristische, kulturelle und sportliche Projekte fließen. Außerdem sind Geschäftsreisende von der Kultur- und Tourismustaxe befreit, sofern sie eine Arbeitgeberbestätigung vorlegen können (als PDF unter www.hamburg.de zu finden).

Literatur

Literatur zu Hamburg gibt es wie Sand am Elbstrand. Besonders zu empfehlen sind die Romane von Uwe Timm (z. B. „Die Entdeckung der Currywurst“ von 1993 oder „Heißer Sommer“ von 1974, beide dtv) und „Die Bertinis“ (1982, Fischer) von Ralph Giordano. Selbstverständlich nichts falsch macht man aber auch mit den Werken von Siegfried Lenz (z. B. „Der Mann im Strom“ von 1957 oder „Leute von Hamburg“ von 1968, beide dtv), Brigitte Kronauer („Teufelsbrück“ von 2000, dtv), Hubert Fichte („Die Palette“ von 1968, Fischer), Wolf Wondratschek („Einer von der Straße“ von 1991, dtv) und Hans Fallada („Wer einmal aus dem Blechnapf frisst“ von 1934, Aufbau).

Wer es jünger und heutiger möchte, wird „So was von da“ (2011, KiWi) von Tino Hanekamp und die „Gebrauchsanweisung für Hamburg“ (2009, Piper) von Stefan Beuse mögen, einem Zugereisten, der anekdotenreich über die Elbmetropole zu erzählen weiß.

Möchte man sich der zweitgrößten Stadt der Republik über die Königsdisziplin der Literatur, die Lyrik, nähern, könnte man sich in die knapp 450 Seiten dieses Sammelsuriums vertiefen: „Hamburg. Gedichte“ (2011, Wachholtz). Und dann gibt es natürlich noch das Hamburger Hörspiel und Theaterstück schlechthin: „Draußen vor der Tür“ (1947) von Wolfgang Borchert.

Der Fischmarkt ist einer der Hauptanziehungspunkte Hamburgs

Das Internationale Maritime Museum im ältesten Kaispeicher der Stadt

Märkte

Natürlich, der **Fischmarkt** (→ S. 115)! Davon abgesehen, findet man einen der schönsten **Flohmärkte** der Stadt samstags zwischen 8 und 16 Uhr auf der Schanze, die „Flohschanze" (→ S. 241). Doch auch der zweimal im Jahr (meist im April und September) stattfindende Turmweg-Flohmarkt in Rotherbaum ist sehr beliebt (→ S. 238). Überhaupt gibt es nahezu täglich mindestens einen Flohmarkt irgendwo in Hamburg; unter www.hamburg.de/flohmarkt erhält man einen aktuellen Überblick.

Der schönste **Wochenmarkt** der Stadt wird wiederum in Eppendorf (Isemarkt, → S. 243) gegeben, und zwar dienstags und freitags – die Stände stehen unter einer U-Bahn-Trasse, weswegen dieser Markt unbedingt ein Tipp für Tage mit traurigen Wettervorhersagen ist. Eine Übersicht über die anderen Wochenmärkte der Stadt mit ihren Markttagen und -zeiten erhält man unter www.hamburger-wochenmaerkte.de.

Museen

Knapp 70 Museen gibt es in Hamburg. Die wichtigsten und zentrumsnahen werden in den jeweiligen Stadtteilkapiteln beschrieben. Etwas abseits, aber durchaus lohnend für alle, die etwas mehr Zeit in der Elbmetropole verbringen wollen, sind folgende Ausstellungen:

Archäologisches Museum, Harburger Rathausplatz 5, Di–So 10–17 Uhr, 6 €/erm. 4 €, Kinder bis 17 J. frei, www.amh.de.

Bunkermuseum, Wichernsweg 16, Do 10–12 und 15–18 Uhr, 3 €/erm. 1,50 €.

Ausstellung der Gedenkstätte Bullenhuser Damm, Bullenhuser Damm 92, So 10–17 Uhr, Eintritt frei, www.kinder-vom-bullenhuser-damm.de.

Hafenmuseum, Australiastraße, Kopfbau des Schuppens 50 A, April–Okt. Di–So 10–18 Uhr, 5,50 €/erm. 3,70 €, freier Eintritt für Kinder und Jugendliche, www.hafenmuseum-hamburg.de.

HSV-Museum → Fußball, S. 39.

KL!CK Kindermuseum → Kinder, S. 40.

Museum der Arbeit, Wiesendamm 3, Mo 13–21 Uhr, Di–Sa 10–17 Uhr, So und feiertags bis 18 Uhr, 7,50 €/erm. 4,50 €, freier

Eintritt für Kinder und Jugendliche, www.museum-der-arbeit.de.

Planetarium im Stadtpark, Otto-Wels-Str. 1, Di 9–17 Uhr, Mi/Do bis 21 Uhr, Fr bis 22 Uhr, Sa 12–22 Uhr, So 10–20 Uhr, montags nur in den Schulferien. Die Wissens- und Kindershows kosten 10 €/erm. 6 €, Kinder bis 16 J. 6 €, www.planetarium-hamburg.de.

Polizeimuseum, Carl-Cohn-Str. 39, Di–Do, So 11–17 Uhr, 8 €/erm. 6 €, www.hamburg.de/polizeimuseum.

Mit dem **Kunstmeilenpass** (12 Monate gültig) kann man diese fünf Museen für 29 € (erm. 15 €) besuchen: Bucerius Kunst Forum, Deichtorhallen, Hamburger Kunsthalle und Galerie der Gegenwart, Kunstverein (Klosterwall 23), Museum für Kunst und Gewerbe. Damit sich der Pass lohnt, sollte man schon mindestens drei dieser – meist mit großartigen Ausstellungen bestückten – Häuser besichtigen; www.kunstmeile-hamburg.de. Informationen zu **Gruppen- oder Kinderführungen** erhält man unter www.museumsdienst-hamburg.de und ✆ 4281310. Infos zur **Langen Nacht der Museen** → Veranstaltungen, S. 76.

Polizei

In Hamburg gibt es 24 Polizeikommissariate und drei Wasserschutzpolizeikommissariate. 600 m entfernt vom Hauptbahnhof liegt das Polizeikommissariat 11, Steindamm 82, ✆ 428651110. Bei Kiez-Delikten sind die richtigen Ansprechpartner die Beamten in der Davidwache (Polizeikommissariat 15), Spielbudenplatz 31, ✆ 428651510.

Post

Möglichkeiten, um Ansichtskarten abzuschicken, gibt es in Hamburg viele. Via http://standorte.deutschepost.de wird man hinsichtlich der Filialen, Briefkästen und Packstationen fündig. In der Nähe des Hauptbahnhofs findet man z. B. eine zentrumsnahe Filiale in der Mönckebergstraße 3 (Tabakbörse im Kaufhof), Mo–Sa 10–20 Uhr.

Rundflüge und mehr

Leider hat der **HighFlyer**, ein riesiger Fesselballon, der sich bei geeigneter Witterung ca. 150 m über die Dächer der Stadt erhob, seinen Betrieb nach neun Jahren einstellen müssen. Der bisherige Standort bei den Deichtorhallen wird von dem Museum anderweitig benötigt. Schade eigentlich, denn rund 180.000 Passagiere haben den fulminanten Blick von oben, bei dem man sich im wahrsten Sinne des Wortes warm anziehen musste, genossen. Wie es weitergeht, war zu Redaktionsschluss noch nicht klar. Aktuelle Infos erhält man unter ✆ 30086969 oder www.highflyer-hamburg.de.

Wer etwas mehr Reisebudget zur Verfügung hat, kann mit einem **Flieger** oder **Helikopter** über Hamburg schweben, eine **Heißluftballonfahrt** unternehmen oder sogar einen **Bungee-** oder **Fallschirmsprung** wagen. Zwischen 40 und 265 € zahlt man für diese Aktivitäten. Nähere Infos unter www.hamburg.de/rundflug-hamburg.

Hamburg von oben

Selbstverständlich gibt es auch unzählige weniger abenteuerliche Möglichkeiten, schöne Ausblicke auf die Hansestadt zu genießen, z. B. von den Kirchtürmen des Michel, von St. Jacobi, St. Petri sowie St. Katharinen. In luftiger Höhe gediegen speisen kann man im Clouds (→ S. 131) in den Tanzenden Türmen. Das Hafenpanorama lässt sich am besten vom Stintfang aus oder durch die Panoramafenster der Cocktailbar 20up (→ S. 136) bewundern. Den besten Blick auf die Elbe und einige Hafenanlagen hat man vom Altonaer Balkon.

Schließfächer/ Gepäckaufbewahrung

Am Hauptbahnhof gibt es zwei Möglichkeiten, um sein Gepäck in Schließfächern zwischenzulagern: am Nordsteg zur Tagesmiete (großes Fach 6 €,

Einen der beliebtesten Aussichtspunkte bietet die 106 m hohe Plattform des Michel

kleines Fach 4 €), am Südsteg bis zu sechs Stunden (großes Fach 4 €, kleines Fach 2 €). Das DB-Gepäckcenter verlangt 5 € pro Tag und Stück. Ähnliches gilt für die Bahnhöfe Altona, Dammtor und Harburg. Am Flughafen befindet sich ebenfalls eine Gepäckaufbewahrung.

Schwul-lesbische Szene

Die schwul-lesbischen Ausgeh-Spots und Treffpunkte der Stadt ballen sich in St. Georg: Ziemlich zentral, ca. 700 m östlich vom Hauptbahnhof, liegt das **Café Gnosa** mit seiner Regenbogenfahne (→ S. 204), ebenfalls in der Langen Reihe beheimatet sind das **Café Uhrlaub** (Nr. 63, tägl. 8–2 Uhr, www.cafeuhrlaub.de), die **G-Bar** (Nr. 81, tägl. 16–2 Uhr, Fr/Sa mindestens bis 4 Uhr, www.generation-bar.de) und eine Hausnummer weiter die **Coffeebar Kyti Voo** (Nr. 82, tägl. 10–0 Uhr, Nov.–März Mo–Fr ab 12 Uhr, www.kytivoo.de). Auch die **Buchhandlung Männerschwarm** (Nr. 102, Mo–Fr 11–20 Uhr, Sa 10–18 Uhr, www.maennerschwarm.de) ist ein guter Anlaufpunkt.

Im **Slut Club** (www.slutclub.de) in der Rostocker Straße 20 steigen die Partys ab 18 Uhr, manchmal ab 22 Uhr. Andere einschlägig bekannte Discos sind **Toms Saloon** (Pulverteich 17, www.toms-hamburg.de) oder das **Kir Ottensen** (Barnerstr. 16, www.kir-hamburg.de); ein weiterer Tipp für Ottensen ist die **Gay Factory** in der Fabrik (→ S. 211 und www.gay-factory.de). Auch die **WunderBar** (Talstr. 14–18, tägl. ab 22 Uhr, www.wunderbar-hamburg.de) in St. Pauli kennt man.

Ebenfalls in St. Pauli hat in der Großen Freiheit 27 b jeden Donnerstag von 20 bis 1 Uhr die **Beta-Bar** (women only) geöffnet. Das **Frauenhotel Hansesatin** in der Neustadt bietet einen reinen Frauen-Salon mit z. B. Lesungen oder Konzerten (→ S. 58, www.endlich-salon.de). Die besten **Frauenfeste** in Hamburg findet man unter www.alpha-girls.de, ebenfalls gut sein sollen die **Mis-Shapes-Partys** (auch für Schwule) im Molotow (Spielbudenplatz 5) und im Uebel & Gefährlich (im Hochbunker in der Feldstr. 66): www.mis-shapes.de.

Die wichtigsten der einschlägigen **Magazine** sind Schwulissimo (www.schwulissimo.de) und hinnerk (www.blu.fm) sowie das Escape für Frauen (www.escape-hamburg.de). Außerdem gibt es in Hamburg einen **Christopher Street Day** (www.hamburg-pride.de), einen schwul-lesbischen **Weihnachtsmarkt** („Winter Pride“, Ende November bis Ende Dezember auf dem Parkplatz Lange Reihe/Kirchenallee) und sogar ein ebensolches **Filmfestival**: die Lesbisch Schwulen Filmtage Hamburg (→ S. 81).

Einen ausführlichen Überblick über schwul-lesbische Veranstaltungen und Angebote findet man auf www.frauenliebe.info/events-hamburg. htm und www.patroc.de/hamburg.

Shopping

In Hamburg bekommt man alles, was das Herz begehrt, und zwar im Prinzip überall. Gewisse Tendenzen lassen sich für die einzelnen Stadtviertel aber doch ausmachen:

Eher hippe Teile gibt es in der **HafenCity** (→ Tour 1), darunter einen sehr angenehmen Laden, in dem man sich wie in einem Wohnzimmer fühlen kann.

St. Pauli (→ Tour 2) ist in Sachen Shopping ein Paradies aus Comic- und Plattenläden, man erhält lässige Streetwear oder ganz eigene Kreationen von (Hamburger) Designern – daneben selbstverständlich auch merkwürdiges Sexspielzeug und andere Kuriositäten auf der Reeperbahn.

Die **Altstadt** (→ Tour 4) gibt sich da wesentlich gediegener: Besonders schön ist das „Kuball und Kempe“ mit seinen handgefertigten Accessoires oder der Laden von Helga Feddersens Großnichte, in dem original Hamburger Schietwetterklamotten angeboten werden.

Das Eldorado für Shoppingfans ist natürlich die **Neustadt** (→ Tour 3). Nicht nur dass sich hier die großen Marken niedergelassen haben, auch Passagen-Hopping kann man betreiben – was besonders bei „Schmuddelwedder“ sehr beliebt ist (→ Kasten S. 153). Und wer so richtig viel Geld für einen Ring oder eine Uhr ausgeben möchte, ist in der Einkaufsmeile Neuer Wall gut aufgehoben. Allerdings stößt man auch in der Neustadt auf einige ganz individuelle, kleine und feine Geschäfte für Kleidung und Gebrauchskunst.

In **St. Georg** (→ Tour 5) sind vor allem die Lange Reihe und einige angrenzende Straßen für Einkaufsfreudige eine feine Sache. Neben originellen Mitbringseln kann man sich in einem sehenswerten Hutmachergeschäft auch etwas Hübsches für den Kopf besorgen.

Im familienfreundlichen **Ottensen** (→ Tour 6) gibt es eigentlich alles querbeet:

Ein Tipp für Vinyljäger: das Minigroove in der Simon-von-Utrecht-Straße

vom kleinen Kaufhaus, das Relikte aus Haushaltsauflösungen anbietet, über kinderfreundliche Café-Geschäfte bis zu einem Laden, der Kulturbeutel und Notebooktaschen aus Traktor-, Lkw-, Motorrad- und Fahrradschläuchen im Angebot hat.

Detaillierte Beschreibungen dieser Läden finden Sie in den jeweiligen Stadttouren.

Wer es ganz genau wissen will, kann für 6,50 € das jährlich aktualisierte Magazin „Szene Hamburg kauft ein!" erstehen, einen Hamburger Einkaufs(ver)führer mit über 500 Adressen.

Für Daheimgebliebene

Auf typische und besondere **Hamburg-Souvenirs** haben sich Frau Vogel (→ S. 143), Frida Kolorida (→ S. 147) und The Art of Hamburg (→ S. 204) spezialisiert. **Postkarten** mit richtig guten Hamburg-Motiven und künstlerischem Anspruch bekommt man im Kunstkiosk (→ S. 137). **Hamburg-Literatur und -Krimis** gibt's z. B. im Strips & Stories (→ S. 136) oder in der Heimat (→ S. 222).

Touristeninformation/ Information im Internet

Für alle Fragen zu Hamburg sind in der Innenstadt zwei Anlaufstellen zu empfehlen: Die **Hamburg Information** am Hauptbahnhof beim Hauptausgang Kirchenallee (Mo–Sa 9–19 Uhr, sonn- und feiertags 10–18 Uhr) und die **Tourist Information** an den Landungsbrücken (zwischen Brücke 4 und 5, So–Mi 9–18 Uhr, Do–Sa bis 19 Uhr). Dort wird man freundlich und kompetent beraten. Am Flughafen gibt es eine dritte Möglichkeit, sich zu informieren: an der **Tourist Information im Airport Plaza** zwischen Terminal 1 und 2, und zwar täglich von 6 bis 23 Uhr. Und wer sich vorab telefonisch beraten lassen möchte, kann die **Hotline** ✆ **30051300** (Mo–Sa 9–19 Uhr) anrufen.

Gute Infos zu vielen Hamburg-Themen erhält man unter **www.hamburg.de** (offizielles Stadtportal für Hamburger und Besucher) und **www.hamburg-tourism.de** (offizielle Tourismusbehörde). Wer schnell auf den allerneuesten Stand gebracht werden mag, z. B. in Sachen Wetter bzw. Sturmfluten, oder sich generell fürs Stadtgeschehen interessiert, kann die Website des Hamburger Fernsehsenders aufrufen: **www.hamburg1.de**.

Wetter

Zugegeben, in Hamburg hat man eine gewisse Schiet- und Schmuddelwettergarantie. Dabei darf nicht vergessen werden, dass die Einflüsse von Nord- und Ostsee auch ihr Gutes haben: In Hamburg herrscht stets eine leichte bis frische Brise, die die weltstädtischen Abgase weiterweht und für eine überraschend gute Luftqualität sorgt. Es bleibt einem nichts anderes übrig, als die etwa 200 Tage mit (leichten) Niederschlägen auszuhalten. Dafür genießt man die ca. 1522 sonnigen Stunden pro Jahr umso mehr.

Zeitungen/Zeitschriften

Hamburg ist Medienstadt, ihre Galionsfiguren sind **DIE ZEIT**, die jeden Donnerstag erscheint, der **SPIEGEL**, der sich jeden Samstag zu Wort meldet, und natürlich die Blätter von **Gruner + Jahr**, darunter Stern, Brigitte und Geo.

Wer vor Ort etwas tiefer ins aktuelle Stadtgeschehen einsteigen oder einfach nur wissen mag, welche Veranstaltungen gerade stattfinden, ist mit dem **Hamburger Abendblatt** gut bedient. Zu den wichtigsten Stadtmagazinen zählen: **Szene Hamburg** (monatlich, seit 1973), **Oxmox** (monatlich, seit 1977), **Der Hamburger** (viermal jährlich, seit 2008) und das Straßenmagazin **Hinz & Kuntz** (monatlich, seit 1993).

Alster-, Hafen- oder Stadtrundfahrt gefällig?

Unterwegs in Hamburg

In der Elbmetropole kann man auf alle gängigen und einige nicht ganz so üblichen Verkehrsmittel zu Wasser und zu Land zurückgreifen. Nur Straßenbahnen gibt es keine, dafür ist das S- und U-Bahn-Netz engmaschig und die U-Bahnen fahren an manchen Stellen sogar oberirdisch. Auch das Busnetz ist weit verzweigt und für manche Sehenswürdigkeiten und Spots die bessere Alternative.

Am schönsten ist es natürlich, die Stadt an der Elbe zu Fuß zu erkunden. Die sieben **Stadttouren** in diesem Buch sind im Prinzip alle als tagesfüllende Spaziergänge angelegt, bei denen man sich meist jeweils innerhalb eines Stadtviertels bewegt. Natürlich kann man an vielen Stellen von einem Spaziergang zum anderen wechseln; außerdem finden sich Hinweise auf Sehenswertes, das während einer anderen Tour besichtigt wird, aber um die Ecke liegt, oder darauf, ob und wo es sinnvoll ist, auf öffentliche Verkehrsmittel umzusteigen, um abzukürzen. Wenn man die Touren einfach nur geht und die vielen Sehenswürdigkeiten und Museen lediglich en passant betrachtet, kann man sicherlich auch zwei Stadtteile an einem Tag schaffen.

Wer mit dem eigenen Auto nach Hamburg gereist ist, wird es vermutlich während seines ganzen Aufenthaltes stehen lassen. Lediglich einige der außerhalb gelegenen Ziele wie z. B. das Konzentrationslager Neuengamme oder Willkomm Höft in Wedel könnte man mit dem Auto anfahren und es so ein bisschen bequemer haben, man erreicht sie aber auch alle mit den Öffentlichen. Unter www.hamburg.de/parken werden die zentralen **Parkhäuser** mit ihren über 10.000 Parkplätzen übersichtlich auf einer Karte präsentiert, außerdem kann man sich hier auch hinsichtlich der aktuell (!) freien Stellplätze, der Preise sowie der Öffnungszeiten informieren. Besonders günstig und gleichzeitig zentral gelegen ist das Parkhaus „Hühnerposten“ südlich des Hauptbahnhofs. Wer außerhalb wohnt, nutzt am besten einen der **Park+Ride-Plätze** des Hamburger Verkehrsverbunds (HVV), um in die Innenstadt zu gelangen; eine Übersicht der Anlagen findet man unter www.hvv.de/wissenswertes/autofahrer/park-ride.

Mit öffentlichen Verkehrsmitteln

Das HVV-Verkehrsnetz (Übersichtspläne → S. 273 und 274/275) aus **S-, U- und Regionalbahnen** sowie **Bussen** und **Hafenfähren** ist in fünf Tarifringe gegliedert. Dabei bilden die ersten zwei Ringe (A, B) den Großbereich Hamburg. In ihnen befinden sich die meisten der in diesem Reiseführer beschriebenen Sehenswürdigkeiten. Die Ringe C, D und E beinhalten die touristisch weniger interessanten Randgebiete, für die man häufig auf Regionalbahnen oder spezielle Buslinien (z. B. Schnellbusse) zurückgreifen muss.

Fahrkarten erhält man an den Automaten oder bei den HVV-Service- bzw. Verkaufsstellen am Hauptbahnhof, Berliner Tor oder Dammtor, außerdem direkt bei den Busfahrern. Für eine **Einzelfahrt** innerhalb des oben genannten Großbereichs zahlt man je nach Entfernung bzw. Tarifzone 1,50–3 €. Sehr praktisch sind **Tageskarten**: Die 9-Uhr-Tageskarte erlaubt Fahrten im gesamten Großbereich Hamburg und belastet die Reisekasse mit gerade mal 6 €. Kinder unter 6 Jahren fahren umsonst, für Kinder zwischen 6 und 14 Jahren werden lediglich 2,10 € fällig. Die 9-Uhr-Tageskarte gilt vom Tag des Kaufs ab 9 Uhr bis um 6 Uhr des Folgetages. Samstags, sonntags und feiertags kann man die 9-Uhr-Tageskarte ganztägig nutzen.

Viele schwören auch auf die **Hamburg CARD** für den Großbereich: 1 Tag wird mit 9,50 € berechnet, 3 Tage kosten 24,50 €, 5 Tage immerhin 40,50 €. Bei diesem Ticket fahren bis zu drei Kinder zwischen 6 und 14 Jahren kostenlos mit, die jeweilige Variante verliert ihre Gültigkeit ebenso um 6 Uhr des jeweiligen Folgetages. Außerdem gibt es zwischen 15 und 50 % Ermäßigung bei einigen Sehenswürdigkeiten und Museen, auch die Restkarten an den Abendkassen bei manchen Musicals und Theatern bekommt man 10–25 % günstiger. Sogar bei Hafen-, Alster- und Stadtrundfahrten spart man mit der Hamburg CARD, genau wie beim Fahrradverleihservice nextbike (→ S. 50). Unter der sehr langen Webadresse www.hamburg-tourism.de/suchen-buchen/hamburg-card/alle-verguenstigungen stehen alle Rabatte im Überblick. Man erhält die Hamburg CARD an den Fahrkartenautomaten des HVV oder z. B. in der Tourist Information im Hauptbahnhof. Für Studierende lohnt sich die Hamburg CARD nicht unbedingt, da sie in einigen Häusern mit einem entsprechenden Ausweis ohnehin Vergünstigungen bekommen.

Eine dritte Variante für Urlauber, die die Stadt mindestens sieben Tage lang bereisen, ist dann noch die **Wochenkarte**.

Haltestelle im Nirgendwo ...

Für den Großbereich kostet sie 26,90 €. Allerdings ist sie, im Gegensatz zur Hamburg CARD und zur 9-Uhr-Tageskarte, nicht am Automaten erhältlich. Man kann sie online unter www.hvv.de buchen und ausdrucken oder in einer der Servicestellen erwerben (z. B. im Hauptbahnhof, Eingang Kirchenallee).

Mit dem Fahrrad

Die verschlungenen Wege der Hafenstadt in den Sommermonaten mit dem Fahrrad zu erkunden, macht wirklich Spaß. Besonders die Strecke von Övelgönne bis Blankenese (→ Tour 7) oder ein Fahrradtrip um die Außenalster (→ Tour 5, Kasten S. 196) sind mit dem Drahtesel ein Vergnügen. Unter www.hamburg.adfc.de/freizeit/links findet man eine gute Auflistung der wichtigsten **Fahrradverleiher** der Stadt, auch für E-Bikes.

Eine pfiffige Alternative zu konventionellen Verleihern sind die Initiativen **StadtRAD** und **nextbike**. Dabei kann man öffentlich zugängliche, im Freien wartende Bikes über sog. Verleihstationen ausborgen. StadtRAD bietet mehr Stationen, mehr Räder und die ersten 30 Minuten sind kostenlos. Dafür ist nextbike günstiger: 9 € zahlt man für 24 Stunden, 1 € wird pro halbe Stunde fällig, mit der Hamburg CARD (→ S. 49) kann man für denselben Preis satte viereinhalb Stunden unterwegs sein. Bei StadtRAD kosten 24 Stunden 12 €, 8 Cent sind es pro Minute (mit der BahnCard nur 6 Cent). Anmelden kann man sich via EC- oder Kreditkarte an den Terminals der Verleihstationen. Sie sind dankenswerterweise an touristisch relevanten Stellen zu finden, so z. B. bei den Landungsbrücken, beim Michel, am Rathaus, am Jungfernstieg und sogar mehrfach in der HafenCity. Die Rückgabe eines Rads kann problemlos an einer anderen Verleihstation erfolgen. Eine Übersicht sämtlicher Stationen findet man online unter http:// stadtrad. hamburg.de und www.nextbike.de.

Geführte Fahrradtouren

Interessante Touren durch Hamburg bieten die **Hamburg City Cycles** (Bernhard-Nocht-Str. 89–91, Mo–So 10–18 Uhr, www.hhcitycycles.de), z. B. „Hamburg Kompakt" mit den Top-Sights der Hansestadt (tägl. um 10.30 Uhr, Fr/Sa zusätzlich um 14.30 Uhr), außerdem gibt es Touren nach Blankenese und Trips zur Apfelblüte ins Alte Land sind angedacht. Während der 3- bis 3,5-stündigen „aktiven Alternative zur Bustour" radelt man entspannt durch die Metropole, „schon über 80-Jährige und 6-Jährige sind mitgefahren", so der Inhaber Lars Michaelsen. Die Rundfahrten finden ab 2 Personen zwischen Mitte März und Anfang November statt und schlagen mit 24 € zu Buche; wer sein eigenes Bike mitbringt, spart 4 €, auch Schüler zahlen 4 € weniger. Anmeldung unter ✆ 74214420. Wer einfach nur Räder leihen will, ist mit 9 € für 4 Stunden dabei, 24 Stunden kosten 13 €.

Mit dem Taxi/Fahrradtaxi

Seit 2011 fahren neben „normalen" Taxis sog. **Umwelttaxis** durch Hamburg. Aufgrund deren geringeren Schadstoffausstoßes werden mehrere Tonnen CO^2 pro Jahr eingespart. Und der Fahrpreis ist derselbe wie in den herkömmlichen Taxis: 3,20 € Grundpreis, danach gilt ein Kilometerpreis zwischen 2,35 € und 1,45 €, je nachdem, wie lange man unterwegs ist (ab dem 10. Kilometer greift der günstige Tarif); Großraumtaxis für mehr als vier Personen kosten 6 € extra (Kartenzahlung ist möglich, vorher absprechen!). Wer es ganz genau wissen will, kann sogar den Fahrpreis ausrechnen: www.taxirechner.de. Für längere Fahrten, z. B. ins Umland, lohnt es sich, eine Pauschale auszuhandeln.

Umwelttaxis kann man via ✆ 211211 (Hansa-Taxi), ✆ 211522 (prima clima mobil) oder ✆ 666666 (Taxi Hamburg) bestellen. Für Kinder bis 12 Jahre muss bei der Vermittlung ein Taxi mit Kindersitz angefordert werden (ohne dürfen sie nicht befördert werden). Falls Sie Gegenstände in einem der 3300 Taxis vergessen haben, können diese mithilfe der Quittung und der darauf angegebenen Zulassungsnummer – im Idealfall zusätzlich Datum, Uhrzeit, Einstiegsort und Fahrtziel angeben – wiedererlangt werden (✆ 428413754 oder 428413757 sowie taxenstelle@bwvi.hamburg.de).

Noch umweltschonender und seit 2003 im Einsatz sind die **Fahrradtaxis**. Der „Winketarif" beträgt 6 € pro Kilometer. Möglich sind aber auch einstündige Stadtrundfahrten zu 36–46 €, z. B. an der Alster entlang, durchs historische Hamburg oder die HafenCity. Am Rathausmarkt, in der Mönckebergstraße, am Jungfernstieg oder an den Landungsbrücken trifft man die Velos in den warmen Monaten meistens an. Bei telefonischer Vorbestellung kommt eine Anfahrtspauschale von 3 € dazu: ✆ 0162-1089020, www.trimotion.de.

Mit dem Schiff

Hafenrundfahrten gehören zu einem Hamburgaufenthalt einfach dazu. Was man beachten sollte, welche speziellen und lohnenden Touren es gibt und wie man sonst noch auf der Elbe und sogar im gesicherten Hafengelände unterwegs sein kann, lesen Sie in Tour 1 auf S. 102.

Die Barkassen für die nicht ganz so bekannten **Fleetfahrten** durch die kleinen Kanäle von Altstadt, Speicherstadt und HafenCity kann man direkt am Jungfernstieg besteigen, auch Alster-Rundfahrten und sogar eine Fahrt durch die Vier- und Marschlande („Altes Land") sind möglich: → Tour 3, S. 155.

Ausflug nach Helgoland

Wer seinen Trip nach Hamburg um einen Ausflug nach Helgoland erweitern möchte, kann von den Landungsbrücken oder vom Willkomm Höft aus dorthin aufbrechen: Von Ende März bis Ende Okt. geht es tägl. um 9 Uhr bzw. 9.40 Uhr mit dem „Halunder Jet" bei Landungsbrücke 3/4 bzw. in Wedel in der Parnaßstraße 29 los. Um 12.45 Uhr erreicht man Helgoland, zurück geht's um 16.30 Uhr, manchmal um 17 Uhr. Erw. zahlen für die Hin- und Rückfahrt an einem Tag ca. 70–88 €, Kinder (4–14 J.) ca. 35–44 €, Familienkarte (2 Erw. + 2 Kinder) ca. 170–215 €. In der Comfort Class wird es 30 € teurer, für die Hin- und Rückfahrt an unterschiedlichen Tagen muss man ca. 20 € mehr zahlen. Pro Pers. sind 20 kg Gepäck möglich. Wetterbedingte Fahrplanänderungen kann man unter ✆ 0180-5221445 erfragen, buchen unter ✆ 0461/86444 bzw. www.helgoline.de.

Stadtrundfahrten

Wer sich per Sightseeing-Bus durch Hamburg kutschieren lässt, bekommt auf jeden Fall einen ganz guten visuellen Überblick über die Stadt, muss während der 90-minütigen bis zweistündigen Fahrten allerdings auch den ein oder anderen Kalauer ertragen und wissen, dass einige Fakten und Hintergrunde zu Gebäuden nicht hundertprozentig verlässlich sind. Zusteigen kann man an der Ostseite des Hauptbahnhofs (Kirchenallee) oder an den Landungsbrücken täglich zwischen ca. 10 und 17 Uhr. Im Regelfall ist es möglich, bei den

Haltestellen aus- und zu einem späteren Zeitpunkt wieder einzusteigen („hop on, hop off"). Am günstigsten sind die Fahrten mit der **Hamburg City Tour** (www.hamburg-city-tour.eu) für 15 €; ermäßigt, mit der Hamburg CARD oder bei Online-Buchung sind es nur 13 €, max. 3 Kinder bis 12 J. fahren in Begleitung eines Elternteils kostenlos mit. Bei den **Gelben Doppeldeckern** (www.stadtrundfahrthamburg.de) gibt es eine einstündige Schnuppertour zu 13 € (Kinder bis 14 J. frei), die um 10.55 Uhr bei den Landungsbrücken beginnt und dort wieder endet. Bei den anderen Anbietern (z. B. Top-Tour-Hamburg, Hamburg City Vision, Die Roten Doppeldecker) zahlt man meist zwischen 17,50 und 18,50 € (Kinder bis 14 J. frei).

Geführte Touren

Historisch spannend ist ein Rundgang zur Geschichte und Entwicklung der **Speicherstadt**, wobei die Arbeit der Quartiersleute und die Hintergründe zu den Importgütern (z. B. Kaffee) erklärt werden (→ Tour 1, S. 103). Wer lieber in der Gegenwart bleibt, kann die **HafenCity** kostenlos (!) per pedes oder mit dem Rad auf sechs verschiedenen Touren mit Stadtführern erkunden (→ Tour 1, S. 103). Falls Sie das „richtige" **St. Pauli** mit einem Einheimischen durchstreifen wollen, finden Sie alle dafür nötigen Informationen in Tour 2 auf S. 131. Wer wiederum das historische **Ottensen** mit Geschichtskundigen begehen mag, erhält Informationen im gleichnamigen Stadtteilarchiv (→ S. 212).

... in die Hamburger Unterwelt

Der Verein **unter hamburg e. V.** hat es sich zur Aufgabe gemacht, die NS-Zeit und die Ära des Kalten Krieges mittels der Erforschung und Dokumentation unterirdischer Bauwerke aufzuarbeiten. So gab es in Hamburg während des Dritten Reichs mehr Bunker als in jeder anderen Stadt, nämlich um die 650. Später und bis zum Fall des Eisernen Vorhangs und zum Zusammenbruch des Ostblocks dienten sie als sog. Zivilschutzanlagen. Der Verein führt Interessierte z. B. in den Tiefbunker am Berliner Tor oder in die verbunkerte Befehlsstelle des Reichsstatthalters Karl Kaufmann (→ Stadtgeschichte, S. 32). Nur so viel: Die teilweise bizarren Touren lohnen sich!

Aktuelle Termine unter www.unter-hamburg.de, Tickets 6 €, erm. 4 €. Voranmeldung für die ca. zweistündigen Führungen unter ✆ 68267560 zwingend erforderlich! Leider ist keine behindertengerechte Besichtigung möglich, da man bisweilen enge und steile Treppen ohne Handlauf hinuntergeht. Da es in den unterirdischen Bauten auch im Sommer empfindlich kühl ist, sollte man sich entsprechend warm anziehen.

... mit dem Segway

Wer sich vor einer seltsamen Außenwirkung nicht scheut, kann die Stadt auch mit dem Segway besichtigen. Ganz günstig ist das allerdings nicht: Zwischen 65 und 75 € (ohne oder mit Kasko-Schutz) bezahlt man, wenn man die 10-km-Touren mitmacht, die selbstverständlich zu allen relevanten Sehenswürdigkeiten des Zentrums führen. Man düst auf Elektrorollern dahin und erfährt über Funk, was die Hotspots ausmacht. Voraussetzung für eine Segway City Tour (www.segway-citytour.de) ist ein Führerschein (Mofa, Motorrad oder Pkw) sowie ein Körpergewicht zwischen 45 und 115 kg (Schwangere dürfen nicht mitfahren). Die Rundtour selbst dauert ca. zwei Stunden, zuvor erhält man eine halbstündige Einweisung in das Gefährt. Interessierte sollten vorab buchen unter ✆ 47113300. In der HafenCity, Am Sandtorpark 8, fängt die ungewöhnliche „Reise" an.

STADTRUNDFAHRT
Landungsbrücken
über
Hauptbahnhof
Wg. 9
M·A·N
BÜSSING
HH MM 392
HIRMER

Stilvoll – das Grandhotel, in dem sich Udo Lindenberg niedergelassen hat

Übernachten

Vier- und Fünf-Sterne-Hotels gibt es noch und nöcher. Wesentlich schwieriger ist es schon, eine Unterkunft zu finden, die a) zentrumsnah und b) nicht zu teuer ist. Im Idealfall stimmt auch noch das Preis-Leistungs-Verhältnis … Doch, doch: Es gibt sie, aber man muss ziemlich früh buchen.

Eine dieser Low-Budget-Unterkünfte befindet sich ganz nahe beim Herzen Hamburgs: die **Pension am Rathaus**. Dort ist ein Doppelzimmer mit Bad für 70 € pro Nacht zu bekommen, aufs Frühstück muss man allerdings verzichten. Anders ist das in der **Pension Martinez** in der Nähe des Michel, wo nach einer Nacht im Doppelzimmer für 84 € aufwärts morgens unter anderem „kolumbianisches Rührei“ auf den Tisch kommt – wo kriegt man das sonst?

Noch billiger (aber leider ohne südamerikanisches Rührei) übernachtet, wer sich mit einem Bett im Schlafsaal zufriedengibt: Das bietet die **Jugendherberge auf dem Stintfang** für exakt 20,90 €. Alternativen für eine ebenfalls junge Klientel sind das **Instant sleep** im Schanzenviertel oder das **Backpackers St. Pauli**, wo ein Platz im spartanisch-nüchternen Mehrbettzimmer für ca. 20–25 € zu haben ist.

St. Pauli kann aber auch anders als spartanisch-nüchtern, und zwar gewaltig: in der absolut stylishen **Superbude**, die im Februar 2014 mit dem German Design Award ausgezeichnet wurde. Die wirklich außergewöhnlichen, farbenfrohen Doppelzimmer sind für überschaubare 62–92 € im Angebot.

Eine zweite Filiale unterhält die Superbude in St. Georg. Sie ist dort nicht allein, denn im Stadtteil zwischen Hauptbahnhof, östlichem Alsterufer und Berliner Tor wohnt man so zentral, dass die Nachfrage groß und das Angebot an Hotels und Pensionen gewaltig ist. Doch wie für alle Viertel in unmittelbarer Bahnhofsnähe gilt auch für den Stadtteil mit dem edlen Ritter Georg im Logo: Es glänzt nicht allerorten, Straßenstrich, Drogenszene, Sex-Shops und billige Spielcasinos sind ebenso fester Bestandteil des Viertels wie schicke kleine Läden, nette Cafés und der Bio-Supermarkt mit „Lifestyle Food für jedermann". Ein bisschen spiegelt sich die Ambivalenz auch in der Hotelszene wider: Es gibt das, was man Absteigen nennt; es gibt Kulturell-Ambitioniertes wie das **Hotel Wedina**, in dem man nicht nur wunderbar schlafen, sondern auch Autorenlesungen lauschen kann; und es gibt liebenswert Schrill-Plüschiges wie das **Hotel Village**, das im ehemals luxuriösesten Bordell Norddeutschlands untergebracht und eine echte Show ist, sowie das **Henri** in einem alten Kontorhaus, fußläufig zum Kontorhausviertel. Und dann wäre da noch das deutschlandweit wohl bekannteste Hotel Hamburgs: das **Atlantic**. Fünf Sterne, ein Dauergast: Udo Lindenberg.

Von dieser ersten Vorauswahl einmal abgesehen, finden Sie auf den folgenden Seiten sicher das Passende, wobei manches Haus etwas abseits der touristischen Zentren liegt. Nein, das macht nichts, denn das hamburgische S-Bahn-Netz ist gut und es muss kein Nachteil sein, in einem touristisch ruhigen Viertel zu nächtigen, wenn man den ganzen Tag in einer Weltstadt unterwegs war ...

Statistik. Suchen & Buchen

Nach Hamburg kommen Jahr für Jahr nahezu 6 Mio. Menschen aus aller Welt. Sie bleiben allerdings nur durchschnittlich 2 Tage, weswegen man von ungefähr 12 Mio Übernachtungen ausgeht.

Wenn Sie dazugehören, können Sie sich an der folgenden **Auswahlliste** orientieren. Oder Sie konsultieren eine der gängigen **Hoteldatenbanken** (www.hotel.de, www.expedia.de, www.hotelreservierung.de usw.) bzw. die **Websites** www.hamburg.de oder www.hamburg-tourismus.de. Hinweise zu **Camping- und Wohnmobilstellplätzen** finden Sie am Ende dieses Kapitels.

Wer nicht im Hotel, im Zelt oder seinem Wohnwagen nächtigen möchte, kann sich unter www.airbnb.de bzw. www.9flats.com umschauen. Dort sind **Zimmer in Privatwohnungen** im Angebot. Keine Angst: Die Vermieter kommen während Ihres Aufenthalts woanders unter, Sie müssen also die Abende nicht gemeinsam vor dem Fernseher verbringen ...

Rund um den Hafen → Karte S. 88/89

Es gibt nicht so viele Möglichkeiten in direkter Hafennähe oder in der HafenCity zu nächtigen. Trotzdem existieren vier Angebote, die durchaus spannend sind.

Hotel Hafen Hamburg **1** Ein absoluter Klassiker für eine Nacht in Hamburg ist dieses kastenartige Haus, das im schlimmen End-Siebziger-Stil erbaut ist. Dafür liegen die eher konventionell eingerichteten Zimmer der Seemanns-, Leutnants- und Kommandanten-Klasse und die mit modernerem Design gestalteten Räume der Kajüten- und Kapitäns-Klasse im heimlichen Zentrum Hamburgs direkt oberhalb der Landungsbrücken. Anders gesagt: Man kann mit seiner Sightseeingtour sofort loslegen. So viele Möglichkeiten erlauben höchst variable Preise: Wer Glück hat, zahlt um die 100 €, doch es können auch 250 € werden, je nach Verfügbarkeit, Saison und Hafenblick, Einzel- oder Doppelzimmer. Übrigens: Willi Bartels, der ungekrönte König von St. Pauli, hielt hier seine Audienzen ab. Seewartenstr. 9, ✆ 311130, www.hotel-hafen-hamburg.de.

»» Mein Tipp: **25hours** **16** Das erste und bislang einzige Hotel in der HafenCity beeindruckt durch pfiffiges Design. Die Tapeten sind voll von Seemannssprüchen, 25 Seemannsgeschichten kann man in einem Logbuch nachlesen und sogar die Minibar setzt konsequent auf Hamburger-Hafen-Atmo: Statt der Biere aus der Fernsehwerbung gibt es Astra, statt Coca lieber Fritz-Kola (Achtung, Koffeinschock!), statt Abgeschiedenheit ein wenig Baulärm (Überseequartier). Wochentags liegt der Altersdurchschnitt bei 25 bis 35 Jahren (junge Geschäftsreisende), am Wochenende kommen die Urlauber, manche mit Kindern. Auf den sechs Etagen kann man das müde

Haupt in „Kojen“ (fünf Kategorien) betten, wobei die „Captains Cabin“ die beste ist. Außerdem hat man die Option, in der „Heimat. Entspannte Gastronomie seit 2011“ (jeden Freitag um 21.30 Uhr kostenlose Livemusik) zu essen (→ Tour 1, S. 106), eine Vinylothek (ein Raucherraum zum Plattenauflegen) aufzusuchen und zwei Mini Cooper oder sieben Räder kostenlos auszuleihen. Das alles hat seinen Preis: Wenn ein Frühstück dabei sein soll, zahlt man mindestens 121 € fürs DZ. Während des Hafengeburtstags wird es bisweilen erheblich teurer. Junge Leute bis 25 Jahre sparen 15 %, als Besitzer eines Mini Cooper kommt man in denselben Genuss. Überseeallee 5, ✆ 2577770, www.25hours-hotels.com/hafencity. «‹

Stella Maris **8** Unter der Woche wohnen hier die auswärtigen Geschäftsleute und für den Hafengeburtstag im Mai ist jeweils 8 Monate vorher ausgebucht. Davon abgesehen, kann man an Wochenenden in diesem 3-Sterne-Haus durchaus unterkommen. Es gibt 3 Kategorien: Sailor's Class (ca. 60 €), Officer's Class (rund 122 €), Captain's Class (etwa 152 €) – wobei man sich bei der ersten mit Etagendusche begnügen muss … Ein Frühstück schlägt mit 11 € zu Buche. Der von außen ziemlich unattraktive Klinkerkasten in der Nähe der Landungsbrücken bietet 49 Zimmer zur Übernachtung an. Reimarusstr. 12, ✆ 3192023, www.hotel-stellamaris.de.

Jugendherberge auf dem Stintfang **2** Jugendherbergen sind nicht immer so günstig, wie man gemeinhin annimmt. Die schönsten DZ 104, 105, 204 und 205 (erstklassiger Hafenblick) sind kontingentiert und können nur online mit Halbpension zu ca. 80 € gebucht werden. Sicher, als 18- bis 26-Jähriger kann man im geschlechtlich gemischten „Panoramadorm. Hamburgs Betten mit Superaussicht“ für 20,90 € das Schnarchen der anderen miterleben; wer 27 und älter ist, zahlt 4 € mehr. Wichtig: Um während der Saison (April–Sept.) in einem der anderen DZ (ca. 65 €) unterzukommen, sollte man sechs Monate vorher buchen. An Wochenenden muss man für zwei Tage buchen. Voraussetzung für eine Übernachtung ist eine Mitgliedskarte des DJH (rund 7–22,50 €), für Familien gibt es Sonderrabatte. Sehr positiv ist mir der freundliche Service aufgefallen. Auch schön: Das „Wetter in Hamburg“ wird aktuell an der Rezeption veröffentlicht. Alfred-Wegener-Weg 5, ✆ 5701590.

St. Pauli

→ Karte S. 116/117

Seit der konsequenten Stadtteilaufwertung des einstigen „Böse-Buben-Viertels“ kann man auch in St. Pauli schon 200 € für die

Die Superbude, mit dem German Design Award ausgezeichnet

Nacht zahlen – fürs einfache Schlafen, versteht sich. Mehrsternige Anlaufpunkte sind das **Empire Riverside** (Bernhard-Nocht-Str. 97, viereinhalb Sterne) oder das **Arcotel Onyx** (Reeperbahn 1, vier Sterne) in den Tanzenden Türmen sowie das **east** (Simon-von-Utrecht-Str. 31, vier Sterne) zwei Straßen weiter nördlich. Wer direkt an der Reeperbahn etwas sucht und Ohropax mithat, könnte im eher schmuckfreien **A & O Hostel** (Reeperbahn 154) einchecken. Doch auch in einigen Ex-Bordellen, einer Rucksackherberge und einem sehr schönen Designhotel findet man die passende Location zum Ausruhen nach dem Ausgehen …

››› Mein Tipp: **Superbude** **1** Sehr stylish, witzig gemacht und gekonnt designt – im Februar 2014 gab's dafür sogar den German Design Award. Die Inneneinrichtung des Hotels, das schon mit einem Bein in der Schanze steht, überzeugt u. a. durch die Zeitungsartikel-Tapete in den Zimmern. Mit 89 Doppel- und einigen Mehrbettzimmern ist das Haus ziemlich groß und die 4. Etage – im Fahrstuhl heißt sie „Super Ausblick" – führt zu einer Dachterrasse; auch einen kleinen Spa-Bereich gibt es. Für das DZ legt man 62–92 € hin. Immer wieder werden kleine Live-Konzerte for free gegeben, auch Nutellabrote kann man sich einfach so schmieren. Und die Rezeptions-Jungs und -Mädels waren supernett – was will man mehr? Das Frühstück (7–12 Uhr) kostet allerdings 9 € extra. Übrigens: Eine weitere Superbude gibt es in St. Georg (Spaldingstr. 152). Juliusstr. 1–7, ✆ 807915820, www.superbude.de. ‹‹‹

Kiezbude **23** Da es sich hier um ein Ex-Bordell handelt, sind die Wände dünn (und das direkt an der Reeperbahn) und man wird gerne durch die knarrenden Türen der nach und nach eintrudelnden Feierlaunigen geweckt. Dafür ist das Kiezflair ziemlich perfekt: Glitzerbambi am Eingang, Pfauentapeten, Rotlicht-Interieur … DZ ca. 50–100 €, je nachdem, ob man am Wochenende eincheckt und „Brause und Pot" auf dem Zimmer braucht; außerdem Viererstube (80–120 €) und Apartment (90–100 €, mind. zwei Übernachtungen). 3 € extra für Bettwäsche, kein Frühstück. Lincolnstr. 2, ✆ 74214269, www.kiezbude.com.

Kogge **30** Dieses sog. Musiker- und Bandhotel ist sehr eigen und durchaus etwas Besonderes, zumal man im „Getränkestützpunkt", einer sympathisch-verlebten Bar mit Kicker, ein Jever für 2 € kriegt. Einige Altrocker klagten allerdings über ramponierte, durchgelegene Matratzen … Es sind eben eher die Jungen, die hier bzw. in St. Pauli nächtigen (am Wochenende kann man bis 6 Uhr morgens einchecken!). Die 12 schrägen Doppel- und Einzelzimmer (z. B. „Honeckers Herrenzimmer", „Disco Dream") können auf der Website vorab besichtigt werden; die Duschen liegen auf dem Gang. EZ 30–35 €, DZ 50–58 €, 4-Bett-Zimmer 80–90 € – je nachdem, ob man sich von Sonntag bis Donnerstag oder am Freitag und Samstag einmietet. Bernhard-Nocht-Str. 59, ✆ 312872, www.kogge-hamburg.com.

Backpackers St. Pauli **2** Einfachste Bedürfnisse werden in diesem Hostel erfüllt, das entspannt zwischen St. Pauli und Schanze liegt. Dafür stimmt die „familiäre und persönliche Atmosphäre", die auf der Website angekündigt wird. Anders gesagt: Sehr netter, zuvorkommender und hilfsbereiter Service! Die meisten übernachten in 6- und 8-Bett-Zimmern für ca. 24 bzw. 18 € pro Person und Nacht. Die jeweils nur einmal vorhandenen 2-, 3- und 4-Bett-Zimmer sind etwas teurer. Bei drei Nächten entfallen die Kosten für die Bettwäsche, andernfalls werden 2,50 € extra fällig. Von Mai bis Sept. sollte man mindestens drei Monate vorher fürs Wochenende buchen. An Sommer-Wochenenden muss man zwei Nächte bleiben. Kostenloses WLAN. Bernstorffstr. 98, ✆ 23517043, www.backpackers-stpauli.de.

Neustadt

→ Karte S. 142/143

Wer sehr viel auf sich hält (und die nötige Geldbörse dafür hat) geht natürlich ins Vier Jahreszeiten (s. u.). Wer es ebenfalls gediegener wünscht, könnte das Design-Hotel **Side** (Drehbahn 49, 5 Sterne) beziehen. Für alle anderen wird es in dieser Ecke der Stadt nicht so leicht, eine halbwegs günstige und gute Unterkunft zu finden. Nichts desto trotz, es gibt sie auch hier, die Geheimtipps.

Vier Jahreszeiten **4** Im kupfergedeckten Wahrzeichen am Jungfernstieg gibt es das günstigste Doppelzimmer ab ca. 300 €, bei Junior-Suiten mit Alsterblick ist man mit ca. 500–600 € dabei. Da die 156 Zimmer sehr begehrt sind – u. a. befinden sich darin originale Möbel der vorletzten Jahrhundertwende –, sollte man entweder ziemlich früh buchen oder sich im Januar bzw. im August einmieten. Übrigens: Von Kriegsende bis 1952 war das heutige 5-Sterne-Hotel das Hauptquartier der britischen Besatzer; inzwischen gehört es einer amerikanischen Hotelgroup: den Fairmont Hotels & Resorts. Neuer Jungfernstieg 9–14, ✆ 34940, www.hvj.de.

Lindner Hotel Am Michel **14** In fußläufiger Entfernung zum alten Wahrzeichen der Stadt (das neue ist die Elbphilharmonie) liegt dieses 4-Sterne-Hotel mit seinen rund 220 Zimmern. Was erwartet einen? Eine stilvoll-schlichte Einrichtung in sanften Beigetönen, fünf Zimmerkategorien (von Economy bis First Class Suiten), DZ-Preise, die ungefähr zwischen 150 und 250 € liegen – Ausreißer nach oben und unten möglich! Für Familien mit Kindern gibt es 24 Zimmer mit Verbindungstüren. Einzelreisende zahlen etwa 30 € weniger. Das Frühstücksbüffet kostet so viel wie die Tiefgarage: 22 €. Doch wer hier wohnt, braucht eigentlich kein Auto. Neanderstr. 20, ✆ 3070670, www.lindner.de.

Pension Martinez **17** Nur hier bekommt man „kolumbianisches Rührei". Warum? Die Besitzerin ist Südamerikanerin. Da die schlicht eingerichteten drei DZ inkl. Dusche ruhig und trotzdem in der Nähe des Michel liegen, sollte man zwei bis drei Monate vorher buchen. Von Sonntag bis Freitag kostet die Unterkunft mindestens 78 €, am Wochenende geht es ab 84 € los. Für ein Frühstück (7.30–9.30 Uhr) zahlt man 9 € zusätzlich. Summa summarum: Man wird familiär betreut und bekommt alles, was man sonst auch bekommt, nur eben ein wenig günstiger und einfacher. Während großer Events (z. B. Harley Days) ist es allerdings schwierig, einen Platz zu ergattern, da es dann „VIP-Liegeplätze" für Stammgäste gibt. Zeughausmarkt 21, ✆ 75360975, www.pensionmartinez.de.

Hotel Hanseatin **7** It's a man's world! Deshalb gibt es das Frauenhotel Hanseatin. 13 individuell und nett eingerichtete Zimmer, u. a. mit Etagendusche unter dem Dach. Die Preise für ein EZ rangieren zwischen 68 und 83 €, ein DZ kostet 106 €. Wer Etagenduschen akzeptiert, ist mit 53 € (EZ) oder 90 € (DZ) dabei. Im angeschlossenen Frauencafé „endlich" (das leider nicht mehr für die Öffentlichkeit zugänglich ist) kann frau ihr Frühstück à la carte einnehmen, sonntags gibt es ein Frühstücksbuffet für 6,50 €. Einmal-Frotteepantoffeln, Bücher von Schriftstellerinnen, Netbooks und Surfsticks ergänzen das Angebot. Dragonerstall 11, ✆ 341345, www.hotel-hanseatin.de.

Altstadt

→ Karte S. 164/165

Unterkünfte in Hamburgs Altstadt zu finden, für die man nicht gleich ca. 200 € die Nacht bezahlen muss, ist keine leichte Sache. Wer in dieser Größenordnung investieren möchte und sich unter der Woche auch nicht an Business-Travellern stört, kann im **Hyatt** (Bugenhagenstr. 8–10, 5 Sterne), im **Sofitel** (Alter Wall 40, 4 Sterne) oder im neuen **Barceló** (Ferdinandstr. 15, 4 Sterne) einchecken. Für alle anderen gibt es meines Wissens nur eine geldbörsenschonende Alternative. Doch auch im Henri (s. u.) schläft man zentral, ohne übermäßig viel zu bezahlen.

Pension am Rathaus **9** Näher am Zentrum geht nicht! Vom Einzelreisenden bis zur Fünfer-Gruppe kann man sich hier ganz gut und tendenziell günstig betten. Ein einfaches, aber sauberes DZ mit Etagenbad und -WC ist für 46 € zu haben, mit eigener Dusche, aber dem WC auf dem Gang für 56 €. Für die komfortablere Variante mit Bad im Zimmer legt man 72 € hin. Die 15 Zimmer verteilen sich auf zwei Stockwerke, von denen das untere schöne Holzdielen hat. An Wochenenden, Feiertagen und während Großveranstaltungen wird ein Aufschlag von 5 € pro Zimmer und Nacht fällig. Kinder unter 5 Jahren übernachten kostenlos. Es gibt allerdings kein Frühstück, dafür sind zahlreiche Bäckereien und das geniale Café Paris (→ S. 186) in fußläufiger Nähe. Rathausstr. 14, ✆ 337489, www.pension-amrathaus.de.

»› **Mein Tipp: Henri** **6** Das M-, das L- und das XL-Studio sowie die Suite unterscheiden sich schlicht und ergreifend in ihrer Größe. Eingerichtet sind sie auf eine sehr entspannte und kosmopolitische Art, ohne allzu lässig zu wirken, und im Kingsizebett schläft es sich gut. Zweiter Vorteil: Die 65 Zimmer in einem alten Kontorhaus befinden sich fußläufig zum Hauptbahnhof, zum Rathaus und zum Kontorhausviertel. Die Übernachtung ist halbwegs bezahlbar, sofern man nicht gleich die Suite nimmt – um die 120 € im DZ für eine Nacht. Wer früh oder für einen Aufenthalt unter der Woche bucht, spart etwa 20 €. Ein kleiner Nachteil besteht darin, dass das Frühstück nicht im Preis inbegriffen ist und 15 € kostet (Kinder bis 7 J. speisen gratis); doch man ist ja in Hamburg und es gibt diverse andere Lösungen für ein wohlschmeckendes Morgenmahl

(→ Essen und Trinken, S. 63). Zum Ausgleich kann man das Spa mit Dampfbad und Finnischer Sauna nach einem langen Hamburgtag für 7 € nutzen. Bugenhagenstr. 21, ✆ 554357557, http://henri-hotel.com. «

St. Georg

→ Karte S. 190/191

Absolut im Zentrum mit ganz kurzem Weg zum Hauptbahnhof. Die Hoteldichte ist groß, allerdings ist St. Georg als Viertel ein bisschen zwischen Glanz und Elend angesiedelt. Fürchten muss man sich aber nicht.

Hotel Atlantic 13 Seit Februar 2012 ist die Komplett-Sanierung des alten Grandhotels geschafft. 25 Mio. € hat der Spaß gekostet, der dem Haus die 5 Sterne superior zurückbrachte. In den gediegenen 245 Räumen und Suiten trifft man auf indonesisches Makassarholz und Kronleuchter aus italienischem Muranoglas; die Schränke sind alten Reisekoffern nachempfunden. Das alles hat seinen Preis, der innerhalb der 8 Kategorien gehörig schwankt. Bei Superior, der günstigsten Kategorie, ist man mit ca. 200–250 € fürs DZ dabei. Der Alsterblick kostet ca. 100 € mehr. Das Frühstück schlägt mit 34 € pro Person zu Buche – Kinder unter 6 J. frühstücken kostenlos. In den Sommerferien und im Jan./Feb. ist weniger los; außerdem gibt es Wochenendangebote und Frühbucherrabatte. An der Alster 72–79, ✆ 28880, www.kempinski.com/hamburg.

The George Hotel Hamburg 2 British Style mitten im Szeneviertel St. Georg! Neben dem durchaus geglückten Versuch, ein Interieur, das an die Kolonialzeit erinnert, mit modernen Standards zu verbinden, sind auch die warmen Farben im „George" zu loben. Überhaupt ist das Design gelungen: flauschige Teppiche, edle Tapeten, verspielte Lampenschirme. Lediglich das angeschlossene Restaurant Dacaio hat nichts mit englischer Exzentrik am Hut: Man kocht italienisch. Das Hotel bietet 125 Zimmer und Suiten in fünf Kategorien zwischen 145 € und 365 €. Wem das zu teuer ist, der sollte zumindest die Camparilounge auf der Dachterrasse besuchen (→ Nachtleben, S. 204). Barcastr. 3, ✆ 2800300, www.thegeorge-hotel.de.

» **Mein Tipp: Hotel Wedina** 8 Mein absolutes Lieblingshotel – weil man den Schriftstellern, die im Hamburger Literaturhaus auftreten, eine Nacht umsonst spendiert. Die einzige „Bezahlung": ein handsigniertes Freiexemplar. Diese Bücher stehen im Foyer zum Lesen bereit; die derzeitigen „Literaten im Hotel" sind an der Rezeption veröffentlicht. Die Preise für die 59 auf vier Häuser verteilten Zimmer (standard, urban, studio) variieren stark: DZ 125–245 €, EZ 70–195 €. Da die unterste Kategorie (standard) ein wenig klein geraten und in puncto Ausstattung bescheiden ist, würde ich mindestens „urban" (= schlicht, minimalistisch) buchen. Besonders gut hat mir das blaue Haus („Literatenhaus") gefallen, in dem die jeweiligen Räumlichkeiten einem Autor samt seinen wichtigsten Werken gewidmet sind (z. B. Joseph Conrad, Max Frisch). Das Frühstück mit Biokäseauswahl, Sojamilch, laktose- und glutenfreien Zutaten darf im Sommer auf der Außenterrasse verzehrt werden. Ein „Hamburger Literad" kann man für 8 € pro Tag ausborgen, die Tiefgarage kostet 15 €. Gurlittstr. 23, ✆ 2808900, www.hotelwedina.de. «

motel one Hamburg-Alster 15 Zweifelsohne ein moderner Hotelklotz – der jedoch direkt an der U-Bahn-Haltestelle Lohmühlenstraße und deshalb lediglich eine Station vom Hauptbahnhof entfernt liegt; von dort könnte man sofort eine Tour durch die Altstadt oder St. Georg starten. Die Zimmer sind für eine Hotelkette vollkommen in Ordnung und auf eine durchaus gekonnte Weise funktional gestaltet. Check-in ist ab 15 Uhr, das Frühstücksbüfett ist überraschend günstig (ca. 10 €), die DZ liegen bei ungefähr 100 € (EZ ca. 20 € günstiger), lediglich bei Events wird man mit bis zu 70 € zusätzlich zur Kasse gebeten. Insgesamt ist mein Eindruck sehr positiv, zumindest für diese Preisklasse. An vielen Wochenenden ist das Haus teilweise bis auf das letzte Bett belegt. Deshalb würde ich sehr früh oder für einen Wochentag buchen. Steindamm 102, ✆ 41924970, www.motel-one.com.

Centro Hotel Citygate 10 Ebenfalls am Steindamm, allerdings in Nummer 49 und damit in der Nähe der Moschee mit den Fußballmustern (→ Tour 5, S. 104), hat sich dieses 3-Sterne-Hotel der Centro-Kette niedergelassen. Die Standard-Rate rangiert zwischen 85 und 95 € für ein DZ, das nicht übertrieben schick und stylish, aber auch nicht ungemütlich erscheint, auch das inkludierte Frühstücksbüfett erhält das Prädikat „passt!". Zumal der Preis für diese Zentrumsnähe in jedem Fall überzeugt. Manchmal gibt es zusätzliche Sparangebote, wenn man drei oder vier Nächte bleibt. ✆ 28499220, www.centro-hotels.de.

»» **Mein Tipp: Hotel Village** **20** Das ehemals luxuriöseste Bordell Norddeutschlands befindet sich mitten im Geschehen, am Steindamm 4, wo es nachts schon mal rundgeht. Doch keine Sorge, das Haus ist seit 20 Jahren kein Puff mehr, dafür aber sehr liebevoll-plüschig eingerichtet (u. a. mit kleinen Dachterrassen, Baldachinen, besonderen und barocken Dekors). Sehr beliebt sind z. B. die Hochzeitszimmer mit den (teilweise beweglichen) Spiegeln über dem Bett, darunter die Nr. 44 oder die 25, die zusätzlich mit Chaiselongue und Erker glänzt. Diese Hochzeits- sowie die anderen Doppelzimmer kosten 95–105 €, EZ 70–85 €. Die Hostel-Zimmer mit Etagendusche und WC sind für 50–75 € zu haben; mit maximal vier Leuten teilt man sich dann die Nasszellen. Dafür ist ein großes Frühstücksbüfett bei allen Buchungen inbegriffen. Ein Hund – nicht höher als bis zur Wade – wird mit 6 € extra veranschlagt. Kaffee und Tee for free, Rezeption 24 Std. besetzt. Auch Familien mit Kindern sind in dem Drei-Sterne-Haus gern gesehen. ✆ 4806490, www.hotel-village.de. ««

Hotel-Pension Kieler Hof **19** Die 24 Zimmer mit ihren gelben Wänden sind ziemlich einfach gehalten. In einigen befindet sich die Duschzelle direkt neben dem Bett, die Toiletten liegen stets auf dem Gang. Dafür gibt es kleine Kühlschränke und Flachbildschirme in jedem Raum und die Preise sind für Hamburg günstig: DZ 49 (ohne Dusche, Nebensaison) bis 79 €, EZ 35 bis 55 € (mit Dusche, Hochsaison). WLAN frei. Auch das Frühstück ist inbegriffen. Bremer Reihe 15, ✆ 243024, www.kieler-hof.de.

Ehemals ein luxuriöses Bordell

Ottensen

→ Karte S. 210/211

Hotel Hamburg Altona **9** Das von außen hübsch hergerichtete Hotel verfügt über 42 mehr oder weniger genormte Zimmer, die allerdings ohne Frühstück angeboten werden. EZ 40–60 €, DZ 55–100 €, bei einem Dreibettzimmer legt man rund 20 € drauf. Hahnenkamp 8, ✆ 39908954, www.hotel-hamburg-altona.de.

Schanzenstern Altona **11** „So wenig Industrie wie möglich", lautet das angenehme Motto dieser etwas schöneren Jugendherberge in der Kleinen Rainstraße. Man verwendet hier u. a. Regenwasser für die Toilettenspülung und reichert das Frühstücksbüfett (7–10.30 Uhr, 8 €) überwiegend mit Bio-Produkten an. Auch der Service ist freundlich und verbreitet eine angenehm-familiäre Atmosphäre. Die 34 Zimmer – vom Einzel- übers 7-Bett-Zimmer mit eigener Dusche/WC bis zu Apartments für 2 und 4 Personen – sind mit einfachen Standard-Möbeln vor orangefarbenen und gelben Wänden ausgestattet. 72 € zahlt man fürs DZ, 47 € fürs EZ, das Bett im Mehrbettzimmer ist supergünstig (19,50 €). Achtung, an Wochenenden ist der rollstuhlgerechte und rauchfreie Schanzenstern bisweilen ausgebucht! In der Bartelsstraße mitten auf der Schanze liegt das preislich günstigere Ur-Haus. Kleine Rainstr. 24–26, ✆ 39919191, www.schanzenstern.com. ■

Schanze

Für die Unterkünfte im Viertel gilt: relativ günstig, einfach und mit tendenziell junger Klientel.

Schanzenstern. Seit 22 Jahren vermietet der Schanzenstern seine 19 Zimmer im 4. bis 6. Stock der Bartelsstraße 12. Bei den 8 Mehrbettzimmern und den 11 Einzel- und Doppelzimmern – einige davon sind rollstuhlfreundlich – hat man mit einfachsten Standards zu rechnen. Dennoch, an verlängerten Wochenenden ist häufig ausgebucht! Das DZ ist mit 57 € preislich mehr als okay, ein Bett im Mehrbettzimmer ist sogar für 19,50 € zu haben. Ein Frühstücksbüfett gibt's für 8 € im angeschlossenen Bio-Restaurant (tägl. 7.30–10.30 Uhr). Zwischen 12 und 16 Uhr werden dort auch vegetarische und vegane Gerichte zu ca. 7,50 € serviert. Übrigens: Von 1910 bis 1990 stellte man in diesen Ex-Firmenhallen von Montblanc Schreibgeräte her. Bartelsstr. 12, ✆ 4398441, www.schanzenstern.com. ■

Instant sleep. Seit 1999 existiert dieses unabhängige Backpacker-Hostel mit seinen 11 Zimmern für insgesamt ca. 50 Personen. Spinde für die Klamotten, Toiletten und Duschen auf dem Gang, Selbstversorgerküche. Am günstigsten ist es im 12-Bett-Zimmer, wo man für 13,50 € in der Nebensaison die Nacht verbringen kann (während des Schlagermove steigt der Preis auf 23 €). Das DZ schwankt zwischen 50 und 80 € (je nach Saison und Event). Rauchen nur auf dem Balkon, Kaffee und Tee for free in der Lounge. Max-Brauer-Allee 277, ✆ 43182310, www.instantsleep.de.

Eimsbüttel

››› Mein Tipp: **Das kleine Schwarze.** Eine gute Mischung aus unaufgeregt-modern mit traditionellen Einsprengseln (die man auch als ironisches Zitat sehen könnte) bieten die Zimmer im „Kleinen Schwarzen", die sich durch die jährlich wechselnden Fotografien von Künstlern immer wieder verändern. Als Gast wird man sozusagen Teil einer Vernissage und kann die Exponate sogar kaufen. Man wohnt in einer ruhigen Straße wenige Minuten entfernt von der U-Bahn-Station Emilienstraße, deren Trasse schnurstracks in die Schanze, nach St. Pauli, zu den Landungsbrücken oder zum Hauptbahnhof führt. Und was das Frühstück (12 € extra) angeht: „Ohne richtig guten Espresso, Latte Macchiato, Cappuccino oder Cafe aus unserer ‚La San Marco 100 S', geht bei uns gar nichts." Sehr sympathisch! In puncto Umweltschutz wird zudem auf Solarthermie und gute Dämmung gesetzt. EZ 80–90 €, DZ 95–110 €, 3 Parkplätze zu je 10 €. Max-Brauer-Allee 277, ✆ 43182310, www.instantsleep.de. ‹‹‹

Bahrenfeld

25hours number one. Nördlich vom schnell zu erreichenden Ottensen befindet sich dieser Ableger der sehr schön designten 25hours-Hotels, von dem mir bereits das Hotel in der HafenCity sehr gut gefallen hat. Hier ist schon die Rezeption in der Lobby eine Schau, doch auch die Zimmer können das, was sie sein wollen: young, urban, professional. Im gekonnten Retro-Stil sind teilweise die Lampen und die Tapeten. Im vierten Obergeschoss wartet eine 120 m² große Dachterrasse, wo man sich gut einem Kaltgetränk hingeben kann. Es gibt drei Preiskategorien plus Familienzimmer, wobei im Gegensatz zur HafenCity die Preise hier noch mal deutlich günstiger sind, sofern man ca. zwei Monate im Voraus bucht. In der kleinsten Kategorie (M-Zimmer) zahlt man fürs DZ ca. 80, manchmal 90 €. Einziger Nachteil: Das Frühstück kostet 14 € extra, dafür frühstücken Kinder bis einschließlich 12 Jahren einfach mit. Paul-Dessau-Str. 2, ✆ 855070, www.25hours-hotels.com.

Flottbek

→ Karte S. 226/227

Landhaus Flottbek 1 Achtung, die auf der Webseite angegebenen Zimmerpreise sind wesentlich niedriger als die, die die Suche auswirft! In der Hauptsaison beginnen die Standard-Doppelzimmer bei 140 €, in den anderen Kategorien – komfort, superior, deluxe – fängt es mit 150, 160 oder 210 € an. Was man dafür bekommt? Ein reetgedecktes, efeubewachsenes, backsteinernes 4-Sterne-Hotel (das einmal ein Gutshaus gewesen ist), eine schon äußerlich pfiffige Rezeption, einen schönen Garten und ein durchaus modernes und angenehmes Ambiente, in einigen Räumen mit Ohrenbackensesseln. Das Frühstücksbüfett ist mit 16 € pro Pers. veranschlagt. Baron-Voght-Str. 179, ✆ 8227410, www.landhaus-flottbek.de.

Das Weisse Hotel an der Elbchaussee 2 Noch näher an Teufelsbrück und damit an einer Fähre (→ Strandhotel Blankenese) liegt diese altehrwürdige Übernachtungsoption in der Elbchaussee. Sicher, die sehr plüschige Einrichtung muss man mögen. Dafür stimmen die auf der Internetseite angegebenen Preise und das große Frühstücksbüfett ist inbegriffen: DZ mit Elbblick 159 €, ohne Elbblick 137 €, für ein EZ sind es ca. 30 € weniger. Außerdem sind die Räume behindertengerecht ausgestattet. 7 € zahlt man täglich für einen Garagenparkplatz. Dagegen wird ein mitgebrachter Hund mit 20 € pro Tag fast schon zum Luxus … Elbchaussee 279, ✆ 8669060, www.das-weisse-hotel.de.

Blankenese

→ Karte S. 232/233

Strandhotel Blankenese 11 Warum eigentlich nicht in Blankenese nächtigen? So könnte man einen Morgenspaziergang an der Elbe entlang nach Teufelsbrück unternehmen, von dort eine Fähre zu den Landungsbrücken besteigen und sich dem Zentrum Hamburgs auf eine Weise nähern, die durch und durch hanseatisch angemessen ist. Nebenbei wohnt man in einem von 14 Zimmern eines 4-Sterne-Hotels, könnte dort auf den Elbblick verzichten, sich in ein kleines DZ (15 m²) einmieten und mit etwas Glück nur 120 € zahlen; es kann allerdings je nach Saison, Wochentag, Zimmergröße und Ausblick bis 205 € hochgehen. Dafür ist das Frühstück im Preis inbegriffen, selbstverständlich auch bei der Suite, die für 350 € zu beziehen ist. Drei der Räume mit ihren 30 cm-Deluxematratzen befinden sich im Cottage neben dem Haupthaus. Kaffee und Kuchen, aber auch Biere und Longdrinks bekommt man im Sommer und an warmen Frühlings- und Herbsttagen auf der Terrasse mit (kostenlosem) Elbblick. Strandweg 13, ✆ 861344, www.strandhotel-blankenese.de.

Neugraben-Fischbek

Auszeit. Preislich top, dafür liegt die kleine Unterkunftsperle im äußersten Südwesten Hamburgs. Sofern man online bucht, zahlt man 69–107 € fürs DZ (2 Kategorien), Einzelreisende zwischen 70 und 93 €; das Frühstück kostet 7,50 € extra. Ein Vorteil ist die gut gelegene S-Bahn-Station Hamburg-Neugraben, mit deren Wägen man in rund 35 Minuten im Zentrum ist (zumal man in Hamburg selbst eh kein Auto braucht). Die Zimmer sind hell und modern gleichermaßen und vergessen auch nicht, eine angenehme Prise Gemütlichkeit auszustrahlen; außerdem sind sie allergikerfreundlich. Dafür gab es 2014 und 2015 einen Holiday Check-Award. Gut so! Bauernweide 11, ✆ 702040, www.auszeit-hh.de.

Camping/Wohnmobile

Für Wohnmobilisten oder ganz Hartgesottene, die einen Städtetrip mit einem Zelt bestreiten, sind folgende Stellplätze sicherlich eine gute Anlaufstelle:

Camping am Stover Strand. Der Campingplatz mit den eindeutig meisten Möglichkeiten im Hamburger Umland hat nicht ohne Grund seine 5 Sterne erhalten. Nur so viel: Man nächtigt elbabwärts sehr schön unter alten Bäumen, das angeschlossene Restaurant wurde 2014 von der DEHOGA ausgezeichnet und die Marschlandschaft an der Elbe ließe sich mit einem Fahrrad oder E-Bike ganz gut erkunden. Dass auch die sanitären Anlagen und die Waschküche auf 5-Sterne-Niveau sind und ein Kinderspielplatz, Fußballfelder, Grillplätze und Liegewiesen dazu gehören, versteht sich von selbst. Die Preise sind überschaubar, ein Womo-Stellplatz an der Elbe (mit Blick auf die vorbeifahrenden Schiffe) kostet 13 €. Stover Strand 10 in Drage, ✆ 04177/430, www.camping-stover-strand.de.

››› Mein Tipp: **Campingplatz an der Elbe.** Dieser familiengeführte Platz von 1960 liegt direkt neben dem ersten und ist sympathischerweise nicht in Parzellen eingeteilt. D. h., jeder kann seinen Stellplatz selbst wählen. Man könnte eine Angelerlaubniskarte erwerben (Angelschein vorausgesetzt), Vögel im nahe gelegenen Vogelschutzgebiet beobachten oder den Elberadweg entlangfahren (was natürlich auch alles beim ersten Campingplatz möglich ist). Genau wie dort sind auch hier die behindertengerechten Sanitäranlagen von 2008 sauber, wobei Naturstrom bezogen wird und die Fußbodenheizung und Warmwasseraufbereitung über eine Solaranlage betrieben werden. Nett: Auf der Terrasse neben der Rezeption können an Wochenenden selbst gebackene Torten verzehrt werden. Für ein Wohnmobil zahlt man 8 €, als Erw. 7 €, Kinder (4–12 J.) 4,50 €. Zum Hauptbahnhof sind es von beiden Campingplätzen aus 36 km. Stover Strand 7 in Drage, ✆ 04176/327, www.camping-land-online.de. ‹‹‹

Camping Großensee. 30 km entfernt, doch dafür an vielleicht Hamburgs schönstem Naturbadesee gelegen, kann man die Umgebung genießen und hat freien Eintritt zum Freibad Großensee. Vom 1. Apr. bis 15. Okt. geöffnet. Vergleichbare Preise wie bei den anderen Plätzen, wobei es im April etwas günstiger wird. Außerdem freies WLAN und ein Willkommensgetränk gibt es auch. Trittauer Str. 11 in Großensee, ✆ 04154-60642, www.campingplatz-abc.de.

Camping Buchholz. Eindeutig nicht so stimmungsvoll wie die anderen und ein wenig mit dem Charme vergangener Jahrzehnte versehen, präsentiert sich dieser Campingplatz dafür deutlich zentraler, in der Nähe von Hagenbeck, 7,5 km vom Hauptbahnhof entfernt. Dieser Vorteil zeigt sich allerdings auch in den Preisen: Womo in der Hauptsaison 12–15 €, Erw. 7 €, Kind 4 €, Strompauschale pro Übernachtung 4 €. Kieler Str. 374, ✆ 5404532, www.camping-buchholz.de.

Wohnmobilplatz Heiligenfeistfeld. Östlich von St. Pauli und nördlich der Landungsbrücken liegen diese 30 gebührenpflichtigen Stellplätze, die allerdings höchstens für 3 Nächte in Folge angeboten werden. Falls auf dem Heiligengeistfeld der „Dom" stattfindet (→ Veranstaltungen, S. 76), gelangen Sie via Feldstr. 44 dorthin; außerhalb der Domzeiten erreicht man den Platz über die Glacischaussee Eingang C. 18 € pro Stellplatz und Tag, Reservierungen unter ✆ 0172-4001809 oder 5707640 (wobei es leider schwierig ist, jemanden ans Telefon zu bekommen).

Wohnmobilstellplatz Grüner Deich. Ebenfalls citynah in Hammerbrook südlich von St. Georg befinden sich zwischen 55 und 60 Stellplätze (je nach Größe der Wohnmobile), die pro Nacht 19 € kosten. Mo/Di ist eigentlich immer etwas frei, an Wochenenden mit Großveranstaltungen (→ Veranstaltungen, S. 75) wird es schwierig bis unmöglich, in den Hamburger Sommerferien (Ende Jul.–Ende Aug.) kann man Glück haben. Leider werden keine Reservierungen entgegengenommen, doch den Stand der Dinge kann man unter ✆ 30091890 erfragen. Ganzjährig geöffnet, Einfahrt Grüner Deich 8.

Wohnmobilplatz Hamburg. Etwas weiter außerhalb, aber auch nur ca. 11 km vom Hauptbahnhof entfernt, kann man hier für 12 € pro Tag und Wohnmobil glücklich werden. Nachfragen zu freien Stellplätzen unter ✆ 01578-9670755 (Herr Malke). Hunde sind erlaubt, Sonderpreise für längere Aufenthalte, ganzjährig geöffnet. Ein eigener Badestrand, der von der DLRG überwacht wird, gehört dazu. Einfahrt Finkenrieder Hauptdeich 5.

Essen und Trinken

Aalsuppe mit Backobst, die viel zitierten Birnen, Bohnen und Speck (Grööner Hein) oder die vom Namen her Angst machende Erbsensuppe mit Snuten un Poten (= Schnauzen und Pfoten) – hinterher dann einen Köm, einen Klaren mit Kümmelgeschmack.

Alles schön und gut, alles Hamburger (oder doch zumindest norddeutsche) Spezialitäten. Doch ganz ehrlich: Ein Lokal, in dem diese drei **traditionellen**

Das Jugendstilcafé in der Altstadt

Speisen (plus der spezielle Schnaps) angeboten werden, ist mir während meiner Recherchen nicht untergekommen; allerdings gibt es Lokale, in denen einzelne dieser Speisen auf der Karte stehen. Wesentlich häufiger findet man in Hamburg Lokale, die Scholle Finkenwerder Art, norddeutsche Grünkohlgerichte und Sauerfleisch, Labskaus sowie selbstverständlich Rote Grütze im Programm haben.

Wo kann man einige dieser Gerichte ausprobieren? Ausgerechnet in der supermodernen und etwas seelenlosen HafenCity bekommt man Traditionelles: In der „Heimat" (→ S. 106) gibt es z. B. „Hamburger Labskaus", in seine Zutaten übersetzt: gestampftes Pökelfleisch mit Spiegelei, Rollmops, Gewürzgurke und Roter Beete, wobei das beste Gericht dieser Ausprägung meines Erachtens im Old Commercial Room gegenüber dem Michel gereicht wird (→ S. 159). Dort sind auch die erwähnten Klassiker Birnen, Bohnen und Speck sowie die Aalsuppe mit Backobst im Angebot. In der Nähe der Deichtorhallen und dem neuen SPIEGEL-Gebäude liegt ein zweites Hamburger Traditionslokal, die „Oberhafen-Kantine" (→ S. 106), wo man die Urform des „Rundstücks warm" (siehe auch Kasten S. 66) sowie eine „Labskaus-Probierportion mit Wachtelei" bestellen kann. Und vorsichtig probieren sollte man vielleicht auch erst, denn für die volle Ladung müssen Ungeübte schon einen stabilen Magen haben ...

Keinen stabilen Magen braucht, wer **Fisch** isst. Dass der in Hamburg an prominenter Stelle auf den Speisekarten steht, versteht sich von selbst. Lange Zeit bediente man sich direkt aus der Elbe, dann kam die Industrialisierung und die damit verbundene ungezügelte Abwasserzuleitung, sodass

Im (familien-)freundlichen Adele & Clodwig (Ottensen)

die Elbfischerei drastisch an Bedeutung verlor. Mittlerweise ist das Elbwasser zwar wieder wesentlich sauberer und auf dem besten Weg, sich langfristig zu erholen, doch professionell gefischt wird vor allem in der Nordsee, die Elbfische sind noch zu stark quecksilberbelastet.

Eine gute Adresse für Fisch ist z. B. das „Fischmarkt" in der Ditmar-Koel-Straße 1 im portugiesischen Viertel (→ S. 107). Guten bis sehr guten Fisch kredenzt man auch im „Süßwasser" in Övelgönne (→ S. 234).

Wer sich in Sachen Fisch umschaut, wird unweigerlich auf Hamburger Pannfisch stoßen. Man braucht nicht viel Fantasie, um den Namen des kulinarischen Originals mit seiner Zubereitungsart in Verbindung zu bringen: Fischreste, die zusammen mit Kartoffeln und Zwiebeln in der Pfanne gebraten werden. Fischreste sind es natürlich nur in der ursprünglichen Variante, als Pannfisch noch ein typisches Resteessen war – heute wird Filet verarbeitet.

Ist man an **Gourmetküche** interessiert, kommt man in Hamburg ebenfalls ziemlich weit. Derzeit verdingen sich 10 Sterneköche im Stadtstaat, seit 2015 gibt es endlich auch einen Meister mit drei Sternen: Kevin Fehling mit seinem „Tisch" (→ S. 105) in der HafenCity. Zwei-Sterne-Menüs und -speisen bieten Christoph Rüffer im Haerlin (Hotel Vier Jahreszeiten, → S. 57), Thomas Martin im Jacobs Restaurant (Hotel Louis C. Jacob, Elbchaussee 401–403, Mi 19–21.30 Uhr, Do–So 12.30–14 und 19–21.30 Uhr, ✆ 822550, www.hotel-jacob.de/kulinarik) und Karlheinz Hauser im Seven Seas (Süllberg Hotel, Süllbergterrasse 12, Mi–Sa 18.30–23 Uhr, So/Feiertage 11.30–15 und 18.30–23 Uhr, ✆ 8662520, www.suellberg-hamburg.de).

Wer einmal in die Küchenkünste prominenter Fernsehköche hineinschmecken möchte, kann – um nur die bekanntesten zu nennen – bei Tim Mälzer (Bullerei, Lagerstr. 34 b, Mo–Sa 18–22.30 Uhr, So 17–22 Uhr, ✆ 33442110, http://bullerei.com), Steffen Henssler (Henssler & Henssler, Große Elbstr. 160, Mo–Sa 12–15 und 18–23 Uhr, ✆ 38699000, www.hensslerhenssler.de) oder Christian Rach (Rach & Ritchy, Holstenkamp 71, Mo–Fr 12–14.15 und 18.30–0 Uhr, Sa ab 17.30 Uhr, ✆ 897261722, www.rach-ritchy.de) vorstellig werden. Aber Vorsicht: Im Gault Millau kommen sie im Regelfall nicht so gut weg – und auch der Michelin verleiht ihnen keine Sterne ...

Wer es bescheidener mag, findet eine Vielzahl von Restaurants mit Küchen ganz unterschiedlicher Ausrichtung, wobei manche Lokale durch eine besonders feine Machart ihrer Gerichte, ein wunderbares Ambiente, einen sehr netten Service und einen noch angenehmeren Preis hervorstechen (sicher, Letzteres ist selten!). Die Häuser, die bei drei oder sogar vier dieser Kategorien punkten, sind am Ende der jeweiligen Spaziergänge als „Mein Tipp" ausgewiesen.

Satt werden in Hamburg auch **Vegetarier und Veganer**. Besonders beliebt sind: „Backbord" (→ S. 131), „Loving Hut" (→ S. 158), „Café Koppel" (→ S. 204), „Leaf", „Veg Out", „Kumpir", „LilliSu" (alle → S. 219–221), „Schanzenstern" (→ S. 61) und „hin & veg!" (→ S. 241). Doch auch bei fleischlastigen Restaurants habe ich mir die vegetarische Auswahl genauer angesehen – sofern vorhanden, versteht sich. 2013 fand sogar der erste vegane Weihnachtsmarkt im Phoenixhof in der Ruhrstraße 11 statt; hoffentlich etabliert er sich.

Nützliche Websites sind: www.vegetarian-diaries.com, www.hamburg-vegetarisch.vebu.de/restaurants, www.hamburg-vegan.de, www.hamburgistvegan.de.

Die besten **Cafés**, in denen man bisweilen auch sehr gut frühstücken kann, sind: das Café Amphore (→ S. 133), von wo man über die Elbe bis zu den Hafenkränen blicken kann, das Café Johanna (→ S. 160) in der Nähe von St. Michaelis, das Café Paris (→ S. 186), welches fußläufig zum Rathaus liegt, das Café Gnosa (→ S. 204) in der Langen Reihe sowie das kultige „ahoi" (→ S. 234) am Elbstrand, das allerdings nur ein karges Morgenmahl auftischt.

Hamburger, Currywurst, Alsterwasser. Eine kleine Hamburger Lebensmittelgeschichte

Immer wieder liest man es – doch stammt der „Hamburger" wirklich aus der Stadt an der Elbe? Nichts Sicheres weiß man nicht, doch es existieren viele Mutmaßungen. Zunächst jedoch zu den Fakten, die sich darauf belaufen, dass der Begriff „Hamburger" 1889 erstmals im Oxford English Dictionary erscheint und 1904 „Hamburgs" auf der Weltausstellung in St. Louis (Missouri) präsentiert und verkauft werden. Alles andere sind dann auch schon Legenden: So wird vermutet, dass mit den vielen Hamburger Auswanderern der Speiseklassiker „Rundstück warm" (= eine Bratenscheibe zwischen zwei Weizenbrötchenhälften) nach Amerika gekommen ist. Die eigentliche Erfindung dieses sehr frühen Fastfood-Mahles beanspruchen aber natürlich die Amerikaner für sich. Ihnen zufolge sei der „Urhamburger" in „ihrem" Hamburg, einem 1874 von Hamburger Auswanderern gegründeten Örtchen, 1885 von den Menches Brothers auf einem Jahrmarkt verkauft worden. Eine zweite von mehreren Varianten sieht die Verschiffung von hochwertigem Hamburger Rindfleisch als Geburtsstunde des Begriffs, da die Hafenarbeiter jene Leckerbissen als „Hamburg" bezeichneten. Was definitiv gesichert ist: 1976 eröffneten zeitgleich die drei ersten McDonald's-Restaurants in der Elbstadt ...

Einen ähnlichen Streit gibt es um die Currywurst. Ausgelöst hat ihn der Schriftsteller Uwe Timm, der in seiner Novelle „Die Entdeckung der Currywurst" (1993) behauptet, 1947 am Hamburger Großneumarkt eine Currywurst gegessen zu haben. Das brachte die bis dato gängige These ins Wanken, nach der die erste Currywurst am 4. September 1949 feilgeboten wurde, und zwar in Berlin-Charlottenburg am Imbissstand von Herta Heuwer (1913–1999). 2003, auf dem Höhepunkt des bizarren Currywurst-Herkunftsstreites, gab es am Großneumarkt sogar eine Gedenktafel, die der damalige Senator Ronald Schill enthüllt hatte und die einige Monate später gestohlen wurde. Gut so, denn mittlerweile geht man davon aus, dass die Currywurst eine Erfindung vieler (Berliner) Nachkriegsverkäuferinnen gewesen ist, die als Ersatz für den nicht vorhandenen Ketchup eine ähnliche Kreation für ihre Kunden – die vielen, vielen amerikanischen Soldaten – hervorzaubern mussten.

Das „Alsterwasser" (oder „Radler", wie es in Süddeutschland heißt) wiederum ist wohl keine Hamburger Erfindung (der Name möglicherweise schon). Das populäre Mischgetränk aus Bier und Zitronenlimonade sollen sozialdemokratisch geprägte Radlerklubs zum Ende des 19. Jh. zusammengeschüttet haben. Doch, zugegeben, ganz genau weiß man auch das nicht ...

Geradezu sanktpauliesk präsentiert sich die Red Lounge im Old Commercial Room

Nachtleben

Na klar, St. Pauli! Wer die Stadt unsicher machen will, geht dort und in der nördlich davon gelegenen Schanze auf die Piste. Allerdings muss einem klar sein, dass die Reeperbahn und die Große Freiheit von Junggesell(inn)enabschieden und seltsam verkleideten Partymenschen nur so wimmeln. Bei Nacht gesehen haben sollte man ihn aber trotzdem: den Kiez, für den Hamburg weltberühmt ist.

Wie der Morgen danach ausfällt, könnte auch davon abhängen, ob man sich eine persönliche Sperrstunde verordnet. Eine offizielle gibt's nämlich nicht und so geht an den Hotspots um Große Freiheit, Hamburger Berg, Hans-Albers-Platz und natürlich der Reeperbahn bis weit in den Morgen die Post ab – vor allem am Wochenende, wenn der Kiez voll von Touristen ist. Den grauen Morgen empfängt St. Pauli dann mit einigen Alkoholleichen und der Stadtreinigung: Die fegt und kehrt, damit's abends hübsch sauber wieder losgehen kann.

Mittendrin im St.-Pauli-Wahnsinn liegen die Old-School-Klassiker „Goldener Handschuh", „Zum Silbersack" und natürlich die „Ritze" mit ihrer berühmten Eingangstür: Beine, Strapse, High Heels. Musikclub-Klassiker mitten im Getümmel sind das **Gruenspan** an der Großen Freiheit (→ S. 126) und der **Mojo Club** an der Reeperbahn (→ S. 135). Das „Span" rockt hier schon seit den späten 60er-Jahren, der Mojo Club – in den 90ern Trendsetter – hat sich nach zwischenzeitlicher Schließung 2013 im neuen Gebäude zurückgemeldet. Eine Institution etwas abseits der

St.-Pauli-Partymeilen ist das **Uebel & Gefährlich** (→ S. 135), das seine tanzenden Gäste im 4. Stock des Flakturms IV auf dem Heiligengeistfeld empfängt. Das können je nach Event an die tausend sein – wer in gelassener Ruhe ein bisschen Musik hören will, hat sich eher verirrt und geht besser woanders hin.

Zum Beispiel ins **Luba Luft** (→ S. 134), wo's herrliche Drinks gibt, keine Junggesellen ihren Abschied feiern und coole Vintage-Tapeten Augen und Seele erfreuen. In gelassener Atmosphäre gute Cocktails schlürfen kann man aber auch im **20up** desEmpire Riverside (→ S. 136). Das liegt – wie der Name schon sagt – ganz nah an der Elbe, hat seine Bar praktischerweise in den 20. Stock gelegt und garantiert so einen irren Blick auf den Hafen. Wer es noch näher am Wasser mag, macht mit **Frau Hedis Tanzcafé** (→ S. 108) sehr viel richtig. Auf einer Barkasse werden Konzerte gegeben, während der schwimmende Tanztempel mitsamt der Feierlaunigen über die Elbe schippert.

Gibt's auch ein Hamburger Nachtleben jenseits von St. Pauli? Ja, gibt es, wenn auch nicht so schrill und nicht so geballt. Gar nicht weit entfernt vom Empire Riverside liegt das **Portugiesische Viertel** (→ S. 107), das gerade im Sommer bis spät in die Nacht belebt ist. Die vielen Restaurants stellen Tische und Bänke nach draußen, man redet, man isst und trinkt ... und muss schon sehr unterirdisch gelaunt sein, um das nicht wunderbar zu finden – zum Beispiel als Ausklang eines langen Hamburgtages.

Mit zwei besonderen Bars ist das bunte Ottensen vertreten: mit der hübschen, in Grün gehaltenen **Reh Bar** (→ S. 221), die nebenbei noch superpreisgünstige Caipirinhas im Angebot hat, und der ganz unprätentiösen **Gazoline Bar** (→ S. 221), die mit ihrem lässigen und unaufgeregten Musikprogramm glänzt. In St. Georg hat mir besonders die **Campari-lounge** auf der Dachterrasse des **George Hotel Hamburg** (→ S. 204) gefallen, die einen ziemlich exklusiven Blick auf die Außenalster freigibt. Einen kleinen Haken hat die Sache allerdings auch: Die Lounge schließt schon um 23 Uhr.

Macht aber im Grunde auch nichts, denn dann wäre immer noch Zeit für einen Abstecher in die Altstadt zum **Le Lion** mit dem stilvollen Untertitel „Bar de Paris" (→ S. 186). Die hat nämlich nicht nur bis 3 Uhr auf (sonntags bis 1 Uhr), sondern auch einen höchst sympathischen Kellner, der seine Gäste hervorragend berät und ihnen die allerfeinsten Drinks serviert.

Bliebe zum Schluss noch der Hinweis auf eine absolute Low-Budget-Unternehmung: ein Trip zum Elbstrand unter der Övelgönne (→ S. 226). Nette Leute, Rotwein oder ein, zwei Biere mitnehmen, sich die vorbeifahrenden Schiffe anschauen und „Hamburger Nightlife native" ohne jeden Geschmacksverstärker genießen. Ein Traum. Probieren Sie es aus.

Rocko Schamoni ist Mitbegründer des Golden Pudel Clubs

Seit 2013 aufwendig renoviert: das beeindruckende Deutsche Schauspielhaus

Kulturleben

Einen besonderen Stellenwert im Hamburger Kulturbetrieb genießen natürlich die Musicalproduktionen. Aber auch jenseits von „König der Löwen" und „Liebe Stirbt Nie" wird man in der Elbmetropole gut unterhalten, egal ob in einem der herausragenden Theater, im Varieté, der Staatsoper oder einem alternativen Programmkino.

Da eine Fertigstellung der Elbphilharmonie erst im Januar 2017 zu erwarten ist, finden in der HafenCity (Tour 1) derzeit nur selten kulturelle Veranstaltungen statt; auch Övelgönne und das Elbufer (Tour 7) sind nicht gerade für ihre Theaterdichte bekannt. Während der fünf anderen Spaziergänge stolpert man dafür geradezu über Bühnenhäuser. Und auch abseits der Stadttouren gibt es mehrere Orte, an denen man sich ganz wunderbar unterhalten lassen kann.

Musicals/Oper/klassische Musik

Musicaltheater im Hafen. Einmal quer über die Elbe von den Landungsbrücken aus, und schon steht man vor dem modernen Theaterbau, der unzählige Besucher nach Hamburg zieht. 2030 zahlende Gäste fasst das Gebäude, in dem konsequent „Der König der Löwen" gegeben wird. Das dreistündige Vergnügen kostet um die 60 bis 130 € (vier Kategorien, Abendkasse ist günstiger). Tägl. eine Vorstellung (außer Mo), am Wochenende zwei. Links daneben existiert seit Herbst 2014 eine zweite Musicalhalle, die Platz für 1800 Besucher bietet. Norderelbstr. 6 (U 3 Landungsbrücken oder S 1/2/3 Landungsbrücken), ✆ 01805-4444, www.stage-entertainment.de.

Neue Flora. In der Neuen Flora wird aktuell „Aladdin" gespielt. Ursprünglich sollte sie in der Schanze stehen, wogegen die Linksautonomen militant vorgingen. Doch auch der neue Standort behagte den dortigen Bewohnern nicht, 3500 Ordnungshüter mussten die Premierenbesucher vor 1000 teilweise gewaltbereiten Demonstranten schützen. Inzwischen hat man sich an das klobige Bauwerk und seine Besuchermassen (1965 können es pro Vorstellung werden) gewöhnt. Für die dreistündige Bühnenshow bezahlt man zwischen 60 und 125 € (vier Kategorien, Abendkasse ist günstiger). Tägl. eine Vorstellung (außer Mo), am Wochenende zwei. Stresemannstr. 159 (S 11/21/31 Holstenstraße), ✆ 01805-4444, www.stage-entertainment.de.

Operettenhaus. „Cats" und „Ich war noch niemals in New York" liefen hier erfolgreich als Musicals. Derzeit ist „Liebe Stirbt Nie" die große Nummer, die Fortsetzung des Musicalshits überhaupt, dem „Phantom der Oper". Für die dreistündige Zerstreuung blättert man um die 60 bis 120 € hin (vier Kategorien, Abendkasse ist günstiger). Tägl. eine Vorstellung (außer Mo), am Wochenende zwei. Spielbudenplatz 1 (U 3 St. Pauli), ✆ 01805-4444, www.stage-entertainment.de.

Hamburgische Staatsoper. Als Opernfan hat man mit einer Eintrittskarte das Glückslos in der Hand. Das Ensemble gilt als eines der weltweit führenden, ihm stehen die Philharmoniker Hamburg zur Seite. Zwei der „drei Tenöre" traten hier bereits auf: Plácido Domingo und Luciano Pavarotti. Auch das Hamburg Ballett ist in der Staatsoper beheimatet. Auf den Bau aus der Nachkriegszeit stößt man in Tour 3 (→ S. 150). Sieben Kategorien und neun Platzgruppen mit Preisen zwischen 6 und 176 €. Dammtorstr. 28 (U 2 Gänsemarkt oder Parkhaus Gänsemarkt am Dammtorwall, Konzerttarif 6 €), ✆ 356868, www.hamburgische-staatsoper.de.

Laeiszhalle. 2664 Plätze in zwei Sälen bietet dieses große Konzerthaus. Seine über 100-jährige Tradition wird durch die Hamburger Symphoniker, das NDR-Sinfonieorchester und andere Musiker der Klassik und Kammermusik würdig vertreten. Hier finden auch die Elbphilharmonie-Konzerte statt, bis die dortigen Auftrittsräume endlich fertiggebaut sind ... Das Foyer ist voller Büsten, u. a. von Clara Schumann, Bach, Beethoven, Mahler, Tschaikowsky. Mehr über das wuchtige Gebäude aus der wilhelminischen Zeit erfahren Sie in Tour 3, S. 148. Fünf Kategorien mit Preisen zwischen 10 und 50 €. Johannes-Brahms-Platz (U 2 Gänsemarkt oder Parkhaus Gänsemarkt am Dammtorwall, Konzerttarif 6 €), ✆ 35766666, www.elbphilharmonie.de.

Theater

St. Pauli Theater. Das St. Pauli Theater (siehe auch Tour 2, S. 122), dessen Stücke allesamt anspruchsvoll unterhalten wollen

Für Opern- und Ballettbegeisterte ein Dorado: die Hamburgische Staatsoper

und von denen einige bewusst mit dem Standort spielen, ist so etwas wie ein modernes Volkstheater. Man zeigt kritische und böse Komödien sowie humorvolle Klassiker, lädt aber auch (witzige) Literaturstars wie z. B. Wolf Haas oder Klüpfel und Kobr zu Lesungen ein. Ulrich Tukur und Mathias Richling lassen sich ebenfalls hin und wieder blicken. Fünf Kategorien mit Preisen zwischen 20 und 60 €. Spielbudenplatz 29–30 (U 3 St. Pauli), ✆ 47110666, www.st-pauli-theater.de.

››› Mein Tipp: **Thalia Theater.** Bis heute ist der neoklassizistische Bau von 1912 nicht nur optisch vorzeigbar: 2003 und 2007 wurde die Bühne als „Theater des Jahres" ausgezeichnet, 2005 war das TT sogar das wirtschaftlich erfolgreichste Sprechtheater der Republik. Es verfügt über ca. 1000 Plätze und hat 20 eigene Produktionen von „Amerika" (nach Kafkas Roman) bis „Woyzeck" (Georg Büchner), aber auch Gastspiele wie „Fuck your ego!" oder Familienstücke wie „Geisterritter" (nach Cornelia Funke, ab 10 Jahren) und ca. 15 Premieren pro Spielzeit im Programm. Eine 150 Zuschauer fassende Filiale des Thalia Theaters existiert in der Gaußstraße 190 in Altona (✆ 30603910) und neuerdings gibt es sogar ein „Thalia-Zelt" in der HafenCity (Baakenhöft/Schuppen 29), fußläufig von der neuen Haltestelle HafenCity Universität der U4 entfernt. Sechs Kategorien und fünf Platzgruppen mit Preisen zwischen 6 und 66 € (Ermäßigungen z. B. für Studierende oder Sozialhilfeempfänger). Alstertor 1 (U 1/2 oder S 1/2/3 Jungfernstieg), ✆ 328140, www.thalia-theater.de. ‹‹‹

››› Mein Tipp: **Deutsches Schauspielhaus.** Mehr zur Geschichte des Hauses von 1899/1900 erfährt man in Tour 5 auf S. 199. Auch heute noch wird auf den heiligen Brettern großes Theater geboten: von klassischen Stücken bis zu modernen Neuinszenierungen. Beeindruckend ist auch die Junge Bühne für Kinder und Jugendliche zwischen 4 und 15 Jahren mit Stücken wie „Krieg. Stell dir vor, er wäre hier" oder „Nichts. Was im Leben wichtig ist". Seit 2013 leitet erstmals eine Intendantin das Schauspielhaus, das im selben Jahr für rund 20 Mio. Euro sehr aufwendig renoviert wurde. Vier Kategorien und fünf Platzgruppen zwischen 9 und 65 € (Ermäßigungen und günstigere Preise bei Kinder- und Jugendstücken). Kirchenallee 39 (alle S- und U-Bahnen Hauptbahnhof), ✆ 248713, www.schauspielhaus.de. ‹‹‹

Hamburger Kammerspiele. Einen ihrer vielen Höhepunkte erlebten die Kammerspiele am 21. November 1947: mit der Uraufführung von Borcherts Nachkriegsdrama „Draußen vor der Tür" (Untertitel: „Ein Stück, das kein Theater spielen und kein Publikum sehen will") unter der Intendanz der späteren Ehrenbürgerin Ida Ehre (1900–1989). Zuvor waren bereits moderne, expressionistische Werke zu sehen gewesen (z. B. von Schnitzler und Wedekind), hinterher zeigte man Deutschland-Premieren von Sartre und Thornton Wilder. Auch heute noch ist man sich dieses Erbes bewusst und steht für anspruchsvolle Unterhaltung: von Einpersonenstücken wie Massags „Die Judenbank" bis zum entlarvenden Gesellschaftsstück „Zorn", in dem es um Islamophobie geht. Fünf Kategorien und vier Platzgruppen mit Preisen zwischen 17 und 50 € (Ermäßigungen u. a. für Studierende, Erwerbslose, Behinderte). Hartungstr. 9–11 (U 1 Hallerstraße), ✆ 4133440, www.hamburger-kammerspiele.de.

Ohnsorg-Theater. Wer des Niederdeutschen („Platt") mächtig ist, hat die passende Bühne für sich gefunden. Neben plattdeutschen Charakterkomödien, Lustspielen, Schwänken, Operetten und sogar einem Poetry Slam sowie einer Rock-Revue „op Platt" werden auch Übertragungen klassischer Stücke ins Niederdeutesche aufgeführt (z. B. Shakespeare). Deutschlandweit bekannt wurde das Ohnsorg-Theater durch Fernsehübertragungen in der Nachkriegszeit, die viele Deutsche vor die Bildschirme lockten; die bekanntesten Stücke (u. a. mit Heidi Kabel) gibt es heute auf DVD. Bei mehr als 400 Sitzen wählt man zwischen zwei Kategorien und fünf Platzgruppen zu Preisen zwischen 12 und 29,50 € (wesentlich teurer wird es an Weihnachten und zu Silvester). Heidi-Kabel-Platz 1, im denkmalgeschützten Bieberhaus (U 2 Hauptbahnhof Nord oder alle S- und U-Bahnen zum Hauptbahnhof), ✆ 3508030, www.ohnsorg.de.

Monsun Theater. Dass das Theater zur Hamburger Initiative „off mainstream" gehört, erkennt man an den Schauspielen, Musikprojekten und Kinderstücken (ab 3 J.), die hier gegeben werden: Unter anderem geht es um Tabu-Themen wie Demenz oder gewaltsamen Kindstod. Tickets 16–22,50 €.

Friedensallee 20 (Bus 37/150 Friedensallee), ✆ 3903148, www.monsuntheater.de.

Altonaer Theater. Ein Privattheater, das Bestseller und bekannte Kinothriller auf die Bühne bringt. Daneben werden beliebte Kinderstücke (z. B. „Das Dschungelbuch“, „Oh, wie schön ist Panama“) aufgeführt. 1994 musste man aus finanziellen Gründen schließen, doch bereits ein Jahr später hauchte der damals jüngste Intendant Deutschlands, Axel Schneider, dem Sprechtheater neues Leben ein – und leitet es bis heute. Zwei Kategorien und vier Preisgruppen zwischen 12 und 46 € (Ermäßigungen möglich). Museumstr. 17 (S 1/2/3/11/31 Altona oder Bus 112/383 Rathaus Altona), ✆ 39905870, www.altonaer-theater.de.

Ernst Deutsch Theater. Das heute größte deutsche private Sprechtheater wurde im Oktober 1951 gegründet. Nach einigen Umzügen von der Neustadt über Rotherbaum bis Barmbek hat die bekannte Bühne seit 1964 ihr heutiges Domizil in Uhlenhorst mit 744 Sitzplätzen. Gespielt werden gesellschaftskritische Gegenwartsstücke, neuen Ausdrucksformen und Autoren gegenüber ist man offen: ein Engagement, das dem Haus den mit 35.000 € dotierten Pegasus-Preis einbrachte. Neun Kategorien und zwei Preisgruppen zwischen 22 und 39 € (Ermäßigungen bis zu 50 %). Donnerstag ist Familientag mit einer Gratiskarte für Jugendliche bis 18 J. Friedrich-Schütter-Platz 1 (U 3 Mundsburg), ✆ 22701420, www.ernst-deutsch-theater.de.

Komödie Winterhuder Fährhaus. Auch dieses auf gehobene Boulevardstücke spezialisierte Privattheater erhielt den Pegasus-Preis. Gezeigt werden Volksstücke, Komödien-Klassiker und musikalische Lustspiele – und zwar sechs pro Spielzeit. Es gibt einen großen Saal mit 580 Plätzen und einen kleinen mit 99. Zwei Kategorien und fünf Platzgruppen zu Preisen zwischen 17 und 38 € (Premieren sind teurer). Hudtwalckerstr. 13 (U 1 Hudtwalckerstraße), ✆ 48068080, www.komoedie-hamburg.de.

Kabarett/Kleinkunst

Imperial Theater. Krimi- und Komödienproduktionen werden in diesem einstigen Pornokino gegeben, darunter absolut Kultiges wie „Der Zinker“ von Edgar Wallace, aber auch Moderneres wie der Improslam „Steife Brise“. Vier Kategorien mit Preisen zwischen 16 und 34 €. Reeperbahn 5 (U 3 St. Pauli), ✆ 313114, www.imperial-theater.de.

Schmidt Theater & Schmidts Tivoli. Lilo Wanders und Olivia Jones, aber auch Rosenstolz und sogar André Eisermann feierten auf der Kultbühne von St. Pauli bereits große Auftritte. Comedy-Klassiker wie „Caveman“ oder „Heiße Ecke“, die Musical-Liebeserklärung an St. Pauli, präsentiert man ebenfalls (→ Tour 2, S. 122). Vier Kategorien mit Preisen zwischen 18 und 70 €; bei den Hausproduktionen wird für Studierende, Senioren etc. ein Preisnachlass von 25 % gewährt (nicht gültig am Theatertag und am Fr/Sa). Spielbudenplatz 27–28 (U 3 St. Pauli), ✆ 31778899, www.tivoli.de.

Pulverfass Cabaret. Bunte Kostüme und Federn sind immer dabei, natürlich auch Tanz, Gesang und (Männer-)Striptease. Seit 40 Jahren gibt es das Travestietheater, in dem zweieinhalbstündige Darbietungen um 20 und 23.30 Uhr laufen, am Fr/Sa sogar zusätzlich um 2.30 Uhr. Tickets zwischen 7 und 26 €. Reeperbahn 147 (S 1 Reeperbahn), ✆ 249791 (ab 15 Uhr), www.pulverfasscabaret.de.

Das Schiff. Die schwimmende Privatbühne präsentiert sich als Unterhaltungs-Unterdeck-Location für alle, die musikalisches und literarisches Kabarett lieben. Auch Textrevuen zu Ringelnatz, Tucholsky, Wilhelm Busch und Erich Kästner sind im Programm. Das 120 Besucher fassende Theaterschiff, bei dem kein Gast mehr als sieben Meter von der Bühne entfernt sitzt, liegt im Nikolaifleet (→ Tour 4, S. 179). Drei Kategorien mit Preisen zwischen 20 und 29 € (50 % Ermäßigung z. B. für Studierende, Erwerbslose). Nikolaifleet/Holzbrücke 2 (U 3 Rödingsmarkt oder S 1/2/3 Stadthausbrücke), ✆ 69650580, www.theaterschiff.de.

››› Mein Tipp: **Hansa-Varieté-Theater.** „Die Legende lebt!“, heißt es vollmundig auf der Website über das Haus, das nach 51.188 Shows mit mehr als 36 Mio. Besuchern am 31. Dezember 2001 erst mal Schluss machte – weil die Einnahmen die Ausgaben nicht mehr deckten; erst 2009 wagte man, bislang erfolgreich, eine Wiederaufnahme des Programms. Das Varieté von 1894 blickt auf eine beeindruckende Vergangenheit zurück: Die Comedian Harmonists (sie gaben hier ihr erstes Gastspiel außerhalb Berlins), der Zauberkünstler Hou-

In dem ehemaligen Pornokino werden Kriminalstücke gegeben

dini, das damals noch unbekannte Duo Siegfried und Roy und sogar Josephine Baker standen bereits auf diesen Brettern. Das Theater mit Programmen von Zauberern, Jongleuren, Artisten und Puppenkünstlern ist nur zwischen Ende Oktober und Ende Februar geöffnet. Zwei Kategorien in fünf Preisstufen zwischen ca. 30 und 72 € (am günstigsten ist es Di und Sonntagabend). Einige Ermäßigungen, z. B. für Behinderte. Steindamm 17 (U 1/3 Hauptbahnhof Süd), ✆ 4711044, www.hansa-theater.de. «‹«

Alma Hoppes Lustspielhaus. Politisches Kabarett bringt dieses Lustspielhaus in Eppendorf auf die Bühne, und das schon seit 1994. Gegründet wurde es vom namensgebenden Kabarett-Duo Alma Hoppe, hinter dem sich Jan-Peter Petersen und Nils Loenicker verbergen. Das Gebäude selbst geht auf das Jahr 1927 zurück; schon Hans Albers, Wolfgang Borchert, Heinz Erhardt und Inge Meysel standen seinerzeit hier auf der Bühne. Heute treten immer mal wieder Martin Buchholz und sogar Max Goldt auf, alljährlich lassen 70.000 Besucher in 280 Vorstellungen die Spielstätte überleben. Karten zwischen 19,50 und 26,50 € (großzügige Ermäßigungen tägl. außer Sa). Ludolfstr. 53 (U 1 Hudtwalckerstraße), ✆ 55565556, www.almahoppe.de.

»› **Mein Tipp: Polittbüro.** Ein schöner Name für ein Haus, das modernes politisches und musikalisches Kabarett auf die Bühne bringt, zumal die Namensgeberin und Mitbegründerin Lisa Politt hier u. a. mit Gunter Schmidt unter dem Label „Herrchens Frauchen" selbst auftritt. Außerdem sieht man Künstler wie z. B. den deutschen Poetry-Slam-Meister Volker Strübing oder Marc-Uwe Kling mit seinen genialen „Känguru"-Texten. Beginn 20 Uhr, Karten gibt es für 15–20 €, erm. 10 €. Steindamm 45 (U 1/3 Hauptbahnhof Süd oder U 1 Lohmühlenstraße), ✆ 28055467, www.polittbuero.de. «‹«

Kino

»› **Mein Tipp: B Movie.** Passend zum alternativen Stadtteil St. Pauli nördlich der Sexmeile und haarscharf an der historischen Grenzlinie zu Altona hat sich dieses wohnzimmerähnliche Programmkino niedergelassen. Das 2013 ausgezeichnete und werbefreie (!) Hinterhofcinema ist etwas ganz Besonderes und hat garantiert keine Blockbuster im Programm. Der Eintrittspreis von nur 3,50 € sucht seinesgleichen; alles darüber ist eine freiwillige Spende für das ehrenamtliche Engagement der Mitarbeiter. Brigittenstr. 5 (S 1/2/3 Reeperbahn oder U 3 Feldstraße), ✆ 4305867, www.b-movie.de. «‹«

Zeise Kinos. In den ehemaligen Fabrikhallen (→ Tour 6, S. 211) mitten in Ottensen kann man seit 1993 ins Kino gehen und laut Website „anspruchsvolles und zugleich unterhaltsames Programmkino" erleben. Diese Selbsteinschätzung trifft durchaus zu: In drei Kinos, die für höchstens 532 Besucher ausgerichtet sind, werden aktuelle Filme gezeigt, die in den großen Multiplexhallen nur am Rande oder gar nicht laufen. Auch Poetry Slams, Lesungen, Kinderfilme, ein Open-Air-Special (www.zeiseopenair.de) etc. finden statt. Tickets zwischen 7,50 und 8,50 €, erm. 1 € weniger, am Kinotag (Mo) alle Vorstellungen 6,50 €, Kindervorstellungen sind (noch) günstiger. Friedensallee 7–9 (Bus 37/150 Friedensallee), ✆ 3908770, www.zeise.de.

»» **Mein Tipp: Abaton.** Mitten in der studentischen Meile des sympathischen Grindelviertels hat sich 1970 das zweite Programmkino Deutschlands (nach dem Bremer „Cinema Ostertor") niedergelassen. Die Ausrichtung hat sich seitdem nur marginal verändert, es geht immer noch um künstlerisch spannende Streifen fernab des Kommerz-Kinos, darunter auch sehr gute Dokumentarfilme. Häufig werden Regisseure und Schauspieler zu Gesprächen eingeladen, Originalfassungen mit Untertiteln gibt es auch. Die mehrfach prämierte Idee der zwei enthusiastischen „Kinomacher" Werner Grassmann und Winfried Fedder geht bis heute auf: Über 220.000 Besucher steuern jährlich die drei Kinosäle mit den rund 550 Sitzen an. Tickets 8 €, 3-D-Zuschlag 3 €, Ermäßigung für Studenten, das Kinderkino ist ebenfalls günstiger, Mittwoch ist Kinotag (6 €). Allende-Platz 3 (Ecke Grindelhof, Bus 4/5 Grindelhof oder U 1 Hallerstraße bzw. S 11/21/31 Dammtor), ✆ 41320320, www.abaton.de. «««

Das kultige Programmkino Abaton

Kino 3001. Noch ein Programmkino existiert in Hamburg – und zwar auf der alternativen Schanze, wo Produktionen abseits des Mainstreams ebenfalls sehr geschätzt werden. In den Filmen geht es u. a. um politischen Widerstand, ums Erwachsenwerden, um Liebe abseits religiöser und kultureller Normen. Sa/So wird ein Kinderfilm zu 4 € gezeigt. Der normale Eintritt beträgt 8 € (erm. 5,50 €), Zehnerkarten 70 € (erm. 45 €). Schanzenstr. 75, im Hof (S 11/21/31 oder U 3 Sternschanze), ✆ 437679, www.3001-kino.de.

Cinemaxx. Wenn es der Blockbuster auf der Riesenleinwand sein soll, kann dieser Wunsch in Hamburg natürlich auch erfüllt werden. Montags bis mittwochs ist es am günstigsten, sonntags und feiertags ist Familientag, d. h. Erwachsene in Begleitung eines Kindes unter 12 Jahren zahlen nur den Kindertarif. Tickets zwischen 6,80 und 14,50 € (3-D-Streifen). Dammtordamm 1 (U 1 Stephansplatz oder S 11/21/31 Dammtor), ✆ 80806969, www.cinemaxx.de.

Kulturzentren

Fabrik. Konzerte (z. B. von Eric Burdon), Theaterstücke, Märkte, Lesungen (z. B. von Frank Goosen) und Partys (u. a. Ü-40-Party, Gay Factory) kann man in diesem Gebäudekomplex erleben, dessen spannende Hintergründe in Tour 6 (S. 211) beschrieben werden. Tickets 10–40 €. Barnerstr. 36 (Bus 288 Fabrik oder Bus 37 Friedensallee), ✆ 391070, www.fabrik.de.

»» **Mein Tipp: Kampnagel.** In Winterhude, auf dem einstigen Firmengelände von „Nagel & Kaemp", wo zwischen 1875 und 1968 u. a. Reismühlen und Kräne vom Band gingen, werden seit 1984 auf 12 km² und in sechs Hallen eine Menge Festivals veranstaltet: das Nordwind Festival, das Live Art Festival, das Krass Festival, das Überjazz Festival, das Internationale Sommerfestivall ... Fazit: viel Tanz, Performance, Musik, Theater und bildende Kunst, erfreulicherweise mindestens bis 2016 (so lange existiert der Mietvertrag). Jährlich besuchen ca. 164.000 Menschen die ca. 100 Events dieser Spiel- und Produktionsstätte. Jarrestr. 20 (Bus 172/173 Jarrestraße), ✆ 27094949, www.kampnagel.de. «««

Oh my god, there are so many things to do!

Veranstaltungen

Neben Großveranstaltungen wie dem Hafengeburtstag stehen zahlreiche kulturelle Events im Veranstaltungskalender der Stadt, darunter renommierte Filmfeste ebenso wie alternative Musikfestivals oder Lesetage.

Eine komplette und meistens aktuelle Übersicht aller Veranstaltungen in der Hansestadt findet man unter www.hamburg-magazin.de/veranstaltungen-neu.html. Dort lässt sich die Suche nach 62 (!) Rubriken einschränken, z. B. Public Viewing, Sport, Kinderprogramm, Lesungen, Kino, Konzerte, Partys/Disco … Alternativ kann man sich auch unter www.hamburg.de/veranstaltungskalender-hamburg oder www.veranstaltungen.abendblatt.de schlau machen. Wer sich für Messen interessiert (z. B. die „hanseboot"), wird hier fündig: www.hamburg-messe.de/besucher.

Tickets im Vorverkauf erhält man u. a. sehr zentral im Radio Hamburg Ticket-Center im Hauptbahnhof (Ausgang Spitalerstraße, Mo–Mi 8–20.30 Uhr, Do/Fr bis 21.30 Uhr, Sa/So 10–20.30 Uhr, ✆ 3287385) oder im Ticketshop des Hamburger Abendblattes im Alsterhaus (Jungfernstieg 16–20, Mo–Sa 10–20 Uhr, ✆ 353555). Weitere Vorverkaufsstellen sind unter www.hamburg-magazin.de gelistet (Suchbegriff „Konzert- und Theaterkassen").

Eine Auswahl der legendärsten und populärsten Feste der Hansestadt finden Sie hier:

Januar

››› Mein Tipp: **Hamburger Comedy Pokal**: Er ist einer der wichtigsten Kleinkunstwettbewerbe der Republik und findet Ende Januar/Anfang Februar an vier Tagen in Hamburg statt. In zehn Kulturzentren rocken 20 Comedians, die natürlich auch musikalisch und kabarettistisch begabt sein dürfen, die Bühnen. Im Schmidt Theater und in Schmidts Tivoli auf der Reeperbahn

(→ S. 122) kann man der „2. Chance Show" und dem Finale beiwohnen, bei dem Preisgelder in Höhe von insgesamt 6500 € an die Gewinner der ersten drei Plätze sowie des Publikumspreises gehen. Cindy aus Marzahn und Matthias Egersdörfer sind nur zwei der heute bekannten Promis, die einen dieser begehrten Plüsch-Pokale entführen konnten. Mirko Bott, einer der Juroren, zur Veranstaltung: „Der Hamburger Comedy Pokal ist die Fußball-WM der deutschen Comedy und genauso spannend – nur dass die Veranstalter nicht korrupt und die Karten spottbillig sind!" www.hamburgercomedypokal.de.

März

Hamburger Dom: Dreimal im Jahr gibt es diese Riesen-Kirmes auf dem Heiligengeistfeld, jeweils vier Wochen lang. Einmal von Mitte März bis Mitte April (Frühlingsdom), dann von Ende Juli bis Ende August (Sommerdom) und schließlich von Anfang November bis Anfang Dezember (Winterdom). Wie auf anderen Volksbelustigungen dieses Ausmaßes erwarten einen auch hier viele Fahrgeschäfte, noch mehr Fressbuden und tendenziell schlechte Musik; an Freitagabenden finden Feuerwerke statt. Mit jährlich insgesamt nahezu 10 Mio. Besuchern schafft es der Dom sogar, das Oktoberfest um 3 Mio. Besucher zu toppen, allerdings werden für die drei Feste auch 4 Mio. Kilowatt Strom benötigt, so viel, wie eine Kleinstadt in einem Jahr verbraucht. Der Name der Veranstaltung spielt auf den ehemaligen Dom in der Altstadt an (→ S. 170), in dem vom 11. bis ins frühe 19. Jh. bei Schietwetter Gaukler, Quacksalber und Handwerker geduldet waren. www.hamburg.de/dom.

April

Dokumentarfilmwoche: Über 50 kurze und lange Dokumentarfilme sind an fünf Tagen in den Kinos 3001 (Schanzenstr. 57), Metropolis (Kleine Theaterstr. 10), Lichtmess (Gaußstraße 25) und B-Movie (Brigittenstr. 5) zu sehen. Das Motto der Macher: „Wir zeigen internationale Dokumentarfilme, ohne den Blick auch auf die kleinen regionalen Produktionen zu verlieren. Wir versuchen, zu Unrecht gebrannte Kinder des deutschen Dokumentarfilmfestival-Zirkus zu rehabilitieren, und zeigen bewusst auch Filme, die ohne Fördermittel und Sender entstehen." Seit 2009 wird außerdem der mit 3000 € dotierte Klaus-Wildenhahn-Preis für den besten Beitrag gestiftet. Die Tickets kosten um die 7,50 €, erm. 5,50 €, Mehrfach-Karten 35 €. www.dokfilmwoche.com.

Lange Nacht der Museen: Wie in vielen Großstädten existiert auch in Hamburg eine

Schmidt Theater und Schmidts Tivoli

Museumsnacht. Am zweiten Samstag im April nehmen über 50 Häuser und kleinere Ausstellungen daran teil. Diversen musikalischen, kulinarischen und kulturellen Rahmenveranstaltungen kann man zwischen 18 und 2 Uhr beiwohnen. Dabei werden auch unbekanntere Häuser wie z. B. das HSV-Museum (Sylvesterallee 7) oder das KL!CK Kindermuseum (Achtern Born 127) bespielt. Im Ticketpreis (15 €, erm. 10 €) enthalten ist die kostenlose Nutzung aller HVV-Linien von Samstag 17 Uhr bis Sonntag 10 Uhr. Außerdem darf man auch noch am Sonntag alle teilnehmenden Museen kostenlos besuchen. Wenn Kritik kommt, dann wegen Überfüllung der Shuttlebusse (immerhin 10 Linien für ca. 30.000 Besucher) und der nicht immer perfekten Ausschilderung für die nicht ganz so bekannten Häuser. www.langenachtdermuseen-hamburg.de.

Mai

Hamburg Marathon: Alljährlich am 1. Sonntag im Mai kämpfen um die 20.000 Läufer aus aller Welt beim großen Stadtlauf – die meisten von ihnen einfach darum, die Distanz von 42,195 km irgendwie zu schaffen. Das Spektakel, das seit 1986 ausgetragen wird, endet und beginnt beim Haupteingang der Messe Hamburg in der Karolinenstraße neben dem Heinrich-Hertz-Fernsehturm; hier startet auch der Kinder- und Jugendmarathon (ca. 4 km) für 6- bis 17-Jährige. Die Route führt an zahlreichen Hamburger Highlights wie Reeperbahn, Elbchaussee, Fischmarkt, Landungsbrücken, Elbphilharmonie, Jungfernstieg und Außenalster vorbei, bevor die Dauerläufer nach einem Abstecher in etwas unbekanntere Stadtteile (z. B. Ohlsdorf, Eppendorf) ihr Durchhaltevermögen und damit sich selbst am Ziel feiern dürfen. Zur Statistik: 2015 stammten vier der fünf schnellsten Läufer aus Kenia, Eliud Kipchoge lief den Streckenrekord von 2 Stunden 5 Minuten und 30 Sekunden. Der Rekord der Frauen liegt bei 2:24:12. Etwa 500.000 Besucher bestaunen die disziplinierten Teilnehmer, von denen gar nicht so wenige das Finish erreichen. www.haspa-marathon-hamburg.de.

Hafengeburtstag: An einem der ersten Wochenenden im Mai – Freitag bis Sonntag jeweils ab 10 Uhr bis spät in die Nacht – steigt das bekannteste Fest der Stadt, der Hamburger Hafengeburtstag. Es spielt auf den Freibrief von Barbarossa an (→ Stadtgeschichte, S. 19) und entwickelte sich zu einem gewaltigen Event, in dem die Hotels ihre Preise anheben und die 3,5 km lange Hafenmeile vom Fischmarkt bis zur HafenCity von 500 Schaustellern, mehreren Bühnen (z. B. für Shanty, Flamenco) und über 1 Mio. Besuchern gesäumt ist. Die großen Ein- und Auslaufparaden mit historischen Windjammern und heutigen Luxuslinern sind schon sehenswert, außerdem kann man einige der Großsegler und Dreimaster auch besichtigen. Sogar zum Museumshafen Övelgönne (→ S. 226) verirren sich manche der attraktiven Ozeanteiler. Am Samstag um ca. 22.30 Uhr leuchtet ein Feuerwerk über dem Hafen, das man z. B. auf dem Stintfang oder in Steinwerder hinter dem Ausgang des Alten Elbtunnels ziemlich gut verfolgen kann. Für alle Interessierten gilt: Lassen Sie Ihr Auto stehen und kommen Sie unbedingt mit Öffentlichen oder zu Fuß! www.hafengeburtstag.de.

››› **Mein Tipp: Elbjazz**: Am Freitag und Samstag des letzten oder vorletzten Mai-Wochenendes können Jazz-Liebhaber mehr als 70 Konzerte u. a. im Hafen und in der HafenCity erleben. Musiziert wird auf eher ungewöhnlichen Bühnen z. B. in der Maschinenbauhalle und dem Werftgelände von Blohm+Voss, aber auch im Hafenmuseum (Australiastraße Schuppen 50a) oder in der Katharinenkirche (→ S. 175). Ca. 15.000 Besucher wollen sich das Jazz-Spektakel längst nicht mehr entgehen lassen – selbst wenn der Hamburger Schmuddelhimmel seine Schleusen öffnet und eine gewaltige Wassermasse über die begeisterten Zuschauer schüttet. Von Free Jazz über Soul, Rap und Swing bis hin zu dreckigem Funk wird die gesamte Palette geboten und bisweilen mit Elektrorhythmen noch aufgepeppt. Lediglich der Elb-Shuttle-Service mit den drei Barkassen-Linien funktionierte in den letzten Jahren nicht immer so gut (manchmal einfach aufgrund von Unwetter), weswegen viele Besucher durch den Alten Elbtunnel flanierten. Um weitere Wartezeiten zu vermeiden, empfiehlt es sich, Tickets bereits im Vorverkauf zu besorgen (je früher, desto günstiger) und ziemlich früh loszuziehen. www.elbjazz.de. «‹

Juni

Internationales KurzFilmFestival Hamburg: Schon Christoph Schlingensief und Miranda July haben sich dran beteiligt. Neben experimentellen, animierten und dokumentarischen Kurzfilmen werden auch kurze Kinderfilme gezeigt. Zu sehen bekommt man das alles in vielen Kinos, einem Kulturzentrum und sogar einem Hotel. Es werden Jury- und Publikumspreise in sechs Kategorien vergeben, u. a. für No-Budget-Filme oder für Streifen, die nur 3 Minuten lang sein dürfen. „Der Kurzfilm ist die offenste, experimentellste, schnellste, mutigste, abstrakteste, härteste, diskursivste, reaktivste Filmkunstform", heißt es auf der Website. In harten Fakten ausgedrückt, bedeutet das auch: Etwa 300 bis 400 Kurzfilme aus ca. 40 Ländern flackern in einer Woche über mehr als 14.000 Netzhäute. http:// festival. shortfilm.com.

Elbjazz – auch auf einer Werft

»› **Mein Tipp: altonale**: An drei Wochenenden und den Wochentagen dazwischen gibt sich eines der lebendigsten Kulturfestivals der Republik die Ehre. Mehr als 100 Events von Künstlern, Autoren, Bands, DJs und Improtheatern finden dann in Ottensen, Altona-Altstadt (→ Tour 6) und drum herum statt. Dabei darf man von Weltmusik bis Singer-Songwriting, von Balkontheatern bis Kunstinstallationen in einem Supermarkt, von einem Seifenkisten-Cup bis zu einer Butterfahrt viel erwarten. Das zieht bei den Hamburgern und bei Gästen: Alljährlich besuchen über eine halbe Million die „altonale", die auch ein grandioses Straßenfest, eine lustige Kindermeile und einen coolen Flohmarkt im Angebot hat. Außerdem wird ein mit 2000 € dotierter Kunstpreis verliehen. Die Eintrittspreise für geschlossene Veranstaltungen liegen zwischen ca. 6,50 und 17 €. Manchmal reichen die turbulenten Tage in den Juli hinein, manchmal beginnen sie auch schon im Mai. www.altonale.de. «‹

MOGO Hamburg: Nicht nur für Biker spannend ist der europaweit größte Motorradgottesdienst, der an einem Junisonntag zu Füßen des Michel stattfindet. Dabei lauschen bis zu 40.000 Menschen den konfessionsübergreifenden Worten eines protestantischen Pastors. www.mogo.de.

Schlagermove: Manche empfinden den Schlagermove als die gewöhnungsbedürftigste Großveranstaltung Hamburgs, andere lieben ihn wegen seines bewussten Kitschfaktors. An einem Juni- oder Juli-Samstag bewegt sich der „schlagerhafte" Jubelwurm durch St. Pauli, eine Karawane aus Musik-Trucks und grellbunten Outfits, dazu Hits von Udo Jürgens, Costa Cordalis, Conny Froboess, Roberto Blanco oder anderen Weltstars der deutschen (Nachkriegs-)Schlagermusik. Manche der Künstler zeigen sich den bis zu 350.000 Besuchern live. Die „emotionale Kalorienbombe" (so die Website) beginnt und endet am Heiligengeistfeld, dazwischen steuert man z. B. die Hafenstraße und die Reeperbahn an. www.schlagermove.de.

Harley Days: Ein Riesenevent traditionell am letzten Juniwochenende mit mehr als 500.000 Besuchern, die sich u. a. im „Harley

Village" am 40.000 m² großen Großmarkt an der Bankstraße zusammenfinden. Neben Livemusik und Probetouren auf den heißen Öfen kann man Stunt-Shows mitverfolgen. Außerdem werden in der Mönckebergstraße die schönsten Harleys in acht Kategorien bewertet, am Spielbudenplatz ist ebenfalls einiger Budenzauber samt Partymeile geboten. Der Höhepunkt des „Harte Männer"-Events mit rund 50.000 Bikern ist sicherlich die 33 km lange Harley-Parade durch Hamburg, die selbstverständlich auch über die Reeperbahn führt. Allerdings werden der bisweilen extreme Lärm, ausgelöst durch bewusste Fehlzündungen, aber auch die hohe Abgasdichte nicht von allen Hamburgern genossen. Die komplett ausgebuchten Zimmer während der Harley Days erfreuen wiederum viele … www.hamburgharleydays.de.

Juli

Hamburger Jedermann: Als fast schon kultig bezeichnen manche Bewohner der HafenCity den „Jedermann", der vor der Kulisse der Speicherstadt inszeniert wird. Hugo von Hofmannsthals Parabel über Leben und Tod, die 1911 uraufgeführt wurde, geht 2016 in ihr 22-jähriges Jubiläum in Hamburg. An fünf Wochenenden und zwei Donnerstagen im Juli und August wird dabei auch der Identität heutiger (Groß-)Städte auf den Grund gegangen und die Hamburger Gesellschaft seziert. Der NDR bezeichnete das Spiel des Hamburg Art Ensemble als „Meisterstück des Hamburger Sommers", und sogar die Süddeutsche gewährte einen „sehr einverstandene[n] Beifall". Die Aufführung selbst findet am Brooksfleet hinter dem Kesselhaus (→ S. 93) statt, um 19 (sonntags) oder um 20 Uhr. Die Tickets rangieren zwischen 18 und 52 €. www.hamburger-jedermann.de.

››› Mein Tipp: **Freiluftkino auf dem Rathausmarkt**: An zehn Nächten im Juli und August kann man auf einer der letzten freien Flächen der Altstadt, dem Rathausmarkt (→ Tour 4, S. 182), zehn grandiose Spielfilme in entspannt-gemütlicher „Public Viewing"-Stimmung mitverfolgen, darunter absolute Klassiker wie „Der unsichtbare Dritte" oder „Die Reifeprüfung". Schön, dass sich die Initiatoren zudem trauen, auch exquisite Stummfilme wie z. B. „M – Eine Stadt sucht einen Mörder" und jeweils einen Kurzfilm vor den Hauptfilmen über die 128 m² große Leinwand flimmern zu lassen! Los geht's um 22 Uhr. Wer schlau ist, nimmt Klappstühle oder eine Decke und unbedingt etwas zu trinken mit. Das Beste zum Schluss: Der Eintritt dieses Hamburger Open-Air-Klassikers ist nach wie vor frei. www.freiluftkino-hamburg.de. ‹‹‹

Christopher Street Day: Die ersten deutschen CSDs ereigneten sich in Bremen und Berlin – das war 1979 – und erinnerten an den Stonewall-Aufstand vom 28. Juni 1969 in der Christopher Street in New York. Heute geht es wesentlich lustiger und regenbogenfarbiger zu; um die Rechte von sexuellen Minderheiten geht es aber noch immer, außerdem demonstriert man nach wie vor gegen Diskriminierung und Ausgrenzung. Der Hamburg Pride, wie die Veranstaltung auch genannt wird, findet vom letzten Juli- bis zum ersten August-Wochenende statt. www.hamburg-pride.de.

August

Hamburger Dom → März

Freilichtbühne im Stadtpark Hamburg: Hauptsächlich im August, manchmal auch schon mit Terminen im Mai oder noch September, finden auf der Freilichtbühne des 151 ha großen Stadtparks (Otto-Wels-Str. 1) in Winterhude um die 10 Konzerte von deutschlandweit bekannten Künstlern statt. 2015 traten z. B. Santana und Joan Baez auf. 100.000 bis 150.000 Zuschauer zieht dieses Spektakel alljährlich an, es existieren rund 4000 Stehplätze. Da die Freilichtbühne auch bei Regen rockt, Schirme jedoch nicht aufgespannt werden dürfen, wird's im Publikum mitunter lustig … Tickets erhält man an allen bekannten Vorverkaufsstellen. www.open-r.de.

Dockville Festival: 130 internationale Bands und DJs der Indie-, Electro-, Rock-, Pop- und Hip-Hop-Fraktion bekommt man an drei Tagen am Reiherstieg in Hamburg-Wilhelmsburg (Schlengendeich 12) auf die Ohren. Rund 25.000 Besucher genossen das Festival 2015 auf dem 20 ha großen Gelände. Erstklassige deutsche Künstler wie Tocotronic, 2raumwohnung, Fettes Brot, Tomte, Jan Delay, Wir sind Helden oder Element of Crime waren hier schon zu sehen. Eine Besonderheit des „Dockville" ist, dass neben Musik auch bildende Kunst gezeigt wird. Ticketpreise ca. 60–120 €, je nachdem, wie früh man bucht. www.msdockville.de.

September

Alstervergnügen: Die Binnenalster steht im Zentrum dieses viertägigen Volksfestes, das seit den 70er-Jahren gefeiert wird und inzwischen nahezu 600.000 Besucher anlockt. Traditionell am ersten Septemberwochenende gruppieren sich Partyzonen, ein Riesenrad, ein Tanzboden, aber auch eine Kinderlounge mit Stelzenläufern und Bastelzelt um das gestaute Gewässer am Jungfernstieg. Stand-Up-Paddling, Wasser-Fahrräder, Wakeboard-Shows und ein Drachenbootrennen sind geplant – und ein allabendliches Feuerwerk, das wie immer um 22.45 Uhr beginnt. Wie beim Hafengeburtstag gilt: Bloß nicht mit dem Auto herkommen, Parkplätze gibt es nicht, dafür Straßensperrungen ... www.alstervergnuegen.info.

Stamp – Internationales Festival der Straßenkünste Hamburg: Dieses alternative und bei 200.000 Besuchern beliebte Straßenfestival findet 2016 zum 6. Mal statt, aller Voraussicht nach wieder Anfang September. Erwartet werden 1000 Künstler aus aller Welt, die ihr Können in Straßenparaden und -theatern, Clownerie, Akrobatik, Tanz, Jonglage, Urban Art oder Pantomime zeigen. Das Spektakel ist in der Altonaer Altstadt an und östlich der Max-Brauer-Allee zu sehen (z. B. in der Großen Bergstraße). Ob es das Stamp auch noch 2017 geben wird, steht in den vielzitierten ... www.stamp-festival.de.

Hamburg Cruise Days: Zugegeben, es handelt sich um eine Marketingveranstaltung für die großen Kreuzfahrtunternehmen. Dennoch, das alle zwei Jahre stattfindende Event, bei der der Hafen des Nachts in Blau getaucht ist und sieben Megaliner an der Kaikante zwischen den beiden Kreuzfahrtterminals von HafenCity und Altona festmachen, zog 2014 mehr als 600.000 Besucher an. Über die Hälfte der Gäste reiste sogar von auswärts für die drei Tage an. Der zweijährige Turnus wurde wegen des Erfolgs erstmals 2015 durchbrochen; seither findet das Elbevent im September statt. Die Höhepunkte der Cruise Days sind die nächtlichen Paraden der gigantischen Hotelschiffe mit ihren Begleitbooten samt Feuerwerk. Am Tag erwartet einen Kleinkunst, Kulinarik und was Marktstände noch so hergeben. www.hamburgcruisedays.de.

Rockspektakel am Rathausmarkt: Seit 1988 wird dieses Event zu Füßen des Rathauses gewuppt, teilweise mit Gegenwind von der Stadt, der Presse oder sogar der Bevölkerung. Unter dem Motto „Umsonst und Draußen" ist es trotzdem meistens gesteckt voll, wenn Bands wie Subway to Sally, The Busters, Pothead, Waltari, Nina Hagen, Ohrbooten, Fiddlers Green, Beatsteaks oder H-Blockx am ersten Septemberwochenende auftreten. Samstags und sonntags wird schon um 13 Uhr gerockt, freitags wummern die Bässe ab 18 Uhr (jeweils bis 22 oder 23 Uhr). Seit 1989 gibt es keine städtische Unterstützung mehr, weswegen es durchaus sinnvoll ist, sich vor Ort mit Getränken einzudecken, da nur dadurch die Kosten mehr oder weniger gedeckt werden. 2012 feierte das Rockspektakel sein 25. Jubiläum! www.rockspektakel.de.

››› Mein Tipp: **Reeperbahnfestival**: An vier Septembertagen bekommt man in zahlreichen Clubs, Kneipen sowie auf (Freilicht-)Bühnen in St. Pauli und im Schanzenviertel einige namhafte Bands und viele deutsche und britische Newcomer zu hören; konkret handelt es sich um 400 (!) Konzerte an 70 (!) Spielstätten. Das 4-Tages-Ticket (Mi–Sa) liegt bei 89 € im Vorverkauf, für einen Tag zahlt man zwischen 24 und 44 €. Das Festival mitten in Hamburg, bei dem gefühlt ein ganzes Stadtviertel zur Bühne wird, wird wegen seiner enormen Bandbreite und der Berücksichtigung aktueller musikalischer Strömungen sogar von Berliner Radiosendern gelobt. 2015 jährte sich das Reeperbahnfestival zum zehnten Mal, erstmals mit einem Länderschwerpunkt (Finnland), den es jetzt dauerhaft geben soll. www.reeperbahnfestival.com. ‹‹‹

Filmfest Hamburg: Mehr als 140 Filme aus knapp 50 Ländern, die entweder Welt-, Europa- oder Deutschland-Uraufführungen sind, zeigt das Filmfest innerhalb von zehn Tagen, die häufig in den Oktober hineinreichen. Die Palette reicht von Arthouse bis Mainstream, Fernsehfilme sind ebenso zu sehen wie Dokumentarstreifen. 40.000 Filmfans lassen sich diesen Leckerbissen nicht entgehen, zumal ein Rahmenprogramm mit Podiumsdiskussionen und Werkstattgesprächen geboten wird und viele Regisseure ihre Produktionen persönlich vorstellen – Stephen Frears oder Lars von Trier waren bereits zu Gast. Sechs Kinos sind an dem

Fest beteiligt; diverse Preise und Auszeichnungen werden im Rahmen des international angesehenen Cineastentreffens vergeben. Im Abaton-Kino (Allendeplatz 3, Ecke Grindelhof) findet zeitgleich das **Michel Kinder und Jugend Filmfest** mit Spiel- und Animationsfilmen statt. www.filmfesthamburg.de, www.michel-kinderfilmfest.de.

Oktober

Lesbisch Schwule Filmtage: Dieses älteste und größte Filmfest seiner Art in Deutschland steigt in der dritten Oktoberwoche. 15.000 Besucher schauen sich die mehr als 150 Kurz- und Langfilme an, die in verschiedenen Kinos und Kulturzentren gezeigt werden. Über sechs der sieben Auszeichnungen, die währenddessen verliehen werden, entscheidet das Festivalpublikum selbst. www.lsf-hamburg.de.

November

»» Mein Tipp: **Affordable Art Fair**: Die Hamburg Messe und Congress GmbH am Messeplatz 1 ist Gastgeber dieser besonderen viertägigen Kunstmesse (Eingang Lagerstraße Tor A3), die Werke zu Preisen von 100 bis 7500 € anbietet – Bezahlbares also. Das heißt aber nicht, dass die Exponate zweit- oder drittklassig sind. Erstklassige Künstler wie Gerhard Richter, Günther Uecker, Jonathan Meese oder Roswitha Hecke stellten bereits aus. In erster Linie geht es aber um junge Talente, die emotional starke Werke liefern. Der Erlös geht zu 100 % an die Künstler. 2012 fand die Messe, die auf eine Idee des Briten Will Ramsay zurückgeht, zum ersten Mal in Hamburg statt, als erste dieser Art in Deutschland. Jugendliche unter 16 Jahren haben freien Eintritt, Erwachsene zahlen 12–20 €. http://affordableartfair.com/hamburg. ««

Hamburger Dom → März

Dezember

Hamburger Märchenschiffe: Ein Tipp für Kinder ab drei Jahren, die von Ende November bis Weihnachten in der Elbmetropole sind. Über 200 Theaterprogramme, tolle Spiel- und Schminkangebote sowie Backkurse erwarten den Nachwuchs. Das alles gibt es kostenlos oder zu sehr erschwinglichen 2 € auf fünf märchenhaft gestalteten Alsterdampfern. Die meisten der Angebote können täglich zwischen 10 und 18 Uhr genutzt werden. www.maerchenschiffe.de.

Einer von 100 Gigs während des Reeperbahnfestivals

Weihnachtsmärkte: Von Ende November bis Weihnachten und manchmal noch bis Silvester kann man in Hamburg zahlreiche Weihnachtsmärkte besuchen. Am bekanntesten ist vielleicht der historische Weihnachtsmarkt auf dem Rathausmarkt, doch auch rund um die Mönckebergstraße, am Jungfernstieg, am Gänsemarkt, rund um St. Petri, auf der Fleetinsel zwischen Stadthausbrücke und Rödingsmarkt und sogar auf dem Überseeboulevard in der supermodernen HafenCity weihnachtet es dann sehr. Beliebt und bekannt sind außerdem der Weihnachtsmarkt in Ottensen und der Klönschnack Weihnachtsmarkt am Blankeneser Bahnhof, außerdem der „Winter Pride", der schwul-lesbische Weihnachtsmarkt in St. Georg (→ S. 45). Hamburgs „geilster Weihnachtsmarkt" findet selbstverständlich in St. Pauli statt: der Santa Pauli (→ S. 122). www.hamburg.de/weihnachtsmarkt.

Der Alsterpavillon von 1953 ist schon der siebte „Neubau“ an dieser Stelle

Stadttouren und Ausflüge

Häufig erster Anlaufpunkt bei einem Hamburgtrip: die Landungsbrücken

Tour 1: Der Hafen

Das authentische Hamburg ist das Hamburg der Häfen. Keine andere Stadt der Republik hat ihre Kaikanten so selbstverständlich ins Stadtbild eingebunden. Nirgendwo sonst ist der Ausblick spannender: vorausgesetzt, man mag diese Armada aus Stahltieren, die sich einprägsam am Horizont abzeichnet. Deshalb beginnt die erste der sieben Stadttouren genau hier.

„Hier" heißt: an den St.-Pauli-Landungsbrücken, die man am besten mit der U 3 ansteuert. Denn – verkehrte Welt – im Gegensatz zur S-Bahn ist die U-Bahn in diesem Abschnitt oberirdisch. Wenn man aus dem dunklen Tunnel der Station Rödingsmarkt herausfährt, haut einen der Panoramablick auf die Speicherstadt und die HafenCity und natürlich den Hafen mit seinen Kränen und Docks fast um. Wer will, kann schließlich noch auf den Stintfang bei den Landungsbrücken „hinaufklettern" (Treppe rechts, wenn man aus der Station kommt) und das Komplettpanorama erhöht genießen – die wichtigsten Spotlights auf einen Blick sozusagen.

Die Landungsbrücken sind Verkehrsknotenpunkt und Touristenmeile in einem. Man kann hier allen möglichen maritimen und nichtmaritimen Schnickschnack kaufen und man kann in eine der Barkassen steigen, die zur Rundfahrt durch den **Hafen** starten. Der verfügt über knapp 300 Liegeplätze allein für Seeschiffe, verzeichnet Jahr für Jahr knapp 10.000 Schiffsankünfte und nimmt alles in allem etwa ein Zehntel der Gesamtfläche Hamburgs ein. Kernstück sind die vier Containerterminals, mit denen der Hafen sein Hauptgeschäft macht. 2007, zu Beginn der Weltwirtschaftskrise, wurden hier unglaubliche 9,8 Mio. Standardcontainer verfrachtet. Mittlerweile ist das Niveau sanft gesunken, was auch mit einem fundamentalen „Geburtsfehler" des Hamburger Hafens zu tun hat: Hamburg liegt nicht

an der Nordseeküste, sein Seehafen ist auf den Zubringer Elbe angewiesen und die ist leider nicht breit und tief genug für die immer größeren Containerschiffe, die sich die Wirtschaftswelt leistet. Ob das nicht neue Problem mit den (zu) großen Schiffen demnächst durch die dann neunte Elbvertiefung gelöst werden kann, ist derzeit nicht sicher. Das umstrittene Vorhaben hat bereits Umweltverbände auf den Plan gerufen, die den Beginn der Baggerarbeiten durch eine einstweilige Anordnung stoppten. Selbst die Kosten scheinen wieder einmal zu wuchern: Man rechnet mit dreistelligen Millionensummen, geplant war wesentlich weniger – die Elbphilharmonie lässt grüßen.

Von den Landungsbrücken geht es ohne Umwege elbaufwärts zu einer der größten Attraktionen des Hafengeländes oder sogar Hamburgs schlechthin, der **Speicherstadt**. Dieser größte, auf Eichenpfählen gebaute Lagerhauskomplex der Welt entstand ab 1885 auf den Elbinseln Kehrwieder und Wandrahm – nicht ohne städtebauliche Gewaltakte mit üblen Folgen für die dort lebenden Menschen, deren Wohnviertel dem Abrissbagger zum Opfer fiel.

Der Grund für die gigantische Baumaßnahme Speicherstadt war zollrechtlicher Natur: Bei der Reichsgründung von 1871 war Hamburg noch außerhalb des einheitlichen Zollgebietes geblieben, sodass Importware im gesamten Stadtgebiet zunächst zollfrei gelagert und weiterverarbeitet werden konnte. Politisch war dieser Sonderstatus selbst auf mittlere Sicht nicht haltbar und so einigte sich die Hamburger Bürgerschaft mit Vertretern des Reiches schon bald auf einen Kompromiss: prinzipieller Beitritt zum Zollgebiet des Deutschen Reiches bei gleichzeitiger Einrichtung einer fest umgrenzten Freihandelszone, eben der Speicherstadt. Eingeweiht wurde das Freihafenareal 1888 standesgemäß von Kaiser Wilhelm II. In vollem Umfang fertig war es aber erst 1927, als sich des Kaisers berufliche Karriere bereits so entwickelt hatte, dass ihn niemand mehr fragte, wenn irgendwo irgendetwas einzuweihen war.

Gebaut wurden die Lagerhäuser in neugotischer Backsteinarchitektur. Jedes von ihnen hat auf einer Seite direkten Zugang zu einem der sechs Wasserläufe, den sog. Fleeten, von denen das Areal durchzogen ist. Die Waren – darunter Hochwertiges wie Kaffee, Tee, Kakao, Gewürze und Tabak – konnten so mit kleinen Barkassen bequem angeliefert und abtransportiert werden.

Heute hat die Speicherstadt ihre ursprüngliche Funktion weitgehend eingebüßt, außer Teppichen wird hier kaum mehr Ware gelagert. Die jedoch in rauen Mengen: Rund ein Drittel aller Orientteppiche des Planeten soll hier versammelt sein, der Gesamtwert beläuft sich auf ungefähr 200 Mio. Euro. In den offenen Speichern (z. B. in denen Am Sandtorkai oder Am Brook) kann man schauen, ob etwas Passendes fürs Wohnzimmer dabei ist.

Aber auch wer gerade keinen Teppich braucht, sollte die seit 1991 unter Denkmalschutz stehende und sogar als UNESCO-Welterbe ausgezeichnete Speicherstadt mit ins Programm nehmen. Zum einen ist die Backsteinarchitektur schlicht hübsch anzuschauen, zum anderen hat die Speicherstadt mittlerweile eine zweite Karriere als Museums- und Ausstellungsmeile hingelegt: Sieben Häuser sind hier zu besichtigen, darunter das unbedingt sehenswerte Deutsche Zollmuseum, der betörende „Dialog im Dunkeln" und das faszinierende Internationale Maritime Museum, das im ehemaligen Kaispeicher B untergebracht ist.

Die dritte Etappe des Spaziergangs führt in ein städtebauliches Megaprojekt der Moderne: in die **HafenCity**, die unmittelbar südlich an die Speicherstadt anschließt. Auf dem 157 ha großen Gelände mit einer Nutzfläche von 2,3 Mio. m^2 entsteht in insgesamt zehn Quartieren eine kombinierte Wohn-, Gewerbe- und Kulturlandschaft, in der bis 2030 an die 7000 Wohnungen und Raum für 45.000 Arbeitsplätze zur Verfügung stehen sollen. Teile der weltraummäßig anmutenden Architektur, die so manch einen Hamburger auf eine harte Probe stellt, sind bereits fertig, anderes befindet sich im Bau oder noch in der Planung. Darunter auch das Vorzeigeprojekt schlechthin: die Elbphilharmonie, deren Baukosten etwa ebenso oft explodiert sind, wie man ihre Eröffnung verschieben musste. Schlussendlich konnte man sich auf eine Pauschale von 789 Mio Euro einigen, die so lange ersehnte Eröffnung ist auf Januar 2017 terminiert.

Von den Landungsbrücken zur Speicherstadt

Landungsbrücken

Auf knapp 700 m Länge ziehen sie sich die Elbe hinauf. Oder besser gesagt: Sie schwimmen. Die St.-Pauli-Landungsbrücken – so der offizielle Name – bestehen aus sechs fest verankerten, als Schiffsanleger dienenden Pontons, die vom nahen Ufer über zehn bewegliche Brücken zugänglich sind. Am Ufer steht auch das zugehörige, gut 200 m lange Abfertigungsgebäude, das zwischen 1906 und 1910 aus Tuffstein erbaut wurde und seit 2003 unter Denkmalschutz steht. Geschmückt ist es mit Kuppeln und Türmen (darunter der markante Pegelturm an seiner Ostseite), denn nicht nur praktisch sollte er sein, der Schiffsbahnhof, sondern auch repräsentativ. Schließlich starteten hier einst die Sommerfrischler-Boote zu den Seebädern und die Personendampfer der großen Überseelinien. Heute sind die Schiffe, die kommen und gehen, kleiner dimensioniert: die Katamarane nach Helgoland, die „Wasserbusse", die den Öffentlichen Nahverkehr auf der Elbe bedienen, die Pendelfähre zum

Theater im Hafen, wo seit Jahren nahezu täglich das Musical „Der König der Löwen“ auf dem Programm steht, und schließlich die Barkassen für die **Großen Hafenrundfahrten** (→ S. 102).

Wer die Investition für die Hafenrundfahrt sparen mag, kann kostenlos an den Kaikanten der Landungsbrücken entlangspazieren. Hält man sich rechts und geht bis zum Ende der Pontons, tut sie sich unwirklich vor einem auf: eine Armee giraffenartiger Kräne, das Herz von Hamburg. Man muss kein Technikfreak sein, um sich von diesem Anblick begeistern zu lassen. Sogar in Schmuddelwetter-Stimmung ist die „Silberader der Stadt“ (Siegfried Lenz) eine Show.

U 3 Landungsbrücken oder S 1/2/3 Landungsbrücken.

Alter Elbtunnel

Direkt gegenüber den Landungsbrücken liegt die Elbinsel Steinwerder. Gut sichtbar ist das dortige **Trockendock Elbe 17** der Hamburger Großwerft Blohm & Voss, wo schon mehrfach die Queen Mary 2 saniert wurde. Hinüber, um dort zu bleiben, muss man nicht unbedingt, Steinwerder ist weitgehend Industriegebiet. Definitiv ein Erlebnis ist aber der Weg dorthin. Er führt durch den gespenstischen Alten Elbtunnel, der über einen vorgerückten Kuppelbau an der Westseite der Landungsbrücken zu erreichen ist. Schwindelfreie nehmen die Treppe nach unten, alle anderen können über einen Aufzug bequem auf 23,5 m Tiefe hinabschweben. Unten angekommen, öffnen sich zwei 426,5 m lange Tunnelröhren mit jeweils 6 m Durchmesser, je einer mittigen Fahrbahn und zwei erhöhten Gehsteigen links und rechts. Seit 2010 wird allerdings saniert, sodass auf längere Sicht jeweils nur eine der beiden Röhren zugänglich ist.

Konzipiert war der Tunnel, der zwischen 1907 und 1911 gebaut wurde, zur Entlastung des Pendelfährverkehrs nach Steinwerder. Dort hatten sich die großen Werften angesiedelt und so mussten täglich Heerscharen von Arbeitern auf die Insel und wieder zurück, was den Fährverkehr zu Spitzenzeiten zum Kollabieren brachte. Tatsächlich brachte der Elbtunnel den gewünschten Effekt: Allein in den ersten zwei Jahren nach seiner Fertigstellung wurde er von 20 Mio. Fußgängern und Radfahrern benutzt, hinzu kamen Kolonnen von Pferdefuhrwerken, nur die neumodischen Automobile blieben noch eine Zeit lang eine Rarität. Heute sind die Zahlen bescheidener, denn seine praktische Bedeutung für berufspendelnde Hafenarbeiter hat er weitgehend verloren.

Dennoch: 2012 waren es immer noch um die 900.000 Menschen, die die Unterwasserstrecke per Rad oder zu Fuß zurückgelegt haben, darunter jede Menge Touristen. Auch mit dem Auto kann man rein, das kostet allerdings 2 € und ist nur zu eingeschränkten Zeiten möglich. Selbst runterfahren geht übrigens nicht, auch für Autos gibt's einen Aufzug.

Hafen → Karte S. 88/89

Wie ist es im Inneren? Empfindlich kühl (was im Hochsommer angenehm sein kann), außerdem ein wenig gruselig wegen der weißen Kacheln und Neonleuchten hinter Plexiglas. Die Meeres- und Flussgetiere aus Keramik sind, obwohl im Jugendstil ausgeführt, allerdings nicht so der Renner. Doch das ist ganz egal: Diese kleine Hamburger Zeitreise sollte man schon unternehmen, zumal der Ausblick von Steinwerder auf die gegenüberliegende Elbseite ziemlich großartig ist. Hinter dem Pegelturm sieht man z. B. das 34 m hohe Bismarck-Denkmal von 1906 und hinter dem Eingang zum Elbtunnel blitzt der Klinkerbau des Bernhard-Nocht-Instituts für Tropenmedizin von 1914 herüber, wo man bereits erste Etappenerfolge in der Aidsforschung erzielte.

U 3 Landungsbrücken oder S 1/2/3 Landungsbrücken. Für Fußgänger und Radfahrer kostenlos und rund um die Uhr geöffnet, außer Silvester, da ist von 21 bis 4 Uhr geschlossen. Für Autos Mo–Fr 5.30–13 Uhr (Einbahnstraßenverkehr von St. Pauli nach Steinwerder) und 13–20 Uhr (umgekehrte Richtung). Zum Neuen Elbtunnel → Tour 7, S. 227.

Rickmer Rickmers

Noch bevor man das Museumsschiff am östlichen Ende der Landungsbrücken betritt, sieht man sie: die niedliche Galionsfigur, die den Namenspatron des Schiffes im zarten Alter von drei Jahren darstellt. Gebaut wurde der

Dreimaster in der Bremerhavener Werft von Rickmers Großvater, 1896 lief der Frachtsegler vom Stapel. Nach Hamburg kam das Schiff erstmals 1912, als es von der dort ansässigen Reederei Carl Christian Krabbenhöft gekauft wurde, die es auf den schnöden Namen „Max“ umtaufte und u. a. für Salpetertransporte von Chile nach Europa nutzte. Doch schon vier Jahre später, während des Ersten Weltkriegs, war die Hamburger Episode wieder vorbei: Das in einem Azoren-Hafen liegende Schiff wurde von den Portugiesen einkassiert, abermals umbenannt (diesmal blumig in „Flores“) und bis zum Kriegsende der britischen Marine für Versorgungsfahrten zur Verfügung gestellt. Von 1924 bis 1962 setzte der nunmehr „Sagres“ genannte und inzwischen mit zwei Dieselmotoren ausgestattete Dreimaster seine Karriere als portugiesisches Segelschulschiff fort, dann lag es traurig als abgetakeltes Depotboot in einem Marinehafen bei Lissabon – neuer Name: „Santo André“. Erlöst wurde es aus diesem beklagenswerten Zustand erst durch die Initiative des privaten Vereins „Windjammer für Hamburg“, der es 1983 nach Hamburg holte und dort generalüberholen ließ. Vier Jahre später machte es auf Dauer an den Landungsbrücken fest und ist seitdem zu besichtigen.

Lohnt sich ein Besuch? Was bei der „Cap San Diego“ (→ S. 90) eher funktional gestaltet ist, wirkt hier größtenteils edel. Man sieht die Wohnräume des Kapitäns und der Offiziere sowie das Poopdeck aus Teakholz. Doch auch die kargen Sechs-Mann-Kajüten der Mannschaft mit den engen Stockbetten sind ausgestellt. Dabei erfährt man einige Details, die man so nicht erwartet hätte, z. B. zu Tieren an Bord, darunter konnten auch Maden sein, die die Seemänner täglich aus ihrem Zwieback klopften ... Im Schiffsinneren wird pro Jahr eine große Ausstellung gezeigt, die sich maritimen Themen widmet (flankiert von kleineren Ausstellungen mit Bildern von Werften beispielsweise); außerdem läuft die 90-minütige Doku „Die Pamir". Sogar Janosch malte 2010 das „schwimmende Wahrzeichen Hamburgs", und „Uns Uwe" Seeler darf sich stolz als 16. Ehrenkapitän des ehrwürdigen Schiffes bezeichnen.

Finanziert wird das Museumsschiff übrigens ausschließlich aus Spenden, Eintrittsgeldern und Einnahmen aus Verpachtungen (für Betriebs- und Familienfeiern).

Landungsbrücken (Ponton 1a), ✆ 3195959, www.rickmer-rickmers.de. Tägl. 10–18 Uhr. Eintritt 5 €, erm. 4 €, Kinder (4–12 J.) 3 €, Familienkarte (2 Erw. + beliebig viele Kinder bis 14 J.) 12 €. Auch Gruppen- und Kinderführungen sind möglich, Buchung mindestens 3 Tage vorher per Mail unter museum@rickmer-rickmers.de. Das schick eingerichtete Bord-Restaurant hat zwischen 11 und 18 Uhr geöffnet, Tischreservierung unter ✆ 3196373.

Cap San Diego

Museumsschiff Nummer zwei liegt in Sichtweite der Landungsbrücken an der Überseebrücke. Die 1961 in Hamburg gebaute „Cap San Diego" ist ein klassischer Stückgutfrachter mit zwei Bordkränen und vielen, vielen Ladebäumen. Ausrangiert wurde sie bereits Mitte der 1980er-Jahre, als Schiffe ihrer Bauweise im beginnenden Containerzeitalter überflüssig geworden waren. Bis dahin hatte sie die Route Hamburg–Südamerika bedient und auf ihren Reisen neben Frachtgütern auch jeweils eine ausgesuchte Zahl von bis zu zwölf Privatpassagieren mitgenommen. Der Preis für die Kreuzfahrt auf dem „Schwan des Atlantiks" entsprach dem eines VW-Käfers, weshalb sich vor allem wohlhabende verwitwete Damen diesen Luxus leisteten ...

Eine Galionsfigur und ein Schiffsname zu Ehren eines dreijährigen Enkels

Es ist schon spannend, auf dem ausrangierten Wellengebieter und Ozeanteiler herumzustrolchen. Der Maschinenraum ist wesentlich größer als der der Rickmers und geht über erstaunliche drei (!) Stockwerke. Sogar die Kommandozentrale („Brücke") und die Rudermaschine kann man besichtigen. Bei den teilweise sehr steilen Treppenleitern sollte man jedoch auf sich und auf (kleine) Kinder achten! Was sich außerdem lohnt, ist der hörspielartig aufbereitete, 90-minütige Audioguide (3 € extra): Man erfährt sehr schöne Details zum Schiff und zur Nautik generell. Oder wussten Sie, dass „Wahrschau" ein Seemannsruf für „Achtung, Vorsicht!" ist oder dass die Luke 1 als „Schmutzluke" bezeichnet wurde, weil man hier nassgesalzene Tierhäute aus Argentinien und Uruguay lagerte? Ach so, falls Sie das immer noch fahrtüchtige Schiff nicht sehen, schippert es gerade eine tendenziell zahlungskräftige Klientel auf der Elbe oder der Weser herum.

Überseebrücke, U 3 Baumwall, ✆ 364209, www.capsandiego.de. Tägl. 10–18 Uhr. Eintritt 7 €, erm. 4 €, Kinder (unter 14 J.) 2,50 €, Familienkarte (2 Erw. + beliebig viele Kinder unter 14 J.) 14 €. Gruppenführungen nach telefonischer Voranmeldung. Integriert ist ein kleines, relativ schmuckloses Bord-Bistro. Wer will, kann auf der „Cap" auch übernachten (mindestens 98 € für eine Doppelkabine ohne Frühstück). Aktuelle Veranstaltungstermine (z. B. Klabauternächte oder Lesungen) auf der Website.

Hafen → Karte S. 88/89

Durch Speicherstadt und HafenCity

Von der „Cap San Diego" ist es nicht mehr weit bis zur Niederbaumbrücke, über die man zur Speicherstadt und dann weiter Richtung HafenCity gelangt. Auf dem kurzen Weg kommt man am Mediengebäude von **Gruner + Jahr** vorbei, das an ein dezent dahingleitendes Passagierschiff erinnert (im Hintergrund sieht man bereits den Michel, → Tour 3). Auf etwa gleicher Höhe liegt in der Elbe das ausrangierte alte **Feuerschiff**, auf dem man heute essen und für mindestens 110 € in einer Doppelkabine nächtigen kann (www.das-feuerschiff.de, ✆ 362553).

Über die Niederbaumbrücke und die sich anschließende kleine Wilhelminenbrücke erreicht man den Sandtorkai mit den ersten beiden Museen dieser Tour. Man kann jetzt ziemlich einfach die Elbphilharmonie ansteuern, indem man rechts in den Kaiserkai einbiegt und eine dritte Brücke überquert. Unser Rundgang führt erst später dorthin, aber Sie können an dieser Stelle auch bequem variieren und ihre eigene Route einschlagen. Wirklich verlaufen kann man sich weder in der Speicherstadt noch in der HafenCity. Manche sind jedoch überrascht, wie weitläufig das Gelände ist.

Speicherstadtmuseum

In dem alten Speicher von 1888 kann man vor allem eines: sehr viel lesen – was bei schlechterem Wetter nicht das Schlechteste sein muss. Zumal man spannende Details erfährt, von denen man vorher wahrscheinlich noch nie gehört hat. Zum Beispiel gab es in der Speicherstadt drei Sonderbriefkästen für Kaffeeproben. Da die 50–250 g „schweren" Pröbchen über die Deutsche Reichspost zollfrei verschickt werden konnten, verließen täglich bis zu 25 Zentner des koffeinhaltigen Pulvers auf diesem Weg die Hansestadt. Sobald die höchstmögliche Briefkastenmenge von 30 kg erreicht war, ertönte ein Signal, woraufhin ein Beamter den Kasten leerte.

Unter anderem mit originalen Schwarzweißfotos werden auch Themen wie die Kaffeeverlesung, der Zollanschluss, die speichertypische Architektur und die Arbeit der sog. Quartiersleute beleuchtet. Letztere waren höchst angesehene, auf eigene Rechnung arbeitende Lagerhalter, die meist zu viert unterwegs waren (daher auch ihr Name) und als Spezialisten für die vorübergehende Einlagerung und Qualitätsprüfung von Gewürzen, Tee und – genau! – Kaffee galten.

Leider sind im Museum insgesamt nur wenige Exponate wie z. B. der Ladenröster LE 3 ausgestellt und auch auf Touchscreens oder Hörstationen wird verzichtet. – Wie gesagt, im Speicherstadtmuseum kann man sehr viel lesen.

Am Sandtorkai 36, U 3 Baumwall, ✆ 321191, www.speicherstadtmuseum.de. April–Okt. Mo–Fr 10–17 Uhr, Sa/So bis 18 Uhr, Nov.–März Di–So 10–17 Uhr, sogar an Feiertagen ist ab 10 Uhr geöffnet. Eintritt 3,90 €, erm. 2,50 €, Schüler 2 €, Kinder unter 6 J. frei! Führungen durch die Speicherstadt starten hier (→ S. 103). Außerdem existiert ein Museumscafé: die Kaffeeklappe. Auch Kaffee- und Teeverkostungen sowie Krimilesungen werden regelmäßig veranstaltet (aktuelle Termine auf der Website).

Spicy's Gewürzmuseum

Für alle, die schon immer einmal tiefer in die Welt der Gewürze eintauchen wollten, ist der mit Erklärungstafeln gespickte Raum eine gute Sache – zumal es in der historischen Speicherstadt einst u. a. um genau jene kulinarischen Ingredienzien ging. Interessierte erfahren heute, dass 1 kg Safran 10.000 € kostet, und können sich darüber informieren, wie ein Sack weißer Pfeffer als Hochzeitsgeschenk dem Journalisten-Ehepaar Runge wertvolle Dienste leistete. Zu 50 Gewürzen und Küchenkräutern werden die Herstellung, Verwendung und sogar die Heilaspekte erläutert. Selbstverständlich darf eine kleine Abteilung mit Bio-Kräutern nicht fehlen.

Leider wirkt der relativ enge, von Neonröhren bestrahlte Raum ein wenig chaotisch und vollgestopft, sodass die über 900 nicht immer topspannenden Ausstellungsstücke, darunter auch eine Siebmaschine und Stampfwerke, ihre volle Wirkung nicht so richtig entfalten können. Ob man die ausgelegten Gewürze, in die schon Hunderte Finger gefahren sind, anfassen oder gar probieren muss, bleibt eine Frage der persönlichen Einstellung ...

Am Sandtorkai 34 (im II. Boden des Kaispeichers), U 3 Baumwall, ✆ 367989, www.

Die backsteinerne Speicherstadt ist eine der Hauptattraktionen Hamburgs

spicys.de. Di–So 10–17 Uhr, von Juli bis Okt. auch montags, an Feiertagen ist das ganze Jahr über offen. Eintritt 5 €, Kinder unter 4 J. frei, bis 14 J. 2 €. An der Kasse bekommt man Zimtkaffee für 1,50 €. Man kann auch seinen Gewürzvorrat auffüllen oder sich mit (Koch-)Büchern zum Thema eindecken. Drei bis vier Sonderausstellungen pro Jahr zu spicygen Themen (z. B. Aphrodisiaka), auch Vorträge ab 10 Pers. zu 30 € sind möglich (Voranmeldung!).

Kesselhaus

Das Kesselhaus schafft den Brückenschlag zwischen den zwei großen städtebaulichen Projekten: der Speicherstadt und der HafenCity. In dem Backsteinbau von 1886/87 und in der benachbarten Maschinenzentralstation wurde einst rund um die Uhr Energie erzeugt: für den Betrieb der hydraulischen Winden und Hebebühnen in den Speichern und für deren elektrische Beleuchtung. Heute dient das Kesselhaus als Ausstellungs- und Dokumentationszentrum, das ca. 200.000 Besucher jährlich über das Großprojekt HafenCity informiert. Was sich auf der Dauerbaustelle aktuell tut, zeigt ein riesiges Stadtmodell im Maßstab 1:500. Kleine Stationen mit Filmen und Hör-Infos, Touchscreens und Bücher über das aufwendige Neubauprojekt ergänzen das Angebot.

Außerdem kann man hier seine eigenen Energiereserven via Kaffee, Kuchen und kleinen Snacks auffüllen (Selbstbedienung) – und an drei der sechs spannenden, kostenlosen (!) Touren durch das Neubaugebiet teilnehmen (→ S. 103). Alljährlich im Juli und August wird hinter dem Kesselhaus zudem eine ganz besondere Aufführung des „Jedermann" gegeben (→ S. 79).

Am Sandtorkai 30, U 3 Baumwall, ✆ 36901799, www.hafencity.com. Di–So 10–18 Uhr, zwischen Mai und Sept. am Do bis 20 Uhr.

Hamburg Dungeon

Dungeons gibt's mittlerweile acht Stück in Europa, die Hamburger Ausgabe

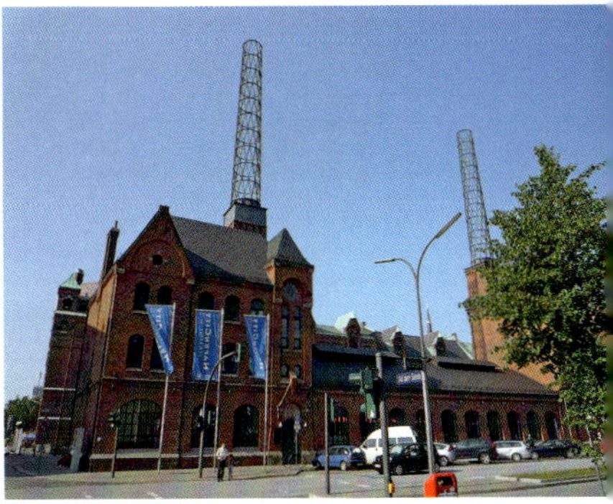

Dokumentationszentrum Kesselhaus

wartet im parallel zum Sandtorkai verlaufenden Kehrwieder auf ihre Besucher. Das Konzept ist simpel: Gruselkabinett mit Schauspielern, Knall-, Show- und Lichteffekten, das durch die düsteren Seiten der jeweiligen Stadtgeschichte führt. Am Kehrwieder geht's z. B. ins Pestkrankenhaus („Bist du das nächste Opfer des Arztes?"), zu Störtebekers Hinrichtung („Wem kannst du vertrauen?") und mitten in die Sturmflut von 1717 („Kannst du entkommen?"). Wer, je nach Disposition, Pech oder Glück hat, wird von den herrlich kostümierten und geschminkten Schauspielern ins „Kreuzverhör" genommen und vor versammelter Mannschaft zur Schnecke gemacht – wir sind bei der Station „Inquisition" angelangt

Kehrwieder 2, U 3 Baumwall, www.the-dungeons.de. Tägl. 10–18 Uhr (letzter Einlass 17 Uhr). Erw. 25 €, Kinder bis 14 J. 20 €, für unter 10-Jährige werden die Dungeons nicht empfohlen. Für 5 € mehr kann man ein Überholspur-Ticket online erwerben und sich so das unter Umständen (Schulferien!) lange Anstehen sparen. Über ✆ 36005529 lassen sich Gruppentouren oder Junggesellenabschiede klarmachen.

Miniatur Wunderland

Die Inhaber des größten Modelleisenbahnparcours des Planeten besitzen eine Lizenz zum Gelddrucken. Leider hat die große Beliebtheit des Wunderlandes direkt neben dem Dungeon ihren Preis: Die Räume sind ziemlich bis brechend voll, in den Ferienzeiten wartet man manchmal stundenlang. Kinder und technikbegeisterte Papas stehen jedoch zu Recht mit leuchtenden Augen vor den nachgebastelten Städten und Landschaften, darunter z. B. Skandinavien mit einem 33.000 l fassenden Echtwasserbecken, in dem sogar Ebbe und Flut stattfinden. Außerdem bekommt man ein ungewohntes Gefühl von Macht, wenn man kleine Teile der riesigen Anlagen per Knopfdruck bewegt. Am faszinierendsten ist vielleicht die Miniatur eines Airports, der der süddeutschen Phantasiestadt Knuffingen zugeordnet ist. Schön sind auch die alle 15 Minuten stattfindende Nachtsimulation mit ca. 300.000 Leuchten und der Nachbau des HSV-Stadions mit dem knappen 4:3-Derbysieg gegen St. Pauli.

Über 2300 m² Ausstellungsfläche sind bis 2020 geplant. Dass die geschätzten Kosten von 20 Mio. Euro (!) auch wieder reinkommen, dürfte gewährleistet sein: Jährlich besuchen über eine Million Ticketzahler die bis ins Kleinste durchorganisierte und durchaus einzigartige Spielwiese.

Kehrwieder 2–4, U 3 Baumwall, ✆ 3006800, www.miniatur-wunderland.de. Mo und Mi/Do 9.30–18 Uhr, Di bis 21 Uhr, Fr bis 19 Uhr, Sa 8–21 Uhr, So 8.30–20 Uhr. Die regulären Öffnungszeiten werden je nach Andrang bisweilen verlängert (und in seltenen Fällen auch schon mal verkürzt). Online gibt es eine Wartezeitenprognose für Spontan-Besucher; wer auf keinen Fall warten will, kann auf der Website buchen, muss sich aber auf Tag und Uhrzeit (Toleranz 60 Minuten) festlegen. Erw. 13 €, erm. 8–11 €, Kinder unter 16 J. 6 €, Kinder unter 1 m dürfen in Begleitung ihrer Eltern umsonst rein. Für alle, die einen Blick hinter die Kulissen und die dahinterstehende Technik werfen wollen, sind 60-minütige Führungen für 15 € plus Eintritt geeignet (max. 6 Pers., online buchen).

Der Airport Knuffingen im Miniatur Wunderland

Elbphilharmonie

Über den Kehrwieder schlägt man den Bogen zurück zum Sandtorkai, überquert auf dem Kaiserkai den Sandtorhafen und landet damit mitten in der spacigen „Mondsiedlung“ HafenCity. Und zwar nicht irgendwo, sondern gleich dort, wo ihr architektonisches Glanzstück entsteht: die Elbphilharmonie. Der Ehrfurcht gebietende Bau ruht auf dem Sockel eines alten Speicherhauses, über dem sich ein gigantischer gläserner Aufbau erhebt, dessen Dach in großen Wellen geschwungen ist – die Elbphilharmonie hat alles, um einmal *das* Wahrzeichen der Hansestadt zu werden. Vorausgesetzt, sie wird irgendwann fertig ... Mittlerweile peilt man das Jahr 2017 an, ursprünglich war 2010 vorgesehen. Und wie es sich für ein städtebauliches Megaprojekt gehört, sind auch die kalkulierten Kosten ins Fantastische gestiegen: von ursprünglich 77 Mio. Euro auf 789 Mio. Euro, von denen die Steuerzahler der Hansestadt den Großteil übernehmen.

Was sie dafür bekommen? Ein Konzerthaus mit drei Konzertsälen, integriertem Hotel und integrierten Luxuswohnungen, ein Parkhaus, eine Dachterrasse und einen neuen öffentlichen Platz in 37 m luftiger Höhe. Die über eine 82 m lange Rolltreppe zu erreichende Plaza zwischen Backsteinsockel und Glasaufbau wird fast so groß wie ein Fußballfeld und einen gewaltigen Ausblick in alle Himmelsrich-

Hafen → Karte S. 88/89

Die „Science-Fiction-Stadt" HafenCity, verziert mit ein paar Bäumen

tungen bieten. Ab November 2016 soll diese Aussichtsplattform öffentlich zugänglich sein!

Herzstück des Kulturkunstwerkes ist „die Nuss in der Nussschale“: der Große Konzertsaal mit 2150 Plätzen. Er ruht auf vibrationshemmenden Stahlfedern, damit Außengeräusche von Wasser und Hafen nicht nach innen dringen. Die Musik im Konzertsaal wird in der Mitte spielen, drum herum winden sich die Zuschauerränge terrassenförmig nach oben. Und damit man auch wirklich jede Note hört, soll der Saal mit 10.000 individuell gefrästen Gipsfaserplatten ausgestattet werden, die den Klang in alle Winkel reflektieren. Akustisch abgestimmt wurde der Raumklang mittels Computersimulation, für das Feintuning sorgten Tests an einem Konzertsaalmodell im Maßstab 1:10, das man im ca. 800 m entfernten **Elbphilharmonie Pavillon** am Sandtorpark bei den Magellan-Terrassen ansehen kann (April–Okt. Di–So 10–17 Uhr, Nov.–März Do–So 10–17 Uhr). Dort gibt's weitere Infos zum „Schandmal für die Reichen“, wie engagierte linke Gegner das Konzertgebäude nennen. Zeitrafferfilme zum bisherigen Bau und Hörmuscheln an den Außenwänden gewähren einen Blick in Vergangenheit und Zukunft. Spannend sind auch die Vorträge zur Elbphilharmonie oder eine Elbphilharmonie- und HafenCity-Tour.

Am Kaiserkai, U 3 Baumwall, www.elbphilharmonie.de/elbphilharmonie-hamburg.de. Die 75-minütigen Vorträge finden samstags und sonntags um 17 Uhr statt, 6 €, erm. 3 €. Die Elbphilharmonie- und HafenCity-Tour wird Sa/So jeweils um 12 Uhr gegeben, manchmal um 13 oder 16 Uhr, 8 €, erm. 5 €. Treffpunkt ist stets der Elbphilharmonie Pavillon. Tickets unter ✆ 35766666 oder unter www.elbphilharmonie.de/vortraege-touren.de. Zu den schon jetzt stattfindenden sog. Elbphilharmonie-Konzerten → Laeiszhalle, S. 70.

Durchs Überseequartier

Von der Musikkathedrale geht es über den sich anschließenden Dalmannkai am Grasbrookhafen zum nächsten größeren Ziel: dem Internationalen Maritimen Museum an der Osakaallee. Wer das Überseequartier, in dem noch gebaut wird, ein wenig näher kennenlernen will, kann einige kleinere Umwege einschlagen.

Von den **Magellan-Terrassen** und dem Elbphilharmonie Pavillon neben dem Sandtorpark war schon die Rede. Doch auch die **Marco-Polo-Terrassen** südlich des Dalmannkais sind mit ihren supermodernen Straßenlaternen und ungewöhnlichen Bürokomplexen ein Hingucker. Wer Freude an einer kleinen Pause hat oder einen abendlichen Drink in Sichtkontakt mit der Elbphilharmonie nehmen möchte, lässt sich auf der mittelkleinen Außenterrasse des **Coast by east** am südlichen Ende der Marco-Polo-Terrassen nieder. Geöffnet ist täglich ab 12 Uhr bis spät in die Nacht.

Am östlichen Ende des Grasbrookparks (schöner Kinderspielplatz!) befindet sich das **größte mobile Riesenrad des Planeten** (Anfang Mai–Mitte Juli 11–21 Uhr, Erw. 6 €, Kinder bis 9 J. 3 €), das aus knapp 60 m einen guten Blick auf alles bietet, was schon entstanden ist. Weiter südlich am Chicagokai liegt eines von zwei **Kreuzfahrtterminals** der Stadt, an dem auch die richtig großen Schiffe wie z. B. die „Queen Mary 2" anlanden. Auf dem Weg dorthin trifft man an der Hübnerstraße auf die mit zig Auszeichnungen bedachte **Unilever-Zentrale** sowie den architektonisch ausgefuchsten **Marco-Polo-Tower**. Wer sich für die Immobilienpreise interessiert, kann zuvor im Schaufenster von Dahler & Company (Großer Grasbrook 9 am Sandtorpark) einen Blick riskieren. Nur so viel: Hamburgs teuerste Privatwohnung befindet sich im obersten der 17 Stockwerke des Turms!

Dass man in der Osakaallee 9 einen **NachhaltigkeitsPavillon** gebaut hat (Di–So 10–18 Uhr, fairer Kaffee und Bio-Snacks; für Führungen siehe Kesselhaus!), der auf über 120 m² über die Möglichkeiten einer ökologischen Stadtentwicklung informiert, dürfte auch die Geschäftsführer der neuen Firmenzentrale von Greenpeace freuen,

Auch am Sandtorpark ist modernste Architektur angesagt

die im Überseequartier entstanden ist. Von hier könnte man noch einen Abstecher in den neuesten Bauabschnitt zwischen Baakenhafen und Norderelbe unternehmen, wo seit einiger Zeit der **ViewPoint** lockt, ein Aussichtspunkt an der Grandeswerderstraße. Dort hat auch endlich ein wenig Kultur in die HafenCity gefunden, durch das **Thalia-Zelt** (→ Kulturleben, S. 71)

Ein **Störtebeker-Denkmal** (Bronze, 1982, Osakaallee nahe dem Maritimen Museum), das stark gemachte **Internationale Maritime Museum Hamburg** und das eher spezielle **Automuseum Prototyp** runden den Spaziergang durch die HafenCity ab.

Internationales Maritimes Museum

Das 2008 eröffnete, im ältesten noch existierenden Speicher Hamburgs (1878/79) untergebrachte Museum trägt seinen selbstbewussten Namen zu Recht. Auf den knarrenden Holzböden der mitreißenden neun Stockwerke („Decks") geht es thematisch geordnet auf eine Entdeckungsreise durch die maritime Welt. Faszinierend ist z. B. die Abteilung „Expedition Meer: Das letzte Geheimnis der Erde". Sie handelt u. a. von führenden Meeresforschern und Tauchrobotern, aber auch von Tsunami-Gefahren und der Offshore-Windkraft. Außerdem kann man lupenvergrößerte Tiefseefische bestaunen und sogar dem Klang des Meeres lauschen.

Wer es historischer mag, wird von einem bei Geesthacht gefundenen Einbaum aus dem Jahre 650 n. Chr. beeindruckt sein. Die zeitgenössische Schiffsbaukunst wird in einer Zeitrafferdoku gezeigt, die den Bau des Containerriesen „Cosco Panama" (2005) bei Blohm & Voss über 12 Monate mitverfolgt. Ein wenig eklig und zugleich eindrucksvoll sind die Knochenschiffe, die französische Kriegsgefangene während der Koalitions- und Napoleonischen Kriege (1792–1815) hergestellt haben. Die kleinen Schiffsmodelle aus abgenagten Tierknochen entstanden auf englischen Internierungsschiffen. Wahrscheinlich dienten sie den Gefangenen als Tauschware, mit denen sie sich bei den Wärtern eine bessere Essensversorgung erkauften.

Auch das Thema Sklavenverschiffung wird anschaulich dargestellt. Man sieht anhand von nachgezeichneten Schatten, wie eng die angeketteten Menschen zusammengepfercht waren. Über sieben Millionen Sklaven verschifften alle seefahrenden Nationen innerhalb von 100 Jahren, mehr als 30 % starben noch während des Transports zu den Plantagen.

So umfassend und gut aufbereitet das Museum auch ist – es hat seit seinem Bestehen immer wieder Kritik gegeben. Museumsgründer Peter Timm, auf dessen umfangreicher Privatsammlung die Ausstellungen basieren, und Ausstellungsmacher Holger von Neuhoff wurde vorgeworfen, bei manch einer Erklärung zu den Exponaten geradezu koloniales Gedankengut zu transportieren und die Akzente zu stark auf Militärhistorisches zu legen. Tatsächlich ist die eine oder andere Erklärung ungeschickt formuliert und die Militärorden-Show, die das Museum veranstaltet, übertrieben. Kriegsverherrlichende Tendenzen konnte ich bei meinem Besuch aber nicht feststellen. „Der Meeresspiegel", heißt es auf einer Wand der Ausstellung, „ist die Grenze zu einer anderen Welt." Diese Worte könnten locker als Motto dieses starken Museums durchgehen.

Koreastr. 1, U 1 Meßberg oder Bus 6 Bei St. Annen bzw. Bus 111 Osakaallee, ✆ 30092300, www.imm-hamburg.de. Di–So 10–18 Uhr. Erw. 12,50 €, erm. 9 €, Kleinfamilie (1 Erw. + Kinder) 14,50 €, Familie (2 Erw. + Kinder) 24,50 € – für Kinder ist der Eintritt dadurch günstig bis kostenfrei! Wer sich nur für einzelne Abteilungen interessiert, kann ein Störtebeker-Ticket (ab 16.30 Uhr) zu 6 € erstehen, ein Audioguide,

Hafen → Karte S. 88/89

der meines Erachtens nicht zwingend nötig ist, schlägt mit 3,50 € zu Buche. Diverse, auch kostenlose Führungen und Veranstaltungen. Manchmal Sonderausstellungen zu aktuellen maritimen Themen. Sehr gut sortierter Buchshop (ein Museumsführer ist für 7,90 € erhältlich).

Wer mit **Kindern im Museum unterwegs** ist, kann sich in den verwinkelten Räumen beim Lego-Modell der „Queen Mary 2“ (ca. 780.000 Steine) auf die Suche nach zwei Kühen und einem Klabautermann machen ... Heißer Tipp: Die Kühe sind auf dem Schiff, der Geist steht unten.

Automuseum Prototyp

Für Autofreaks ist dieses Museum sicher das Allergrößte. Für alle anderen und v. a. für Kinder ist die modern konzipierte Ausstellung von 2008 nicht übertrieben spannend, da man nichts berühren und sich nicht in die ausgestellten Karossen setzen darf. Selbst der enge Fahrsimulator hätte durch einige gegnerische Fahrzeuge interessanter ausfallen können.

Dafür lernt man auf den drei Etagen der durchweg gut sanierten Räumlichkeiten einiges über (historische) Wagen und wilde Rennen, auch Konstrukteure kommen (filmisch) zu Wort. Etwa 50 Exponate sind im Erdgeschoss ausgestellt, darunter ein BMW Sauber F1.07 (der erste Rennwagen von Sebastian Vettel!) und ein Austro-Daimler ADS R „Sascha“ von 1922; daneben wird die Erfolgsgeschichte des VW-Käfers erzählt. Die untersten Kellerräume sind einem „Ritter der Rennstrecke“ gewidmet: Wolfgang Graf Berghe von Trips. Der blaublütige Rennfahrer, der bereits mit 33 Jahren starb, wurde 1961 posthum zum Vizeweltmeister der Formel 1 gekürt.

Shanghaiallee 7, U 1 Meßberg oder Bus 111 Osakaallee, ✆ 39996970, www.prototyp-hamburg.de. Di–So 10–18 Uhr. Erw. 10 €, Kinder (4–14. J) 4,50 €, Kinder unter 4 J. frei, Familienticket (2 Erw. + 3 Kinder) 22 €. Der Besuch der jährlich wechselnden Sonderausstellung kostet 3,50 € extra. Snacks und Kuchen gibt es im Bistro-Café, im Shop jede Menge Modellautos, außerdem Filme.

Wer sich für Autos begeistert, findet hier das perfekte Museum

Von außen eher bieder, doch im Inneren pfiffig: das Deutsche Zollmuseum

Hafen → Karte S. 88/89

Deutsches Zollmuseum

Über den Brooktorkai gelangt man zurück in die Speicherstadt und trifft an der Ecke Brooktorkai/Bei St. Annen zunächst auf das sog. Hafenrathaus. Das standesgemäß aufgehübschte Verwaltungsgebäude von 1902/03 ist Sitz der Hamburger Hafen und Logistik AG, die von der kleinsten Hafenrundfahrt bis zum Containerhandel alles beaufsichtigt, was im Hafen so zu beaufsichtigen ist. Das börsennotierte Unternehmen besitzt drei Containerterminals in der Stadt und erwirtschaftet über eine Milliarde Euro Umsatzerlöse jährlich.

Vom Hafenrathaus sind es nur gut 200 m bis zum museumspädagogisch sehr fein gemachten Deutschen Zollmuseum. Was erwartet einen? Interessante (wenngleich manchmal ein wenig zu leise) Hörstationen, gekonnt gestaltete Infotafeln, beleuchtete interaktive Schaukästen und vor allem ungewöhnliche Originalexponate.

Im Obergeschoss des einstigen Zollamtes geht's um die Zollgeschichte: von der römischen Zollpolitik am Limes bis zur Zollverwaltung in der Bundesrepublik und der DDR. Unten werden so spannende Themen wie „Waffen und Rauschgift" oder „Produktpiraterie" behandelt – man kann selbst überprüfen, wie gut die Fälschungen sind.

Die Ausstellung erläutert aber nicht nur die großen Zusammenhänge, sondern liefert auch pfiffige Details und skurrile Fakten. So erfährt man etwa, dass Monchhichis (kleine japanische Affenpüppchen, die die meisten wahrscheinlich aus ihrer Kindheit kennen) seit 1985 als Spielzeug deklariert sind (und eben nicht als Puppen), weshalb ihre Kleidung zusätzlich verzollt werden muss. Oder wussten Sie, dass es an den Grenzen der Deutschen Demokratischen Republik eine verschlusssichere Literaturkiste für imperialistische Schriften gab, die mittels einer Spiegelkelle in Automobilen aufgespürt wurden?

Schon 100 Jahre zuvor machte sich Heinrich Heine im „Wintermärchen" (1844) über diese Furcht vor dem freien Geist lustig: „Ihr Toren, die ihr im

Koffer sucht! Hier werdet ihr nichts entdecken! Die Konterbande, die mit mir reist, die hab ich im Kopfe stecken.“ Fazit: Obgleich sich der Name dieses Museums ein wenig langweilig anhört und die 2008 konzipierte Ausstellung vom Bundesfinanzministerium getragen wird, handelt es sich um eine der erlebnisreichsten Sammlungen von ganz Hamburg – und das zu einem indiskutabel günstigen Eintrittspreis!

Alter Wandrahm 16, U 1 Meßberg oder Bus 6 Bei St. Annen, ✆ 30087611, www.zoll.de (→ Der Zoll/Zollmuseum). Di–So 10–17 Uhr. Erw. 2 €, Kinder und Jugendliche unter 18 J. frei. Einen sehr schönen Katalog („Souvenirs, Souvenirs, vom Schmuggel auf Reisen“) zu einer der manchmal stattfindenden Sonderausstellungen kann man sich an der Kasse für 3 € besorgen. Außerdem hat man die Möglichkeit, ein **ausrangiertes Zollboot** zu besichtigen, das direkt vor dem Museum im alten Zollkanal liegt. Die „Oldenburg“ mit ihrer achtköpfigen Besatzung war für die Grenzüberwachung auf Flüssen verantwortlich. Das Schiff ist frei zugänglich; von Mittwoch bis Freitag trifft man zwischen 10 und 17 Uhr manchmal auf pensionierte Zöllner, die ehrenamtlich Fragen beantworten und durch das Boot führen.

Dialog im Dunkeln

Wiederum nur 200 m weiter, in sechs sehr unterschiedlichen Themenräumen (z. B. „Park“ oder „Metropole“), die alle Sinne ansprechen, ist es wirklich stockdunkel! Sollte man dennoch die Hand vor den Augen sehen, sind das Signale des Gehirns, das die Hand genau dort vermutet. Doch keine Sorge, ein blinder Guide führt Sie sicher durch die Ausstellung, sodass Sie wohlbehalten wieder ans Licht gelangen – und sich nach den 90 ungewöhnlichen Minuten bereichert fühlen. Man lernt wirklich „sehen“ – mit den Augen eines Blinden. Und begreift gleichzeitig, dass Mitleid gegenüber Sehbehinderten unangebracht und unerwünscht ist.

Die Firmenidee hat Andreas Heinecke seit 1988 als Franchise-Konzept in über 30 Länder getragen; damit schuf er für mehr als 7000 Blinde eine feste Arbeitsstelle. Seit dem Jahr 2000 gibt es den „Dialog“ als Dauerausstellung in Hamburg, sieben Millionen Menschen haben ihn bisher besucht.

Alter Wandrahm 4, U 1 Meßberg oder Bus 6 Bei St. Annen, www.dialog-im-dunkeln.de. Erw. 21 €, erm. 15,50 €, Kinder (bis 12 J.) 12,50 €, Familien mit bis zu 2 Kindern bis 16 J. zahlen 52 €. Besuch nur im Rahmen einer Führung. Es gibt die 90- und die 60-Minuten-Variante (nur 4 Stationen). Erstere findet Di–Fr 13–17 Uhr statt, Sa 10–19.45 Uhr, So, Feiertage 10–17.45 Uhr. Die verkürzte Tour nur Di–Fr 9–12.45 Uhr, ca. 4 € günstiger pro Pers. Man sollte sich unbedingt zwei bis vier Wochen vorher ein Ticket sichern: ✆ 3096340 (häufig sind alle Leitungen belegt).

Das neue SPIEGEL-Gebäude an der Ericusspitze

In Hamburg gibt es auch ein **Dunkelrestaurant** (Kleiner Schäferkamp 36, www.unsicht-bar-hamburg.de, Vorbestellungen unter ✆ 41469330).

SPIEGEL-Gebäude

Die neue Zentrale des investigativen und boulevardesken Journalismus am Ostbug der HafenCity erinnert ein wenig an die Pariser Grande Arche – und ist auf gar keinen Fall zu übersehen. Seit

September 2011 arbeiten die Redakteure der drei SPIEGEL-Formate und des *manager magazins* auf den 30.000 m² dieses Monsterbaus, der beeindruckende 61 m in den Hamburger Himmel ragt. Dabei setzte das dänische Architekturbüro von Henning Larsen auch auf Umweltverträglichkeit. Weder Heizung noch Klimaanlage sind installiert. Das Zauberwort heißt Geothermie: 70 Erdsonden heizen und kühlen die Büroräume. Die Beleuchtung wiederum reagiert auf Bewegungen (oder deren Unterlassung) und passt sich den Wetterverhältnissen an.

Schade, dass seit 2014 keine Führungen mehr durch den mehr als spannenden 110-Millionen-Euro-Bau veranstaltet werden. Jetzt kann man nur noch in die wuchtige Eingangshalle hinter der Rezeption hineinspitzen, bevor einen die Damen und Herren des Empfangs zurückpfeifen ...

Ericusspitze 1, U 1 Meßberg oder Steinstraße. Wer es ganz genau wissen mag: Den Architekturband „Das SPIEGEL-Haus" (DVA, 2011) erhält man in einem Shop an der Westseite für 24,99 €.

Deichtorhallen

Wer sich für moderne und trotzdem eingängige Kunst interessiert, wird an den Deichtorhallen seine Freude haben. Warum? Eine Besonderheit dieser zwei Kunsttempel an der Deichtorstraße neben der Oberbaumbrücke ist schlicht und ergreifend – die Höhe. In den einstigen Markthallen von 1911/14 („Hamburger Heimatstil") erhält ein Objekt die Raumwirkung, die es braucht, ganz gleich, ob man sich den Kreationen von Andy Warhol oder den gewitzten Werken des genialen Künstlerpaares Fischli & Weiss zuwendet. Dabei finden auf einer europaweit einzigartigen Ausstellungsfläche von 5600 m² Größe „spektakuläre internationale Großausstellungen" statt, wie es ein wenig vollmundig auf der Website heißt. Das Schöne daran: Die Erwartungen werden häufig

Die Südhalle: „Haus der Photographie"

erfüllt und sogar jüngere Künstler wie Jason Rhoades oder Jonathan Meese hatten bereits ihre großen Auftritte. Unlängst sanierte man diese „Halle für aktuelle Kunst" (Nordhalle) für rund 16 Mio. Euro.

Die Südhalle ist seit 2005 ein „Haus der Photographie". Die Kunstschüsse junger Gegenwartsfotografen und digitaler Erneuerer stehen im Kontrast zu Pionierleistungen aus dem 19. und 20. Jh. Letztere, besonders im Bereich der Modefotografie, basieren auf der Sammlung Gundlach. Außerdem befindet sich das Bildarchiv des SPIEGEL in diesen Räumen; wer sich dafür interessiert, sollte sich einige Tage vorher unter der allgemeinen Telefonnummer anmelden (siehe unten).

Zum erweiterten Bestand der Deichtorhallen gehört seit 2011 auch die Sammlung Falckenberg, die allerdings in Hamburg-Harburg und nur im Rahmen einer öffentlichen Führung zu besichtigen ist (Wilstorfer Str. 71, ✆ 32506762). Die 90-minütigen Führungen finden Do/Fr um 18 Uhr, Sa um 13 und 15 Uhr und So um 12, 15 und 17 Uhr statt. Eintritt 15 €, erm. 12 €, Familienticket 20 €, Kinder und Jugendliche unter 18 J. frei. Die Schwerpunkte dieser Sammlung liegen auf zeitgenössisch-provokanter und humorvoll-widerständiger Kunst.

Deichtorstr. 1–2, U 1 Steinstraße, ✆ 321030, www.deichtorhallen.de. Di–So 11–18 Uhr, jeden 1. Do bis 21 Uhr. Eintritt je Halle 10 €, erm. 6 €, Familienkarte 15 €, Kinder und Jugendliche unter 18 J. frei. Di ab 16 Uhr nur 5 €, Kombiticket für beide Hallen 14 €. Sa/So öffentliche 60-minütige Führungen um 15 Uhr (Haus der Photographie) bzw. 16 Uhr (Halle für aktuelle Kunst), an jedem 1. Do im Monat um 19 Uhr (nur Halle für aktuelle Kunst). 12- bis 18-Jährige kommen an einigen Samstagen um 14 Uhr kostenlos in den Genuss. Im Haus der Photographie befinden sich eine gut sortierte Fotobuchhandlung und das beliebte Restaurant Fillet of Soul (→ S. 105).

Praktische Infos

→ Karte S. 88/89

Hafenrundfahrt

18 € ist der normale Preis, doch für 16 € bekommt man sie auch, die Hafenrundfahrten, wobei Kinder höchstens die Hälfte zahlen sollten. Davon abgesehen, würde ich mich immer in einer **Barkasse** über die Elbe schippern lassen. Warum? Die großen Boote sind zwar bequemer und wellenresistenter, fahren aber nicht (!) durch die Speicherstadt. Außerdem gelangen die wendigen Barkassen näher an die Docks heran. Von April bis Oktober fahren sie täglich zwischen 10 und 17 Uhr, in der Nebensaison nur am Wochenende zwischen 10 und 16 Uhr. Ach so, langweilig wird Ihnen nicht! Die Kapitäne reden in einer Tour, wobei die Kalauerdichte zwerchfellverachtend groß ist …

Reisende, die vor allem einige Sehenswürdigkeiten ansteuern (z. B. BallinStadt, → S. 251) und zu einem späteren Zeitpunkt wieder zusteigen wollen, können auf der Landungsbrücke 10 ein Ticket für die **Maritime Circle Line** kaufen. Zwischen 10 und 16 Uhr kann man alle zwei Stunden starten, in der Nebensaison nur samstags und sonntags ab 12 Uhr. Kostenpunkt 16 € (2 Kinder bis 6 Jahre sind frei), Kinder (7–15 J.) zahlen 8 €. Achtung: Bei Niedrig- oder Hochwasser werden der überwiegende Teil der Speicherstadt und der Spreehafen ausgelassen!

Um einen generellen Überblick über das große Hafengelände zu erhalten, ist es möglich, einen „**Bus auf der Elbe**" zu nehmen. Man kann z. B. mit der 73 nach Oderhöft fahren und einen Ausschnitt des Hafentreibens erleben (nur wochentags). Mit der 61 geht es nach Neuhof, wo man die 3,94 km (!) lange Köhlbrandbrücke bewundern kann. Oder man macht mit der 62 den Rundtrip nach Finkenwerder und wechselt von dort auf die 64 nach Teufelsbrück. Nun spaziert man am Hans-Leip-Ufer und der schönen Övelgönne entlang (→ Tour 7) zurück zu den Landungsbrücken. Ticketpreise → S. 49.

Ein ganz besonderes Schmankerl und mein Tipp sind die **Terminaltouren**. Dabei handelt es sich um eine dreistündige Bustour,

Der oberirdische U-Bahnhof an den Landungsbrücken

bei der man Dinge sieht, die man als normaler Tourist nie zu Gesicht bekommt. Nur so viel: Das Motto „Auge in Auge mit den Giganten" ist nicht übertrieben. Munter führt ein Tourguide durch den Containerdschungel und bereitet Ihnen eine wahre Technikorgie. Treffpunkt ist die Bushaltestelle der Linie 608 am U-Bahnhof Baumwall (30 Minuten vor Abfahrt). Die Touren finden jeden Samstag (9.30/13.30 Uhr) und Sonntag (13.30 Uhr) statt, von Anfang April bis Ende Oktober auch mittwochs und freitags um 16 Uhr und sonntags zusätzlich um 9.30 Uhr. Der Spaß ist allerdings nicht ganz günstig: 32 € zahlen Erwachsene, Kinder (4–12 J.) 15 €. Da diese sehr authentische Hafentour auch unter Hamburgern beliebt ist, lohnt es sich, unter www.jasper.de vorzubuchen. Wichtig: Personalausweis mitnehmen – Sie befinden sich in einem streng gesicherten Gebiet!

Sehr interessant sind darüber hinaus die **alternativen Hafenrundfahrten**, die von der NS-Vergangenheit der Elbmetropole handeln, von Zwangsarbeit, Widerstand und Verfolgung. Konkret geht es um den Hamburger Hafen zwischen 1933 und 1945; die zweistündige Tour führt zu ehemaligen Konzentrationslagern und auch Hitlers Pläne, Hamburg zu einer „Führerstadt" auszuweiten (→ Stadtgeschichte, S. 30), werden thematisiert. Treffpunkt ist die Barkassen-Centrale Ehlers am Anleger Vorsetzen beim U-Bahnhof Baumwall. Erwachsene zahlen ca. 12 €, Kinder frei. Anmeldung unter ✆ 428131527. Leider finden die Ausfahrten nur 5-mal jährlich statt. Für 2016 stehen die Termine noch nicht fest – bei Interesse einfach per Telefon nachfragen!

Geführte Touren

Wer die **Speicherstadt** ausführlich besuchen und noch einige Spezialistendetails erfahren mag, kann an Sonntagen um 11 Uhr zu einem 90-minutigen Rundgang starten (Treffpunkt: Speicherstadtmuseum, → S. 91, 9,50 €, erm. 7,50 €). Von Anfang April bis Ende Oktober wird der Spaziergang samt Museumsführung auch an Samstagen um 15 Uhr angeboten. Ein Familienrundgang mit abschließender Schatzsuche findet immer wieder an Sonntagen statt (aktuelle Daten auf www.speicherstadtmuseum.de), selber Treffpunkt, kleinerer Preis, Kids unter 5 J. können umsonst mitmachen.

Am Kesselhaus (→ S. 93) starten drei der sechs spannenden, kostenlosen (!) Touren

Per Barkasse durch die Speicherstadt

durch die **HafenCity**, denen man sich ohne Anmeldung anschließen kann: Der HafenCity-Landgang (1 Std.) jeden Sa um 15 Uhr, der Feierabend-Landgang (1 Std.) von Mai bis Sept. jeden Do um 18.30 Uhr und die HafenCity-Radtour (2 Std., Räder mitbringen!) von Mai bis Sept. jeden 1. und 3. So um 11 Uhr; Treffpunkt ist jeweils das Foyer. Ein kleines Highlight für die Bio-Fraktion ist der „Grüne Landgang" (2 Std.) von Mai bis Okt. jeden Di um 18 Uhr, Treffpunkt ein paar Hundert Meter weiter am NachhaltigkeitsPavillon in der Osakaallee 9. Dazu gibt es die Touren „NachtSicht" (Mai–Okt. jeden 2. und 4. Fr im Monat um 21 Uhr an der U 4 Überseequartier) und „Neue Horizonte", in der es um die planerischen und wirtschaftlichen Herausforderungen der HafenCity geht (jeden 2., 3. und 4. So im Monat um 15 Uhr am NachhaltigkeitsPavillon).

Wichtig: Speicherstadt und HafenCity sind weitgehend **Sturmflutgebiet** – und zwar von Mitte September bis Mitte März. Da man aus der Flutkatastrophe von 1962 gelernt hat (→ Stadtgeschichte, S. 32), machen Lautsprecherdurchsagen im Fall der Fälle auf eine mögliche Überschwemmung aufmerksam.

Hafen → Karte S. 88/89

Der Pegelturm des
berühmten Schiffsbahnhofs

Essen & Trinken

The Table 15 Achtung, exklusiv! Die mit Abstand spektakulärste Neueröffnung hat der 38-jährige Küchenmeister Kevin Fehling zu verantworten. Im August 2015 machte sich der gebürtige Delmenhorster von Travemünde auf den Weg in die HafenCity. Mit im Gepäck hatte er sein Können und eine Idee, die er von New York und Paris kannte. Es gibt nur einen Tisch, the „Chef's Table", der der Küche zugewandt ist, 20 Gäste (die reserviert haben) können es sich daran bequem machen, alle zwei Monate wird eine neue Speisekarte aufgelegt, das Menü liegt bei 180 € und darf dreieinhalb Stunden lang genossen werden. Hinterher geht es zu einem Absacker in die Champagner-Lounge, weshalb die durchschnittliche Rechnung bei 270 € liegen kann. Selbst die Gastroszene Hamburgs ist überglücklich: Endlich hat auch sie einen Drei-Sterne-Koch. Mi–Sa ab 19 Uhr. Shanghaiallee 15, reservierung@the-table-hamburg.de.

Carls 21 Das Carls direkt gegenüber der Elbphilharmonie, auf die man allerdings vom Coast by east einen besseren Ausblick hat (→ S. 96), ist ein Bistro und (!) eine Brasserie, was den Gästen erfreulicherweise die Entscheidung lässt, wie viel sie für einen Aufenthalt in einem der zwei Stockwerke ausgeben wollen. Im Bistro sind es zwischen 8 und 10 €, die man für Quiche, Flammkuchen oder Tartines gerne zahlt, in der Brasserie bekommt man für knapp 30 € eher Auserlesenes wie gefüllte Perlhuhnbrust mit Morcheln oder Navarin von der Lammschulter. Auch die Weine zeugen von einem guten Geschmack und einer gekonnten Auswahl. Zuletzt noch mal zum Ausblick: Der auf die Elbe ist natürlich fantastisch. Unbedingt reservieren! Tägl. 12–23 Uhr (leicht abweichende Öffnungszeiten zwischen Bistro und Brasserie). Am Kaiserkai 69, ✆ 30032400, www.carls-brasserie.de.

Port 1 Das Restaurant mit einer der besten Hafen-Aussichten von ganz Hamburg befindet sich im Hotel Hafen Hamburg (→ Übernachten, S. 55) über den Landungsbrücken. Aufgrund seiner exklusiven Lage sind exklusive Gerichte ganz selbstverständlich. Darunter fallen „Port Klassiker" wie das Geschnetzelte vom Wiesenkalb oder die Kutterscholle mit Zwiebel-Speckstippe um die 20 €, saisonale Menüs zu ca. 45 € oder Lunchgerichte zu erfreulichen ca. 12 €. Ausgewähltes Ambiente unter Kronleuchtern und rot bezogenen Stühlen im Inneren. Draußen sitzt es sich, sofern das Hamburger Wetter mitspielt, unter den Bäumen noch etwas entspannter; außerdem ist man näher dran an dem guten Ausblick. Tägl. 12–23 Uhr. Seewartenstr. 9, ✆ 3111370400, www.hotel-hafen-hamburg.de (unter dem Reiter Restaurants & Bars).

››› **Mein Tipp: Fillet of Soul 3** Viele Hansestädter überschlagen sich mit Lob, wenn sie von diesem Lokal berichten, was nicht zuletzt an den fairen Preisen zur Mittagszeit liegt. Zwischen 12 und 15 Uhr stehen für ca. 8–12 € acht (!) Gerichte zur Auswahl. Lediglich abends ist man z. B. für australisches Rinderbavette mit Chili-Maiscreme oder Rotbarbenfilet mit Ratatouille mit über 20 € dabei. In Hellviolett schimmernde, umgedrehte Schirmpilz-Lampen strahlen auf lange Tafeln mit unspektakulären Holzstühlen. An den Wänden hängen große Schwarzweißfotos, die Gastroszenen zeigen. Viele Menü-Angebote (z. B. ein Bier-Menü) und erstklassiger Service bereichern das Lokal in den Deichtorhallen zusätzlich (→ S. 101). Mo 11–15 Uhr, Di–Sa bis 24 Uhr (bis 22 Uhr warme Küche), So bis 18 Uhr. Deichtorstr. 2 (im Haus der Photographie), ✆ 70705800, www.fillet-of-soul.de. ‹‹‹

Sala Thai 19 Das unbedingt zu lobende Lokal bietet gleich zu Beginn ein Fettnäpfchen: nämlich dann, wenn man höchst motiviert nach Stäbchen fragt. Die Bewohner des Königreichs Thailand essen mit Messer und Gabel … Davon abgesehen, kann man wenig falsch machen, vor allem zur Mittagszeit (Mo–Sa 12–15 Uhr). Die gebratenen Entenstücke mit Ingwer in Rotweinsauce gerieten zu einem kleinen Highlight, aber auch das Massaman-Hühnercurry mit Erdnüssen konnte sich mehr als sehen lassen. Kostenpunkt jeweils ca. 12 €. Durch die Fenster hat man einen 1-a-Blick auf Hafenkräne und die architektonisch gut gemachte Firmenzentrale von Unilever. Die vielen Pflanzen im Restaurant verströmen eine angenehme Atmosphäre. Abends zahlt man allerdings fast das Doppelte! Tägl. 12–24 Uhr. Am Kaiserkai 1 (eine zweite Filiale des Lokals gibt's in Brandsende 6), ✆ 323909, www.salathai.de.

Entspannen im Neubaugebiet

Fischmarkt 4 Man will es nicht glauben, aber es ist gar nicht so leicht, ein gutes Fischrestaurant in Hamburg zu finden. Sehr ans Herz gelegt wurde mir das „Fischmarkt". Nach einem Test ist zu sagen: hervorragende A-Note (die Gerichte raffiniert und frisch), Abstriche in der B-Note (Freundlichkeit zu einem Einzelgast in nicht komplett standesgemäßem Outfit). Also vielleicht besser Kapuzenpulli und Rucksack im Hotel lassen und zu zweit essen gehen ... Das mehrfach im Michelin erwähnte Lokal bietet einen Mittagstisch (14–18 €) und verlangt ansonsten für die edlen Fischgerichte zwischen 19 und 34 €. Drei Fleischgerichte und ebenso wenige vegetarische Speisen gibt es auch. Mo–Fr 12–15 und 18–22.30 Uhr, Sa 13–22.30 Uhr. Ditmar-Koel-Str. 1, ✆ 363809, www.restaurant-fischmarkt.de.

»» **Mein Tipp: Heimat 16** Insider flüsterten mir, im angeschlossenen Lokal des 25hours (→ Übernachten, S. 56) gäbe es den besten Burger der Stadt. Ich testete ihn inkognito und, siehe da: So ist es! Das Fleisch stammt von der Deutschen Färse, ist mit Holsteiner Tilsiter (und den üblichen Burgerzutaten) garniert und selbst die Pommes schmecken außergewöhnlich gut. Okay, 15 € sind nicht ganz wenig, doch sattmachend und saftig hat eben seinen Preis. Selbstverständlich gibt es in dem gekonnt eingerichteten Wohlfühl-„Wohnzimmer des Überseequartiers" auch einen Mittagstisch unter 10 € und Speisen aus regionalen Böden und Gewässern, die interessant klingen und auch so schmecken wie etwa die Dorade in Pergament-Papier mit Couscous zu 25 € oder ein Kaninchenragout zu 20 €. Jeden Do legen ab 19 Uhr DJs und DJanes auf. Tägl. 12–24 Uhr (Küchenschluss 22.30 Uhr). Überseeallee 5, ✆ 257777840, www.25hours-hotels.com (unter den Reitern hamburg/hafencity/restaurant). ««

Oberhafen-Kantine 11 Wer auf Deftiges mit Grünkohl oder Hering für 8,50 bis 14,50 € steht, kommt um diese „schräge" Hamburger Institution nicht herum. Die Tür fällt einem entgegen, weil das Gebäude schief ist, die Nachkriegsinneneinrichtung ist kultig und die Karte wechselt saisonal. Es gibt sogar eine Hamburger Weißwurst, deren Rezeptur älter als die der Münchner sein will ... Ein ehrlicher Hamburger oder Fischburger ist natürlich auch möglich! Zur Nachspeise empfiehlt sich ein „verschleiertes Bauernmädchen" oder Rote Grütze. Ab vier Personen sollte man angesichts der minikleinen Räumlichkeiten reservieren. 4- bis 12-mal im Jahr findet in der Oberhafen-Galerie, einem Nebengebäude, eine Ausstellung von Hamburger Künstlern statt. An der Außenbar kann man sein Bier oder eine Fassbrause zischen. Di 17–22 Uhr, Mi–Sa 12–22 Uhr, So bis 17.30 Uhr. Stockmeyerstr. 39, ✆ 32809984, www.oberhafen kantine-hamburg.de. ■

Kaisers 20 Wer lieber am Kaiserkai in der Nähe der Elbphilharmonie ausruht, stößt unweigerlich auf dieses Lokal an einer sehr beliebten HafenCity-Flaniermeile. Drei Speisekarten bieten Gerichte zu meist kleinem Preis an (v. a. die Mittagsgerichte während der Woche lohnen sich), wobei die Currywurst nach eigenem Rezept zu ca. 10 € von einer Leserin auch wegen der großen Portion sehr gelobt wurde. Abends steht z. B. die für Hamburg unvermeidliche Scholle „Finkenwerder Art" auf dem Speiseplan, für die man allerdings etwas tiefer in die Tasche greifen muss. Prompter und freundlicher Service und eine nette Aussicht auf den Grasbrookhafen sind dieser kleinen Auszeit zuträglich. Tägl. 11–23 Uhr. Am Kaiserkai 23, ✆ 36091790, www.kaisers-hamburg.de.

Brücke 10 7 Wenn es einfach nur ein Fischbrötchen sein soll, wird man hier gut bedient. Die Fischqualität ist zu loben und die Krabbenbrötchen sind eine feine Sache, doch sie kosten – aufgrund des gestiegenen Krabbenpreises („Luxusprodukt Fisch") – nicht ganz günstige 7,50 €. Ansonsten sind die zwischen zwei Brötchenscheiben gepackten Meeresleckereien zwischen 2,50 und 5,50 € vollkommen im Rahmen. Ebenfalls kundenfreundlich die Öffnungszeiten: Apr.–Okt. 10–22 Uhr, Nov.–März 10–20 Uhr. Auf den St. Pauli Landungsbrücken/Brücke 10 direkt neben dem Abgang, www.bruecke-10.de.

Speicherstadt Kaffeerösterei 13 Für einen Koffeeinaufenthalt in der Speicherstadt kommt man um die auf Touristen spezialisierte Kaffeerösterei gar nicht so einfach herum. Auf 100 Stühlen und 250 m² sind selbst größere Reisegruppen keine Seltenheit. Folgerichtig ist täglich von 10–19 Uhr geöffnet. Man sitzt zwischen alten Gerätschaften, häufig ist die Schlange an der Kasse groß und der Lärmpegel hoch. Dafür lockt der gute und tendenziell günstige Kaffee; ein Leser lobte explizit die „Waffeln nach Omas Rezept". Im Fabrikladen kann man an die 45 frisch geröstete Kaffee- und Espresso-Varianten erstehen. Kehrwieder 5 (neben dem Miniatur Wunderland), ✆ 31816161, www.speicherstadt-kaffee.de.

Milch 6 Individueller und auf sanfte Weise die 50er-Jahre zurückholend, gibt sich diese Neueröffnung inmitten der Hauptschlagader des Portugiesischen Viertels (→ S. 107) in der Ditmar-Koel-Straße. Nico Ueckermann hat die alten Fliesen wieder zum Leuchten gebracht und das minimalistisch eingerichtete Innere stilvoll an die Nachkriegszeit angepasst. Umso schöner, dass der einstige Milch- und Tante-Emma-Laden heute hervorragende Wachmacher anbietet, im Sommer sogar in Iced-Varianten – und die meisten Zutaten dafür aus dem Umland kommen. Beeindruckend auch die zwei unterschiedlichen Espressoröstungen, die dank direct trade (= faire Entlohnung der Bauern) sogar sozialverträglich sind. Um es ausnahmsweise einmal superlativ auszudrücken: *Der* Kaffeedealer des Portugiesenviertelchens! Di–Fr 8–18 Uhr, Sa/So 10–18 Uhr. Ditmar-Koel-Straße 22, ✆ 0151-56056090, www.milchfeinkost.de. ■

Fleetschlösschen 10 Das heute kultige Backstein„schlösschen" steht an der viel befahrenen Grenzlinie zwischen Speicherstadt und HafenCity – und hat schon viel (deutsche) Geschichte geatmet. Man braucht nur auf die hellen Steine der Fassade zu achten: Sie dienten der Instandhaltung des von Weltkriegsbomben getroffenen Zollhäuschens. Außerdem war es das zweite Gebäude, das man im Zuge der Erbauung des Speicherstadtkomplexes zwischen 1885 und 1927 emporzog; zuvor stand an selber Stelle die St. Annen-Kapelle. 1961 drehte man vor dieser Kulisse die „Themse"-Aufnahmen des Edgar-Wallace-Klassikers „Die toten Augen von London". Im Inneren ist es rustikal-gemütlich, gereicht werden z. B. WrapRolls, Toasts und Salate sowie „immer auch ein wenig Exotisches". Das Wichtigste: Man sitzt gut und die Snacks passen (man kann auch nur einen Cappuccino oder ein Feierabendbier trinken) – bevor man wieder eintaucht in die Backsteintapeten der Speicherstadt oder die nicht immer gelungenen Neubauten der zweifellos faszinierenden HafenCity. Tägl. 8–22 Uhr. Brooktorkai 17, www.fleetschloesschen.de.

Hafen → Karte S. 88/89

Im Portugiesenviertelchen

Die Ditmar-Koel-Straße und einige Seitengässchen bilden das sog. Portugiesenviertel: ein bei Urlaubern beliebter Minibezirk. Weshalb? Hier kann man solide bis sehr gut und günstig essen, bei lauen Temperaturen stehen die Tische und Stühle auf dem Bürgersteig.

Wer etwas Besonderes sucht, kann das **Panthera Rodizio** (Nr. 3, brasilianische Spezialitäten) ansteuern. Das 17-Euro-Büfett mit Speisen, Salaten und Desserts soll sein Geld wert sein, sofern man Publikumsbespaßung und Eventgastronomie mag. Täglich 12–24 Uhr, ✆ 3786370, www.panthera-rodizio.de. Empfehlenswert ist auch die **Casa Franco** in der Rambachstr. 7 (✆ 0176-01332226, tägl. 17–2 Uhr), wo man gut auf den etwas älteren, rot gepolsterten Stühlen im Style des Portugiesenviertels sitzt und z. B. ein 4-Gänge-Menü mit ganz viel Fisch zu ca. 30 € genießen kann.

Aber auch die zahlreichen anderen Iberer und Italiener entlang dieser an sonnigen Nachmittagen oder in lauen Nächten manchmal überlaufenen Touristenmeile sind in puncto Preis-Leistungs-Verhältnis unschlagbar, was unbedingt für die kleinen Sträßlein spricht!

Nachtleben

Nachtleben findet in dieser Ecke Hamburgs nicht ganz so ausladend statt! Trotzdem kann man mit anderen Urlaubern im Portugiesenviertel (→ S. 107) entspannen oder die folgenden Locations aufsuchen, die auch von Hamburgern gerne genutzt werden.

››› Mein Tipp: **Frau Hedis Tanzcafé** 5 Der schwimmende Tanztempel ist eine kleine Besonderheit und ein echter Tipp. Nicht ganz so bekannte DJs, coole Bands und Laune machende Solo-Könner geben auf der Barkasse ihre feinen Konzerte. Das tendenziell jüngere oder jung gebliebene Publikum nimmt das Angebot gerne an und schwingt munter das Tanzbein. Auch sympathisch: „Junggesellenabschiede beiderlei Geschlechts haben bei uns keinen Zutritt!" Meistens geht es gegen 18 Uhr los; jeweils stündlich wird angelegt, bevor es erneut auf die Elbe geht. Die Karten kosten im Vorverkauf ca. 10 €. Aktuelle Termine und Tickets auf der Website! Landungsbrücken, Brücke 10, Innenkante, ✆ 0176-83061071, www.frauhedi.de. ‹‹‹

Surfkitchen 12 Holztische direkt an den Elbarkaden, eine fußläufige Entfernung zum Internationalen Maritimen Museum (→ S. 97) und der Blick aufs Wasser rechtfertigen auch schon an sonnigen Nachmittagen einen Besuch. Szeniger wird es an lauen Sommerabenden, wenn man zu entspanntem Clubsound und Loungemusik eine preislich und geschmacklich vollkommen in Ordnung gehende Steinofenpizza isst, ein kaltes Getränk vor sich hat und über die Vor- und Nachteile der manchmal sehr betonlastigen HafenCity nachsinnt. Tägl. 10–23 Uhr, im Herbst und Winter ist von So–Di abends geschlossen. Hongkongstr. 2–4, ✆ 32041258, www.surfkitchen.de.

Shopping

Dass es in der angesagten und superneuen HafenCity keinen Vintage- oder Secondhandladen gibt, versteht sich von selbst. In der noblen und schicken Wohngegend haben sich trotzdem einige sehr sympathische und stilvolle Shoppinglocations breitgemacht.

Witty Knitters Outlet 17 Leider ist der Witty Knitters Store mit seinen Zylinderlampen im Alice-im-Wunderland-Stil am Kaiserkai geschlossen, weshalb es nur noch das Outlet mit einigen aussortierten Kollektionen gibt. Was wiederum einen Vorteil hat: Statt 200 bis 300 € sind es dort nur ca. 50 €, die man für Seiden- und Leinenblusen, Westen, Jäckchen, Shirts oder Tunikas bezahlt. Die Mini-Männerzone dagegen ist eigentlich keinen Satz wert ... Dafür wech-

Tagsüber unauffällig – die wilde Frau Hedi

Die Fleete am östlichen Ende der Speicherstadt

Hafen → Karte S. 88/89

selt das Angebot vierzehntägig. Anders gesagt: Wer legere Frauenkleidung zum kleinen Preis sucht, kann vorbeischauen. Mo–Sa 11–19 Uhr. Überseeboulevard 4–10, www.wittyknitters.com.

The Art of Hamburg 9 Ein ähnliches Angebot und dieselben Öffnungszeiten wie in St. Georg (→ Tour 5, S. 204). Ditmar-Koel-Str. 19.

lola Hamburg 18 Egal, ob Sie einen modernen Büro- oder Ausgehlook suchen, fürs mittlere bis gehobene Preissegment sollten Sie schon gewappnet sein. Dann fühlen Sie sich in dem coolen Fashion-Store mit ausgefallenen Kollektionen von amerikanischen (Jung-)Designern gut aufgehoben. Neben der Jeansauswahl, die gelobt wird, gibt es Schmuck und Schuhe. Mo–Sa 11–19 Uhr. Am Sandtorpark 14, www.lola-hamburg.de.

››› Mein Tipp: **Marc & Daniel 14** Extrem sympathisch sind sie, die zwei Säger-Brüder, die hoffentlich lange ihren Laden haben werden. Denn das Konzept ist stimmig: „Unsere Kunden sollen sich wie in unserem Wohnzimmer fühlen." Deshalb gibt es einen Kühlschrank mit Drinks und sogar eine Playstation für die Jungs, deren Mädels ausgiebig in den Klamotten wühlen. Doch auch der gepflegte Herr darf auf ehrliche Beratung hoffen, die schon mal von etwas abrät! Im mittleren Preisniveau werden z. B. Shirts zwischen 30 und 50 € angeboten. Sehr beliebt sind die derben Regenmäntel (ca. 100 €) von Scotch & Soda. Der Shop, den ein niedlicher Hund und ein Buddha „bewachen", macht auch durch After-Work-Sessions und gemeinsames Fußballgucken während der Großturniere auf sich aufmerksam. Mo–Sa 10–19 Uhr. Überseeboulevard 2, www.marcunddaniel.de (sogar die Internetseite ist cool und eigen). ‹‹‹

Stilhaus Blocker 14 Mit nicht mehr gänzlich gefüllter Brieftasche verlässt man den Laden im Überseeboulevard 2. Wieso das? Ganz einfach, man befindet sich in einer exklusiven Boutique, die Männermode vom Feinsten bietet. Auf der Webseite heißt es: „Komfortable Passform oder körpernahe Silhouette?" Wenn man den Laden betritt, wird man genau nach diesen Kriterien beraten und findet Marken von Altea bis van Laack, wobei auch Maßanfertigungen möglich sind (die Brieftasche ...). Kabir Ghafoori und Vincent Gafuri bzeichnen sich selbst als „Fashion-Addicts" und sind der Ansicht, dass eine erfolgreiche Karriere häufig mit einer persönlich und individuell passenden Kleidung beginnt. Entsprechend unaufgeregt ist die Boutique eingerichtet. Mo–Sa 10–19 Uhr. Überseeboulevard 2, www.stilhausblocker.de.

Der gute Kaufmann von Nanjing

Obwohl er von der New York Times als „Schindler Chinas“ und in Nanjing sogar als „deutscher lebender Buddha“ bezeichnet wird, war John Rabe (1882–1950) jahrzehntelang zumindest in Deutschland ein Unbekannter. Erst der Kinofilm aus dem Jahr 2009 mit Ulrich Tukur in der Titelrolle brachte den Hamburger Kaufmann in die deutschen Medien.

John Rabe wuchs in der Nähe des Hamburger Hafens auf, machte eine Kaufmannslehre und arbeitete dann drei Jahre in Afrika, bevor er 1908 in die Dienste der Siemens China Cooperation eintrat und nach Peking übersiedelte. Rabe machte rasch Firmenkarriere, unter anderem als eine Art „Cheflobbyist“, der sich bei einflussreichen Chinesen und Regierungsmitgliedern um Firmenaufträge bemühte. 1931 stieg Rabe zum Geschäftsführer der Siemens-Niederlassung in Nanjing auf und hatte da bereits – mit einer kurzen Unterbrechung – 23 Jahre im Reich der Mitte verbracht. Er war dort Vater und sogar Großvater geworden – und dennoch ein typischer Deutscher seiner Zeit geblieben: patriarchalisch, autoritätsgläubig und Verfechter des Dreiklangs „Ehre, Disziplin und Pflichterfüllung“. Als solcher war er bekennender Verehrer Adolf Hitlers und trat 1934 der NSDAP bei.

Die tausendfach erzählte Geschichte einer gewöhnlichen Nazi-Mitläufer-Karriere endet im Herbst 1937: Japanische Truppen, Hitlers Verbündete in Fernost, waren im Juli desselben Jahres in China eingefallen, im November standen sie vor Nanjing. Rabe sollte die Stadt auf Drängen der Siemens-Firmenleitung schleunigst verlassen, doch er blieb: „Kann und darf ich unter diesen Umständen fortlaufen? Ich glaube nicht! Wer einmal, an jeder Hand ein zitterndes Chinesenkind, stundenlang bei einem Luftangriff im Unterstand gesessen hat, wird mir das nachfühlen können.“*

Rabe wurde zum Vorsitzenden eines Komitees gewählt, dessen Ziel es war, eine Schutzzone für die von den Japanern bedrohte Zivilbevölkerung einzurichten. Dass die Wahl der Komiteemitglieder ausgerechnet auf Rabe fiel, hatte eine einfache Logik: Gerade ihm als Deutschem *und* NSDAP-Mitglied mit Hakenkreuzbinde wurde zugetraut, gegenüber den mit Nazi-Deutschland verbandelten japanischen Aggressoren die notwendige Autorität für die Gewährung der Zivilschutzmaßnahmen aufzubringen. Rabes eigene Logik war simpler und klingt für heutige Ohren wie ein einziges fatales Missverständnis: „Ich hoffe […], dass Hitler uns hilft. Ein einfacher, schlichter Mensch – wie du und ich – wird nicht nur für die Not des eigenen Volkes das tiefste Mitgefühl haben, sondern auch für die Not Chinas.“

Hitler half nicht. Am 13. Dezember besetzten die Japaner die Stadt und begingen in den folgenden sieben Wochen unvorstellbare Gräueltaten an der Zivilbevölkerung. Sie vergewaltigten Frauen, stießen ihnen Lanzen in die Vagina, nagelten Kinder an Wände oder rösteten sie, häuteten und kastrierten Männer und führten mitunter interne Wettstreite, wer mehr

Chinesen zu töten imstande war – die Tokioter Zeitung schrieb darüber, als gelte es, ein Sportereignis auszuwerten. Am Ende fanden an die 300.000 Menschen den Tod.

Rabes Einsatz für die Schutzzone war dennoch erfolgreich, sofern man angesichts der Opferzahlen überhaupt von Erfolg sprechen kann ... Die Japaner erkannten die vier Quadratkilometer große Zone zwar offiziell nie an, ließen die dort Zuflucht suchenden 200.000 Menschen aber in der Regel weitgehend unbehelligt. Rabes Verdienste gehen sogar noch weiter: Er ließ über 600 Menschen auf seinem Privatgrund campieren, im Haus, im Garten, „acht Frauen und Kinder" im „Dienerklosett". Über seinem Grundstück wehte die Hakenkreuzfahne und hielt die Japaner von Übergriffen zurück. So wurde das Symbol der Vernichtung für einen Moment zum Garanten des Überlebens.

Im Februar 1938 kehrte Rabe nach Deutschland zurück, zeigte in Berlin Filmaufnahmen der Gräueltaten, hielt Vorträge über das Massaker und schickte Hitler persönlich Berichte in die Reichskanzlei: Sein Führer möge von den Kriegsverbrechen erfahren – und, wenn möglich, handeln. Drei Tage lang verhörte ihn daraufhin die Gestapo und verpflichtete ihn mit ihren eigenen Methoden, die Geschehnisse fortan unerwähnt zu lassen. Nein, von Politik verstand der „gute Nazi" (New York Times), der „Retter mit dem Hakenkreuz" (phoenix), herzlich wenig ... Im Januar 1950 starb er völlig verarmt in seiner Berliner Wohnung an einem Schlaganfall; die 2000 Dollar, die ihm chinesische Freunde nach dem Zweiten Weltkrieg hatten zukommen lassen, reichten nicht lange aus, und noch immer ist er im „Hamburg Lexikon" unerwähnt.

**Die Zitate stammen aus dem 1996 veröffentlichten Tagebuch John Rabes, das Erwin Wickert in Auszügen im Goldmann Verlag herausgegeben hat.*

Der Gezi Park Fiction

Tour 2: St. Pauli

Auch wenn der vergleichsweise wildere und leider auch kriminelle Kiez mittlerweile in St. Georg liegt – St. Pauli ist noch immer Anziehungspunkt für Vergnügungssüchtige, Nachtschwärmer oder einfach nur Schaulustige. Jenseits von Reeperbahn und Rotlicht finden sich aber auch familienfreundliche Ecken und abseits des Trubels entdeckt man Museen und schnuppert Hafenluft.

Im Idealfall besucht man St. Pauli zweimal: nachts und tagsüber. Denn wer erst zur Dämmerung unterwegs ist, erlebt zwar die sirrende Spannung von Reeperbahn und Großer Freiheit und kann sich von den Feierlustigen aus aller Welt mitziehen lassen, doch dann verpasst man die kleinen, feinen Besonderheiten, die diesen politisch brisanten Stadtteil noch immer ausmachen. Worauf man auf jeden Fall achten muss: an Wochenenden sowie an und vor Feiertagen auf der Reeperbahn und in ihren Nebenstraßen keine Glasflaschen mitzunehmen, sonst werden empfindliche Geldstrafen fällig; die Sicherheit und damit schließlich auch die Attraktivität der Vergnügungsmeile sind der Stadt ein großes Anliegen. Apropos Sicherheit: Auftragsmorde, Waffenhandel und Drogenkriminalität gehören hier seit den späten 80ern zu den Ausnahmeerscheinungen. (Taschen-)Diebstähle und (jugendliche) Schlägereien sind aktuell die häufigsten Kiez-Delikte.

Der Spaziergang führt von den Landungsbrücken über den Fischmarkt hinein in den Kiez und darüber hinaus, streift St.-Pauli-Urgesteine, die das Viertel prägen und prägten, und zum Schluss wird das letzte echte Stück St. Pauli gesucht und gefunden. Denn der Stadtteil ist auch heute noch mehr als ein spannendes Freilichtmuseum und erstreckt sich vom Hafen im Süden bis zum alternativen, familienfreundlichen Wohnviertel im Norden, wo angenehme Lokale zum Einkehren einladen.

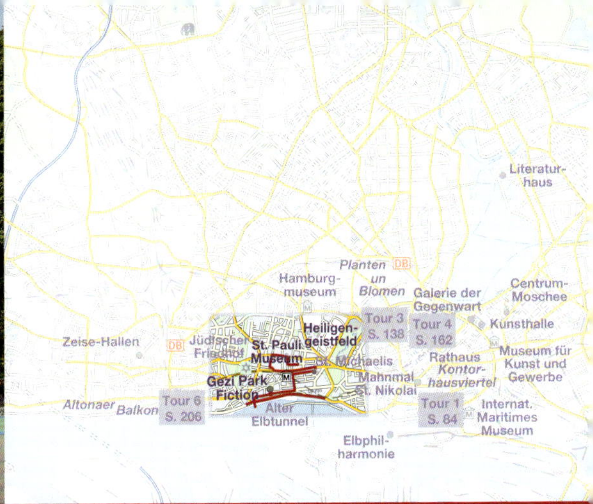

Tour 2

Wer einen Abstecher in den östlichen Abschnitt der Bernhard-Nocht-Straße unternimmt, gewinnt im Angesicht des 30.000 m² großen und 75 m hohen Empire Riverside in der Nr. 97 außerdem einen Eindruck davon, wie modern St. Pauli möglicherweise werden könnte (und versteht gleichzeitig, weshalb es vermehrt Proteste gegen die Gentrifizierung gibt); von der Cocktailbar des Hotels (20up, → S. 136) genießt man freilich einen überwältigenden Ausblick auf die Elbmetropole. Überhaupt zeigt sich der Stadtteil in diesem Straßenabschnitt von seiner seriösen Seite: In Nr. 74 sitzt das **Bernhard-Nocht-Institut für Tropenmedizin**. In den Hochsicherheitslaboren, die nach einem bekennenden Nationalsozialisten und genialen (Malaria-)Mediziner benannt sind, wird am Ebola-Virus herumgedoktert, in der Aidsforschung erzielte man erste Etappenerfolge. Gleich daneben befindet sich in dem Haus mit dem schmucken Vierfachgiebel der **Deutsche Wetterdienst** (Nr. 76). Und in Nr. 78 ist das **Bundesamt für Seeschifffahrt und Hydrographie** beheimatet. Von der anschließenden Kersten-Miles-Brücke hat man eine gute Aussicht auf den größten **Bismarck** des Planeten: Fast 15 m hoch, thront er als kolossaler Ritter auf einem Sockel und überblickt preußisch-grimmig den Alten Elbpark. In den Katakomben des fast 34 m hohen Denkmals war übrigens ein geheimer Luftschutzbunker der Nazis untergebracht.

Nach all diesen Superlativen darf ein kleiner Fußballverein nicht vergessen werden: Beim Aufgang der U-Bahn-Station St. Pauli am Millerntorplatz sieht man die Flutlichtmasten des Stadions des „Weltpokalsiegerbesiegers" FC St. Pauli (→ Kasten S. 130) auf dem **Heiligengeistfeld**. Schlendert man über den ca. 30 ha großen Platz, auf dem heute z. B. Public Viewings oder Veranstaltungen wie der Hamburger Dom stattfinden (→ S. 76), ist ein Hochbunker der Nazis unübersehbar, der Flakturm IV. Mehr als 18.000 Menschen flüchteten sich während der Fliegerangriffe auf Hamburg hinter die dicken Mauern dieses 47 m hohen Bollwerks. Heute befinden sich darin ein Medienzentrum und der Club Uebel & Gefährlich (→ S. 135), in dessen Ballsaal der geniale Bunker-Slam gegeben wird, angeblich der „größte europäische Poetry Slam im Herzen Hamburgs".

Das **Millerntor**, das sich einst hier befand und dem das Stadion seinen Namen verdankt, war früher das westliche Stadttor Hamburgs. Es lag zunächst am Rödingsmarkt in der Altstadt, wurde im 16. und 17. Jh. mehrmals versetzt und rückte so immer näher an den sog. Hamburger Berg heran, wie man das heutige St. Pauli damals nannte. Heute ist von der Toranlage nur noch das nördliche Wachhaus mit seinen vier dorischen Säulen übrig.

1833 wurde St. Pauli offiziell zur Hamburger Vorstadt; bewohnt war sie überwiegend von ärmeren Bevölkerungsschichten und Außenseitern, die sich z. B. in Glashütten und Tranbrennereien verdingten. Überhaupt war hier vor den Toren der Stadt die weniger salonfähige Infrastruktur angesiedelt, etwa Pulvermagazine oder Müllhalden, aber auch Bordelle und andere Amüsierbetriebe; auf dem Spielbudenplatz reihten sich die Holzbuden von Gauklern und anderen Schaustellern aneinander. Mit der Aufhebung der Torsperre konnte St. Pauli ab 1861 zum boomenden Vergnügungsviertel emporsteigen, denn die Klientel, zu der selbstverständlich auch angesehene Bürger gehörten, hatte es von nun an bedeutend einfacher, sich zwischen befestigter Stadt und Vorstadt zu bewegen (vorher waren Ein- und Austritt rigide geregelt und eine Gebühr fällig). Auf dem Spielbudenplatz etablierten sich Theater, Varietés und Trinkhallen und auch das horizontale Gewerbe florierte.

Heute hat der Amüsierbetrieb von St. Pauli einige Höhen und Tiefen hinter sich und die Rotlichtszene hat an Authentizität eingebüßt. Dafür ist die Bühnendichte nirgendwo in der Stadt so hoch wie in St. Pauli und die Faszination, die von den grellbunten, neonröhrenbewehrten Sex-Schuppen ausgeht, ist ungebrochen und spiegelt sich in den Besucherströmen, die sich allabendlich die Reeperbahn und die Große Freiheit entlangschieben.

Rund um die Hafenstraße

St.-Pauli-Hafenstraße

Auch der zweite Spaziergang beginnt an den Landungsbrücken (→ Tour 1, U 3 oder S 1/2/3). Diesmal strebt man allerdings in die entgegengesetzte Richtung, es geht die Hafenstraße entlang. Die bunte Häuserzeile, um die zwischen 1981 und 1995 ein teils brutaler Straßenkrieg zwischen Linksautonomen und der Staatsmacht ausgefochten wurde, wirkt heute sehr freundlich – viele der Häuser sind von den einstigen Besetzern saniert worden.

Im Herbst 1985 war die Situation endgültig aus den Fugen geraten. Die Hausbesetzer hatten nach einem Aktendiebstahl herausgefunden, dass die Beamten der Innenbehörde einen perfiden Plan verfolgen wollten: Man müsse, hieß es in dem Papier, eine Eskalation anstreben, um die Häuser mit (polizei)staatlichen Mitteln zwangszuräumen ... Fortan stellten sich viele Hamburger, aber auch einige Zeitungen hinter die sog. Radikalen. Mitte der 1990er gingen die zwölf Gebäude, um die man knapp eineinhalb Jahrzehnte erbittert gerungen hatte, für einen symbolischen Kaufpreis an die Bewohner und ihre Genossenschaft: die „Alternativen am Elbufer".

Während es die Neue Zürcher Zeitung eine „Kapitulation des Rechtsstaats" nannte, schrieb der SPIEGEL über die jahrzehntelange Unverhältnismäßigkeit der Maßnahmen. Während in Hamburg „jeder Autoaufbruch und Handtaschenraub in der Hafenstraße lokalen

Zeitungen zur Schlagzeile“ gereiche, sorge die organisierte Kriminalität „gleich nebenan auf St. Pauli [...] unbeachtet für Millionenschäden“. Wie wahr ...

Altonaer Fischmarkt

Unter den ewigen Top Ten aller Hamburg-Hits steht ein Besuch auf dem Fischmarkt. Ja, das ist wohl durchaus berechtigt, wobei man wissen muss, dass es ziemlich bis gesteckt voll wird, wenn sich am Sonntag das betrunkene Partyvolk und die ausgelassenen Touristen mischen ... Wer das Gedrängel und Geschiebe akzeptieren kann – bis zu 70.000 Menschen treffen sich sonntags hier – und darüber hinaus früh auf den Beinen ist, erlebt zwischen 5 und 9.30 Uhr einige herrlich-schnodderige Originale mit norddeutscher Schnauze und bekommt z. B. fangfrischen Aal im Brötchen. Noch häufiger trifft man neben den Fisch- und anderen Imbissbuden auf Stände mit Südfrüchten, Blumen, sympathischem Krempel und sogar lebenden Kaninchen.

Die Geschichte des Fischmarkts reicht bis 1703 zurück. 1895/96 wurde die große Fischauktionshalle (die damals noch zu Altona und nicht zu Hamburg gehörte) am Ufer aus dem Boden gestampft – eine inzwischen denkmalgeschützte dreischiffige „Handelsbasilika“, die sogar von der Elbe geflutet werden kann (und wird, wie das Sturmtief Xaver im Dezember 2013 bewiesen hat). Bis zu 300 kg schwere Thunfische gingen dort früher über den Tresen. Inzwischen dient die Halle v. a. als Veranstaltungsort. Die Fischmarkt Hamburg-Altona GmbH wiederum hat sich von den relativ kleinen Verkaufsflächen am Fischmarkt längst getrennt und sich auf dem elbnahen Gelände westlich des Fischmarktes niedergelassen. Ihr enormer Erfolg lässt sich relativ einfach in nüchternen Zahlen ausdrücken: Einer von sieben Fischen, die man in Deutschland isst, wurde in den hiesigen Fabriken und Kühllagern verkaufsfertig gemacht. Das entspricht einer Warenmenge von erstaunlichen 36.000 t.

Endlich in der Hand der Hausbesetzer: die Hafenstraße

Die unchristlichen Zeiten gehen übrigens auf eine eher christliche Zeit zurück. Schließlich wollte man die glitschigen Gesellen noch vor dem Kirchgang gekauft und verarbeitet haben. Zwischen 15. November und 15. März fängt der Budenzauber an der Großen Elbstraße heutzutage erst um 7 Uhr an. Wer außerhalb der Marktzeiten über den leeren Platz flaniert, wird auf eine Besonderheit aufmerksam: ein ausrangiertes Unterseeboot der Russen ...

Fischmarkt/Große Elbstraße, U 3 oder S 1/2/3 Landungsbrücken.

U-Bootmuseum Hamburg

Über eine wackelige Brücke und eine enge Schneckenstiege gelangt man in den Bauch des sowjetischen Spionagebootes. Dass es im Inneren sehr eng zugeht, kann auch der heroische Sound, der für entsprechende Atmosphäre sorgen soll, nicht kaschieren. Um von einer Abteilung in die nächste zu gelangen, sollte man ein wenig gelenkig sein – Menschen mit körperlichen Einschränkungen oder einer Neigung zu Klaustrophobie werden an der Besichtigung der 90,16 m langen und 8,72 m breiten U-434, die teilweise an einen alten Heizungskeller erinnert, keine Freude haben. Alle anderen können die sehr einfachen Kajüten und die Offiziersmesse (deren Tisch man sogar für Notoperationen nutzte!) besichtigen; Schaufensterpuppen in russischen Uniformen dienen als Besatzung. Am Ende des kurzen Gangs durch das Boot hört man das Echolot und darf sich ein kleines bisschen wie im weltberühmten Film von Wolfgang Petersen fühlen.

Für Kinder ist eine Erkundung auf eigene Faust sicherlich ein Erlebnis; als Erwachsener erfährt man allerdings wenig – einige Hinweistafeln hätten sehr gutgetan! –, weswegen ich den Besuch des Unterseebootes mit einer Führung empfehle. Wer dafür keine Zeit hat, hier die wichtigsten Infos: 1976 in der fünftgrößten Stadt Russlands erbaut, war der U-Boot-Jäger bis April 2002 in den Weltmeeren unterwegs. Einige Meter hinter dem Bug lagerten 24 Torpedos, die nach dem Abschuss mit ca. 111 km/h (= 60 Knoten) durchs Wasser rauschten. Die B-515 (wie die einstige Bezeichnung lautete) konnte 84 Mari-

nesoldaten fassen, die in zwei Schichten arbeiteten (so sparte man Schlafraum). Wollte man alles aus dem Boot herausholen, konnte man 90 Minuten lang mit knapp 30 km/h (= 16 Knoten) durch die Fluten ziehen. Höchstens dreieinhalb Tage in allerhöchstens 400 m Tiefe durfte das Unterseeboot unter Wasser bleiben, danach war der Sauerstoffvorrat verbraucht. Angeblich hat der ausgemusterte Kalte Krieger gefährliche U-Boot-Jagden bei der Blockade vor Kuba, geheime Spionagemissionen vor der Ostküste der USA und lange Patrouillenfahrten in den Hoheitsgewässern der Sowjetunion auf dem Buckel. Das Spionageboot zu kaufen und nach Hamburg zu bringen, verschlang satte 2 Mio. Euro.

St.-Pauli-Fischmarkt 10, U 3 oder S 1/2/3 Landungsbrücken, ✆ 32004934, www.u-434.de. Mo–Sa 9–20 Uhr, So 11–20 Uhr. Eintritt 9 €, erm. 7 €, Kinder (6–12 J.) 6 €.

Etwa 50-minütige Führungen finden täglich zwischen 10.30 und 17 Uhr statt (4 € Aufpreis pro Pers.).

Gezi Park Fiction

Zwischen dem Parkplatz neben dem Restaurant Fischerhaus und einer Wand, auf die ein muskelbepackter Seemann im Cartoonstil gemalt ist, gelangt man über eine Treppe zum nördlich des Fischmarkts gelegenen Pinnasberg. Von dort geht es rechter Hand zum – ehemaligen – Park Fiction, der in Anlehnung an die Istanbuler Unruhen und zur Unterstützung der türkischen Protestbewegung seit Juni 2013 Gezi Park Fiction heißt. Das eigenwillige Projekt beschäftigte teilweise sechs Behörden, zwei Bezirksämter, einen Verwaltungsausschuss sowie die Hamburgische Bürgerschaft. Die Anwohner boxten ihre Visionen durch: Statt hochgewachsener Bürogebäude entstanden eine „Palmeninsel“ und ein „Fliegender Teppich“, die beide ein wenig strapaziert und von Kippen gezeichnet sind. Trotzdem: Einen so guten Blick auf den Hafen hat man von nicht vielen Stellen, zumal es abends sehr entspannt und friedlich zugeht. Zum Toben für die Vierbeiner existiert sogar ein „Pudelclub“, eine Anspielung auf den schrägen **Golden Pudel Club** (→ S. 135) von Rocko Schamoni gleich ums Eck, der ebenfalls eingestampft werden sollte …

Zwischen Pinnasberg und Bernhard-Nocht-Straße, U 3 oder S 1/2/3 Landungsbrücken.

Fiete Frahms Erotic Art Museum

Auf dem Weg zur Bernhard-Nocht-Straße kommt man nach dem Kreisverkehr hinter dem Park am Frühstückscafé Amphore (→ S. 133) und dem mit Graffiti besprühten Onkel Otto am Ende der Balduintreppe vorbei. Die heute abgeranzte Punkerkneipe befand sich zu Zeiten des Politprotests im Zentrum des verbarrikadierten und besetzten Häuserviertels.

St. Pauli → Karte S. 116/117

Auch das ist St. Pauli: schön renovierte Straßenzüge ganz ohne Sexschuppen

Als das Erotic Art Museum im November 1992 eröffnete, hieß es bei der Times süffisant: „Red-light district gets ‚culture'", und Walter Moers feixte: „Es ist mir sehr peinlich, hier ausstellen zu müssen. Aber sonst nimmt mich keiner." Das Gebäude, in dem mehr als 2000 Werke namhafter Künstler aus fünf Jahrhunderten auf über 1000 m^2 ausgestellt waren, befand sich damals auch noch ausgerechnet in der Bernhard-Nocht-Straße „neunundsechzig". Einen kleinen Ausschnitt der grandiosen Sammlung, die u. a. Bilder von Picasso, Otto Dix, Keith Haring, Jean Cocteau, Jörg Immendorff, Tomi Ungerer und eben Walter Moers umfasste, sieht man auf der noch existenten Website www.eroticartmuseum.de.

Heute ist die Ausstellung, die sich jetzt in der Hausnummer 79 befindet, auf die Collagen des Hamburger Originals Friedrich „Fiete" Frahm zusammengeschmolzen. Auf 65 m^2 sind die Wände und Decken mit ca. 650 erotischen Werken regelrecht tapeziert. Jahrelang führte der hochbetagte Frahm selbst kenntnisreich und gewitzt durch die zwei (kleinen) Räume. Mittlerweile hat sein Stiefsohn, Gerd Röser, diese Aufgabe übernommen. Besonders schön sind die originell gestalteten Türen, an denen z. B. die aus dem Jahr 2003 stammenden Boxhandschuhe von einem der Klitschko-Brüder kleben – mit Autogramm!

Bernhard-Nocht-Str. 79, U 3 oder S 1/2/3 Landungsbrücken, www.erotic-art-museum.com. Mi/Do 16–22 Uhr, Fr/Sa 16–open end, So nur bis 20 Uhr. Eintritt 5 € inkl. Getränk. Unter der ✆ 388810 kann man einen Termin für eine Führung vereinbaren. Eingeschweißte Flyer-Collagen des Meisters kriegt man für 5 €, einen Katalog für 10 €. Beim Kauf von Bildern kann gehandelt werden.

Auf dem Kiez

Mit der Davidstraße beginnt der Kiez. Dieser Begriff war ursprünglich kein hamburgtypischer. Er spielte auf slawisch-nordostdeutsche niedere Dienstleute (meistens waren das Fischer) an, die in kleinen Siedlungen im Schatten von Burgen lebten, den sog. Kie(t)zen. Später verankerte sich der Begriff in der Umgangssprache: Er bezeichnete ein Viertel, in dem es an Wohlstand und Bildung mangelte. Heute ist damit in Hamburg eine bombastische Unterhaltungsmaschinerie gemeint, die sich vor allem auf der Reeperbahn, dem Spielbudenplatz, dem Hamburger Berg, in der Großen Freiheit und der Herbertstraße ballt. Die Davidstraße führt Sie genau dorthin.

Davidstraße

Sehr gelobt wird der älteste Italiener der Stadt in Hausnummer 11, das **Cuneo** (→ S. 131), welches auf eine mehr als hundertjährige Tradition zurückblickt. Wenige Meter daneben beginnt die Herbertstraße – in St. Pauli ein durchaus üblicher Kontrast. Es verstört die Bewohner eher, dass sich das hoch aufragende Empire Riverside neben der Kiez-Kneipe „Zum Windjammer" (Nr. 34) und nahe dem Stay Alive (Nr. 30, „Beratung & Café für DrogenkonsumentInnen") niedergelassen hat. Die mit dem Viereinhalb-Sterne-Hotel verbundene „Aufwertung" des Viertels sorgt u. a. dafür, dass sozial Schwächere ausgebootet und verdrängt werden.

Noch ein Wort zur **Herbertstraße**, denn seit jeher gilt: Kein Kiezbesuch ohne einen Blick hinein. Doch Vorsicht, Frauen wird der Zutritt verweigert! Laut Magazin der Süddeutschen bekommen diejenigen, die sich trotzdem auf die andere Seite der mannshohen Sichtbarrieren wagen, „schon mal einen Eimer Urin über den Kopf geschüttet", das Hamburger Abendblatt spricht von „kalten Duschen und faulen Eiern". Am Tag zeigen sich nur einige wenige der ca. 200 bis 250 Damen auf drehbaren Bürostühlen hinter hohen Glasfenstern. Dafür hat man dann einen Blick für die gelben, roten, grünen und blauen Häuserfassaden ...

Zurück in der Davidstraße stößt man auf den **Salon Harry** (Nr. 23), der auch ein wenig vom Ruhm der Beatles abhaben will, die sich angeblich hier die Haare schneiden ließen. Selbst wenn das stimmt: Schöpfer der stilbildenden Pilzköpfe (auch „moptops", also „Wischmopps" genannt) sind der Hamburger Starfotograf Jürgen Vollmer und Astrid Kirchherr, große Liebe von Stuart Sutcliffe, den die Profi-Fotografin aus Altona stylte.

St. Pauli Museum

Im St. Pauli Museum feiert sich der Stadtteil ein wenig selbst. Man erfährt einiges über die Historie dieser ehemaligen Hamburger Vorstadt und ihre Entwicklung zum Vergnügungs- und Rotlichtviertel. Die Texte hätten für diesen Stadtteil freilich ein bisschen pfiffiger ausfallen dürfen, aber alles in allem ist das Museum sehr nett gemacht, zumal man Dinge erfährt, die auch echten Hamburgkennern noch unbekannt sein dürften.

Ein feines Fundstück ist z. B. ein Leserbrief des damals noch unbekannten, jugendlichen Udo Lindenberg an den „Plattenteller" (Nr. 1, 1964), in dem er sich über eine negative Kritik an den Beatles beschwert. Spannend ist auch der Kurzfilm „St. Pauli nach 1945", in dem es um Schwarzmarkthandel und Prostitution geht. Doch auch die Gegenwart wird thematisiert, teilweise anhand von Originalaufnahmen. So erfährt man, dass inzwischen von nicht zahlungswilligen Freiern Lohn eingeklagt werden und dass man Dienstleistungen in diesem Bereich mit Kreditkarte bezahlen kann ...

Sichtschutz vor der Herbertstraße

St. Pauli → Karte S. 116/117

Und Domenica (1945–2009), die talkshowerprobte und politisch engagierte Promi-Hure, plaudert sehr freizügig aus dem Nähkästchen. Ein „Ab 18"-Raum geht auf die SM-Szene ein.

Zur Ausbeutung von (osteuropäischen) Prostituierten findet man allerdings gar nichts. „Das Museum ist ein neutraler Ort", antworteten die Betreiber.

Davidstr. 17, U 3 St. Pauli oder S 1/2/3 Reeperbahn, ✆ 4392080, www.st-pauli-museum.com. Di/Mi 11–21 Uhr, Do/Fr bis 23 Uhr, Sa bis 24 und So bis 18 Uhr. Eintritt 5 €, erm. 4 €. Zweimal jährlich finden Sonderausstellungen statt.

Davidwache

Am Ende der Davidstraße bzw. Beginn des Spielbudenplatzes stößt man auf die Davidwache (wo bereits Paul McCartney und Pete Best eine Nacht verbrachten, → Kasten S. 121). Das 1913/14 erbaute Polizeirevier 15 der Hansestadt ist gerade mal für knapp einen Quadratkilometer und lediglich 14.000 Menschen zuständig – und damit die kleinste Polizeiwache der Republik. Was die ca. 150 Beamten auf Trab hält, sind neben illegalen Prostituierten und beklauten Freiern auch die bis zu 100.000 betrunkenen und jugendlichen Reeperbahn-Besucher an Wochenenden. Deshalb sind die Polizisten nach 23 Uhr nur noch in Trupps aus bis zu acht Personen auf Streife. „Das Problem ist, dass ganz viele Leute meinen, das ist St. Pauli, ich kann mich benehmen, wie ich will", verriet Kriminalhauptkommissar Lars Eggers in SPIEGEL TV. Die Betreiber des Burger King gegenüber der Davidwache sind ebenfalls auf alles vorbereitet: Auf den Toiletten gibt es nur Schwarzlicht – damit sich Junkies keinen Schuss setzen.

Faszinierend wäre das Backsteingebäude mit seinen Barockelementen auch ohne die Streifenwagen, die stets davor stehen. Besonders die wetterfesten Legionärsköpfe des Architektur- und Keramikplastikers Richard Kuöhl sind ein Hingucker. Schon seit 1840, als der Amüsierbetrieb noch auf wackeligen Beinen stand, gibt es an ungefähr dem heutigen Standort eine Polizeistelle. Inzwischen ist in dem angeschlossenen Neubau an der Kastanienallee sogar die Kripo untergebracht.

Spielbudenplatz 31, U 3 St. Pauli oder S 1/2/3 Reeperbahn.

Deutschlands bekannteste und kleinste Polizeiwache

Die Beatles in Hamburg

Denkmal für die Fab Four

Ex-Trapezkünstler und Stripclubbesitzer Bruno Koschmider hatte die Jungs 1960 aus England angeworben – eine vollkommen unbekannte Band, die sich The Beatles nannte –, um im Indra (Große Freiheit 64) eine Oben-ohne-Performance musikalisch zu untermalen. Sie waren nur vierte Wahl gewesen, drei andere Liverpooler Bands hatten abgewinkt. Nach ihren anstrengenden Auftritten (der erste war am 17. August 1960 über die Bühne gegangen) „logierten" John Lennon, Paul McCartney, George Harrison, Stuart Sutcliffe und Pete Best in der Paul-Roosen-Straße 33. Auf einem dort angebrachten Schild halten sie eine Preludin-Packung in die Kamera: ein Schlankheitsmittel, das ihnen Energie verlieh, um den Auftrittsmarathon durchzuhalten – wochentags mussten sie viereinhalb Stunden auf die Bühne, samstags sechs. Dafür gab es eine Pro-Kopf-Gage von 30 Mark.

Der berühmt-berüchtigte Kaiserkeller (Große Freiheit 36) war ab dem 4. Oktober desselben Jahres ihre zweite Station: Bis zu 700 Gäste – hauptsächlich Seemänner und Nutten – wollten bespaßt werden. Sie wechselten sich mit Rory Storm & the Hurricanes ab und trafen zum ersten Mal auf einen gewissen Mr. Richard Starkey. Als Ringo Starr sollte er zwei Jahre später als Schlagzeuger für Pete Best einsteigen – genau zu dem Zeitpunkt, als die Weltkarriere der Beatles ihren Anfang nahm. Am 30. November 1960 hatten sie ihren letzten Auftritt, bevor sie zurück nach Großbritannien mussten: Nachdem Koschmider spitzbekommen hatte, dass die Band in den Top Ten Club wechseln wollte, soll er George Harrison bei der Stadt angeschwärzt haben; der Mann an der Leadgitarre war erst 17 und damit zu jung, um in einem Nachtclub aufzutreten. Aus Frust kokelte Paul ein Kondom in ihrer Unterkunft an, was ihm und Pete Best eine Nacht im Gefängnis des lokalen Polizeireviers einbrachte (→ Davidwache).

Am 1. April 1961 begann die Top-Ten- und am 13. April 1962 die berühmt-berüchtigte Star-Club-Zeit, die den endgültigen Durchbruch für die Fab Four bringen sollte (der Bassist Stuart Sutcliffe war zu diesem Zeitpunkt bereits ausgestiegen und am 10. April 1962 an einer Hirnblutung in einem Hamburger Krankenwagen gestorben). Im „bekanntesten Rock'n'Roll-Club Deutschlands aller Zeiten" (Süddeutsche) hatten sie insgesamt 79 Auftritte – bis Silvester 1962. Es wird kolportiert, dass die Band auch in Unterhosen und mit einer Klobrille um den Hals auftrat und die Verstärkeranlage demolierte, selbstverständlich alles in betrunkenem Zustand, wie es sich für echte Nachwuchstalente gehört. Paul McCartney wird später sagen, dass seine schönsten Erinnerungen mit dem Star-Club verbunden sind. Und John Lennon erklärte einst, dass er erst in Hamburg erwachsen geworden sei.

Ein Vierteljahr nachdem der von den Behörden gehasste Beatschuppen dichtgemacht hatte (die Gagen zahlreicher Stars waren ins Unermessliche gestiegen), trennten sich auch die Beatles – am 10. April 1970. Bis heute sollen sie über 1 Mrd. Tonträger verkauft haben. Ob das alles auch ohne die Hamburger Auftritte möglich gewesen wäre?!

Wer noch ein wenig tiefer schürfen will, kann ein kleines Lexikon zu knapp 10 € kaufen: „Beatles in Hamburg" von Ulf Krüger (Ellert & Richter).

Die Theater am Spielbudenplatz

Der Spielbudenplatz zwischen Davidstraße und Beim Trichter erhielt seinen Namen durch die Gaukler und Spielleute, die dort im ausklingenden 18. Jh. ihre Bretterbuden errichteten – Vorläufer der heutigen Theater, die erst nach der Besetzung durch die Franzosen zu dauerhaften Amüsement-Etablissements wurden. Besonders der 1820 wiedereröffnete „Ballhaus Trichter" stand für die neue Ausrichtung der damals 6000 Bewohner fassenden „Vorstadt". Auch Gottfried Claes Carl Hagenbeck, Vater des später berühmten Carl, gehörte mit seiner Menagerie ab 1848 zu den Schaustellern (→ Tierpark Hagenbeck, S. 246).

Eines von mehreren Theatern am Spielbudenplatz

Das heute älteste Haus am Platz ist das **St. Pauli Theater** (→ auch S. 70). Nach Öffnung der Torsperre und unter der Leitung des 23-jährigen Ernst Drucker, seinerzeit der jüngste Theaterdirektor Deutschlands, feierte das älteste Privattheater von Hamburg (1841) außergewöhnliche Erfolge – und auch heute noch kann es sich mit seinen Aufführungen mehr als sehen lassen.

Daneben liegt das **Schmidt Theater & Schmidts Tivoli** (→ auch S. 72). St.-Pauli-Urgestein Corny Littmann, ehemaliger Präsident des Stadtteil-Fußballvereins und provozierendes Aushängeschild der Schwulenbewegung in den 70ern und 80ern, gründete die Spielstätte am 8.8.1988 um 8.08 Uhr – und machte hier seine kultigen Mitternachtsshows bundesweit populär. Im Tivoli (1991 eröffnet) befindet sich das **Dips 'n' Stix**, das erste Fingerfoodrestaurant Deutschlands (→ S. 132).

Das moderne **Operettenhaus** (→ auch S. 70) ist die dritte Spielstätte des Spielbudenplatzes. Obgleich der Vorgängerbau von 1840 längst nicht mehr steht – damals eröffnete man einen Circus Gymnasticus mit 3000 Plätzen für z. B. Kunstreitturniere –, liegt das Fassungsvermögen mit 1395 Zuschauern immer noch am oberen Ende der Skala, zumindest unter den Hamburger Bühnen.

Seit Juni 2006 stehen sich auf dem Spielbudenplatz außerdem zwei lichttechnisch aufwendig konstruierte **Freilichtbühnen** gegenüber, die 10 Mio. Euro gekostet haben und auf denen z. B. Gigs während des Reeperbahnfestivals stattfinden (→ S. 80).

U 3 St. Pauli oder S 1/2/3 Reeperbahn. www.spielbudenplatz.eu. Mi zwischen 16 und 23 Uhr gibt es den **St. Pauli Nachtmarkt** (Okt. bis März nur bis 22 Uhr), auf dem man u. a. Kräuter und Käsespezialitäten zu später Stunde erstehen kann. Ende Nov. bis 23. Dez. darf man den **Santa Pauli** – „Hamburgs geilsten Weihnachtsmarkt" – besuchen und sich z. B. über Live-Musik-Acts und eine Ü-18-Area mit „sexy Engeln" sowie einen „Pauli Potenz Punsch" freuen.

Panoptikum

Bis zu 150.000 Besucher zieht es jährlich ins älteste Wachsfigurenkabinett Deutschlands. Über 135 Jahre alt ist der Familienbetrieb, der in der vierten Generation geführt wird. Während solche Sammlungen im 19. Jh. auch der Informationsvermittlung und Anschauung dienten – in Zeitungen veröffentlichte man damals keine Fotos –, erfährt man inzwischen erstaunlich wenig über die in Wachs gegossenen Megastars und Personen der Welthistorie. Lediglich der 30-minütige Audioguide erzählt von nicht ganz so bekannten Hintergründen beispielsweise zu Inge Meysel oder dem in Blankenese lebenden Otto Waalkes, die beide ihre Originalklamotten gestiftet haben. Auch Helmut Schmidt, (Ex-)Talkshow-Legende Thomas Gottschalk, Papst Benedikt XVI. oder Jungstars wie Lena Meyer-Landrut gehören zum Interieur. Dass ausgerechnet die Wachsfigur von Adolf Hitler einen Fliegerangriff von 1943 „überlebte", zeigt den achselzuckenden Zynismus der Geschichte. Lediglich 27 weitere Figuren aus einem Fundus von 300 überdauerten den Zweiten Weltkrieg. Das Kuriose: Während es das NS-Propagandaministerium seinerzeit untersagt hatte, die Hitlerfigur von 1941 aufzustellen (sie überstand die Kriegshandlungen eingelagert), zeigten sich die britischen Besatzer mit der Präsentation einverstanden. Seit Anfang der 1990er hat man die Geschwister Sophie und Hans Scholl davor postiert – sogar eine Kopie ihres berühmten 6. Flugblattes kann man mitnehmen.

Ob man Kuriositäten wie einen Mann mit zwei Gesichtern und einen anderen mit drei Augen gesehen haben muss, ist Geschmackssache. Ein kleines Gruselkabinett, das definitiv nichts ist für kleine Kinder, eine „wissenschaftliche medizinische" Sammlung wächserner Körperteile und Embryos („Moulagen") sowie ein kurzer Film zur Modellierung

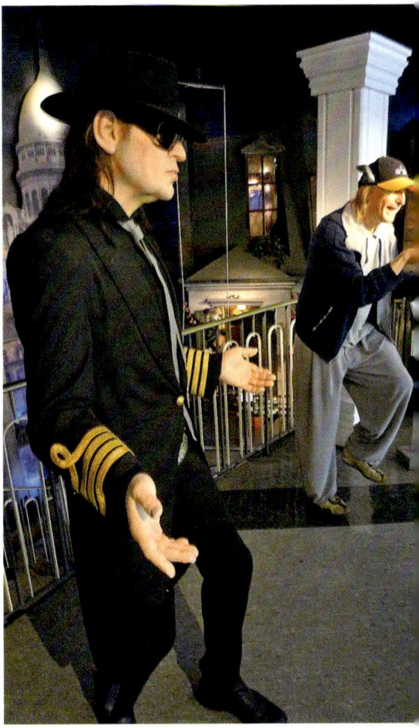

Zwei Hamburger in Wachs

beenden den Rundgang. Fazit: Man muss solche Kuriositätenkabinette mögen, dann wird man sicherlich eine unterhaltsame halbe Stunde in den drei kleinen Ausstellungsebenen genießen.

Spielbudenplatz 3, U 3 St. Pauli oder S 1/2/3 Reeperbahn, ✆ 310317, www.panoptikum.de. Mo–Fr 11–21 Uhr, Sa bis 24 Uhr, So 10–21 Uhr. Eintritt 5,50 €, erm. 5 €, Kinder/Jugendliche (6–17 J.) 3,50 €. Audioguide 0,50 €. Im Januar sind meistens Betriebsferien.

Esso-Tankstelle und Tanzende Türme

Dass „die Esso" wirklich den größten Umsatz aller Tankstellen Deutschlands verzeichnet hat (wie die Sprecher der Stadtrundfahrten nimmermüde behaupteten), ist nicht erwiesen. Richtig ist allerdings, dass die „Kieztanke“ an der Ecke Spielbudenplatz/Taubenstraße mehr war als eine Tankstelle, sie war Szenetreff, Kneipe und Supermarkt in einem. Die wahrscheinlich kultigste Tanke der Republik, von der sogar ein Theaterstück handelt, sowie die sog. **Esso-Häuser** dahinter (ein Plattenbau von 1961 mit 110 Parteien) wurden 2014 abgerissen. Es gab viel Protest dagegen, da erneut ein Stück „echtes“ St. Pauli dem Erdboden gleichgemacht ist. Ohne die zuletzt einsturzgefährdeten und zwangsgeräumten Häuser mauserte sich der Platz zu einem Filetgrundstück, das selbstverständlich wieder bebaut wird. Dank einer unerwarteten und wohl deutschlandweit einmaligen Beteiligung von ca. 2000 Anwohnern an den Architekturplänen wird der Esso-Neubau in der zweiten Jahreshälfte von 2017 u. a. mit Sozialwohnungen errichtet werden. Konkret sollen von den 250 Wohnparteien erstaunliche 60 Prozent gefördert werden, Eigentumswohnungen stehen gar nicht in den Bauplänen, dafür Gewerbeflächen, die bewusst nicht an Filialisten vergeben werden. Bürgerinitiativen führen also doch zu Erfolgen, zumindest auf St. Pauli.

Die **Tanzenden Türme** von 2012 am Beginn der Reeperbahn verkörpern leider eine ganz andere Entwicklung, die seit einigen Jahren in Hamburg besonders auf dem Kiez, aber auch in St. Georg und Ottensen zu beobachten ist. Bei den stylishen, leicht geknickten Doppeltürmen an der Reeperbahn Nr. 1 handelt es sich um ein Ca.-180-Mio.-Projekt aus Glas und Stahl, das 75 bzw. 85 m in den Hamburger Himmel ragt. Laut Architekt Hadi Teherani soll die Gebäudeform einen Mann und eine Frau beim Tangotanz darstellen – oder „die X-Beine einer Prostituierten, die auf dem Kiez nach Freiern Ausschau hält“ (Hamburger Abendblatt). Mieter sind ein Bauunternehmen, eine Spirituosenfirma, ein Vier-Sterne-Hotel, der legendäre neu eröffnete Mojo Club (→ S. 135) und das Clouds (→ S. 131), das höchste Restaurant der Stadt, das im Herbst 2013 in luftigen 105 m über der Elbe aufgemacht hat.

Auf www.essohaeuser.info findet man einen gut gemachten Film über die „Vertriebenen“ aus dem Esso-Häuser-Komplex.

Reeperbahn

Der Besuch der 930 m langen Straße, auf der man zwischen 1626 und 1883

Tanzende Türme und der einstige Esso-Komplex

Schiffstaue knüpfte (Reepe = Seile), gehört zum Standardprogramm jeder Hamburgtour. Auch wenn oder vielleicht sogar gerade weil sie heute – wieder – mehr Jahrmarkt als heißes Pflaster ist, mehr eine Art Erotik-Disneyland als authentische Rotlichtmeile.

Freunde der populären Theaterkultur, die am Spielbudenplatz nichts Passendes gefunden haben, gehen ins **Imperial Theater** (→ S. 72), in dem (komödiantische) Kriminalstücke gegeben werden. Für Anhänger von Travestieshows ist das **Pulverfass Cabaret** ideal (→ S. 72). Auf dem Weg dorthin kommt man am Hamburger Berg vorbei, einer Seitenstraße, in der der **Goldene Handschuh** (Hamburger Berg 2) liegt. In dieser klassischen Old-School-Kneipe soff der schielende Frauenmörder Fritz Honka (1935–1998), bevor er abgetakelte Prostituierte mit nach Hause nahm. Vier von ihnen hat der einstige Shell-Nachtwächter auf dem Gewissen, er zersägte und versteckte sie in seiner 17-m²-Mansardenwohnung in der Zeißstraße 74 in Ottensen, kaschierte den Verwesungsgeruch notdürftig und blieb unentdeckt – bis in einer Julinacht 1975 ein Brand ausbrach und Feuerwehrmänner die mumifizierten Leichenteile fanden. Nachdem Honka Anfang der 90er-Jahre aus der Psychiatrie entlassen worden war, fristete der kleingewachsene Mann als Peter Jensen seinen bescheidenen Lebensabend in einem Altenheim in Scharbeutz, wo er sich immer wieder über Leichengeruch im Zimmer beschwerte.

Schräg gegenüber links gelangt man zum **Hans-Albers-Platz**, auf dem eine eher unansehnliche Statue des so überaus beliebten Volksschauspielers aufgestellt ist. Am Ende seines Lebens konnte er auf ca. 650 Bühnen- und Filmproduktionen zurückblicken. Bis heute kennt man den Mimen und Sänger Hans Albers (1891–1960), dessen blonde Haare nicht echt gewesen sein

Das Denkmal des „blonden Hans" auf dem nach ihm benannten Platz

sollen, als intonierenden Draufgänger mit Akkordeon. In „Große Freiheit Nr. 7" (1944) schmetterte der „große, blonde Hans mit den blauen Augen" vollmundig: „Wer noch niemals in lauschiger Nacht einen Reeperbahnbummel gemacht, ist ein armer Wicht, denn er kennt dich nicht, mein St. Pauli, St. Pauli bei Nacht." Heute fangen eher „Reeperbahn" von Udo Lindenberg oder „Reeperbahn" von Tom Waits die Stimmung auf dem Kiez ein.

Auf eine weitere Berühmtheit stößt man in der parallel abzweigenden Silbersackstraße 9: die Eckkneipe **Zum Silbersack**. Nachdem die langjährige Gastwirtin und gute Seele des Kiezes, Erna Thomsen, im Mai 2012 88-jährig verstorben war und dem „Wohnzimmer auf St. Pauli" (wie selbst der Pastor während der Trauerfeier bestätigte) der Abriss drohte, fanden sich 20 (Hamburger) Investoren, die das Traditionslokal retten und neu verpachten konnten. Die Kultkneipe, in der sich schon Heinz

St. Pauli → Karte S. 116/117

Kiezszenen

Rühmann, Gert Fröbe, Curd Jürgens, Hildegard Knef oder Freddy Quinn betranken – Hans Albers soll ab einer bestimmten Drehzahl gerne die Zeche geprellt haben –, eröffneten Thomsen und ihr Mann in den Nachkriegsjahren als Holzhaus. Nach dem Krebstod ihres Gemahls führte Erna Thomsen den liebenswerten Schuppen mit den „soliden Preisen" allein weiter; noch heute steht ein Ölbild der selbstbewussten Frau im Silbersack.

Besonders legendär ist dann noch die Szenekneipe **Zur Ritze** (Reeperbahn 140). Durch eine Toreinfahrt steuert man auf die gespreizten Beine zu, die Erwin Ross, der „Rubens von der Reeperbahn", gemalt hat. Der Autodidakt, der u. a. für den Schriftzug der Beatles auf deren Bassdrum verantwortlich zeichnet, schuf zahlreiche jener kurvigen Fassadendamen und sinnlichen Werbeplakate der „geilen Meile". Die Ritze lebt wie so vieles in St. Pauli von ihrer glorreichen, aber auch harten Vergangenheit. Der ehemalige Kneipier Hanne Kleine, der 2011 verstarb, agierte einst als Boxer in der DDR-Nationalmannschaft; im komplett plakatierten Boxkeller (in dem schon Henry Maske, Graciano Rocchigiani und Dariusz Michalczewski trainiert haben) erhängte sich im Winter 2006 eine waschechte und brutale Kiezlegende: Stefan Hentschel, der vergessene „Klatscher" von St. Pauli, der zu Spitzenzeiten 27 Damen befehligte, zweimal angeschossen, viermal schwer verletzt wurde und nach einem Angriff mit einem Weißbierglas sein rechtes Auge verlor. Selbst einen Mord gab es in der Kneipe schon: 1981 erwischte es an einem Septembermorgen den Zuhälter „Chinesen-Fritz"; Friedrich Schroer wurde von einem Auftragskiller mit drei Schüssen hingerichtet (→ Kasten S. 128).

Große Freiheit

Eine wenig faszinierende Beatlesskulptur weist den Weg über den **Beatles-**

Platz in die Große Freiheit, der Bodenbelag soll an eine Vinylplatte erinnern. Das Gesamtkunstwerk kostete nicht weniger als 500.000 Euro, ein Betrag, der dem Spaß bringenden „Beatlemania" gutgetan hätte – dieses fünfetagige Beatles-Museum musste 2012 schließen, u. a. weil es keine Unterstützung seitens der Stadt erhalten hatte.

Der Name der Straße und ihrer Parallelstraße Kleine Freiheit hatte im früher eigenständigen Altona absolut gar nichts mit erotischer Freizügigkeit zu tun: Es ging um Religions- und Gewerbefreiheit (→ Stadtgeschichte, S. 25). Neben Glaubensflüchtlingen aus ganz Europa durften sich auch Handwerker ohne Zünfte hier niederlassen. 1664 dehnten die Dänen diese in Norddeutschland neue Idee auf ganz Altona aus. Erst zu Beginn des 20. Jh. entwickelte sich die Große Freiheit zur Rotlichtstraße; in einigen der Clubs wurde seinerzeit sogar schlammgecatcht. Bekannte Etablissements sind heute das Safari und das Dollhouse.

Seinen endgültigen Durchbruch feierte der Straßenzug in den Sechzigern mit dem innerhalb kürzester Zeit weltweit bekannten **Star-Club** – provokant war bereits der Slogan zur Eröffnung: „Die Not hat ein Ende! Die Zeit der Dorfmusik ist vorbei!" Im Hinterhof der Hausnummer 39, in der sich der Club einst befand, steht ein Gedenkstein für die ganz Großen, die dort gastierten: ein Who's who der Rockgeschichte, von Jimi Hendrix bis Black Sabbath (die man vergessen hatte einzugravieren). Selbst die – damals noch unbekannten – Beatles hatten 1962 ein dreifaches Engagement in dem damals gerade neu eröffneten Musikclub (→ Kasten S. 121), der jährlich ungefähr eine Million (junger) Besucher aus allen sozialen Schichten anziehen sollte – bis er am 31. Dezember 1969 schließen musste. Die Jugend ging nun zu riesigen Rockkonzerten oder in Discos.

Dass ausgerechnet schräg gegenüber der heutigen Sexschuppen die barocke katholische **St.-Joseph-Kirche** steht,

Kirchlicher Konter: St. Joseph

bleibt ein Treppenwitz der Historie dieser Straße. „Es gibt nichts, womit JESUS nicht fertig wird", lautet ein Spruch an der Pforte des 1718 bis 1723/29 erbauten Gotteshauses, dessen schön geschwungene Zuckerbäckerfassade (der Ostgiebel zur Straßenseite) die Bombenangriffe auf Hamburg während des Zweiten Weltkriegs überlebte. Der Rest der Kirche lag 1944 in Schutt und Asche, bis sie zwischen 1953 und 55 mit moderner Ausstattung wiederauferstand.

An der Ecke zur Simon-von-Utrecht-Straße, wo das St. Pauli der „normalen" Stadtteilbewohner anfängt, kann man eine bunt bemalte Außenfassade (ein Plattenteller) nicht übersehen. Dahinter verbirgt sich eine der ersten Discos der Hansestadt, in der u. a. Tänzerinnen in Käfigen zu bewundern waren. Bis zu 800 Feierlaunige quetschen sich heute bei größeren Konzerten in den **Gruenspan** (→ S. 136). Noch immer macht der Klassizismus in der Beletage einiges her.

Wer hat(te) auf dem Kiez das Sagen?

Organisierte Kriminalität begann in St. Pauli bereits in den frühen 60ern. Dabei beherrschte ein Mann die illegalen Geschäfte auf dem Kiez: Wilfried „Frieda" Schulz, der „Statthalter der Reeperbahn" (NDR). Man sagte dem einstigen Bananenpacker und Kiez-Kellner Kontakte zur (amerikanischen) Cosa Nostra nach, außerdem zur bundesrepublikanischen Polizei, Politik und Justiz. Auf dem Höhepunkt seiner Macht war sogar Interpol hinter ihm her. 1982 u. a. wegen Steuerhinterziehung verhaftet, zog sich der „Pate von St. Pauli" aus dem Milieu zurück: in seine Blankeneser Villa am Stadtrand.

Zu dieser Zeit, in den 80er-Jahren, war der Kampf um die Vorherrschaft auf dem Kiez schon härter – und der unausgesprochene St.-Pauli-Kodex (keine Morde!) längst passé. Die Sondertruppe zur Bekämpfung der mafiösen Strukturen (die 1982 endlich ins Leben gerufen wurde) war gut beschäftigt. Auf der Südseite der Reeperbahn hatte die „GmbH" (Gerd Glissmann, Michael Luchting, Walter „Beatle" Vogeler und Harry Voerthmann) das Sagen, auf der Nordseite die junge „Nutella"-Bande um den Klagenfurter Josef Peter Nusser, Spitzname „Wiener-Peter". Man kämpfte um Anteile an Bordellen und am Straßenstrich, um illegales Glücksspiel und Kokain. Die Angst vor Aids war allgegenwärtig, der Umsatz rückläufig. In neun Monaten starben fünf Zuhälter, darunter bekannte Größen wie „Lackschuh-Dieter" oder „Neger-Waldi"; der „schöne Mischa" Michael Luchting beging angeblich Selbstmord. Auch vier V-Leute starben überraschend den Freitod; einer von ihnen führte eine höchst sensible Liste bestechlicher Polizisten. Die meisten Morde gingen auf die Rechnung von Werner „Mucki" Pinzner. Er erhielt für jeden Einsatz eine fünfstellige Gage von „Wiener-Peter". Der österreichische Neu-Lude hatte eine neue Methode der Machtgewinnung etabliert: Auftragsmord. Als man „Mucki" im April 1986 aufgriff, flogen die kriminellen Verflechtungen auf. Während seiner letzten Vernehmung erschoss er sich selbst, vorher tötete er seine Frau und den leitenden Staatsanwalt. Und Auftraggeber Nusser, der zu „lebenslänglich" verurteilt wurde, lebt seit 2001 auf Ibiza, wo er angeblich Apps entwickelt.

In den 90ern und im neuen Jahrtausend waren – manche sagen, sie seien es immer noch – Albaner die großen Macher im Rotlichtviertel: allen voran vier Brüder aus dem Kosovo. Qazim, Burim, Bashkim und Bekim Osmani brachten es zu großem Reichtum und ließen sich von den teuersten Anwälten vertreten. Eine Verwicklung in Rauschgiftgeschäfte und Prostitution konnte man ihnen zwar nie nachweisen, aber Bashkim und Burim verurteilte man wegen erschlichener zweistelliger Millionenkredite. Inzwischen soll Burim wieder Kiez-Immobilien in Millionenwert besitzen. Auch die Hells Angels sollen seit den 80ern auf dem Kiez kräftig mitmischen. „Die Rocker verzichten zwar darauf, in der Hansestadt ihre Clubinsignien öffentlich zur Schau zu stellen", schreibt SPIEGEL ONLINE. „Doch wenn rund um den Hans-Albers-Platz von ‚Rot-Weiß' die Rede ist, wissen die meisten, dass damit keine Pommes frites gemeint sind."

Mehr über die kriminellen 70er- und 80er-Jahre auf dem Kiez erfährt man in „Meine Davidwache" (Rowohlt, 2012) vom ehemaligen Zivilfahnder Waldemar Paulsen.

Im Schulmuseum erhält man Einblicke in frühere pädagogische Methoden

St. Pauli → Karte S. 116/117

Ausklang: Nördliches St. Pauli

Im St. Pauli der Einheimischen ist es so wie früher in Friedrichshain und heute in Neukölln: sehr links, sehr antikapitalistisch, sehr angenehm. Entspannte Cafés und supergute Lokale – ein Paradies für Vegetarier und Veganer – und gekonnte Streetart finden sich überall. Die schönsten Straßenzüge sind die **Clemens-Schultz-** und die **Wohlwillstraße**. Besonders gefallen und geschmeckt hat es mir im Backbord (→ S. 131) und im Chavis Kulturcafé (→ S. 134). Und den erstklassigen Comicladen Strips & Stories (→ S. 136), ein alternatives Kino, das B-Movie (→ S. 73), und ein gar nicht unspannendes Schulmuseum gibt es hier auch.

Hamburger Schulmuseum

Jede Staatsform drückt dem Schulsystem ihren Stempel auf. In dieser ehemaligen Realschule von 1886 wird die Pädagogik des Kaiserreichs, der Weimarer Republik, des Nationalsozialismus und der Nachkriegszeit angerissen. Auf 600 m² sieht man neben einem Klassenzimmer mit originalen Bänken von 1870 klug ausgewählte Exponate zur „Schule unter dem Hakenkreuz und Neubeginn nach 1945“. Im Ordner „Nicht mehr frei ... ihr ganzes Leben“ sind die pseudopädagogischen Maßnahmen des „tausendjährigen Reichs“ dargestellt. Außerdem geht es um das Hamburger Schulwesen während der Kinderlandverschickung.

Etwa 17.000 Besucher kommen jährlich in die städtische Ausstellung der Behörde für Schule und Berufsbildung, darunter viele Schulklassen. Eine Sonderausstellung jährlich widmet sich aktuellen Themen wie z. B. Fremdenfeindlichkeit. Schade nur, dass man es verpasst hat, auch neuere Schulkonzepte vorzustellen oder gegenwärtige pädagogische Szenarien zu hinterfragen.

Jede Staatsform drückt dem Schulsystem eben ihren Stempel auf.

Seilerstr. 42, S 1/2/3 Reeperbahn oder U 3 St. Pauli, ✆ 345855, www.hamburgerschulmuseum.de. Mo–Fr 8–16.30 Uhr, jeden 1. So im Monat 14–17 Uhr. An diesen Sonntagen kann man um 15 Uhr einer Unterrichtsstunde wie zu wilhelminischen Zeiten beiwohnen oder durch den Ausstellungsbereich zur Nazizeit geführt werden. Eintritt 3 €, erm. 2 €, Kinder (14–17 J.) 1 €, Familien 5 €. Im Museumsladen gibt's Schiefertafeln, aber auch Postkarten und (pädagogische) Bücher.

Der „Weltpokalsiegerbesieger" FC St. Pauli

Am 6. Februar 2002 gelang den Kickern vom FC St. Pauli ein echter Coup: Sie besiegten den damals übermächtigen FC Bayern München – als Tabellenletzter mit 2 : 1. Klar, dass da gleich T-Shirts mit der Aufschrift „Weltpokalsiegerbesieger" gedruckt werden mussten. In wettbewerbssportlicher Hinsicht wesentlich wichtiger war die Leistung im DFB-Pokal der Saison 2005/2006. Die Braun-Weißen erreichten als Regionalligist das Halbfinale und füllten so ihre Portokasse.

Was der FC St. Pauli schon immer war und hoffentlich immer bleiben wird: ein Verein der Außenseiter und Underdogs. So demonstrierten die überzeugten Anhänger während der bislang letzten Bundesligasaison (2010/11) gegen die professionelle Vermarktung ihres Fußballzwergs (z. B. gegen überbordende Bandenwerbung). Außerdem war Corny Littmann der Erste, der der Homophobie im deutschen Profifußball die Stirn bot: Als bekennender Schwuler war er Präsident des Vereins, der der Bundesliga wieder verdammt guttun würde.

Das kleine **Millerntor-Stadion**, in das seit 2013 über 29.000 Zuschauer passen, befindet sich auf dem Heiligengeistfeld. Während eines Spiels ist die Stimmung im Stadion – im Vergleich zu anderen Fußballarenen – extrem relaxt: Es wird gekifft und man bekommt mit jedem Tor der Heimmannschaft den „Song 2" von Blur auf die Ohren. Bizarr und typisch St. Pauli: Während der Spiele stehen auf dem Weltkriegsbunker die Fahnenschwenker mit dem Totenkopfemblem – und zwar dort, wo sich früher die Flak positionierte.

Karten für ein Spiel bekommt man in der **FC St. Pauli Vermarktungs GmbH & Co. KG** **5** (→ Karte S. 116/117) am Harald-Stender-Platz 1, Mo/Di und Do/Fr 10–18 Uhr, Mi und Sa bis 15 Uhr. Wer lieber telefonisch reserviert: ✆ 01806-997719. Hier kann man auch eine etwa eineinhalbstündige Stadionführung für ca. 10 € bzw. erm. ca. 7 € buchen; Treffpunkt vor dem Clubheim (Südtribüne, Budapester Straße), Treffzeiten Mi–Fr 12.30 Uhr, Sa/So 10.30 Uhr (an Heimspieltagen entfällt die Tour, manchmal gibt es auch abweichende Ferientermine). www.fcstpauli.com.

Praktische Infos

→ Karte S. 116/117

Geführte Touren

St. Pauli Tourist Office. In der Wohlwillstraße 1 hat sich diese sehr sympathische Touristeninformation niedergelassen. Was so behördlich klingt, agiert unabhängig von der Stadt – und muss deshalb nicht alles schönreden. Tägl. um 19 Uhr findet eine zweistündige St.-Pauli-Kiez-Tour statt, geführt von einem Einheimischen, und zwar „kostümfrei, persönlich, authentisch und ohne Massenabfertigung im RTL-2-Klischee", wie es so nett auf der Website heißt. Von April bis Nov. wird der Spaziergang zusätzlich am Fr und Sa um 16 und 22 Uhr unternommen. Außerdem gibt es Sa um 15 Uhr eine alternative Grenzgänger-Tour. Neu im Programm sind u. a. „Sanft Pauli" (Streifzug ohne Reeperbahn, Sa 11 Uhr) und eine St.-Pauli-Krimitour (Fr/Sa 18 Uhr). Kostenfaktor jeweils 20 €, erm. 15 €. Anmeldungen unter www.pauli-tourist.de oder ✆ 98234483 bzw. 0173-4595920.

Essen & Trinken

Clouds 22 In mehr als 100 m über den Strömen, die die Stadt bestimmen – die Elbe und der Besucherstrom auf der Reeperbahn –, empfangen die mehrfach ausgezeichneten Gastronomen Marc Ciunis und Christoph Strenger seit Herbst 2013 ihre etwas besser betuchten Kunden hoch oben in den Tanzenden Türmen. Auf den 540 m² – Eichenholztische und Lederlook sind hier angesagt – im 23. Stockwerk und der 235 m² großen Dachterrasse in der 24. Etage zahlt man mindestens 28,50 € für ein Hauptgericht, z. B. für einen gebratenen Ostseezander mit Babyspinat oder das norddeutsche Red Heifer Flank Steak; vegetarische Gerichte gibt es ab 18 €. Ein Black Angus Roastbeef bekommt man wiederum für knapp 60 €. Die vermuteten 40.000 € Miete pro Monat müssen schließlich auch wieder reinkommen ... Tägl. ab 17 Uhr und open end, Küchenzeiten 18–23 Uhr, Fr/Sa 17–23 Uhr. Reeperbahn 1, ✆ 30993280, www.clouds-hamburg.de.

East 15 Auch im angeschlossenen Restaurant „East" des gleichnamigen 4-Sterne-Design-Hotels kann es etwas teurer werden. Was man dafür bekommt? Einen Sitzplatz in einer einstigen Eisengießerei, wo man z. B. Tranchen vom Weißen Heilbutt mit Trüffel-Rahmspinat oder Zweierlei vom Kalb zu je ca. 30 € verzehrt. Doch auch die Sushi-Kombinationen sind berühmt und nicht total günstig. Gelobt werden sie dafür umso häufiger und sogar vor den Augen der Gäste zubereitet. Schön ist dann noch die große Karte an Drinks und Cocktails, darunter James Bond's Vesper oder einige Barkeeper's Specials. Und selbst der Service stimmt. Mo–Fr 12–15 Uhr (Mittagstisch), So–Mi 17–22 Uhr, Do–Sa bis 23 Uhr, wobei das Dessert jeweils noch eine Stunde später geordert werden kann. Simon-von-Utrecht-Str. 31, ✆ 309933, www.east-hamburg.de.

Cuneo 28 Das familiär geführte Restaurant, das schon 1905 eröffnet hat – die Familiengeschichte wird fotografisch an einer Wand erzählt –, ist Einheimischen wie Besuchern ein Loblied wert. Die Preise sind dafür leicht gehoben. Für Vorspeisen zahlt man 8,50–14,50 €, Fischgerichte kosten knapp 20 €. Die Ravioli nach Tante Rosas Rezept zu 11 € sind die Spezialität des Hauses. Fleischspeisen wie das Saltimbocca kommen auf ca. 18 €. Angenehm ist die entspannte, künstlerisch angehauchte Atmosphäre – und die Juniorwirtin wird schon mal für eine Kiezreportage fotografiert. Mo–Sa 17.45–0.30 Uhr. Davidstr. 11, ✆ 312580, www.cuneo1905.de.

Backbord 12 Ein super Tipp ist das vegetarisch-vegane, aber auch für Fleischesser geeignete Lokal mitten im „richtigen" St. Pauli nördlich der Sexmeile. Das Bio-Schnitzel (Riesenportion!) mit guten, großen Pommes zu unschlagbaren 11,90 € kann sich mehr als sehen lassen; das Fleisch stammt von einer Bioland-Fleischerei aus dem Umland. Daneben ist eine hausgemachte vegane Currywurst zu 7,90 € im Angebot. Nett sind auch die „Kein Bier für Nazis"-Bierdeckel. Dass der Salat in Essig ertränkt war, spielt bei diesen Preisen nicht die geringste Rolle. Die „Schank- und Speisewirtschaft", die alle Spiele des FC St. Pauli live überträgt, eignet sich außerdem gut zum Frühstücken (Sa/So 12–17 Uhr). Mo–Do 16–23 Uhr, Fr–So ab 12 Uhr. Clemens-Schultz-Str. 18, ✆ 74203939, www.backbord-stpauli.de. ■

Trattoria Italia Mimo 20 Achtung, Geheimtipp! Das liegt in erster Linie an den Preisen, die in dieser Lage – parallel zur

St. Pauli → Karte S. 116/117

Reeperbahn – einfach unschlagbar sind. Die Bruschetta kostet 3 €, die teuerste Pizza 8,50 €. Auch Fisch- und wechselnde Wochengerichte gibt es hier für 12–15 €. Man sitzt im kleinen Gastraum auf schwarzen Stühlen vor Karotischdecken. Der sehr zuvorkommende Patron trifft eine angenehme Musikauswahl (natürlich italienisch) und sogar Fernsehkoch Steffen Henssler war hier schon zufrieden. Über die Maßen außergewöhnlich zubereitet sind die Gerichte nicht, doch wer süditalienisches Essen ohne Schnick-Schnack mag, hat hier auf jeden Fall eine gute Auswahl, auch zu später Stunde. Tägl. 15–1 Uhr. Seilerstr. 59, ✆ 312988, www.mimos-trattoria-italia.beepworld.de.

Dips 'n' Stix 24 Ein Klassiker ist das erste Fingerfood-Restaurant Deutschlands direkt am Spielbudenplatz im Schmidts Tivoli. Besonders schön sind die Kugellampen, die zum tabak- und cremefarbenen 70er-Jahre-Stil im ersten Stockwerk passen. Aber auch kulinarisch kann sich das Restaurant sehen lassen, zumal der Mittagstisch zwischen 12 und 14.30 Uhr (Mo–Fr) mit ca. 8,50 € günstig ausfällt. Wer es fingerfoodig liebt, muss aber abends kommen: zu Blätterteigtäschchen mit Wildschwein und Preiselbeeren, Scampi-Butterfly im Pankomantel, Poularden-Pilz-Spießen oder Stix von der Entenkeule und eingelegtem Kürbis. Mi ab 19.30 Uhr gibt's die Sushigerichte – große Auswahl! – zum halben Preis. Mi–Sa ab 17 Uhr, So 17–20 Uhr. Spielbudenplatz 24–25, ✆ 31778884, www.tivoli.de/gastro/dips-n-stix.html.

Freudenhaus 21 Die Qualität des Essens wird entweder sehr gelobt oder stark kritisiert. Etwas dazwischen scheint es im Freudenhaus nicht zu geben. Nur beim Wein sind sich alle einig – erstklassig! Das Touristen-, VIP- und Junggesellenabschiede-Restaurant, das heute deftige deutsche Küche bietet, war 40 Jahre lang ein chinesisches, und zwar eines der ersten auf dem Kiez. Inzwischen bekommt man „sündiges Fleisch" serviert, z. B. Schweinefiletmedaillons oder Spanferkelbraten, Königsberger Klopse oder ein „süßes Nachspiel", z. B. Erdbeerküchlein mit Limetten-Joghurt-Parfait. Die Preise sind durchaus sündhaft: Um die 18 € legt man für ein Hauptgericht auf den Tisch, Vegetarier („Blumenversteher") kommen nicht unbedingt günstiger weg. Mo, Do und Sa 18–23 Uhr, Fr bis 24 Uhr, Di/Mi und So ab 17 Uhr. Hein-Hoyer-Str. 7–9, ✆ 314642, www.stpauli-freudenhaus.de.

Saints & Sinners 16 Den höchsten Burger der Stadt habe ich hier gegessen, den besten im Heimat (→ Tour 1, S. 106). Nichtsdestotrotz kann man für 6,50–8,50 € sehr gut satt werden und sehr viele Speisen gibt es auch in veganer Variante. Man sitzt unter einem Deckenventilator neben einer auf alt gemachten Backsteinwand und erlebt eine der nettesten männlichen Bedienungen, die mir je auf St. Pauli untergekommen ist. Abends wird es ein wenig teurer, doch über die 15-Euro-Grenze geht es nicht hinaus. Angeboten werden z. B. Tennessee Spareribs, Smoked & Drunked (= Soja-Geschnetzeltes) oder Mexican Dog (= Würstchen mit Salsa). Mo–Do 12–15 und 18–23 Uhr, Fr geht es abends schon um 17 Uhr los, Sa/So nur 17–23 Uhr. Talstr. 29, ✆ 36163911, www.saintsandsinners-stpauli.de.

Maharaja 13 Wer indisches Essen liebt, wird sich im „Großfürsten" sehr wohlfühlen. Für 12–14 € ist man dabei; viel Vegetarisches, aber auch Hähnchen-, Lamm- und Grillgerichte können in folkloristischem Ambiente genossen werden. Wer mag, darf sogar „indisch" ordern, also superscharf. Das erste ayurvedische Restaurant Deutschlands wurde bereits mehrfach vom Lifestylemagazin „Prinz" als „bestes indisches Restaurant Hamburgs" eingestuft, wozu sicher auch der günstige und gute Mittagstisch zwischen 12 und 15 Uhr beigetragen hat (7 €). Da es sich fast schon um einen St. Pauli-Klassiker abseits der Sexmeilen handelt, würde ich zumindest abends reservieren. Mo–Fr 12–24 Uhr, Sa/So 14–24 Uhr. Detlev-Bremer-Str. 25–27, ✆ 30093466 oder 0176-62125697, www.maharaja-hamburg.de.

Ashoka 7 Noch ein zweiter und vielleicht sogar noch etwas besserer „Inder" ist ebenfalls im St. Pauli der Einheimischen zu Hause. Da der Preis für ein 5-Sterne-Menü vollkommen in Ordnung geht, würde ich immer ein solches ordern, ob in fleischlicher (ca. 33 €) oder vegetarischer Variante (ca. 30 €). Geboten bekommt man dafür z. B. einen indischen Rahmkäse im Tonofen, ein Königskorallen-Fischfilet in Curry-Kokosnuss-Sauce oder Lammfleischwürfel mit gerösteten Mohn-, Sesam-, Fenchel- und Kardamomsamen. Als Dessert wird ein mit Rosenwasser parfümierter Milchreis serviert. Klar, solche Geschmäcker muss man mögen … Mo und Mi/Do 17–23 Uhr, Fr/Sa bis 24 Uhr. Budapester Str. 25, ✆ 312834, www.ashoka.de.

Vor dem Café Amphore: fast wie am Elbstrand

St. Pauli → Karte S. 116/117

››› Mein Tipp: **Kuchnia** 10 Definitiv etwas Besonderes ist der „Szenopolis"-Testsieger von „Szene Hamburg" – und das sogar zu absolut anständigen Preisen! Vor herrlichen Tischdecken in kitschigem Blumenmuster wartet man auf die original osteuropäischen Gerichte, die weit über Klischee-Klassiker wie Soljanka und Bigos hinausgehen. Oder wissen Sie, was Kopytka oder Naleśnik sind? Daneben werden auch Pelmeni mit Fleischfüllung, vegetarische Blini und Langos angeboten. Tschechisches Pils vom Fass, polnisches Lager aus der Flasche sowie Weine aus Georgien und Slowenien sind ohnehin selbstverständlich. Laut Website kommt sogar der Granatapfelsaft aus Kasachstan – und der Birkensaft aus Russland. Zum Nachtisch gibt's fairen Biokaffee. Mo–Fr ab 17 Uhr, Sa/So ab 16 Uhr. Talstr. 87, ✆ 8226125, www.kuchnia-hamburg.de. ‹‹‹

Kiez Curry 27 Zwischen der legendären Silbersackstraße und dem noch legendäreren Hans-Albers-Platz befindet sich die sog. Querstraße. In Nummer 2 hat sich ein richtig guter Currywurstladen niedergelassen. Für ungefähr 3,50 € bekommt man Krakauer, Schaschlik mit Speck, Frikadellen oder eben Currywurst, u. a. mit selbst kreierter Soße. Sehr schön ist auch die Aussage der Besitzerin: „Muttis Essen bleibt natürlich das Beste, aber direkt dahinter kommen wir!" Lediglich das Interieur ist so unspektakulär, dass es fast schon auffällt. Di–Do 17–24 Uhr, Fr 12–14 und 17–5 Uhr, Sa 17–5 Uhr. Querstr. 2, www.kiezcurry.de.

››› Mein Tipp: **Café Amphore** 32 Im „Amphore" kann man herrlich frühstücken – es gibt sechs Varianten zwischen ca. 7 und 10 €, u. a. mit geräucherter Forelle und Krabbensalat oder, fernab von München, mit Weißwürsten und Obatzdem. Man kann sich sein Frühstück aber auch selbst zusammenstellen. Die Auswahl reicht von Omelettes mit Bio-Eiern und Schinken bis zu Pancakes mit Nutella, Müsli oder Obstsalat. Der frisch gepresste Orangensaft ist nicht ganz günstig, die Kaffeepreise aber voll im Rahmen. Vis-à-vis der Café-Bar kann man es sich mit seinen erworbenen Getränken und Snacks auf Holzplanken bequem machen. Der Ausblick auf die Hafenkräne ist super, nur den bisweilen aufkommenden Autolärm muss man aushalten. Di–Do ab 11 Uhr bis open end, Fr–So ab 10 Uhr. St.-Pauli-Hafenstr. 140, ✆ 31793880, www.cafe-amphore.de. ‹‹‹

Zuckermonarchie 26 Das hat auf dem Kiez noch gefehlt! In einer Seitenstraße zu Beginn der Reeperbahn werden kleine „Konditoreigeschichten" saisonal-regional angeboten, sprich: Tartelettes, Macarons, aber auch etwas aufwändiger gemachte Kuchen und Torten. Dafür leistet man sich zwei Konditoren, einen Mann und eine Frau, und bietet sogar Catering an. Der Städtereisende kann in einer der drei Räume ausruhen, die ein bisschen Pink, ein bisschen Stuck und ein bisschen Schi Schi mit vorsichtig monarchischem Touch bieten. Sehr löblich und sinnvoll für Allergiker: Die jeweiligen Zutaten werden angegeben, ebenfalls die „Zusatzstoffe in unseren Farbstoffen". Schön sind dann noch das antiquarische Geschirr und die sieben Frühstücksvarianten am Wochenende (dafür sollte man reservieren!). Mi–Fr 11–19 Uhr, Sa/So 10–18 Uhr. Taubenstr. 15, Reservierungen via info@zuckermonarchie.de.

Chavis Kulturcafé **17** Ein Kulinarikkleinod, das es anzusteuern lohnt. Warum? Die Chefin ist Konditorin, backt alle Kuchen selbst und verwendet frische Zutaten ohne Konservierungsstoffe, saisonal orientiert und mitunter vegan. Der sympathische Kellner meint: „Gesund schmeckt bei uns sogar!" Es gibt eine Kissenecke, entspannte Musik und immer wieder finden Kulturveranstaltungen statt, darunter erfreulicherweise auch schwierig zu Vermarktendes wie Lyrik oder traditioneller Folk. Der Mittagstisch, z. B. Quiche Lorraine oder vegane Suppen, stillt den kleinen Hunger. Tägl. 10–19 Uhr, lediglich montags und dienstags wird schon um 15 Uhr geschlossen. Detlev-Bremer-Str. 41, ✆ 57287817, www.chavis-kulturcafe.de. ■

Café May **18** Das Café May in der Hein-Hoyer-Straße ist eines von acht Ablegern – und vor allem wegen seines günstigen Brunches bekannt (8–14 Uhr, Mo–Fr 5,40 €, Sa/So 7,40 €). Deshalb wird es an Wochenenden schon mal voll. Man sitzt gemütlich auf alten und neuen Sofas und hat eine gute Auswahl an (Bio-)Kuchen und Torten, spielt die ausgelegten Spiele oder schmökert in einigen der herumliegenden Bücher. Nette Goldstuckverzierung und freundlicher Service. Tägl. ab 7 Uhr und open end. Hein-Hoyer-Str. 14, ✆ 33398838, www.may-cafebar.de.

Nachtleben

Große Freiheit, Reeperbahn, Hamburger Berg und Hans-Albers-Platz: Das sind die Straßen und Orte, an denen am Abend und besonders an Wochenenden der Bär steppt – zumal es in St. Pauli keine Sperrstunde gibt. Wer es old school liebt, geht in den Goldenen Handschuh, den Silbersack oder die Ritze (für alle drei Lokalitäten → Reeperbahn). Wer es heutiger mag, findet mehrere Kultclubs und Institutionen einige Straßen abseits des manchmal wilden Touristengerangels.

Achtung, Abzocke!

In die Table-Dance-Schuppen sollte man möglichst nicht allein gehen. Nein, nicht aus moralischen Gründen – einfach deshalb, weil man als Einzelner leichter abgezockt werden kann; die Türsteher fordern manchmal eine Bezahlung für Getränke, die nie bestellt wurden. Da heißt es dann, dass man einer der Damen die Drinks ausgegeben hätte. Schwach und unnötig bei den ohnehin extrem hohen Getränkepreisen!

››› Mein Tipp: **Luba Luft** **6** Coole Vintage-Tapeten und -Einrichtung, herrliche Lounge-Sessel zum drin Verschwinden und natürlich erstklassige Drinks. Ein weiterer Pluspunkt: Man ist abseits der bisweilen etwas nervigen Junggesell(inn)enabschiede, die die Reeperbahn unsicher machen. Auch angenehm: Das Publikum ist um die 30 und manchmal auch älter. Mo–Mi u. So 20–1 Uhr, Do/Fr 19–1 Uhr, Sa 19–3 Uhr (manchmal ist früher Schluss!). Am Brunnenhof 2–4, ✆ 0176-48194332, www.lubaluft.de. ‹‹‹

Christiansens **31** Im Inneren dieser exquisiten Cocktailbar hat man es mit klassischem Holzinterieur zu tun und die Karte bietet seitenweise Cocktails, sodass die Entscheidung schwerfällt. Egal ob es dann der Lemondori („Mit diesem Drink wurde ich Vizemeister") oder eine andere Mixtur wird – die Alkoholika sind hervorragend. Auch einen gepflegten Whiskey (große Auswahl!) bekommt man und darf zwischen ca. 180 Rum-Sorten wählen. Montags von 21 bis 1 Uhr gibt es sogar Relaxmassagen (5- bis 7-minütige Sessions). Das alles und v. a. die Auszeichnungen des Besitzers haben ihren Preis: 9,50–13 € zahlt man für einen Cocktail, die alkoholfreien gibt es für 6,50 €. Mo–Do 20–3 Uhr, Fr bis 4 Uhr, Sa bis 5 Uhr. Pinnasberg 60, ✆ 3172863, www.christiansens.de.

»» Mein Tipp: Mojo Club 22 Ein epochemachender Club der 90er, der 2013 in den Tanzenden Türmen wiedereröffnete. Im Vorgänger feierten bereits Massive Attack und Kruder & Dorfmeister ihre ersten Erfolge. Gründer und Neugründer Leif Nüske ging es um eine Mischung aus Jazz, Dancefloor und Soul, Musikstile, die aus London an die Elbe schwappten. Jazz mit all seinen Spielarten steht auch gegenwärtig auf dem Programm, ebenso Soul und Elektro. Was man hier nicht findet: Rock oder Heavy Metal. Die Live-Bands und DJs kann man für ca. 10–35 € ansehen. Dass der Mojo Club seinerzeit die Beastie Boys ablehnte, weil man sie als zu „spackig" empfand, spiegelt sich inzwischen in den Türstehern, die heute – glücklicherweise – keine typischen Kiezprolls reinlassen. Außerdem gibt's Unisex-Toiletten, damit die Frauen nicht ewig Schlange stehen müssen. Einlass meist nicht vor 20 Uhr, manchmal erst um 23 Uhr. Reeperbahn 1, ✆ 3191999, www.mojo.de. «««

Uebel & Gefährlich 3 Eine Hamburger Institution, die sich im 4. Stock des Flakturms IV auf dem Heiligengeistfeld eingerichtet hat. Es gibt einen großen Ballsaal und ein Turmzimmer, in dem DJs, Jazzer, aber auch Singer-Songwriter ihre Kunst zum Besten geben; außerdem existiert eine Terrasse auf dem Bunkerdach. Aber Achtung, bis zu 1000 Leute können hier schon mal sein. Miteigentümer und „Programmdirektor" ist der gar nicht so unbekannte Tino Hanekamp („So was von da", Kiwi 2011). Geöffnet je nach Veranstaltung. Feldstr. 66, ✆ 31793610 oder 0157-38276469, www.uebelundgefaehrlich.com.

Grüner Jäger 4 Man kann hier den „Tatort" im Public-Viewing-Modus genießen: im Sommer im Biergarten (es wird gegrillt), bei mäßigem Wetter in der Raucherlounge im 1. Stock. Außerdem: Themen-Partys (z. B. 80s, Reggae-und-Dancehall-Tunes), Konzerte nicht so bekannter Bands, ein Poetry Slam und der legendäre Revolver Club, wo es um besondere, neuartige, kultige und gehypte Indie-Mucke geht – und bisweilen auch Bands auftreten (sogar Grizzly Bear war schon hier und Oasis feierten ihre Aftershowparty im Grünen Jäger!). Neuer Pferdemarkt 36, ✆ 31814617, www.gruener-jaeger-stpauli.de.

Golden Pudel Club 33 Die „Elbphilharmonie der Herzen", wie Rocko Schamoni und Schorsch Kamerun ihren Club getauft haben, war eine Keimzelle des Punkrock und der Hamburger Schule und ist für Underground-DJs und ebensolche Live-Acts noch immer ein Aushängeschild. Sogar Helge Schneider und Funny van Dannen standen schon auf der Bühne, damals, als sie noch nicht bekannt waren. Im Sommer mit Biergarten.

St. Pauli → Karte S. 116/117

Nachts steppt der Elefant in der Großen Freiheit

Kostenloser oder geringer Eintritt. Ein Besuch empfiehlt sich am Donnerstag oder Sonntag, da soll es nicht so voll sein. Tägl. ab 23 Uhr. St.-Pauli-Fischmarkt 27, ✆ 31979930, www.pudel.com.

Prinzenbar 25 Pop, Jazz, Soul, Funk, Techno, Singer-Songwriting, Rock und Reggae. Von einer thematischen Spezialisierung kann keine Rede sein, was den Beatschuppen für viele Geschmäcker reizvoll macht. Dazu kommen die Eintrittspreise zwischen 10 und 15 €, die für Konzerte und Partys im absolut angenehmen Bereich liegen, so nah an der Reeperbahn. Fr–So ab 22 Uhr, Mo–Do je nach Veranstaltung (siehe Webseite oder Aushang am Eingang). Kastanienallee 20, ✆ 3178830, www.docks-prinzenbar.de.

Gruenspan 11 Ein „old boy" unter den Musikclubs und Diskotheken Hamburgs. 1968 gegründet, war er in den 70ern der einzige Progressive-Rock-Schuppen weltweit, der über eine Lasertechnik verfügte; der SPIEGEL schrieb von einer „Lightshow der Zukunft". Wesentlich später machte das „Span" durch richtig bekannte Stars auf sich aufmerksam: Waren das in der jüngeren Vergangenheit Bryan Adams und R.E.M., sind es heutzutage eingeführte Größen wie Lena oder Seeed. Lediglich die Türsteher sollen die Pest sein und einen nicht mehr reinlassen, wenn man nur kurz Luft schnappen gegangen ist. Große Freiheit 58, ✆ 31793483, www.gruenspan.de.

Hafenklang 34 Einst ein Stall für die Pferde der Straßenbahn, machte sich der Uralt-Schuppen als das erste 24-Spur-Tonstudio Hamburgs einen Namen. Die Einstürzenden Neubauten und Udo Lindenberg haben hier schon an ihren Tonträgern herumgewerkelt. 2009 wurde der Bau saniert und heute erlebt man in abgewetztem Ambiente ziemlich launige Konzerte nicht so bekannter Bands und DJs. Die Stilrichtungen: Punk, Ska, Metal, Drum 'n' Bass und was sonst noch an alternativer Musik heranschwappt. Die Eintrittspreise rangieren zwischen 5 und ca. 20 €. Meist tägl. ab ca. 20 Uhr, manchmal ab 23 Uhr (je nach Konzertbeginn). Große Elbstr. 84, ✆ 388744, www.hafenklang.com.

20up 29 Ein Erlebnis ist ein Besuch der Herrentoilette! Während die Cocktails den Körper verlassen, hat man einen wunderbaren Blick auf das Heiligengeistfeld und die Elbphilharmonie. Doch auch an weniger exklusiven Plätzen ist die Aussicht auf das stampfende Herz von Hamburg atemberaubend. Was etwas nervig ist: Die Macher des Upperclasshotels Riverside bestehen in der Upperclassbar 20up auf Upperclass-Dresscode. Dunkle Schuhe, Jeans und ein Shirt mit Sakko sind Minimum – Türsteher weisen Andersgekleidete schon mal ab! Alle Reingelassenen können die Weltstadt hinter 7 m hohen Panoramafenstern abschreiten. Ich empfehle den Sundowner unter der Woche, da es an Wochenenden ziemlich voll sein kann. So–Do 18–2 Uhr, Fr/Sa bis 3 Uhr. Bernhard-Nocht-Str. 27, ✆ 3111970470, www.empire-riverside.de („Restaurants & Bars" anklicken, dann findet man die Skybar).

Shopping

Strips & Stories 19 Kleiner, sympathischer Laden, der sich auf Comics (v. a. Graphic Novels) spezialisiert hat. Sehr schön sind auch die Sachcomics vom TibiaPress-Verlag z. B. zu Kapitalismus und Evolution. Romane, Hamburg-Literatur, englische Bücher und schöne Postkarten gehören ebenfalls zum Sortiment. Immer wieder finden

Präsentationen von Neuerscheinungen einschlägig bekannter Comic-Autoren in dem gut sortierten Minishop statt. Und an einem Tag Mitte Mai gibt es alljährlich den „Gratis Comic Tag". Fazit: Ein Laden für Fans oder die, die es werden wollen. Di–Fr 12–19.30 Uhr, Sa 11–18 Uhr (im Sommer erweiterte Öffnungszeiten). Seilerstr. 40, www.strips-stories.de.

Minigroove **14** Ebenfalls ein Mini-Laden und eine sehr gute Adresse für Vinyljäger. Neben Platten, Platten und nochmals Platten gibt es auch (Vintage-)CDs – und ein paar Bücher, z. B. zu Filmen. Inhaberin Stephanie Müller bezeichnet ihren Schallplatten-Store (der ursprünglich ein Milchladen war) als „Oase des guten Geschmacks". Querbeet geht's durch die moderne Musikhistorie: von Schlagermusik bis Elektronik, von Ska bis Country. Mo–Fr 14–20 Uhr, Sa 12–20 Uhr. Simon-von-Utrecht-Str. 17, www.minigroove-hamburg.de.

Kantasou **9** Lässige Streetwear, die im angrenzenden Atelier produziert wird, wobei auf Nachfrage auch Biostoffe zum Einsatz kommen. Neben Hoodies, also Kapuzenpullis, gehören Mäntel, Kleider, Röcke und Taschen zum Angebot. Der Hardcore-Homie kann sich mit Zipper-Jacken, Jogginghosen, Shirts und Bügelbildern samt Gebrauchsanweisung versorgen. Die Preise rangieren zwischen fair und bezahlbar. Mo–Fr 12–19 Uhr, Sa 12–17 Uhr. Clemens-Schultz-Str. 50, www.kantasou.de. ■

››› **Mein Tipp: Kunstkiosk** **8** „Ich bin das, was du nicht hast, und das ist schön", steht sympathisch-selbstbewusst auf dem Schaufenster. Im Inneren wird man nicht enttäuscht, zumal auch die Bedingungen für die Hersteller fair sind: 70 % der Einnahmen kriegen die Hamburger und Berliner (Street-Art-)Künstler. Der Kunde erhält Gebrauchsgegenstände wie Portemonnaies und kleine Taschen als handgemachte Unikate. Genial sind die Atomkraftwerke- und Tyrannen-Quartette (Hitler ist der „Blitz-Trompf") für ca. 10 €. Ebenfalls liebevoll gemacht: „Fußball vom Feinsten"-Bücher und „Kleine Leute in der großen Stadt". Coole Foto-Postkarten mit Hamburger Straßenszenen von Gila Brinke warten für 1 € in Drehständern vor dem Laden. Mo–Sa 11–20 Uhr. Paul-Roosen-Str. 5, www.kunstkiosk-hamburg.de. ‹‹‹

St. Pauli → Karte S. 116/117

Auf den Freitreppen am Jungfernstieg lässt es sich sehr gut aushalten

Tour 3: Die Neustadt

Die Neustadt ist Shoppingstadt! Allerdings nur an der westlichen Ecke der Binnenalster: am Jungfernstieg und drum herum. Zuvor begegnet man zwei der Top-Sights der Hansestadt: dem Michel und Planten un Blomen. Wer sich eher für die Stadthistorie interessiert, wird sich wundern, wie wenig von den damals die Neustadt beherrschenden Gängevierteln übrig geblieben ist.

Rund 12.000 Menschen leben heute in Hamburgs Neustadt. Um die 170.000 waren es, die es im 19. Jh. und sogar bis ins 20. Jh. in den labyrinthartigen Vierteln aus zusammengedrängten Fachwerkhäusern, engen Zufahrten und verwinkelten Hinterhöfen aushalten mussten. „**Gängeviertel**" nannte man diese Quartiere, von denen die zwei berüchtigtsten in der Nähe des Hauptbahnhofs und im Schatten des Michel lagen. 1847 beschreibt Johann Hinrich Wichern, ein Theologe und Gefängnisreformer, die Situation wie folgt: „[A]lles strotzte von Schmutz aller Art an Wänden, Fenstern, Fußböden; 5 Kinder und 3 Weiber und ein kaum herangewachsener Bube mit seiner Dirne aßen und tranken hier durcheinander. Frechheit, Verzweiflung und völliger Stumpfsinn warfen dunkle Schatten auf die Gesichtszüge der Versammelten, um das Bild des leiblichen und sittlichen Elends, das hier hauste, zu vollenden." Das Hamburger Abendblatt, das den nahezu vollständig aus dem Stadtbild entfernten Gängevierteln einen Artikel gewidmet hat, spricht zudem von starker Überbevölkerung, sanitärer Nullversorgung, Kriminalität aus wirtschaftlicher Verzweiflung und politischem Widerstand aus Not. Man lebte nicht nur zu sechst oder zu acht auf etwa 30 m², sondern auch mit Kakerlaken, Wanzen, Mäusen und Ratten zusammen.

Der große Stadtbrand von 1842, die Choleraepidemie von 1892 sowie der Hafenarbeiterstreik von 1896/97 und

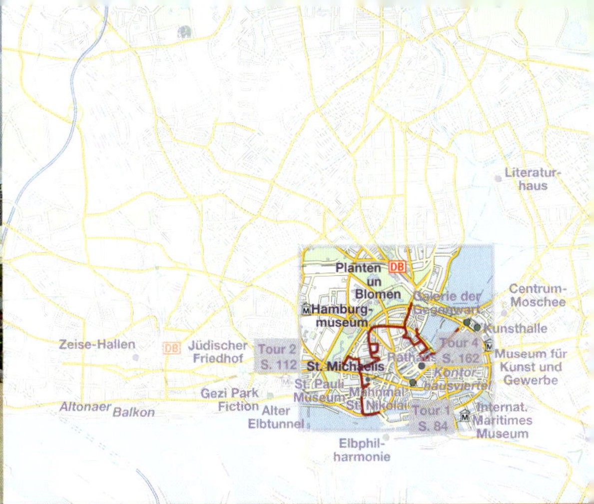

zuletzt die Kommunistenverfolgung während des Dritten Reichs (die verbliebenen Quartiere galten als „Brutstätten“ linker und radikaler Ideen) machten den Gängevierteln endgültig den Garaus; Sanierungs- bzw. Abrissmaßnahmen wurden bereits ab Ende des 19. Jh. vorangetrieben. Ursprünglich war geplant, neue und erschwingliche Kleinwohnungen an selber Stelle zu schaffen. Eine Maßnahme, die nicht so schlecht gewesen wäre, wäre man dabei auch auf die Bewohner selbst eingegangen. Fernab solcher sozialpolitischen Überlegungen verfrachtete man die Hafen- und Gelegenheitsarbeiter stattdessen in Mietskasernen in Barmbek und Hammerbrook („Jammerbrook“), wo sie ähnlich zusammengepfercht lebten, wenn auch nicht mehr so elend und verwahrlost.

Heute ist von den kleinteiligen Fachwerkbauten nicht mehr viel zu sehen. Gleichwohl gibt es noch Überbleibsel bzw. Repliken, die an die ärmlichen Zustände erinnern. So gelangt man während der Tour zwischen Neander- und Peterstraße in einen Hinterhof, in dem ein kleiner Abschnitt des Gängeviertels nachgebaut wurde (so sauber und hygienisch rein wie heute war es damals allerdings nie). Im Bäckerbreitergang wiederum sind noch einige originale Relikte zu sehen und zwischen Valentinskamp und Caffamacherreihe liegt heute das (neue) Gängeviertel, das sich als Kunst- und Kulturzentrum durchsetzen konnte und derzeit saniert wird. Dieser Bereich galt damals als eine Art Luxusbezirk des Gängeviertels; die Verhältnisse waren hier nicht ganz so erbärmlich.

Die Neustadt war jedoch nicht ausschließlich von ärmeren Bevölkerungsschichten bewohnt. Als man diesen Stadtteil im 17. Jh. in den weiten Befestigungsgürtel um Hamburg integrierte und das fünfte Kirchspiel St. Michaelis gründete, gab es hier auch zahlreiche große Grundstücke mit Gärten (die schließlich nach und nach zugebaut wurden). Und auch der Jungfernstieg samt den Straßen drum herum war schon damals betuchteren Bürgern der Weltstadt vorbehalten.

Bevor man diese heute noch immer sehr exklusiven Shoppingstraßen und einige Gebäude der typischen Nachbrandarchitektur (die u. a. die Gängeviertel-

Bebauung ersetzte) erreicht, kann man sich im Hamburgmuseum in die spannende Stadthistorie vertiefen. Außerdem gibt es zwei weitere Museen zu entdecken, die sich mit Johannes Brahms, aber auch Georg Philipp Telemann, Carl Philipp Emanuel Bach sowie Johann Adolph Hasse beschäftigen, und den großartigen botanischen Schaupark Planten un Blomen, der einen zeitweise vergessen lässt, dass man sich im Zentrum einer 1,7-Mio.-Einwohner-Metropole befindet. Zum Schluss lässt sich vom nordöstlichen Zipfel der Binnenalster aus sogar der perfekte Blick auf die Neustadt erleben. Doch zunächst geht es zur Hamburger Sehenswürdigkeit schlechthin: dem Michel.

Vom Michel zum Gänsemarkt

Am besten, man startet seine Tour an der U-Bahn-Station Baumwall. Von dort geht man direkt auf den Michel zu, der – im Idealfall – von der Vormittagssonne beschienen wird und von einer kleinen Anhöhe auf einen herunterblinkt.

Wer nach einem Abstecher zur wahrzeichengestempelten Barockkirche lieber die Speicherstadt und die HafenCity erkunden möchte, kann am Baumwall bequem zu Tour 1 wechseln.

St. Michaelis (Michel)

Auch wenn die Elbphilharmonie das neue Wahrzeichen der Stadt werden soll, bleibt der Michel, wie die St.-Michaelis-Kirche in Hamburg liebevoll genannt wird, auf jeden Fall das alte! Das Gotteshaus mit dem markanten kupferverkleideten Turm ist ein barockes Schmuckstück der Extraklasse und schon von außen ein Hingucker.

Der Nachtmichel

Wer ca. 10 € investiert, kann eine Eintrittskarte für den sog. Nachtmichel erwerben. Damit darf man Aufzug und Treppen in den Sommermonaten bis teilweise 24 Uhr benutzen. Im Preis inbegriffen sind ein alkoholfreies Getränk und Sitzplätze, von denen man einen gigantischen Blick über die hell erleuchtete Weltstadt genießt (www.nachtmichel.de).

Der Mitte des 17. Jh. an dieser Stelle entstandene Vorgängerbau war eine dreischiffige Hallenkirche, die 1750 durch Blitzschlag abbrannte. Die daraufhin wiederaufgebaute St.-Michaelis-Kirche wurde von den Baumeistern Johann Leonhard Prey und Ernst Georg Sonnin barock ausgestaltet und ähnelte der heutigen bereits in ihrer Form. Doch auch sie fiel 1906 einem verheerenden Brand zum Opfer, diesmal ausgelöst durch eine Lötlampe bei Dachstuhlarbeiten. Vor allem der 132,14 m hohe Turm war Ernst Georg Sonnin zum Meisterwerk geraten und in der Bevölkerung wie bei Reisenden so beliebt, dass man ihn nach dem zweiten Brand nahezu originalgetreu nachbaute. 1912 war die dritte Michaeliskirche fertiggestellt, jüngste Sanierungen wurden 2009 abgeschlossen.

Mit seinem Grundriss in der Form eines griechischen Kreuzes kann der heutige Bau gut 2500 Menschen aufnehmen. Im Zentrum stehen sich das Senats- und das Beedegestühl gegenüber, in denen nur die Hinterteile Regierender sowie der Kirchenvorstände geduldet waren. Beeindruckend ist außerdem eine **Kanzel** in Kelchform (1910). Erschaffen hat sie der Dresdner Bildhauer Otto Lessing – ein Urgroßneffe des genialen Schriftstellers –, indem er neobarocke und Jugendstilelemente miteinander vereinte. Die zwei ältesten originalen Stücke der Innenausstattung befinden sich direkt daneben: ein **Got-**

teskasten und ein **Taufbecken** (beide von 1763). Ersterer diente dem Sozialwesen und stand allen Spendern offen (→ Stadtgeschichte, S. 23). Das weißmarmorne Meisterwerk wiederum stammt aus Livorno. Dort ansässige Hamburger Kaufleute stifteten es, vielleicht wegen ihrer Sehnsucht nach der Elbmetropole.

Die **Krypta**, die sogar Eintritt kostet, muss man nicht unbedingt gesehen haben. Zwar sind hier Minuten- und Sekundenzeiger der größten Turmuhr der Republik ausgestellt (jeder wiegt 130 kg) und man bekommt einen nicht unkritischen Film zur Kirchenhistorie geboten. Insgesamt wirkt die kleine Ausstellung dort aber ein wenig verstaubt.

Was man allerdings nicht verpassen sollte, ist der Rundblick von der 106 m über der Elbe liegenden **Aussichtsplattform** unter der Turmspitze. Er ist meines Erachtens der schönste Hamburgs. Den anstrengenden Aufstieg per pedes (452 Stufen) muss man nicht unbedingt auf sich nehmen (obwohl man an den Kirchenglocken vorbeikommt) – es sei denn, die Schlange vor dem Aufzug ist überlang.

Eine weitere Besonderheit dieses imponierenden Gotteshauses ist dann noch der Michel-Türmer. Dabei handelt es sich um einen von zwei freiberuflichen „Turmtütern", die täglich eine Strophe eines evangelischen Kirchenliedes in alle Himmelsrichtungen trompeten. Seit über 300 Jahren existiert diese Tradition, die werktags um 10 und 21 Uhr und sonntags um 12 Uhr zu vernehmen ist und einst das Zeichen für die Öffnung und Schließung der Stadttore war. Während die Weltkriegsbomben auf Hamburg niedergingen, sollen die Turmbläser unbeeindruckt ihren Dienst verrichtet haben. Ob nationalsozialistische Propaganda oder menschlicher Optimismus den entscheidenden Ausschlag gab, ist unklar.

Das Wahrzeichen Hamburgs

Englische Planke 1, U 3 Baumwall oder Rödingsmarkt oder S 1/3 Stadthausbrücke, www.st-michaelis.de. Mai–Okt. 9–20 Uhr, Nov.–April 10–18 Uhr (zwischen 12 und 12.15 Uhr ist Mittagsandacht – währenddessen ist Herumlaufen tabu!). Der Eintritt in die Kirche ist frei; Krypta 4 €, erm. 3 €, Aufzug oder Treppe auf den Turm 5 €, erm. 4 €, Kombiticket 7 €, erm. 6 €, Kinder (6–15 J.) jeweils 1–3 € weniger. Führungen durch den Michel sind täglich möglich, allerdings nur für Gruppen bis höchstens 25 Pers. Wer sich dafür interessiert, kann unter ✆ 376780 buchen (auch Orgel- und Kryptaführungen sowie Führungen für sehbehinderte Menschen).

Krameramtsstuben

Zu Füßen der europaweit bekannten Kirche liegt ein zweiter touristischer Anziehungspunkt: ein Ensemble niedlicher Fachwerkhäuser mit Innenhof, die Krameramtsstuben. Zwischen 1620 und 1700 errichtet, waren diese ältesten Gebäude der Hamburger Innenstadt größtenteils Sozialwohnungen und dienten

arbeitsunfähigen Krämern und Krämerwitwen als kostenlose Unterkünfte. Eine dieser Stuben (die sogar mit Brennholz bestückt waren und deren Bewohner eine kleine Rente erhielten) aus der Zeit um 1850/60 kann man für 2,50 € (Kinder u. Jugendliche unter 18 J. frei) besichtigen (Di–So 10–17 Uhr, von Nov. bis Anfang April nur Sa/So).

Die bemalte Wand links direkt hinter dem Durchgang zum Innenhof zeigt karikaturistische Szenen aus acht Jahrhunderten Stadthistorie. Wer nach oben blickt, sieht einige der typischen gedreht gemauerten Schornsteine und weißen Holzgestelle zum Trocknen der Wäsche. Das sich im Vorderhaus befindende (Touri-)Restaurant („Zu den alten Krameramtsstuben am Michel") darf dagegen getrost übersehen werden ... Wer möchte, kann allerdings bei **Frau Vogel** (Krayenkamp 13, 10–18 Uhr) rechts neben den Krameramtsstuben reinschauen und einige kreative und ausgefallenere Hamburg-Souvenirs erstehen. Neben einer „Fisherman"-Badeente gibt es z. B. das leckere „Hamburg schokt" aus dem Kakaokontor.

Krayenkamp 10/11, U 3 Baumwall oder Rödingsmarkt.

Peterstraße: Gängeviertelrelikte und -repliken

Zurück am Michel überquert man die viel befahrene Ludwig-Erhard-Straße und gelangt über die Neanderstraße 25 in einen durchaus interessanten Innenhof. Anhand der nachgebauten Fachwerkhäuser erhält man einen Eindruck von der Beschaffenheit der einstigen Gängeviertel, die sich durch die Neustadt zogen. Über einen engen Durchgang rechter Hand, an dem vier Schwarzweißfotos der echten Fachwerkgebäude hängen, geht's in die Peterstraße. Hier hat man es mit dem Nachbau auf der nördlichen Straßenseite allerdings ein wenig zu gut gemeint: Solche Bürger- und Kaufmannshäuser, die der Zeit des 17. und 18. Jh. nachempfunden sind, suchte man in der ärmlichen Neustadt vergebens!

Neustadt → Karte S. 142/143

Wer kein Interesse an den im Folgenden beschriebenen zwei Museen auf der südlichen Straßenseite sowie dem Hamburgmuseum hat und stattdessen seinen Hunger stillen möchte, kann direkt in die Wexstraße gehen (→ S. 147) und eines der sich dort und in den angrenzenden Straßen befindenden Lokale für Vegetarier und Veganer bzw. ein skandinavisches Café mit Mittagstisch aufsuchen (→ Essen & Trinken).

Brahms-Museum

Im denkmalgeschützten Beyling-Stift – ein Hamburger Kaufmannshaus von 1751 und das einzige originale historische Gebäude der Peterstraße – ist das Brahms-Museum untergebracht. Leider ist die Ausstellung (in die täglich zwei bis 25 Besucher „strömen") nicht so spannend, wie sie möglicherweise sein könnte, wenn sie multimedialer angelegt wäre. Immerhin: Man kann sehr viel lesen und die ehrenamtlichen Mitarbeiter sind engagiert und beantworten alle Fragen. So erfährt man u. a., dass der geniale Hamburger Musiker 14 Jahre für das Komponieren seiner ersten Symphonie benötigte. Allzu gewaltig schwebte der Schatten Beethovens über ihm ...

Wer tiefer einsteigen will, kann sich durch die vier kleinen Ausstellungsflächen arbeiten, in denen alle Lebensstationen von Brahms thematisiert sind (z. B. die Hamburger Zeit, seine Reisen). Eine Lobeshymne von Robert Schumann (veröffentlicht 1853 unter dem Titel „Neue Bahnen") kann man in Kopie mitnehmen – sehr schön! Eine Bibliothek mit ca. 650 Büchern über Brahms und ein restauriertes Tafelklavier von 1859, auf dem der Meister selbst Unterricht gegeben hat, beschließen die Sammlung.

Noch einige Fakten zum Namensgeber: Unweit des Hauses im ärmlichen Specksgang 24 geboren, lebte Johannes Brahms (1833–1897) 29 Jahre und vier Monate in Hamburg, bis es ihn in die Weltstadt der Musik zog: nach Wien. Obwohl man ihm die Leitung der Philharmonischen Konzerte in seiner Heimat verweigert hatte (eine feste Stelle, auf

Der Brahms-Würfel vor der Laeiszhalle

die der Junggeselle so sehr gehofft hatte), sollte er 1889 zum ersten (!) Künstler-Ehrenbürger der Hansestadt werden.

Peterstr. 39, U 3 St. Pauli oder S 1/3 Stadthausbrücke, ✆ 41913086, www.brahms-hamburg.de. Di–So 10–17 Uhr. Eintritt 5 €, erm. 3 €, Kinder unter 10 J. frei. Für dieses und das Telemann-, Bach- und Hasse-Museum ist auch ein Kombiticket zu 7 €, erm. 5 €, erhältlich. Im Shop gibt's Postkarten sowie selbstverständlich CDs mit den bekanntesten Brahms-Werken, Biografien, ein sehr schönes Brahms-Hörspiel für Kinder und einen kleinen Ausstellungskatalog mit allen Exponaten.

Telemann-, Bach- und Hasse-Museum

Diese Ausstellung einige Meter links vom Brahms-Museum war überfällig: Zwar gab es schon seit einigen Jahren ein kleines Museum zu Georg Philipp Telemann (1681–1767), immerhin Hamburgischer Generalmusikdirektor und ein Star in der damaligen Komponistenszene, doch die Galerie bestand aus einem sehr kleinen Raum und einem Ordner mit den ausgedruckten Wikipediaseiten zum „Hauptthelden" ... Das hat sich mit dem neuen Museum endlich geändert; es existieren Touchscreens, viele Hörbeispiele und sogar kleine, unterhaltsam gemachte Filme, die einen eintauchen lassen ins Komponistenquartier der alten Hansestadt. Anders gesagt: Man ist geradezu überrascht, wie frisch manche Kompositionen von Telemann klingen, allen voran die Nouveaux Quatuors (1737), die an heutigen Jazz erinnern. Doch auch Carl Philipp Emanuel Bach (1417–1788), der Telemann als städtischer Musikdirektor beerben sollte, sind zwei Räume gewidmet. Dort kann man z. B. auf Bachs Lieblingsinstrument, einem nachgebauten Clavichord, improvisieren und ein sehr schönes, fiktives Interview belauschen; Thema „Im Schatten des Vaters?", wo es um den heute bekannteren Johann Sebastian Bach geht – wenngleich zu Lebzeiten der Sohn als bedeutender galt: „Bach in Hamburg führte die Klavieristen an, wie Klopstock die Dichter" schrieb Friedrich Daniel Schubart. Am wenigsten Raum konnte der im späteren Hamburger Stadtteil Bergedorf geborene Johann Adolph Hasse (1699–1783) für sich beanspruchen. Dafür erlauben ein nachgebauter Opernkasten und ein Exkurs über Primadonnen und Kastraten (nur 5 Prozent, die diese grauenhafte „Operation" überlebten, wurden letztlich zu Sängern ausgebildet) ganz gute Einblicke in Leben und Werk des spätbarocken Opernkomponisten, der sich dem italienischen Stil verpflichtet sah. Romain Rolland drückte es 1922 bereits so aus: „In Wahrheit gibt es keine schönere melodische Zeichnung als die bei Hasse – nur Mozart ist ihm darin vergleichbar. Dass dieser bewunderungswürdige Mann so vergessen werden konnte, ist eine der schlimmsten Ungerechtigkeiten der Geschichte; wir wollen uns bemühen, sie eines Tages wieder gutzumachen." Dieser Wunsch ist fürs erste erfüllt.

Im Museum und davor befindet sich eine Café- und Weinstube, eine Filiale des Kleinhuis' (→ Essen & Trinken, S. 160).

Peterstr. 28, U 3 St. Pauli oder S 1/3 Stadthausbrücke, ✆ 63607882, www.komponisten quartier.de. Di–So 10–17 Uhr. Eintritt 5 €, erm. 3 €, Kinder unter 10 J. frei. Für dieses

Komponistenquartier in der Peterstraße

Noch ist nicht ganz geklärt, wann es eine Dauerausstellung zu drei weiteren in Hamburg geborenen oder dort wirkenden Musikkünstlern geben wird. Geplant ist jedenfalls eine Erweiterung des Komponistenquartiers durch Galerien zu Gustav Mahler (1860–1911) und den zwei musikalisch hochbegabten Mendelssohn-Geschwistern, Fanny (1805–1847) und Felix Mendelssohn Bartholdy (1809–1847).

Neustadt → Karte S. 142/143

und das Brahms-Museum ist auch ein Kombiticket zu 7 €, erm. 5 €, erhältlich. Im kleinen Shop werden einige CDs und Bücher zu Komponisten angeboten. Auf Nachfrage sind auch Gruppenführungen möglich. Doch auch Einzelne können sich – selbstverständlich gratis – an das engagierte Personal mit Fragen wenden.

Hamburgmuseum

Folgt man der Peterstraße weiter Richtung Westen, stößt man an der Ecke Hütten (Nr. 54) auf ein wunderschön saniertes blau-weißes Gründerzeitgebäude. Wenig später quert man den Holstenwall, wo sich das hervorragende und sehr umfangreiche Hamburgmuseum neben einem der Eingänge von Planten un Blomen (→ S. 151) befindet.

Schon das Äußere des von Fritz Schumacher errichteten Bauwerks – der Architekt zeichnete auch für Teile des Kontorhausviertels verantwortlich – ist imposant und standesgemäß: Schließlich handelt es sich um eine der größten stadthistorischen Ausstellungen Europas. Die Exponate selbst werden höchst unterschiedlich präsentiert. Von eher uninspirierten Abteilungen (z. B. „Wohnräume im 17. bis 19. Jahrhundert") bis zu supermodern und museumspädagogisch hervorragend gemachten Sammlungen (z. B. „Hamburg 1840 bis heute" mit nachgebauten Hippie- und Yuppie-Zimmern) ist alles dabei. Grob gesagt: Je mehr man sich der Gegenwart nähert, desto spannender wird es.

Am aufschlussreichsten sind sicherlich die Räume, die sich mit dem Großen Brand von 1842, den Auswanderungswellen im 19. Jh. und der Cholera-Epidemie von 1892 befassen. Ein NDR-Film erzählt angenehm kritisch von der versuchten Vertuschung der Seuche, der 8605 Menschen zum Opfer fielen, v. a. wegen der schlechten Trinkwasserversorgung der ärmeren Bevölkerung. Aber auch das Mittelalter und die Reformationszeit, die Frühe Neuzeit, das jüdische Leben in Hamburg und die rapide Hafenentwicklung werden, teils

Ein übermotivierter Fake: die Häuser in der Peterstraße

multimedial, vorgestellt. Dass dabei auch Störtebeker oder der Schwarze Tod, der Handel im Mittelalter sowie die Konvoischifffahrt thematisiert werden, versteht sich von selbst.

Schön sind auch die kindgerechten Erklärungen (zu erkennen am Rattensymbol), die nicht nur für die Kleinen sehr gut gemacht sind (z. B. zum Walfang). Für Kinder ist dann noch der Zutritt zum Dampfer Werner (1909–1959) eine spannende Angelegenheit; 1960 stellte man den vorderen Aufbau des Schiffes samt Kapitänskajüte, Kombüse, Kompass und Maschinentelegrafen ins Museum. Und die Modelleisenbahnanlage im Obergeschoss ist zwar nicht so spektakulär wie die des Miniatur Wunderlandes (→ Tour 1, S. 93), aber dafür gibt es 25-minütige Vorführungen (meist zur vollen Stunde zwischen 11 und 16 Uhr), bei denen 40 Züge an einem vorbeirollen, darunter sogar ein „Ameisenbär" und ein „Schienenzeppelin".

Holstenwall 24, U 3 St. Pauli oder S 1/3 Stadthausbrücke, ✆ 428132100, www.hamburgmuseum.de. Di–Sa 10–17 Uhr, So bis 18 Uhr. Eintritt 9 €, erm. 5,50 €, Kinder und Jugendliche unter 18 J. frei. Der kostenlose Audioguide lohnt sich. Leider gibt es bislang keine gedruckten Übersichtspläne zum Mitnehmen, dafür werden diverse öffentliche Führungen an Sonntagen angeboten (keine Extrakosten). Ein Museumsshop mit guten Hamburg-Büchern und das stilvolle Café Fees runden das Angebot ab; wer möchte, kann es sich auch im glasüberdachten Innenhof bequem machen.

Wexstraße und Brüderstraße

Die Neanderstraße, der Neue Steinweg und der Großneumarkt, die einen zur nächsten Sehenswürdigkeit führen, sind nicht gerade Glanzlichter der Hamburger Straßenszenerie. Dafür kann man vom Großneumarkt in die Wexstraße einbiegen, die so charmant mit ihren aneinandergedrängten Gründerzeitbauten angibt und so etwas wie eine kleine In-Straße in Sachen Shopping geworden ist. Auch die von ihr abzweigende Brüderstraße, die auf die beiden Immobilienmakler Friedrich Hermann und Ernst Wex anspielt, ist stadtgeschichtlich bedeutsam. Diese zwei Straßenzüge schlugen 1867 die ersten Schneisen durchs fachwerkverwilderte und politisch vernachlässigte Unterschichtenviertel.

Via Steinwegpassage könnte man in den parallel verlaufenden Steinweg gelangen und sich eine skandinavische Köstlichkeit bei **Karlsons** gönnen (→ S. 161). Das vegetarische, ökologisch wertvolle Kartoffel-Paprika-Gulasch im Piccolo Paradiso in der Brüderstraße hat mich dagegen nicht über die Maßen jubeln lassen. Besser aufgehoben fühlte ich mich im schräg gegenüberliegenden **Loving Hut** (→ S. 158), wo es asiatische Küche auf vegane, glutamat- und alkoholfreie Weise gibt.

Kohlhöfen, Rademachergang und Breiter Gang

Nach der farbigbunten **Frida Kolorida** im Kohlhöfen Nr. 9 – die Besitzerin verkauft u. a. mexikanische Alltagsartikel (fair trade) – gelangt man in den Rademachergang und den Breiten Gang. Beide Straßenzüge sind von den Überbleibseln der deprimierend gleichmachenden Nazi-Architektur geprägt. Hier befindet sich aber zumindest der berühmte **Hummel-Brunnen** aus Muschelkalk. Er spielt auf den 1854 verstorbenen Wasserträger Johann Wilhelm Bentz an, ein bedauernswertes Hamburger Original. Es heißt, dass er Kindern, die ihn mit „Hummel, Hummel" neckten (niederdeutsch für Hummer und ein Spottname für ungeliebte Gerichtsvögte), schlicht „Mors, Mors!" (= „Leck mich am Arsch!") hinterherrief. Es kursiert hartnäckig die Legende, dass sich die älteren Einheimischen so begrüßen würden; das tut aber eigentlich

Neustadt → Karte S. 142/143

keiner … Wer nicht auffallen möchte, grüßt lieber mit „Moin“ (und zwar zu jeder Tageszeit). Den Muschelkalkkinderhintern eines der frechen Rabauken von anno dazumal kann man gegenüber der Statue „bewundern“.

Noch interessanter wird es, wenn man den im Kohlhöfen agierenden Geistesgrößen nachspürt. An der Ecke zur Neustädter Straße befand sich der „Bronzekeller“, eine Künstlerlocation, in der im September 1943 Wolfgang Borchert mit Songs und Brettlversen während eines Fronturlaubs auftrat. Ungefähr 150 Jahre vorher, von 1793 bis 1807, lebte **Arthur Schopenhauer** in Hamburg – sofern er sich nicht, väterlich gesponsert, sonst wo in Europa herumtrieb. Nach dem suizidalen „Unfall“ seines Erzeugers in der heutigen Speicherstadt (Neuer Wandrahm 92) wohnten die Witwe und der Halbwaise im Kohlhöfen 29. Wo heute die „Kurze Ecke“ liegt, eine typische Eckkneipe, verbrachte der depressive Denker („subjektiver Idealismus“) einige Teenagerjahre.

Außerdem spannend: Schräg gegenüber in Nr. 21 befindet sich die erste Hamburger **Bücherhalle**. Was heute normal ist, war zur vorvergangenen Jahrhundertwende eine unerhörte Neuerung: 1899 war es einem Deutschen erstmals möglich, „belehrende Literatur“ auszuleihen (die Engländer verfolgten diese Idee schon länger). Angeregt hatte sie eine Initiative der Patriotischen Gesellschaft (→ Tour 4, S. 180). Das Gebäude selbst, das im Zweiten Weltkrieg zerstört wurde, macht heute immer noch einiges her, da die neobarocken Formen von 1908/09 wiederhergestellt wurden. Eine Bibliothek gibt es dort zwar nicht mehr, doch die Idee konnte sich durchsetzen. Heute existieren 32 Bücherhallen (plus diverse andere Ausleihen), die über ca. 1,7 Mio. Medien verfügen. (Die Zentralbibliothek liegt am Arno-Schmidt-Platz in der Nähe vom Hauptbahnhof.)

Poolstraße

In der sich anschließenden Poolstraße hat die Frauenrechtlerin und Scherenschnittkünstlerin Rosa Maria Assing (geborene Varnhagen, 1783–1840) einen literarischen Salon unterhalten (Nr. 15). Ihre illustren Gäste waren u. a. Friedrich Hebbel und Heinrich Heine. Heute steht an selbiger Stelle ein ziemlich banales Mietshaus. Eine echte Skurrilität, die noch immer zu sehen ist, befindet sich in der Poolstraße 12/13: Im zweiten Hinterhof der Autowerkstatt Stern erkennt man die Reste der **Backsteinapsis einer Synagoge** – ein kleiner Beweis dafür, wie präsent die jüdische Kultur in Hamburg war. Da zahlreiche Gemeindemitglieder nach Rotherbaum, Harvestehude und Eimsbüttel umzogen, war der israelische Tempel von 1844 schon zu Beginn der 1930er-Jahre verwaist. Die jüdische Gemeinde verkaufte die Synagoge 1937 (nachdem sie sie zuvor nur noch als Magazin genutzt hatte); im Juli 1944 zerstörten sie alliierte Bomben.

Johannes-Brahms-Platz

Am Johannes-Brahms-Platz sind einige Gebäude unübersehbar. Zunächst stößt man auf das wuchtige **Brahmskontor**. Es war 1931 das höchste Hochhaus Hamburgs. Im angrenzenden Pilatuspool 7 sieht man ein Elefantenportal, das möglicherweise auf die Kolonien der Handelsmetropole anspielt. Während der Sturmflut von 1962 leitete Helmut Schmidt von diesem Gebäude aus den Einsatz der Rettungskräfte.

Während sich der ausladende Kuppelbau des **Oberlandesgerichts** links von einem befindet – er ist Teil des Justizforums Hamburg –, steht gegenüber die **Laeiszhalle** von 1908 (→ S. 70), ein neobarockes Bauwerk der Extraklasse. 2 Mio. Mark hatte das damals größte und modernste Konzerthaus des Kaiserreichs gekostet, eine Stiftung des Reederehepaars Laeisz; 400.000 Besucher finden sich immer noch jährlich ein. Ein Hingucker ist auch der **Brahms-Würfel** von Thomas Darboven rechts daneben: Er zeigt den Komponisten in vier Lebensaltern.

Bäckerbreitergang und Valentinskamp

Vom Brahms-Platz aus geht es in den Dragonerstall, wo sich das Frauenhotel Hanseatin (→ S. 58) niedergelassen hat. (Achtung, als männlicher Vertreter der Spezies Mensch wird man hier schräg angesehen – auch wenn man nur für ein Reisebuch recherchiert ...) Im querenden Bäckerbreitergang sieht man **Relikte des alten Gängeviertels**, die bis 1780 zurückreichen (Nr. 49/50). Aufgrund der gelungenen Sanierung ist die ursprüngliche Bauweise ganz gut erkennbar.

Inmitten überdimensionierter Glasbauten und moderner Kontorhäuser im Backsteinlook stößt man im Valentinskamp auf das sehr sympathische **„neue" Gängeviertel**. Bei Nr. 38 („Komm in die Gänge") geht's durch eine Toreinfahrt ins Innere. Zugegeben, der Streich gegen die Verödung des Stadtkerns wirkt zwischen all den Hochglanzbauten ein wenig skurril. Gleichzeitig zeigt es, was ca. 200 Künstler und engagierte Hamburger (u. a. durch Hausbesetzungen und öffentliche Kundgebungen) verhindern konnten: den Abriss der inzwischen denkmalgeschützten Gebäude durch einen niederländischen Investor. Das Künstler-Kollektiv gründete 2009 einen Verein (Gängeviertel e. V.) und eine Genossenschaft, die das neue Gängeviertel fortan verwaltete – und dort Ausstellungen, Konzerte, Partys sowie Lesungen organisierte, die von Zehntausenden besucht wurden. Bis 2019 werden die Gebäude für 20 Mio. Euro saniert; 73 neu gestaltete Wohnungen bieten dann Platz für rund 250 Menschen. Wer mag, kann sich auch von der Caffamacherreihe oder der Speckstraße aus die zwölf erhaltenen Häuser ansehen. Man stößt auf gut gemachte Graffiti und unverkäufliche Alltagskunst.

Gänsemarkt

Durch Büroschluchten flaniert man zum viel befahrenen Gänsemarkt. Ein Wort vorweg: Die meisten Plätze der Innenstadt sind keine überragend schönen

Von typischer Neustadt-Architektur umzingelt: der Gänsemarkt

Neustadt → Karte S. 142/143

Freiflächen, sondern schlicht Kreuzungen, von Hochhäusern zugebaut und beschattet, von Bussen und Autos umspült; das ist am Gänsemarkt auch nicht anders. Nichtsdestotrotz hat das Verbindungsstück zum schicken Einkaufsviertel der Metropole einige Storys zu erzählen, die alles andere als alltäglich sind.

1678 entstand auf dem Gänsemarkt die erste bürgerliche Oper Europas. Georg Philipp Telemann, Förderer des jungen Händel, wirkte dort als spätbarocker Komponist und Direktor. Zwischen 1767 und 1769 versuchte sich **Lessing** als Dramaturg und Kritiker im selben Gebäude, das sich inzwischen zum Hamburger Nationaltheater gemausert hatte. Unter anderem erlebte er während dieser Zeit die Uraufführung seiner „Minna von Barnhelm" und verfasste die, genau, „Hamburgische Dramaturgie". Das hehre Vorhaben, ein den Adel provozierendes, freieres Theater zu verwirklichen, scheiterte jedoch nach nur zwei Spielzeiten. Heute erinnert ein von Grünspan überzogenes **Denkmal** an den Literaten. Dass der Hamburger Rat noch 1781 alle Nachrufe auf Lessings Tod unter Strafe stellte, zeigt die Verstörung, die dieser aufklärerische Denker ausgelöst hatte. Immerhin: Seit 1930 vergibt die Stadt alle vier Jahre den Lessing-Preis; die Hamburger Staatsoper befindet sich heute in der Dammtorstraße.

Am östlichen Zipfel des Gänsemarktes waren die Hamburger Mitglieder der **Weißen Rose** aktiv. Die Widerständler um Reinhold Meyer trafen sich im Jungfernstieg 50, der Buchhandlung von Meyers Vater. 30 dieser ca. 50 lose vernetzten Antifaschisten verhafteten die braunen Schergen bis zum März 1944. Acht von ihnen starben durch Hinrichtung oder unmenschliche Haftbedingungen in Gefängnissen und dem Konzentrationslager Neuengamme (→ S. 254). Heute befindet sich in einem Teil des Hauses die Deutsche Bank.

Abstecher ins Grüne: zu Planten un Blomen

Am Gänsemarkt hat man die Möglichkeit, über die Dammtorstraße einen Abstecher zu Planten un Blomen zu machen – nur so viel: Im Sommer sollte man den beliebten Erholungspark inmitten der Weltstadt nicht verpassen! Wer auf den kleinen Ausflug verzichten möchte, kann von hier direkt zum Jungfernstieg durchgehen (→ S. 153).

Dammtorstraße und Stephansplatz

Auf dem Weg zu den beliebten Grünflächen stößt man rechter Hand auf die **Staatsoper** (→ S. 70), ein typisches Gebäude der Nachkriegszeit. 1955 wiedererrichtet, fasst sie knapp 1700 ballett- und opernbegeisterte Zuschauer. Im Vorgängerbau, dem Stadt-Theater, wirkte Gustav Mahler (1860–1911) in den 90er-Jahren des 19. Jh. als Erster Kapellmeister.

Am sich anschließenden Stephansplatz liegt die **alte Oberpostdirektion** mit ihrem beachtlichen Kuppelturm (1883–1887). Der Platz ist nach dem kaiserlichen Generalpostdirektor Heinrich von Stephan benannt, einem Mitbegründer des Weltpostvereins. Schräg gegenüber befindet sich das **Casino Esplanade** (Stephansplatz 10) in einem eleganten neoklassizistischen Gebäude.

Bevor es endlich schnurstracks in die Parkanlage geht, sollte man einen Blick auf das ungewöhnliche Denkmalensemble werfen.

Denkmal für die Opfer von Krieg und Faschismus

Obwohl nur das eine der zwei Kriegerdenkmäler vor dem Eingang von Planten un Blomen von kunsthistorischer Bedeutung ist, muss man die beiden

Monumente als zusammengehörig betrachten. Zunächst stößt man auf das bewusst unschön gestaltete Meisterwerk von Alfred Hrdlicka (1928–2009), das leider Fragment geblieben ist. Ursprünglich wollte der Wiener Künstler vier Antikriegsthemen akzentuieren – ein **Gegendenkmal** zum benachbarten Kriegerdenkmal von 1936 sollte entstehen. Nur der „Hamburger Feuersturm" und die „Cap-Arcona-Katastrophe" sind 1983–86 umgesetzt worden; für den „Soldatentod" und das „Frauenbild im Faschismus" war das Budget zu knapp. Nichtsdestotrotz: Die grauenerregenden Auswirkungen von Kriegen hat Hrdlicka überdeutlich eingefangen.

Wenige Schritte weiter trifft man auf das umstrittene NS-Ehrenmal von 1936, das an die Gefallenen im Deutsch-Französischen Krieg erinnern soll. Auf einem Muschelkalk-Klotz sieht man das Stein gewordene 76. Hamburger Infanterieregiment unter eingemeißelten Sprüchen wie „Deutschland muss leben, und wenn wir sterben müssen" in den sicheren Tod marschieren. Richard Kuöhl, der auch die Fassadenverzierungen der Davidwache geschaffen hat, setzte dieses kriegsverherrlichende Denkmal um, an dem noch bis in die 70er-Jahre die Bundeswehr ihre Gefallenen ehrte.

Planten un Blomen

Die „Pflanzen und Blumen" sind ein Erlebnis – im Sommer! Die 47 ha große grüne Lunge des Zentrums ist ein beliebtes Naherholungsziel und ein touristischer Anziehungspunkt par excellence. Während der angenehmen Monate darf man auf den Rasenflächen lagern und den Herrgott einen guten Mann sein lassen. Im Herbst und Winter fällt die florale Pracht freilich weniger üppig aus.

Auf dem ehemaligen Gelände der Wallanlagen, des botanischen sowie des zoologischen Gartens wurde 1935 die „Niederdeutsche Gartenschau" abgehalten – damals durften tatsächlich nur deutsche Pflanzen ausgestellt werden –, was die Umgestaltung des Areals in einen Volks-, Vogel- und Vergnügungspark einläutete. Durch die Internationalen Gartenbauausstellungen von 1953, 1963 und 1973 wurde Planten und Blomen immer moderner und vielseitiger. Heute erstrecken sich die durch Unterführungen miteinander verbundenen fünf Abschnitte der großen Freizeitanlage vom Millerntor im Südwesten bis zur Tiergartenstraße im Norden und Osten. Erster Direktor des zoologischen Gartens von 1863, eines der Vorläufer von Planten un Blomen, war übrigens der Reise- und Tierbuchautor Alfred Brehm.

Unbedingt einen Besuch wert – Planten un Blomen im Sommer!

Auf dem Gelände, das man nach den Kriegerdenkmälern betritt, sind heute v. a. der **japanische Landschaftsgarten**, die **Mittelmeerterrassen** und die insgesamt 2800 m² großen **Schaugewächshäuser** mit ihren tropischen Pflanzen beeindruckend. Wer sich ausschließlich für Gewächse begeistert, geht von hier aus am besten weiter nach Norden, wo man den **japanischen Garten mit Teehaus** (seines Zeichens der größte Europas) und den **Rosengarten** mit seinen 300 Züchtungen bestaunen kann. Ein sommerlicher Höhepunkt sind dort auch die Wasserlichtkonzerte auf dem **Parksee**: Vor der Kulisse eines eindrucksvollen Lichtspektakels gibt man sich klassischen Klängen hin; Gratis-Führungen durch den **Apothekergarten** und klassische Musik im Rosengarten sind ebenfalls möglich. Immer näher kommt man so auch dem 279,2 m hohen „Tele-Michel“: dem **Heinrich-Hertz-Fernsehturm**. Da die Aussichtsplattform seit 2001 geschlossen ist, befindet sich die 43.000 t schwere Stahlbetonnadel an der Rentzelstraße im Dornröschenschlaf. Immerhin erinnert der „Turm im Schlafrock“ (taz) an einen jüdischen Wissenschaftler aus Hamburg, dessen Entdeckungen den Rundfunk, das Fernsehen und Handys erst möglich machten – und der nur 36 Jahre alt werden sollte.

Der „Tele-Michel“

Wer sich lieber sportlich betätigen oder seine (kleinen) Kinder beschäftigen mag, läuft besser in südwestliche Richtung. Besonders das kostenlose **Kindertheater**, die **Minigolf-** und **Trampolinanlage** sowie das **Ponyreiten** sind sehr beliebt. Doch auch die **Rollschuh- und Kunsteisbahn** mit Übungspinguinen für die Kleinen und schallender Boxenmusik wird gern befahren. Daneben stehen **Großgeräte- und Wasserspielplätze** zur Verfügung, und mit Eis oder Snacks kann man sich selbstredend ebenfalls überall versorgen. Am südwestlichen Zipfel hat man sogar die Option, direkt ins Hamburgmuseum (→ S. 146) zu gehen.

U 1 Stephansplatz oder S 11/21/31 Dammtor, ✆ 428544723, http://plantenunblomen.hamburg.de. Mai–Sept. 7–23 Uhr, Okt.–März bis 20 Uhr, April bis 22 Uhr. Eintritt frei; viele Veranstaltungen sind gratis.

Die **Wasserlichtkonzerte** gehen von Anf. Mai bis Ende Aug. um 22 Uhr los, im Sept. eine Stunde früher. An manchen Samstagen treten hinterher Feuerartisten auf. Außerdem gibt es zwischen Mai und Sept. nachmittags Wasserspiele mit und ohne Musik. Die **Klassik im Rosengarten** erklingt von Anf. Mai bis Ende Sept. werktags ab 15 Uhr, Sa/So und feiertags ab 12 Uhr. Die kostenlosen **Führungen durch den Apothekergarten** finden von Anf. Mai bis Ende Sept. jeden 2. So im Monat statt. Öffentliche, kostenlose Führungen durch den gesamten Park werden am jeweils letzten So im April, Juni, Aug./Sept. um 11 Uhr angeboten, Treffpunkt: Info-Pavillon im Park/Nähe St. Petersburger Straße.

Die **Open-Air-Eisbahn** hat in den Wintermonaten tägl. 10–22 Uhr geöffnet, lediglich Mi ist schon um 17 Uhr geschlossen. Eintritt 5,90 € (2:30 Std.), Kinder unter 16. J. und erm. 3,90 €, Schlittschuhverleih 5 €. www.eisarena-hamburg.de.

Vom Gänsemarkt zur Binnenalster

ABC-Straße und Poststraße

Vom Gänsemarkt zweigt die sog. ABC-Straße ab. Der seltsame Straßenname rührt daher, dass man die Gebäude dort einst alphabetisch „durchnummerierte"; heute gibt es natürlich Hausnummern. In Nr. 55, unweit des Eingangs zum Marriott Hotel, existierte in den 60er-Jahren eine schäbige Kneipe: „Die Palette", ohne die der gleichnamige Außenseiter-Roman (1968) des Hamburger Ethnologen und Literaten **Hubert Fichte** niemals entstanden wäre. Der Mann hinter der Fiktion war Mitglied der Gruppe 47 und errang u. a. den Hermann-Hesse- und den Fontane-Preis. Er starb als 50-Jähriger im Hafenkrankenhaus dieser Stadt an Lymphdrüsenkrebs.

Wer noch ein wenig mehr Literatur verträgt, kann in der abzweigenden Poststraße zu **Klopstocks Wohnhaus** mit der Hausnummer 36 laufen – von 1770 bis 1803 lebte hier der einstige Schriftstellerstar. Das turmverzierte Backsteingebäude in der Poststraße Nr. 11, das an den Brügger Belfried erinnert, ist die **Alte Post**. 1845–47 errichtet, stellt sie eine Mischung aus italienischer Renaissance und nordischer Spätgotik dar. Alexis de Chateauneuf, der Wiedererbauer von St. Petri (→ Tour 4, S. 172), schuf diese Variante der Nachbrandarchitektur; normalerweise verputzte man die Backsteine weiß (→ Alsterarkaden, S. 157). Seinerzeit befand sich in der Alten Post ein Morsetelegraf, der Nachrichten bis Cuxhaven übermitteln konnte.

Hält man sich kurz danach an der Querstraße Große Bleichen links, steht man direkt am Jungfernstieg.

Neustadt → Karte S. 142/143

Indoor-Shopping an der Binnenalster

Zwischen Gänsemarkt und Jungfernstieg beginnt die Shoppingstadt. Egal, nach welchen Marken Sie suchen – Sie werden fündig! Sage und schreibe sieben Einkaufspassagen befinden sich in der Neustadt. Wer eine Indoor-Shopping-Tour vom Gänsemarkt aus unternehmen will, geht am besten nacheinander in folgende Gebäude: **Gänsemarktpassage** (Gänsemarkt 50), **Hanse-Viertel** (Poststr. 33), **Alte Post** (Poststr. 11), **Bleichenhof** (Große Bleichen/Bleichenbrücke), **Hamburger Hof** (Jungfernstieg 26–30), **Alsterhaus** (Jungfernstieg 16–20) und in die **Alsterarkaden**. In der sich anschließenden Altstadt kann man dann noch die **Europa Passage** (Ballindamm 40) und das **Levantehaus** (Mönckebergstr. 7, → Tour 4, S. 166) besuchen. Im Regelfall haben die meisten Geschäfte Mo–Sa 10–19/20 Uhr geöffnet.

Jungfernstieg

Am Jungfernstieg hat Hamburg etwas sehr Weltläufiges. Wenn abends die Riesengebäude erleuchtet sind, erinnern die glanzvollen Häuserreihen an Straßenzüge in London oder Paris. Das war auch schon früher so. Nach dem Großen Brand von 1842 sollte Hamburg zur klassizistischen Vorzeigestadt werden, der Jungfernstieg mauserte sich zum Prachtboulevard. Es entstand die erste Einkaufspassage Deutschlands, der Sillem's Bazar, der sogar Eintritt kostete. Und es war dieser Straßenzug, der als erster deutscher 1838 asphaltiert wurde. Der Name soll sich übrigens auf die bürgerliche Gepflogenheit beziehen, die unverheirateten Töchter hier auf und ab spazieren zu lassen, in der Hoffnung, die Aufmerksamkeit eines passenden Bräutigams zu erregen … Auch heute noch ist der Jungfernstieg die beliebteste Flaniermeile der Stadt.

Das ehemalige **Streit's Haus** in der Nr. 38 war bis zum Ende des Zweiten Weltkriegs eines der feudalsten Hamburger Hotels und beherbergte bis 2013 u. a. ein kultiges Kino. Was eher unbekannt ist: Hier feierte das „**Deutschlandlied**" (oder „Lied der Deutschen") 1841 sein Debüt. Hoffmann von Fallerslebens Gedicht, das der Germanistikprofessor auf Helgoland geschrieben und dem Hamburger Verleger Julius Campe sogleich verkauft hatte, musste jedoch bis zur Weimarer Republik auf seinen Adelsschlag warten. Erst Reichspräsident Friedrich Ebert machte das von Haydn'scher Musik begleitete Werk zur Nationalhymne.

Im abzweigenden Neuen Jungfernstieg kann man noch heute fürstlich logieren. Das **Hotel Vier Jahreszeiten** mit den Hausnummern 9–14 (→ S. 57) wurde 1897 vom Stuttgarter Friedrich Haerlin als heruntergekommene Herberge erworben und mitsamt den Nebenhäusern zu einem Luxushotel umgebaut. Die Präsidentensuite (die übrigens häufig ausgebucht ist) kostet schlappe 5.000 € pro Nacht.

Alsterpavillon

1799, wenige Jahre vor der französischen Eroberung, eröffnete ein Franzose den ersten Alsterpavillon: Augustin Lancelot des Quatre Barbes war ein eingewanderter Vicomte – und zeigte den Hamburgern, was ihnen bis dato gefehlt hatte: ein Konditorei-Café (zuvor hatte es lediglich Kaffeehäuser gegeben …). Vielleicht weil sich der Pavillon in so exponierter Lage befand, wurde er immer wieder der Mode der Zeit angepasst. Das mehrfach renovierte Bauwerk ist bereits das siebte und stammt von 1953. Seine geschwungene Form ist ein Lichtblick inmitten der oftmals sehr pragmatischen Wirtschaftswunderarchitektur.

Jungfernstieg 54, U 1/2/3 oder S 1/3 Jungfernstieg.

Binnenalster

Die 18 ha große Binnenalster ist ein angenehmer Kontrast zu den Prachtgebäuden ringsherum. In den Sommermonaten kann man auf den **Freitreppen** lagern und die **Alsterfontäne** bestaunen. Der Springbrunnen geht auf den Genfer Jet d'eau zurück, einen Wasserstrahl mitten im Genfersee, der beeindruckende 140 m in den Himmel schießt.

Ein Blick auf die „gute Stube" Hamburgs

Alsterschippern – damals und heute

Seit Jahrhunderten ist die Alster ein beliebtes Ausflugsziel. Um 1500 ließ man sich in Eichenholzruderbooten (die mit Bänken und Tischen versehen waren) übers glatte Gewässer schippern: ein sommerliches Freizeitvergnügen der oberen Zehntausend. Zu Beginn des 19. Jh. entstand so etwas wie ein Fährverkehr auf Nachfrage. Erst 1856/57 bemühte sich der Bremer Versicherungsmakler Gustav Adolph Droege darum, einen regelmäßigen Schiffsbetrieb auf der Alster zu etablieren. Doch leider, sein rheinischer Raddampfer versank während der Fahrt nach Hamburg … Die Konzession, die Droege mühsam beim Senat erkämpft hatte, brachte einen Hamburger Schiffsmakler dazu, die Idee des Nebenstädters zu verwirklichen. Im Juni 1859 dampfte das Fährschiff „Alina" von Johann Peter Parrau zum ersten Mal über den zum See gestauten Fluss. Die Alsterschifffahrt hatte begonnen und die Tickets waren so günstig, dass auch die weniger Betuchten den Service in Anspruch nehmen konnten.

Zu Beginn des 20. Jh. waren mehr als 30 Dampfer im Einsatz. Die „weiße Flotte" steuerte ihrem Beförderungsrekord entgegen, der mit knapp 11 Millionen Menschen noch zu Kaiserzeiten im Jahr 1911 erreicht war. 1917, mitten im Ersten Weltkrieg, sorgte Kohlemangel für eine kurzzeitige Stilllegung der Schraubendampfer. Im Zweiten Weltkrieg tarnte man die Binnenalster mit einer Holzkonstruktion vor Luftangriffen – und entschied, die Schiffe für letzte Kriegshandlungen zu verwenden (was allerdings nie geschah).

Heute besteht natürlich längst wieder die Möglichkeit, die Schiffe als öffentliche Verkehrsmittel zu nutzen. Freilich nur theoretisch, in der Praxis haben Busse sowie U- und S-Bahnen den kleinen Alsterfähren längst den Rang abgelaufen. Dafür dürfen sich Touristen entspannt in den Ausflugsbooten herumschippern lassen (www.alstertouristik.de):

Alster-Rundfahrt Der Klassiker: In Ufernähe geht es einmal um die Außenalster herum. Die Schiffe legen von Anf. April bis Anf. Okt. halbstündlich zwischen 10 und 18 Uhr am Jungfernstieg ab. Außerhalb dieser Monate und falls die Binnenalster von Eis bedeckt ist, gelten eingeschränkte Zeiten! Erw. 15 €, Kinder bis 16 J. 7,50 €.

Fleetfahrt Eine Besonderheit, die durch die alten Kanäle der Altstadt, die Fleete der Speicherstadt und die Wasserstraßen vor den Neubauten der HafenCity führt. Dabei liegt der m. E. schönste Abschnitt im Nikolaifleet, wo man die Vorbrandarchitektur der Deichstraße bewundern kann. Am Ende des Nikolaifleetes, beim Mahnmal St. Nikolai an der Trostbrücke, lag der erste, aus heutiger Sicht eher kleine Hafen der Stadt. Ganz günstig ist das Vergnügen nicht: Erw. 21 €, Kinder bis 16 J. 10,50 €, Familienticket mit bis zu 4 Kindern 52,50 €. Von Anf. April bis Ende Okt. legen die Schiffe dreimal tägl. um 10.45, 13.45 und 16.45 Uhr ab, Ende Okt. bis Ende Dez. nur Fr/Sa/So um 13.45 Uhr.

Vierlande-Fahrt Wer als Hamburger einen Wochenendausflug unternehmen will oder als Besucher einen Koffer voll Zeit dabei hat, kann eine Vierlande-Fahrt buchen. Die sechsstündige Fahrt nach Bergedorf und zurück belastet die Reisekasse mit 34 €. Wer nur die einfache Strecke nimmt, kommt 10 € günstiger weg (Kinder bis 16 J. zahlen für beide Varianten entschieden weniger). Es geht durch historische Schleusen, über die Elbe und durch die Vier- und Marschlande, den „Hausgarten Hamburgs". Von Anf. Mai bis Anf. Okt. legen die Schiffe Mo/Di/Mi am Jungfernstieg um 10.15 Uhr ab. Unbedingt reservieren: ✆ 3574240.

Die Colonnaden waren ein Spekulationsobjekt der Gebrüder Wex

Dagegen nimmt sich das Hamburger Pendant mit seinen gerade mal 60 m eher bescheiden aus. Was aber wesentlich wichtiger ist: Das „schlichte Wahrzeichen Hamburgs" verbessert die Wasserqualität durch die Sauerstoffzufuhr entschieden; 60.000 € stellen Sponsoren alljährlich für die Betriebskosten zur Verfügung.

Sehr beliebt ist das viertägige **Alstervergnügen** Ende August mit Höhenfeuerwerken, DJ-Sound und (kulinarischen) Ständen rings um das Ufer (→ S. 80). Und wer die Alster unsicher machen möchte, kann eines der **Ausflugsboote** besteigen (→ Kasten).

Colonnaden

Schräg gegenüber dem einstigen Streit's Haus zweigen die Colonnaden ab, eine der gründerzeitlichen Durchbruchstraßen durchs alte Gängeviertel. 1879 waren die vorzeigbaren Etagenhäuser mit ihren Neorenaissancefassaden bezugsfertig. Sie sollten die Einnahmen der Spekulanten um die Gebrüder Wex (→ S. 147) in die Höhe treiben. Die selbstbewussten Bürger, die dort logierten, störte das wenig. Sie wollten „ihre" Straße sogar als „Kaiserallee" bezeichnet wissen. Die „Colonnaden" – der Name geht auf den **Arkadengang** auf der rechten Straßenseite zurück – stehen seit 1978 unter Denkmalschutz.

Alsterhaus

Im Jungfernstieg 16–20 verbrachte der schwerkranke Dichter Matthias Claudius im Januar 1815 seine letzten Lebenswochen. Heute kennt man den einstigen Redakteur des „Wandsbecker Bothen" vor allem dank der sieben Strophen des von Johann Abraham Peter Schulz vertonten Abendliedes („Der Mond ist aufgegangen"). Mittlerweile befindet sich im Alsterhaus eine Einkaufspassage. Sie wurde 1912 als Warenhaus der jüdischen Familie Tietz eröffnet; im Dritten Reich wurde sie enteignet, 1943/44 stellte man hier Textilien für das Getto in Łódź her. Inzwischen kann man sich auf 24.000 m² Kaufhausfläche konsumtechnisch austoben.

Jungfernstieg 16–20, U 1/2 oder S 1/2/3 Jungfernstieg.

Neuer Wall

Der Neue Wall ist nicht nur die teuerste Meile Hamburgs – die ca. 600 m lange Straße zählt sogar europaweit zu den zehn exklusivsten. Man erkennt das nicht nur an den Läden, sondern auch an den teuren Autos, die an den Bürgersteigen stehen oder geräuschvoll vor-beiziehen. Aufgrund der außergewöhnlich hohen Juwelierdichte sind Armbanduhren für 70.000 € auch keine Seltenheit; und den teuersten Ring, den ich schaufensterbummelnd entdecken konnte, gab es für 283.000 €. Es ist durchaus spannend, durch den Neuen Wall zu schlendern und den Blick schweifen zu lassen – von hanseatischem Understatement merkt man hier freilich wenig.

Bei Felix Jud & Co. (Neuer Wall 13, Mo–Fr 10–18.30 Uhr, Sa bis 16 Uhr), einer sehr gut sortierten Buchhandlung, läuft man durch die **Mellin-Passage**, die älteste noch bestehende Einkaufspassage der Stadt. Die Jugendstil-Deckenmalereien waren ein Zufallsfund bei den Restaurierungsarbeiten nach einer Brandstiftung.

Alsterarkaden

Die Merkmale der sog. **Nachbrandarchitektur** sind Rundbögen und heller Verputz, kombiniert mit klassizistischen Elementen. Alexis de Chateauneuf verwirklichte diese Vorgaben zwischen 1842 und 1846 stilbildend bei den Alsterarkaden. Die sich nach dem Großen Brand erneuernde und neu erfindende Elbmetropole sollte an Venedig erinnern, der an die Alsterarkaden grenzende Rathausmarkt an den Markusplatz – trotz der vielen zerstörten Häuser war das Selbstbewusstsein der Städter ungebrochen. Wer nach der Mellin-Passage unter den Alsterarkaden steht, kann von hier aus ein gutes Foto vom Rathaus machen. Wer möchte, kann jetzt sogar zur Schlussetappe von Tour 4 wechseln – und das Innere des hansestädtischen Regierungsschlosses besichtigen (→ S. 183).

Noch eine kleine Kuriosität am Rande: In der **Kleinen Alster**, die einem zu Füßen liegt, schwimmen in den Sommermonaten die **Alsterschwäne**. Schon während der Frühen Neuzeit standen sie unter dem hochherrschaftlichen Schutz der Stadtoberen. Eine historische Quittung von 1591/92 belegt, dass sie ein Müller mit Hafer und Gerste zu füttern hatte. 1664 veröffentlichte der Rat sogar ein Dekret: Wer empfindliche Strafen vermeiden wollte, durfte die Tiere weder verletzen noch töten, ja nicht einmal beleidigen; seit 1818 betreut sie ein sog. „Schwanenvater“. Bis heute wird die Pflege der rund 120 Höckerschwäne staatlich subventioniert. Wegen ihnen wird sogar der Eppendorfer Mühlenteich eisfrei gehalten. Warum? Ihro geflügelten Majestäten beziehen dort von November bis April ihr Winterquartier …

Der perfekte Hamburgblick an der Binnenalster

Auch wenn man hier streng genommen die Neustadt verlässt und die Altstadt betritt – wer ein authentisches Andenken an die Elbmetropole, einige der soeben besichtigten Sehenswürdigkeiten sowie einen Vorgeschmack auf Tour 4 haben will, sollte am Ende dieses Spaziergangs vom Jungfernstieg in den Ballindamm einbiegen und bis zur Ecke Lombardsbrücke voranschreiten – und seine Kamera mit Weitwinkelobjektiv in Position bringen. Einen besseren Blick auf die Skyline hat man nirgends; in sternklaren Sommernächten glitzern die Lichter der Großstadt ziemlich genial im Wasser. Wer einfach nur gucken will, wird auch nicht enttäuscht sein. Man blickt auf die „gute Stube“ der Stadt, auf die Turmspitzen von drei Hamburger Hauptkirchen (St. Petri, St. Nikolai, Michel) und – für die Hamburger noch wichtiger – das Rathaus.

Neustadt → Karte S. 142/143

Die Laeiszhalle, 1908 das größte Konzerthaus des Kaiserreichs

Praktische Infos

→ Karte S. 142/143

Essen & Trinken

Restaurant Haerlin 4 Der piekfeine Gourmettempel im Erdgeschoss des Luxushotels Vier Jahreszeiten darf mit seinen zwei Michelin-Sternen und 18 Gault-Millau-Punkten angeben. So viel Können erlaubt eingeschränkte Öffnungszeiten: Di–Sa 18.30–21.30 Uhr, deshalb besser reservieren. Obgleich Christoph Rüffer die französische Küche liebt, sind Importe aus Frankreich selten; Saisonales und Regionales hat Vorrang. Die Gaumenparty hat ihren Preis: Ein 4-Gänge-Menü kostet 128 €, 6 Gänge belasten die Reisekasse mit 168 €. Man speist mit Blick auf die Binnenalster in gediegenen Polstersesseln. Neuer Jungfernstieg 9–14, ✆ 34943310, www.restaurant-haerlin.de. ■

››› Mein Tipp: **Petit Bonheur** 16 Eine echte Gastroperle hat sich in Hütten 85–86 niedergelassen, einer Parallelstraße zum Hamburgmuseum – weshalb man vor oder nach einem Besuch des Hauses genau hier einkehren könnte. Als Weinbistrot (schön mit französischem „t") und Bar ist das französische Lokal noch nicht so bekannt, dass man es wieder meiden müsste, und die Speisekarte macht nach wie vor (das Restaurant existiert seit 2012) kulinarisch Laune. Sowohl das Zanderfilet auf Weinkraut mit Bouillabaissesud als auch die Trüffelravioli mit Kräuterseitlingen und Nussbutterschaum beglückten mich, wenngleich es mindestens 20 € pro Hauptspeise werden. Dafür trifft man auf französischen Charme bereits in der Speisekarte: Eine „Blutwurst" heißt dort „Boudin noir" (die überdies auf Schmorzwiebeln, Kartoffelpüree und Apfelmus serviert wird). Ein eindeutiger Tipp von mir! Mo–Sa 12–24 Uhr (Küchenschluss 22 Uhr). Hütten 85–86, ✆ 33441526, www.petitbonheur-restaurant.de/. ‹‹‹

Loving Hut 11 Vegetarisch, vegan, glutamat- und alkoholfrei. Als eingefleischter Karnivore bin ich nicht der richtige Tester für dieses Asia-Restaurant. Doch meiner Begleitung hat es sehr gut geschmeckt. Und aus den Kreisen der Überzeugten hört man fast nur Loblieder. Der Mittagstisch zu ca. 8,50 € ist überraschend günstig, Abendgerichte erhält man für ca. 10 €. Das ein wenig kühle Ambiente ist okay, haut einen aber nicht vom Korbstuhl. Immerhin ist der eingeschaltete Fernseher nicht aufdringlich. Superschneller Service, das Essen steht sofort auf dem Tisch. Mo–Fr 11.30–15 und

18 Uhr, Sa 17.30–22 Uhr. Markusstr. 2, Ecke Kohlhöfen, ✆ 57221029, www.lovinghut.de.

Old Commercial Room **18** Eine komplett andere Klientel bedient der Old Commercial Room zu Füßen des Michel. Man fühlt sich wie auf einem Luxusschiff mit dem verjährten, holzvertäfelten Charme der Nachkriegszeit. Eine Schau ist das Obergeschoss in superkitschigem Rotlicht-Rot und ebensolchem Dekor. Bei den Speisen zahlt man die touristentaugliche Patina mit: Fischgerichte zwischen 15 und 45 €, für reine Fleischspeisen legt man durchschnittlich 25 € hin. Sauerfleisch und das beste (!) Labskaus Hamburgs gibt's in diesen traditionell-urigen Räumen obendrein, wobei für Novizen die kleine Portion zum Kennenlernen (siehe in der Speisekarte unter „Warme Vorspeisen") genau richtig ist. Tägl. 12–23 Uhr. Englische Planke 10, ✆ 366319, www.oldcommercialroom.de.

››› Mein Tipp: **Wirtschaftskantine** **2** Hier gibt's unschlagbar günstiges Mittagessen in exklusiver Lage! Ins 6. Obergeschoss der „Deutschen Zentralbibliothek für Wirtschaftswissenschaften" kann man – stilecht für alte Hamburger Bauten – im Paternoster hinaufgleiten (→ Kasten). So erlebt man sogar in diesem ansonsten eher vom Bürowesen geprägten Gebäude einen gewissen Thrill ... Wer Glück hat, findet einen Platz in der Business Lounge mit ausdrucksstarken Hamburgfotos und einem guten Blick auf den Ballindamm. Zwischen 3,50 und 7 € zahlt man für eines der drei Tagesgerichte, worunter sich immer ein vegetarisches/veganes befindet. Auch Frühstücken ab 7 Uhr ist für wenig Geld möglich. Mo–Fr 7–15 Uhr, Mittagessen 11.30–15 Uhr. Neuer Jungfernstieg 21, ✆ 42834507, www.strassen kantine.de. ‹‹‹

Vapiano **9** Sympathisch gemacht und sehr gut besucht ist diese Selbstbedienungsrestaurantkette. Man sitzt an längeren Holztischen hinter großen Glasscheiben.

Neustadt → Karte S. 142/143

Der Paternoster – eine Hamburger Beförderungsgeschichte

Es verschafft einem tatsächlich einen gewissen Kitzel, in eine der zwei Kabinen eines „Umlaufaufzugs" zu steigen und abzuwarten, bis man am oberen oder unteren Ende umschwenkt. Vielleicht, weil es immer wieder (tödliche) Unfälle gab und gibt, woran die relativ hohe Geschwindigkeit von bis zu 0,45 m/s nicht ganz unschuldig ist. Bis 2002 sprach man sogar von einem letalen Unglück jährlich.

Nichtsdestotrotz: Die als „Proletenbagger" verschrienen Paternoster, eine englische Erfindung, waren in den hohen Geschäftsgebäuden und Kontorhäusern im Zentrum Hamburgs ein Erfolg und sehr beliebt. In der Hansestadt gibt es deshalb noch rund 40 dieser fahrenden Kabinen, republikweit dürften es ca. 350 sein. Ihr eigentümlicher Name geht auf den katholischen Rosenkranz zurück, dessen Perlen für Gebete stehen, u. a. für das Vaterunser (lat. *Pater noster*). Die eisernen Ketten, an denen die Holzkabinen befestigt waren, erinnerten die Menschen an ihre Gebetsschnüre. Eher unbekannt ist, dass der erste Paternoster Deutschlands in Hamburg im Einsatz war: Der Architekt Martin Haller hatte den 1886 erbauten und damals supermodernen Dovenhof (heute ist das Gebäude abgerissen) mit einer dampfbetriebenen Variante ausgestattet. Genau 50 Jahre später drehten über die Hälfte der deutschen Paternoster in Hamburger Kontorhäusern ihre Runden.

Obwohl solche Umlaufaufzüge seit 1974 in Deutschland nicht mehr neu in Betrieb genommen werden dürfen und bis 2004 gänzlich verschwinden sollten („Bundesaufzugsverordnung"), gab es Ausnahmeregelungen und Kompromisse. Heute verfügt das Slomanhaus (Steinhöft 11–17) über den derzeit ältesten Paternoster der Elbmetropole. Das Beste: Der Aufzug von 1921/22 ist frei zugänglich.

Die frisch zubereiteten italienischen Speisen wählt man an einer Theke vor offener Küche aus. Mitnehmen kann man sich übrigens auch alles, um es z. B. auf den nahe gelegenen Freitreppen am Jungfernstieg mit Blick auf die Binnenalster zu verzehren. Mo–Sa 11–24 Uhr, So ab 12 Uhr. Hohe Bleichen 10, ✆ 35019975, www.vapiano.de.

broscheks **10** Norddeutsche Spezialitäten bekommt man in diesem ehemaligen Druck- und Verlagsgebäude. Entsprechend pfiffig sind die Bezeichnungen auf der Karte: z. B. „Vorwort des Herausgebers" oder „Norddeutsche Leitartikel". Im Speisesaal, der in Rot-Schwarz gehalten ist, wird aufmerksam bedient und man darf etwa zwischen pochierter Poularde im Kräutersud oder gebratenem Zanderfilet mit Rotweinfenchel wählen. Für Hauptgerichte zahlt man ca. 20 €, lediglich vegetarische Gerichte und der Journalistenteller sind günstiger; Letzteren gibt es Mo–Fr 12–15 Uhr für 13,50 € inkl. Mineralwasser und Kaffee. Die Geschichte des Kontorhauses (siehe Speisekarte) ist ebenfalls spannend und es lohnt sich, das expressionistische Gebäude von Fritz Höger auch einmal zu umrunden. Tägl. 12–15 und 17–22 Uhr. Große Blechen/Ecke Heuberg, ✆ 34918935, www.broscheks.de.

Szene im Gängeviertel

Kleinhuis **1** Das Interieur des Restaurants im Baseler Hof ist zwar nicht über die Maßen beeindruckend, doch dafür ist das Lokal ein Tipp für alle, die deutsche Küche mit nordischen Spezialitäten lieben! Überwiegend werden regionale Produkte von klein- und mittelständischen Unternehmen verarbeitet. Auf der saisonal wechselnden Karte stehen Labskaus und Pannfisch, aber auch gebratene Nordsee-Meeräsche mit Pistazien-Pesto oder Rückenfilet vom Salzwiesenlamm mit Kräuter-Kruste. Dafür zahlt man rund 20 €, Mittagsgerichte (12–16 Uhr) im Bistro-Wein-Keller kosten lediglich 8,50 €. Mi–Sa 17–23.30 Uhr. Fehlandtstr. 26, ✆ 353399, www.weinrestaurant-kleinhuis.de. ■

Taberna El Paisa **19** Gleich neben der Pension Martinez kommt man in den Genuss der hier kredenzten kolumbianischen Küche, von der man für ca. 10–15 € satt wird. Es gibt z. B. fein gerupftes Hühnerfleisch auf frittierter Kochbanane oder Rindersteak vom Lavagrill mit roten Bohnen. Im Winter steht, warum auch immer, ein beleuchtetes Bambi im Fenster. Eine kitschige Meeresszenerie und Kacheln mit folkloristischen Motiven sind auch im Sommer zu bestaunen. Di–Sa 17–22.30 Uhr, So ab 14 Uhr. Zeughausmarkt 21, ✆ 22697576, www.tabernaelpaisa.com.

››› **Mein Tipp: Café Johanna** **20** „Gesund und lecker statt billig und ätzend" ist das Motto dieses kultigen Cafés am Venusberg. Mit blau-weißen Abtrockentüchern belegte Pulte und Schulstühle – „Wir wollten nicht zu viel in die Einrichtung investieren" – schaffen eine angenehme Atmosphäre. Der immer frische und auch ungewöhnliche Mittagstisch mit Suppen und Hauptgerichten (z. B. jamaikanische Kürbissuppe oder persisches Rindergulasch) trägt seinen Teil dazu bei. Zumal hier überwiegend Bioprodukte verwendet werden, zumindest Fleisch, Eier, Milch und Kaffee betreffend. Das wissen die Gäste zu schätzen, weswegen hinter den großen Schaufenstern stets was los ist. Im Sommer kann man sein Frühstück oder seinen Kuchen auch draußen einnehmen. Kinder sind ausdrücklich willkommen! Mo–Fr 8–18 Uhr, Sa ab 10 Uhr. Venusberg 26, ✆ 38645278, www.cafejohanna.de. «‹

Karlsons 15 Wer auf skandinavische Spezialitäten steht, wird im 2010 eröffneten Karlsons seine Freude haben – egal, ob Sie frühstücken, zu Mittag oder Kuchen essen. Hier gibt es Elchsalami, Blaubeermarmelade, Hotdogs und natürlich Köttbullar, die von Hand gemacht werden. Besonders beliebt sind auch der schwedische Möhrenkuchen und die Blaubeertörtchen. Wer mag, kann überdies schwedische Accessoires erstehen. Das Zusammenspiel von Holztischen und Kronleuchtern sorgt für ein gediegenes und doch entspanntes Ambiente. Mo–Fr 9–16 Uhr, Sa ab 10 Uhr. Alter Steinweg 10, ✆ 52598233, www.karlsons.de.

Shopping

›› Mein Tipp: **Kunst und Gemüse** 13 In der Wexstraße hat dieser klasse Kunstladen sein Domizil. Handgemachte Unikate zum Benutzen und Lieben sind von verschiedenen Designern – darunter auch Hamburger – in den hellen, offenen Räumlichkeiten ausgestellt: von Kleinigkeiten für wenig Geld wie Porzellanschälchen, Vasen oder Kerzenhalter bis zu Schmuck, Accessoires, Ringen und Schalen in vierstelliger Höhe. Gut gehen die Filztiere für 35 €. Und an Weihnachten ist die Auswahl noch reichhaltiger. „Wir sind der Designmaßstab im Viertel", sagt Sybille Homann selbstbewusst. Diesem Urteil will ich mich gerne anschließen, zumal sogar ein Glasbläser aus meiner alten Heimat (Nürnberg) ausstellt. Mo–Fr 11–19 Uhr, Sa bis 16 Uhr. Wexstr. 28, www.kunstundgemuese.de. «‹

Frohstoff 12 Wer auf bedruckte Textilien zu 3–30 € steht, kann ebenfalls in der Wexstraße zuschlagen. Unter dem Laden befindet sich das Atelier für die Siebdrucke. Die Inhaberin verwendet dabei lösungsmittelfreie Farben, genäht wird im Laden, aber auch außerhalb von Hamburg. Hier geht es ebenfalls sehr persönlich zu; neben teilweise selbst gemalten Motiven werden auch Sonderwünsche umgesetzt. Die Flaschenhussen sind der Hit des kleinen Verkaufsraumes. Doch auch die „Bettlektüre", um persönliche Lektüre z. B. im Zug oder in Wartezimmern zu verstecken, ist großartig. Mo–Fr 11–19 Uhr, Sa bis 16 Uhr. Wexstr. 38, www.frohstoff.de.

Red Wing Shoes 8 Das schmucklose Innere korrespondiert mit den schlichten und einfarbigen Citytretern, die hier verkauft werden. Die robusten Varianten sind stilsicher, kosten allerdings zwischen 220 und 500 €. Die dazu passenden Hüte um die 100 € gibt's auch. Das amerikanische Ur-Unternehmen, dessen Anfänge bis 1905 zurückreichen und das amerikanische Soldaten und Arbeiter auf Ölfeldern belieferte, hat seinen Sitz in – genau – Red Wing, Minnesota. Keine Sorge, heute sind auch Modelle für Ladys ab Größe 36 vorrätig. Mo–Sa 10–19 Uhr. Poolstr. 41, www.redwing-berlin.de/store-hamburg.html.

Urban Outfitters 5 Schicke Urbanwear findet man in diesem zweistöckigen Fashionladen. Das Angebot reicht von T-Shirts für 20 € bis zu Mänteln für 600 €. Die Jeans kosten zwischen 50 und 70 €. Die Street- und Lifestyle-Brands für Männer und Frauen sind durchaus ausgesucht, wobei die britischen Marken hervorstechen. Außerdem trifft man auf angenehm entspannte Verkäuferinnen, was in diesem Stadtviertel nicht immer selbstverständlich ist. Wer eine kleine Shoppingpause braucht, kann in den englischen Kunst- und Designbüchern am Eingang schmökern. Mo–Sa 10–20 Uhr. Gänsemarkt 45, www.urbanoutfitters.de.

Linnhus 3 Hier gibt's skandinavische Mode aus Naturtextilien, die meistens aus Dänemark eingeschifft wird. Die Preise rangieren zwischen 30 und 300 €. Witzig: Auch die Möbel und Accessoires in den angenehm eingerichteten Räumlichkeiten sind verkäuflich, darunter winkende Queen-Elizabeth-Figuren, die wahlweise in türkis oder pink zu haben sind (ca. 20 €). Mo–Fr 10–19 Uhr, Sa bis 18 Uhr. Büschstr. 12.

›› Mein Tipp: **Dean Dorle** 6 Im Untergeschoss in den Colonnaden Nr. 15, etwas abseits der Einkaufsmeilen, liegt diese pfiffige, kleine Boutique. Genau wie im Linnhus wird hier skandinavische Mode angeboten, allerdings die jüngere Variante. Selbst der Shoppingführer von Szene Hamburg ist von den „tollen Schnitten, Farben und Mustern" überzeugt. Daneben gibt's Siebdrucke und stylishen Modeschmuck – alles nicht ganz so mainstreammäßig, sondern ziemlich originell! Mo–Sa 11–20 Uhr. www.deandorle.de. «‹

Neustadt → Karte S. 142/143

Eine Bahnhofsburg, der der Jugendstil ausgetrieben wurde

Tour 4: Die Altstadt

Man muss es so ehrlich sagen: Die Altstadt ist nicht überall ein touristisches Muss und architektonisch nur manchmal ein Leckerbissen. Das „Füer in de Diekstrat" vom Mai 1842, das sich binnen 80 Stunden zum Großbrand ausweitete, und später die 213 Luftangriffe der Royal Air Force und der US-Luftwaffe haben die historische Bausubstanz stark dezimiert. Und so ist die Altstadt heute eines nicht: eine wirklich alte Stadt.

Die Bilanz der Katastrophe, die als „Großer Brand" in die Geschichte Hamburgs eingegangen ist (→ S. 27), war verheerend: 51 Menschen starben, 130 wurden verletzt und 20.000 hatten buchstäblich kein Dach mehr über dem Kopf. Nahezu 2000 Fachwerkhäuser und Speicher waren zerstört, die Straßen verschüttet, die Nikolai- und die Petri-Kirche waren ausgebrannte Ruinen und das Rathaus (das man, um das Feuer in Schach zu halten, gesprengt hatte) und andere öffentliche Gebäude nur mehr Schutthaufen – weite Teile des historischen Stadtkerns Hamburgs hatten aufgehört zu existieren. Lediglich die südliche Altstadt und damit ein schwer vernachlässigtes Armenviertel, das Gängeviertel zwischen Hauptbahnhof und dem heutigen Kontorhausviertel, war vom Feuer verschont geblieben.

Dass der Große Brand, der „im ganzen deutschen Vaterlande […] tiefe Theilnahme erregt [hatte]" (Hamburgischer Correspondent vom 20. Mai 1842), menschlich eine Tragödie und städtebaulich eine Zäsur darstellte, liegt auf der Hand. Man brauchte Wohnraum für die Obdachlosen, den man zunächst in Form von Notunterkünften schuf, den sog. Budenstätten am (ebenfalls heruntergebrannten) Jungfernstieg und auf dem Glockengießerwall. Was dann folgte, hatte mit Wiederaufbau im eigentlichen Sinne nicht viel zu tun. Die Stadt verordnete sich ein ambitioniertes Sanierungs- und Modernisierungspro-

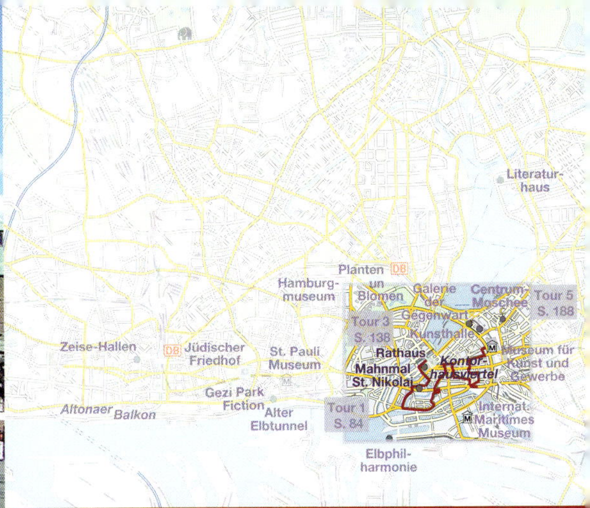

Tour 4

gramm, in dessen Folge die Innenstadt in großem Stil neu gestaltet wurde. Endgültig Tabula rasa machte man nach dem Zollanschluss an das Deutsche Reich (1888) und der todbringenden Choleraepidemie von 1892 (→ S. 30). Dort, wo früher die ärmere und ärmste Bevölkerung in verwahrlosten Fachwerkhäusern und winzigen Hinterhöfen gehaust hatte (letzte Reste der sog. Gängeviertel → Tour 3), entstanden wuchtige Büro- und Geschäftsviertel, genau wie in London und amerikanischen Metropolen. Die ursprüngliche Idee, an selber Stelle erneut Wohnhäuser zu errichten, verwarf man spätestens nach dem Ersten Weltkrieg. Die Gründe dafür waren wirtschaftliche: Das neue Schlagwort hieß „Citybildung", also die Umwandlung eines bewohnten Zentrums in ein von Büro- und Verwaltungsgebäuden, von Banken, Hotels und Kaufhäusern dominiertes. Die einstigen Mieter wurden kurzerhand in die umliegenden Stadtteile und Vororte umgesiedelt, wie bereits beim Großprojekt Speicherstadt einige Jahrzehnte zuvor (→ S. 28). Die planerisch schon auch nachvollziehbaren Ideen eines geordneten Stadtgebildes entsprachen nicht zuletzt dem enormen Bevölkerungszuwachs, den Hamburg im 19. Jh. zu verzeichnen hatte: 1892 zählte man bereits 600.000 Einwohner.

Beispiele der zwischen 1908 und 1943 neu entstehenden „Handelskathedralen" befinden sich in der Mönckeberg- und der Spitalerstraße, doch vor allem im sog. Kontorhausviertel zwischen Steinstraße und Meßberg südlich des Hauptbahnhofs.

Die heute von gerade einmal 1700 Menschen bewohnte und deshalb bisweilen ein wenig verödet wirkende, 1,3 km² kleine Altstadt bietet gleichzeitig mehrere Hochkaräter, die man schon gesehen haben sollte, wenn man nicht nur einen Tag in der Stadt verbringt. Mit dem Kontorhausviertel (seit 2015 das erste UNESCO-Welterbe Hamburgs), dem kriegszerstörten Mahnmal der Nikolaikirche, dem Bucerius Kunst Forum samt seiner feinen Themen-Ausstellungen und dem standesgemäß und so selbstbewusst dastehenden Rathaus ist dem vorbeischlendernden Besucher jedenfalls einiges geboten.

Karolinenstr.
Messe-
gelände
Messehallen
Karolinen-
platz
Bei den
Kirchhöfen
Holstenglacis
Jungiusstr.
Bucerius
Law School
Denkmal für die Opfer
von Krieg und Faschismus
Stephansplatz
(Oper/CCH)
Dammtor-
damm
G.-Mahler-
Park
Alsterglacis
Alster-
terrasse
Kleine
Wall-
anlagen
Gorch-
Fock-
Wall
Alte Oberpost-
direktion
Stephans-
pl.
Esplanade
Straf-
gericht
Laeisz-
halle
Dammtor-
wall
Caffamacherreihe
Colon-
Fehlandtstr.
Dammtorstr.
Gr. Theaterstraße
Drehbahn
Hamburgische
Staatsoper
Sieveking-
platz
Joh.-
Brahms-
Pl.
Dragonerwall
Valentinskamp
Gänsemarkt
(Oper)
Kalkhof
Büschstr.
Neuer Jungfernstieg
Binnen
Gänse-
markt
Lessing-
Denkmal
Weiße Rose
Streit's
Haus
Brahms-
kontor
K.
Ring 1
Große
Wall-
anlagen
Pilatuspool
ABC-Str.
Klopstocks
Wohnhaus
Alster-
pavillon
Jungfernstieg
Fuhlentwiete
Wilhelm-Str.
Artur Schopenhauers
Wohnung
Kurze
Str.
Neustädter Str.
Bücherhalle
Alsterhaus
Hohe Bleichen
Heu-
berg
Gr. Bleichen
Post-
str.
Holstenwall
Handwerks-
kammer
Kohlhöfen
Hummel-
Brunnen
Alte Post
Mellin-
Passage
Encke-
pl.
Bleichenhof
Brahms-
Museum
Neanderstr.
Brüderstr.
Wexstr.
Bleichenbr.
Alsterarkaden
Ehrenmal
Telemann-, Bach-
und Hasse-Museum
Neustadt
Stadthausbr.
Bleichenfleet
Wall
Bucerius
Kunst Forum
Rathaus-
markt
Heine-
Denkmal
Hütten
Großneu-
markt
Alter Steinweg
Düsternstr.
Hygieia-Br.
Adolphsbr.
Rat-
haus
Rathaus
Neuer Steinweg
Stadthausbrücke
Neuer
Alsterfleet
Ludwig-
Erhard-
Straße
Graskeller
Alter Wall
Neue
Börse
Gr. Johannisstr.
Schauenburgerstr.
Zeughaus-
markt
St. Ansgar
graben
Michaelis-
brücke
11
Gr.
Bäckerstr.
Börsenbr.
Patriotische
Gesellschaft
Teilfeld
Gr. Burstah
St. Michaelis
(Michel)
Krameramts-
stuben
Globus-
hof
Böhmkenstr.
Herren-
str.
Rödings-
markt
B 4
Hopfen-
markt
Laeisz-
hof
Mahnmal
St. Nikolai
Nikolai-
br.
Venusberg
Admiralitäts-
Bundesbank
Steinw.
Ditmar-Koel-Str.
St. Pauli
s. S. 116/117
Schaar-
steinweg
Fleet-
insel
Herrlichkeit
Rödingsmarkt
Nikolai-
fleet
Grimm
Fleetspeicher
15
16
17
Deichstr.
Cremon
Katharinenstr.
Speicher
Reimarusstr.
Rambachstr.
Neustädter Neuer Weg
Verlag
Gruner + Jahr
Stubbenhuk
Steinhöft
Kajen
Althamburgische
Bürgerhäuser
Reimers-
twiete
Flussschiffer-
kirche
Baumwall
Kran
Auf dem
Sande
Bei den Mühren
Fleet-/Hafen-
rundfahrt
Kehrwieder-
steg
Vorsetzen
Feuerschiff
Nieder-
hafen
Kehrwieder
Miniatur
Wunderland
Hamburg
Dungeon
Brook
Brooks-
fleet
City Sport-
boothafen
Kehrwiederfleet
Kessel-
haus
Am Sandtor
Cap San Diego
(Museumsschiff)
Speicherstadt-
museum
Spicy's Gewürz-
museum
Kibbelsteg
Magellan-
Terrassen
Brandenburger
Hafen
Sandtorhafen
Elbphilharmonie
Am Kaiserkai

Außen-
alster
Gurlitt-Insel
alster
Kennedybrücke
Ring 1
Lombardsbrücke
An der Alster
Schmilinsky-str.
Koppel
Koppel 66
Lange Reihe
Geburtshaus Hans Albers
Gurlittstr.
Nähmaschinen-haus
Dompl.
Dom St. Marien
Hotel Atlantic
Alsterwiete
Dreieinigkeits-kirche
C.-v.-Ossietzky-Pl.
Danziger Str.
Galerie der Gegenwart
Ferdinandstor
Holzdamm
Rautenbergstr.
St. Georgs Kirchhof
Wohnhaus Max Schmeling
Hamburger Kunsthalle
Biedermeier-häuser
Kirchenweg
Rostocker Str.
Glockengießerwall
An der Kunsthalle
Bieber-haus
Deutsches Schauspielhaus
Politbüro
Hansa-pl.
"Der Fluss"
Ohnsorg-Theater
Heidi-Kabel-Pl.
Ellmenreichstr.
Brandsende
Ballindamm
Niewitz-Haus
Georgs-platz
Hbf.-Nord
DB
Hbf.
Hauptbahnhof
Kirchenallee
Bremer Reihe
Hansa-Varieté-Theater
Steindamm
Kreuzweg
Gertrudenstr.
Ferdinand-str.
Alstertor
Rosenstr.
Lilienstr.
Steintorw.
Hbf.-Süd
Adenauerallee
Thalia-Theater
Spitalerstr.
Lange Mühren
Steintordamm
Steintorpl.
BUS
ZOB
Museum für Kunst und Gewerbe
Hermannstr.
Raboisen
Mönckebergstr.
Levantehaus
Gerhart-Hauptmann-Platz
Besenbinderhof
Hulbe-Haus
Denkmal zu Ehren des Straßengründers
Bugenhagenstr.
Steintorwall
St. Jacobi
St. Petri
Kreuslerstr.
Bischofsturm
Steinstr.
Altmannbr.
Zentral-bibliothek
Repsoldstr.
Speersort
Presse-haus
Burchardstr.
Altstädter Str.
Springeltwiete
Johanniswall
Markt-halle
Sprinken-hof
Brandstw.
Schopenstehl
Kattrepel
Niedernstraße
Steinstr.
Klosterwall
Kunst-haus
Kl. Reichenstr.
Chilehaus
Afrikahaus
Pumpen
Deichtorplatz
Meßberg
Meßberg-hof
Willy-Brandt-Straße
Dovenfleet
Deichtor-hallen
Katharinen
Dialog im Dunkeln
Deutsches Zollmuseum
Oberbaumbrücke
Ober-hafen
Alter Wandrahm
Bei St. Annen
HHLA
Poggenmühle
Brooktorkai
Ericusgr.
Stockmeyerstr.
Internationales Maritimes Museum
Koreastr.
Störtebeker-Denkmal
Singapurstr.
Am Sandtorpark
Überseeboulevard
Osakaallee
Steinschanze
HafenCity
Hongkongstr.
Shanghaiallee
Übernachten (S. 58/59)
6 Henri
9 Pension am Rathaus
Essen & Trinken (S. 185/186)
3 Daniel Wischer
4 Tschobull
8 Café Paris
13 Porta Nova
16 Nido
17 Ti Breizh
Nachtleben (S. 186/187)
7 Le Lion
14 Gröninger Privatbrauerei
Einkaufen (S. 187)
1 Vintage & Rags
2 Michelle Records
5 Thomas i Punkt
10 HSV City Store
11 Brendler
12 Kuball und Kempe
15 Firma Carl Feddersen Sea Shop
130 m
Tour 4: Altstadt

Wer noch ein wenig mehr Zeit übrig hat, könnte sich den beeindruckenden Rundblick aus der Kirchturmspitze von St. Petri „antun" (544 Stufen „gehen" diesem Vergnügen voraus) oder die (alte) Deichstraße ansteuern, wo der Versuch unternommen wurde, Hamburg vor dem Großen Brand nachzubilden – in einem einzigen Straßenzug. Auf dem Weg dorthin hat man den wahrscheinlich schönsten Blick auf die Speicherstadt und streift den (einstigen) Domplatz mit einem der ältesten Kontorhäuser der Metropole, dem Pressehaus, in das sich die renommierte Wochenzeitung DIE ZEIT einquartiert hat.

Doch auch die düstere Kolonialgeschichte (→ Afrikahaus, S. 174) und die Verstrickung in den Holocaust durch die Herstellung von Zyklon B (→ Meßberghof, S. 169) soll nicht unter den historischen Teppich gekehrt werden.

Vom Hauptbahnhof nach St. Petri

Hauptbahnhof

Wenn man das Bahnhofsgebäude zur Spitalerstraße verlässt und über den Steintorwall mit den herunterzählenden Ampeln gegangen ist (eine Idee, die Bausenator Michael Freitag aus Asien mitbrachte), sieht man ihn in seiner vollen „Schönheit": den lang gezogenen Hamburger Hauptbahnhof. Kaiser Wilhelm II. persönlich verfügte, dass alle Jugendstilelemente aus den prämierten Entwürfen eines Berliner Architekturbüros zu entfernen seien. So entstand eine „Bahnhofsburg" im Stil der Neorenaissance. Beeindruckend ist die 121 m lange, 73 m breite und 37 m hohe Bahnhofshalle trotzdem, ihres Zeichens sogar die größte der Republik. Auf zwei Friedhöfen erbaut und 1906 eingeweiht, befördern die U- und S-Bahnen und selbstverständlich die Züge des populärsten Personenbahnhofs Deutschlands 450.000 Reisende täglich.

Am Ausgang Spitalerstraße befindet sich eine Vorverkaufsstelle für Konzerte und Events aller Art (→ S. 75). Am Ausgang Kirchenallee liegt die Touristeninformation; dahinter sind die Anlaufstellen der Stadtrundfahrten (→ S. 51).

Übrigens: Die weichgespülte Musik an den Ostausgängen dient nicht zwingend der Unterhaltung. Man entschied sich nach dem Vorbild anderer europäischer Städte dafür, um „unerwünschte Personen" wie Drogenabhängige und ihre Dealer zu vertreiben.

Spitaler- und Mönckebergstraße

Die Spitalerstraße und ihre große Schwester zur Linken, die Mönckebergstraße, sind alljährlich unter der Top Ten der beliebtesten Einkaufsstraßen der Republik zu finden. Knapp 12.000 Fußgänger pro Stunde (!) bummeln durch die Mönckebergstraße, kaum weniger Shopper und Cityhopper sind es in der Spitalerstraße. Aufgrund der enormen Frequenz sind diese Flaniermeilen auch für politische Statements (u. a. „Occupy Hamburg") und psychisch ins Ungleichgewicht geratene Laienprediger prädestiniert.

Geschaffen wurde die „Mö", wie die Einkaufsmeile heute liebevoll-sprachökonomisch und in Anlehnung an die Düsseldorfer „Kö" genannt wird, zwischen 1908 und 1911; damals entwickelte sich die Altstadt von einem Wohn- zu einem Geschäftsviertel. Neben einem 30 m breiten Boulevard wurden wuchtige Kontorhäuser und Ladenetagen errichtet. Ein Beispiel ist das **Levantehaus** (Mönckebergstraße 7) von 1912. Aber Vorsicht, „das Mitführen von nicht angeleinten Hunden und von verhaltensauffälligen (!) Hunden" und „das laute Abspielen von Tonträgern" ist nicht gestattet, gezeichnet: Hausordnung. Und wirklich, hinter einem herabbaumelnden Zentaur öffnet sich ein sogar an Wochenenden erstaunlich ruhiger Konsumtempel. Auf einer Empore linker Hand ist überdies eines der besten Hamburger Restaurants beheimatet: die österreichische „Beisl" **Tschebull** (→ S. 185).

Am Jakobikirchhof, wo man nordwestlich einen Blick auf das Thalia Theater (→ S. 71) erhaschen kann, entstand ein **Denkmal zu Ehren des Straßengründers**. Johann Georg Mönckeberg, als „Bürgermeister Pfennigfuchser" bekannt, setzte sich federführend für den Ausbau der einstigen Hauptverkehrsader ein. Wer mag, kann jetzt noch einmal in die Spitalerstraße schräg abbiegen, um sich eine Tüte „Fish & Chips" zu holen. Das Hamburger Traditionsunternehmen von **Daniel Wischer** residiert seit 1928 in Nr. 12, außerdem in Steinstraße 15a (1924 entstand das Urhaus in der Lincolnstraße). Für einen (Fisch-)Snack auf die Hand ist die Theke im Freien perfekt (Mo–Sa 11–20 Uhr), zu Mittag oder zu Abend essen muss man in dem typischen Touristenlokal aber nicht (→ S. 185).

Im Levantehaus ist es erstaunlich ruhig

St. Jacobi

Man kann es drehen und wenden, wie man will: Der Kirchturm mit seinem 1962 aufgesetzten spitzen Helm erinnert an eine Rakete, die in den Weltraum startet. Assoziationen hat auch schon sein im Zweiten Weltkrieg zerstörter Vorgänger geweckt: Die Hamburger nannten ihn „Bleistift".

Eines der bedeutendsten Ausstattungsstücke des vierschiffigen Sakralbaus ist die pompös gestaltete **Arp-Schnitger-Orgel** von 1693, heute die größte erhaltene Barockorgel Norddeutschlands (ca. 4000 Pfeifen). Der Meister (1648–1719), einer der berühmtesten Orgelbauer seiner Zeit, der u. a. nach Russland und Portugal exportierte, baute sie auf der Basis eines Vorgängerinstruments von 1655. Hans Henny Jahnn – Schriftsteller, Musikverleger und Orgelbauer in einem – bewunderte die „Größe und Weisheit der [...] Stimmenauswahl" und er musste es ganz genau wissen: Jahnn engagierte sich für die Wiederinstandsetzung des arg ramponierten Instruments, das die Heeresverwaltung während des Ersten Weltkriegs für die schnöden Zwecke der Metallverwertung entwendet hatte.

Darüber hinaus sind drei Flügelaltäre aus der Zeit um 1500 zu bestaunen, von denen der **Lukasaltar** (1499) der spannendste und auch schönste ist. Er befindet sich an der Ostwand des vierten Schiffes (im Chorraum des südlichen

Seitenschiffes) und offenbart den Evangelisten als Künstler, dem sogar Maria höchstpersönlich Modell sitzt. Ein ebenfalls bedeutendes Werk ist die **Stadtansicht** an der Wand im nördlichen Seitenschiff. Das Gemälde (1681) von Joachim Luhn zeigt alle Kirchen Hamburgs, darunter den damals neuen Michel im Westen, und fasziniert durch die Darstellung der noch naturbelassenen Grasbrookinsel, auf der heute die HafenCity entsteht.

Ebenfalls einzigartig ist der nur im Rahmen einer Führung zu besichtigende **Herrensaal**, der um 1500 auf die Sakristei gesetzt wurde. Dieser zweigeschossige Anbau an den Chor ist der einzige Gebäudeteil Hamburgs, der ins Mittelalter zurückreicht und unzerstört blieb. Auf der Webseite kann man sich die barocken Ausmalungen von Wand und Decke (1710) in einem interaktiven Panoramabild anschauen.

Im Gotteshaus zum Pilgerheiligen Jakobus gibt es ein **Turmcafé**, von dem man von Mai bis Oktober jeden ersten Samstag im Monat (12–18 Uhr, außer feiertags) aus 84 m Höhe einen Rundblick über die Dächer Hamburgs hat. Die minimale Fahrstuhlgebühr von 1 € ist einladend (Kinder zahlen die Hälfte), der selbst gebackene Kuchen und fair gehandelte Kaffee sind es auch.

St. Jacobi – eine der Kirchen, die unterschätzt werden

Noch eine kleine Geschichte am Rande: Auf der 1255 erstmals erwähnten Jacobikirche wurde 1770 auf Initiative des Hamburger Arztes und Naturforschers Johann Albert Heinrich Reimarus der erste Blitzableiter Deutschlands angebracht.

Jakobikirchhof, U 3 Mönckebergstraße, www.jacobus.de. April–Sept. Mo–Sa 10–17 Uhr, Okt.–März Mo–Sa 11–17 Uhr. Kostenlose, einstündige Kirchenführungen finden von Mai bis Okt. jeden 1. Samstag im Monat um 14 und 15 Uhr statt. Wer zufällig an einem Donnerstag um 12 Uhr in der Nähe ist, kann einer kostenlosen einstündigen Orgelführung (mit Tonbeispielen) beiwohnen. Spenden werden in beiden Fällen nicht abgelehnt. Für Liebhaber der wuchtig-klangvollen Spielkunst ist wiederum der Hamburger Orgelsommer im Juli und August ein Muss.

Kontorhausviertel

Überquert man die Steinstraße – die mehrspurige Verkehrsader war schon im 13. Jh. ein beliebter und gepflasterter Handelsweg – und läuft die eher uninspirierende Mohlenhofstraße abwärts, tut es sich plötzlich vor einem auf: ein Ensemble aus drei gigantomanischen Gebäuden, die an den Stummfilmklassiker „Metropolis“ erinnern, Expressionismus pur. Die ganze Altstadt ist von diesem Kontorhausstil geprägt, wobei am Burchardtplatz die augenfälligsten Beispiele zusammenstehen. Im Gegensatz zum Althamburgischen Bürgerhaus (in dem Wohnung und Büro vereint waren → Deichstraße, S. 177) dienten diese monumentalen Bauten nur noch dem Business, was in Hamburg v. a. das Handelsgeschäft in Übersee bedeutete. Bekannte Stadtplaner und visionäre Architekten wie Fritz

Das Chilehaus soll an ein Passagierschiff erinnern

Schumacher oder Fritz Höger zeichneten dafür verantwortlich.

Links in der Altstädter Straße liegt der neunstöckige **Sprinkenhof**. Zwischen 1927 und 1943 erbaut, handelte es sich um das seinerzeit größte Bürogebäude der Welt. Die aufwendigen keramischen Verzierungen an der Fassade, u. a. in Form eines Adlers, eines Segelschiffs und eines Rades, greifen Motive aus Wirtschaft, Handel und Verkehr auf.

Nachdem man über die Springeltwiete das Riesengebäude durchquert hat, stößt man auf die Ostseite des **Chilehauses**. Von dort erkennt man, was Henry Brarens Sloman (1848–1931), der dank des Salpeterhandels in Chile ein schwerreicher Mann wurde (Schießpulver bestand zu 74 % aus Salpeter), mit dem Bauwerk vorhatte. Zwischen 1922 und 1924 aus 4,8 Mio. (!) Backsteinen errichtet (die galoppierende Inflation hatte Sloman beim Erwerb des Baumaterials in die Hand gespielt), erinnert es an den steil aufragenden Bug eines Passagierschiffes – vorne das chilenische Wappentier, der Andenkondor, als Galionsfigur. Hält man sich auf der Straße Pumpen rechts und blickt an dem Gebäude schräg hoch, wirkt es sehr harmonisch.

Direkt gegenüber dem Chilehaus zeigt sich die dritte Ziegelsteintapete: der **Meßberghof**. Es lohnt sich, das ehemalige Ballinhaus – Reichsstatthalter Kaufmann verfügte eine Umbenennung, weil der Besitzer, der Direktor der Hapag, jüdisch war – gleich bei der Nr. 1 zu betreten. Man fühlt sich zurückversetzt in die 20er-Jahre; das geschneckte Treppenhaus mit seinen besonderen Türen, Wandkacheln und Fahrstühlen ist sehr gekonnt designt. Die gruseligen Sandsteinfiguren über dem Eingang weisen visionär auf die spätere Benutzung dieser „Kathedrale des Handels" hin. Die Firma Tesch & Stabenow lieferte zig Tonnen des mit Blausäure angereicherten „Schädlingsbekämpfungsmittels" Zyklon B an sechs Konzentrationslager, u. a. nach Auschwitz und Neuengamme (→ S. 254). Aus Angst, dass eine „zügige Vermietung" des Hauses behindert

Altstadt → Karte S. 164/165

Der Bremer Schlüssel im Herzen Hamburgs

Wer auf das Firmensignet der ZEIT blickt, wird eine Kuriosität entdecken: Nicht das Hamburger Stadtwappen ist auf dem Titelblatt zu sehen, sondern der Bremer Schlüssel. Wie das? Da der Hamburger Senat zickte und vom „Missbrauch eines Hoheitszeichens" schwadronierte, entschied man sich kurzerhand für das Logo des benachbarten Städtestaates – zumal der damalige Bürgermeister die kostenlose Verwendung zusagte ... Von anfänglich 25.000 Exemplaren verkauft man heute allwöchentlich über 500.000 und macht damit immer auch ein wenig Werbung für – Bremen.

werden könnte (so die Sorge der Deutschen Bank), konnte die Kulturbehörde erst 1997 (!) eine Gedenktafel mit den Versen eines jüdischen Gedichts anbringen. Heute beherbergt der überwuchtige Bau u. a. eine Journalistenschule.

Zurück geht es über die Fischertwiete durch den Innenhof des Chilehauses. Via Niedernstraße, wo weitere der ca. 250 Hamburger Kontorhäuser liegen, gelangt man nach dem unspannenden Kattrepel zum **Pressehaus**. Rudolf Augstein und Marion Gräfin Dönhoff haben in diesen Räumen ihre bedeutenden publizistischen Leistungen vollbracht, worauf Plaketten an der Nordostseite des Gebäudes hinweisen.

Domplatz

Inoffiziell heißt er so. Offiziell lagen westlich des Pressehauses jahrzehntelang Parkplätze. Wenn man die freie Fläche inmitten der Altstadt – ein echter Luxus für Hamburg! – nachts erreicht, leuchten einem 39 „Ufos" entgegen. Die illuminierten Plexiglaswürfel (auf die man sich sogar setzen kann) weisen auf die Pfeiler und Säulen des Doms hin; ein kleines Sichtfenster zeigt die letzten Reste der Reste. In einem

Renommiertes Pressehaus: Hier entsteht die ZEIT

Anfall von Überheblichkeit und Barbarei hatten sich die Ratsherren 1804–07 für einen Abriss des herausragenden Kulturdenkmals entschieden. Die ehemals fünfschiffige Emporenbasilika aus Backstein stand für die fremden Herrschaftsansprüche der katholischen Kirche in Hamburg – und musste weg. „Und den kunstsinnigen Gästen von außerhalb, denen sagt man eben: Das waren die Engländer 1943, furchtbar, ganz furchtbar.“ (DIE ZEIT)

Drei archäologische Ausgrabungen fanden bislang auf dem Gelände statt. Eine Konstruktion aus Stahlblech spielt auf die Befestigung der gefundenen Domburg an (→ Kasten).

Keine Hammaburg, nirgends. Eine Stadt sucht ihren Ursprung

Aus Holz soll sie gewesen sein, die Hammaburg, und von einfacher Bauart, wie es sich für eine militärisch gesicherte Missionsstation des Mittelalters gehörte. Dass sie existiert hat, ist sicher – alles andere unklar. Nach heutigen Schätzungen datiert das ominöse Bauwerk auf die Zeit zwischen 810 bis 822, Ludwig der Fromme könnte sie 817 errichtet haben. Doch auch Karl der Große kommt als Auftraggeber infrage. Unbestritten bleibt ihre Stoßrichtung: Sie diente als Missionsstützpunkt zur christlichen Bekehrung der germanischen Stämme im heutigen Norddeutschland.

Die Oberaufsicht über die Hammaburg hatte Ansgar (801–865), der erste Hamburger Erzbischof. Als Missionar machte er sich nicht nur Freunde – 845 suchten die Wikinger den Stützpunkt heim und zerstörten ihn nahezu vollständig (→ Stadtgeschichte, S. 19). Seit Jahrhunderten ist es ein Rätsel, wo diese Wehrburg gestanden hat. Wie sie aussah, kann nur vermutet werden.

Drei Ausgrabungen blieben bislang erfolglos. Während der ersten von 1947 bis 1957 glaubten die Archäologen, einen Durchbruch erzielt zu haben, und betrachteten die Überreste eines palisadenbewehrten Ringwalls als die Überbleibsel der Hammaburg. Nach neuesten Erkenntnissen reichen diese Relikte bis ins 10 Jh. zurück – und gehören damit zur Domburg. Bei der zweiten Suche in den 1980er-Jahren fand man erneut eine Wallanlage. Diesmal waren die Spuren zu alt. Der dritte Versuch von Juli 2005 bis Dezember 2006 brachte keine neuen Ergebnisse. Sicher ist jetzt jedoch: Die Hammaburg befand sich nicht auf dem Domplatz.

Man glaubt inzwischen, dass der sog. „Heidenwall“, der vom heutigen Schopenstehl bis zur Rosenstraße verlief, auf den Resten der Hammaburg errichtet wurde. Der archäologische Dauerkrimi geht in die nächste Runde.

Altstadt → Karte S. 164/165

Bischofsturm

Adalbrand von Bremen, besser bekannt als Bischof Bezelin, leitete im 11. Jh das nach Ansgars Vertreibung (→ Kasten) zusammengelegte Hamburger und Bremer Bistum. Ob dem hohen Geistlichen eine Besichtigung seines „Turmes“ innerhalb der Bäckereifiliale Dat Backhus an der Ecke Speersort/Kreuslerstraße gefallen hätte, darf infrage gestellt werden. Bezweifelt werden darf allerdings auch, ob die gefundenen Fundamente tatsächlich dem „Steinernen Haus“ des Klerikers zuzuordnen sind. Nach neuesten Forschungen handelt es sich bei dem sog. Bischofsturm um einen Teil der Stadtbefestigung. Sei es, wie es sei: Es hat etwas, in Gesellschaft der historischen Steine einen Milchkaffee zu schlürfen und mittelalterliche Luft zu schnuppern. Der große Ring aus Findlingen hat einen Durchmesser von 19 m, der kleine Brunnenschacht daneben reicht 4 m tief in den Boden. Eine winzige Ausstellung rundet diesen Außenposten des Archäologischen Museums ab. Wegen der Möglichkeit, unauffällig die Toilette zu benutzen, macht der Besuch möglicherweise auch alltagspraktisch Sinn.

Hulbe-Haus

Auf dem Weg zur Petrikirche über die Kreuslerstraße kommt man an einem ungewöhnlichen Haus vorbei: Das schmucke Gebäude mit Medaillons und Wappen in der Mönckebergstraße 21

Niederländische Renaissance in der Mönckebergstraße

gab 1910 der Lederkünstler und Buchbinder Georg Hulbe in Auftrag. Er wollte ein Gegengewicht zur rein funktionalen Bauweise des Kontorhausstils schaffen – und entschied sich für eine Kopie der niederländischen Renaissance. Das altflämische Bürgerhaus macht sich ausnehmend gut in der „Mö". Über dem Fassadenbogen „fährt" stilvoll eine vergoldete Kupferkogge, das Logo des Bauherrn. Im Inneren hat sich der lässige **Thomas i Punkt** (→ S. 187) niedergelassen.

St. Petri

Die älteste Hamburger Hauptkirche liegt auf dem höchsten Punkt der Altstadt. 1195 erstmals erwähnt, wurde sie im Großen Brand von 1842 (→ Stadtgeschichte, S. 27) mehr oder weniger komplett zerstört. Auf den Tag exakt sieben Jahre später war St. Petri „wiederauferstanden". Die Architekten Alexis de Chateauneuf und Hermann Peter Fersenfeldt hatten dafür gesorgt, dass der neogotische Neubau dem Original stark ähnelte.

Welche Kunstwerke hat die Kirche zu bieten? Von der Mönckebergstraße kommend, stößt man in einer Nische der Nordwand auf das **Dietrich-Bonhoeffer-Denkmal**. Die Bronzeskulptur zeigt Bonhoeffer, der 1945 im KZ Flossenbürg hingerichtet wurde, mit gefesselten Händen in Sträflingskleidung. Der Hamburger Medienmogul Axel Springer stiftete das Mahnmal zu Ehren des radikalen Christen.

Kunsthistorisch bedeutender ist der linke **Löwenkopf-Türzieher** des Hauptportals zur Bergstraße. Er entstand um 1342, stammt womöglich aus der Werkstatt des berühmten Erzgießers Hans Apengeter – und ist das älteste erhaltene Kunstwerk Hamburgs.

Im insgesamt etwas blassen Kircheninneren sind v. a. zwei Kunstwerke historisch aufschlussreich: Das **Gemälde**

(1817) von Siegfried Bendixen (erster frei stehender Pfeiler des Hauptschiffes von hinten rechts) dokumentiert eines der düstersten Kapitel der Stadtgeschichte: die Vertreibung von 20.000 Menschen aus Hamburg. Am Weihnachtsabend 1813, einem klirrkalten Wintertag, drängten sich an die 1800 Städter eng an eng in der Petri-Kirche, einem der Sammelpunkte, zu denen diejenigen getrieben wurden, deren Lebensmittelvorräte zu knapp bemessen waren, um einer sechsmonatigen Belagerung standzuhalten. Die französischen Besatzer „begleiteten" sie bis hinter die Stadttore, wo sie sich selbst überlassen blieben und mindestens 1183 von ihnen an Kälte und Hunger starben (→ Stadtgeschichte, S. 27).

Die **Eichenholzstatue** (1480/83) von Bernt Notke stellt den „Apostel des Nordens" Ansgar dar, mit Bischofsstab und Kirche; sie ist vor dem Hauptaltar rechts platziert. Schaut man genau hin, erkennt man sogar die Stirnfalten des von den Nordmännern nach Bremen verjagten Gottesmannes. Ein noblerer Ansgar mit weicheren Gesichtszügen und in Öl (um 1460) ist am ersten Pfeiler links zu bewundern. (In St. Ansgar, im sog. Kleinen Michel in der Michaelisstraße 5 der Neustadt, soll sich gar ein Teil eines Unterarms von Ansgar als Reliquie befinden.)

Der Hochalter von Meister Bertram (1383), eigentlich *das* Meisterwerk dieses Gotteshauses, ist heute in der Hamburger Kunsthalle zu bewundern (→ S. 200).

Bei der **Besteigung des Turmes** sollte man gut zu Fuß und bei Puste sein (544 Stufen!) und außerdem eine Portion Schwindelfreiheit mitbringen! Oder anders gesagt: Hamburgs höchster klerikaler Aussichtspunkt (132,6 m) ist definitiv auch der beschwerlichste. Dafür ist der Weg nach oben von Mini-Ausstellungen zur Kirchenarchitektur und den schweren Kirchenglocken gesäumt.

Der Türzieher der Petrikirche ist das älteste Kunstwerk Hamburgs

Außerdem darf man bereits auf den unterschiedlichen Ebenen auf Stühlen durch Bullaugen die Stadt ansehen und sich selbst ein wenig ausruhen. In der Spitze der Spitze genießt man u. a. eine faszinierende Aussicht auf die Schokoladenseite des Rathauses – und hört das Brummen der Metropole.

Eingang Bergstraße, U 3 Rathaus, www.sankt-petri.de. Mo–Fr 10–18.30 Uhr, Mi bis 19 Uhr, Sa 10–17 Uhr, So 9–20 Uhr. Turmbesteigung Mo–Sa 11–17 Uhr, So ab 11.30 Uhr. Da man um 17 Uhr wieder zurück sein soll, ist es sinnvoll, die Reise in die Höhe rechtzeitig anzutreten. Eintritt 3 €, Kinder (10–14 J.) 1 €, für Kinder unter 10 Jahren (Eintritt frei) dürfte die Tour eher zur Qual werden ... Im kleinen Kirchenshop gibt's neben den Tickets auch Postkarten, einen „Kirchenführer für Kinder und andere Interessierte" zu 2,50 € sowie Kaffee/Tee/Kakao für ca. 1 €. Einstündige Kirchenführungen werden auf Spendenbasis jeden 1. Do im Monat um 12.30 Uhr, jeden 3. Do im Monat um 15 Uhr zwischen Febr. und Juni und jeden 1. So im Monat um 11.30 Uhr zwischen März und Juni veranstaltet. Eine Übersicht zu kirchenmusikalischen Veranstaltungen findet sich in den ausgelegten Flyern hinter dem Hauptportal.

Das Rathaus ist noch immer der Regierungssitz des Stadtstaates

In den Süden der Altstadt – oder gleich zum Rathaus?

Über die Mönckebergstraße kann man diesen Spaziergang gewaltig abkürzen – und auf direktem Weg zum **Rathaus** schlendern. Dann verpasst man allerdings einen genialen **Blick auf die Speicherstadt** und den einzigen Straßenzug der Altstadt, der tatsächlich das Adjektiv „alt" verdient (→ Deichstraße, S. 177). Außerdem lagen in diesem Abschnitt die Inseln **Cremon** und **Grimm**, die von kleinen Wasserwegen und Kanälen durchquert und umflossen wurden. Über die letzte dieser liquiden Straßen, das **Nikolaifleet**, gibt's einige spannende Details zu erzählen, die den Alltag in einer Wassermetropole illustrieren.

Wer also den Umweg wagt, läuft einfach die von Bürokomplexen gesäumte Domstraße hinunter, überquert die hastig befahrene Willy-Brandt-Straße und biegt in den Grimm ein. Auf dem Weg dorthin kommt man am **HSV City Store** (→ S. 39) vorbei, wo man sich mit T-Shirts von der „Macht an der Elbe" und sogar einem HSV-Monopoly eindecken kann. Ein kleines Juwel und ein echter Hingucker ist das **Afrikahaus**.

Afrikahaus

Das Kontorhaus von 1899, das im Auftrag der Brüder Adolph und Eduard Woermann von Martin Haller (der sich u. a. auch beim Bau des Rathauses verewigte) errichtet wurde, liegt in der Großen Reichenstraße 27, einer Seitengasse der Domstraße. Seine schmucke Kachelfassade glänzt in den Farben der Reedereiflagge, ein afrikanischer Krieger „bewacht" die schmiedeeisernen Torflügel, besonders ausdrucksstark ist das Elefantenportal im Hinterhof. Ein schickes und ungewöhnliches Gebäude, doch hinter der glänzenden Fassade wird's düsterer: Adolph Woermann (1847–1911) machte sein Geld vorrangig mit einer florierenden Afrikaflotte und war im großen Stil am Branntweinexport nach Afrika beteiligt, was schon so manchem Zeitgenossen bitter aufstieß: Man fördere damit die „Trunksucht" der „armen Heiden", anstatt sich ihrer wie anständige Christenmenschen in missionarischer Verpflichtung anzunehmen... Als Reichstagsabgeordneter und Lobbyist war Woermann darüber hinaus maßgeblich an der Gründung der ersten deutschen Kolonie 1884 auf dem heutigen Staatsgebiet Kameruns beteiligt. 1890 soll er Zwangsarbeiter von Togo zum Eisenbahnbau nach Kongo transportiert haben, des Weiteren verschiffte er 15.000 Soldaten und 11.000 Pferde des Deutschen Kaiserreichs nach „Deutsch-Südwestafrika" (heute Namibia), wo es 1904 galt, den Aufstand der Herero niederzuschlagen. Unter Generalleutnant Lothar von Trotha („Gewalt mit krassem Terrorismus und selbst mit Grausamkeit auszuüben, war und ist meine Politik.") starben schließlich 65.000 bis 85.000 Herero und ca. 10.000 Nama, die man u. a. in eine wasserarme Wüstenregion trieb. Dass Adolph Woermann auch noch die Regierung um 6 Mio. Reichsmark erleichterte – er berechnete höhere Frachtgelder und Liegegebühren –, darf fast als Kavaliersdelikt des hochgeachteten Kriegsgewinnlers bezeichnet werden, der in seiner Hochphase der wichtigste deutsche Westafrikahändler und größte Privatreeder der Welt gewesen ist. Insgesamt also eine koloniale Karriere, wie sie im Buche steht – aber leider nicht auf der Internetseite des noch heute existierenden Familienunternehmens. Dort stellt man sich lapidar vor als „traditionsreiches Hamburger Handelshaus mit langjährigen Beziehungen zu Afrika". In der Tat, die hat(te) man.

St. Katharinen

Nach einem verheerenden Bombenangriff am 30. Juli 1943 während der Operation „Gomorrha" (→ Stadtgeschichte, S. 31) standen von der Katharinenkirche nur noch die Außenmauern und der aus dem 13. Jh. stammende Turmstumpf. Hans Erich Nossack, Kaufmann in der gegenüberliegenden Speicherstadt und Nachkriegsautor, besuchte das zerstörte Hamburg einige Tage später: „Wir alle, die dort zu tun hatten, liebten den Turm über alle Maßen, jeder auf seine Art, vielleicht ohne es zu wissen. [...] Nun stand nur noch ein kläglicher Stumpf des Turmes da, verrottet und schwarz angeraucht. [...] Über der Uhr sah man noch in goldenen Lettern das Wort: Gloria." („Der Untergang", 1948)

Betritt man die ganz in Weiß gehaltene Kirche – lediglich die Sterne auf den Kreuzrippengewölben unterbrechen die Askese des dreischiffigen Backsteinbaus aus dem 14. und 15. Jh. –, fällt einem sofort ihr Manko auf. Obgleich 23 Mio. Euro für eine mehrjährige Renovierung (2007–2012) aufgewendet wurden, kommt unter den aufgehängten Laken schon wieder die gelbliche Farbe des Fleetwassers durch: die Feuchtigkeit des Katharinenviertels. Auch die Zahl der Kunstschätze hält sich sehr in Grenzen; viele von ihnen sind im Zweiten Weltkrieg verloren gegangen.

Ein **Albatros** (1958) von Gerhard Marcks bezieht sich auf die Pamir-Katastrophe. Am 21. September 1957 kenterte die Viermastbark, nachdem sie ins Sturmfeld des Hurrikans „Carrie" geraten war. Von den 86 Seeleuten überlebten gerade einmal sechs in zwei Rettungsbooten. Im Chorraum erinnert eine **Tafel an Paul Fleming**. Den Barockdichter ereilte im April 1640 in Hamburg der Tod. Während der Reise zu seiner in Reval lebenden Verlobten hatte sich der 30-Jährige eine Lungen-

Altstadt → Karte S. 164/165

entzündung zugezogen. Einige Tage vor seinem Ableben dichtete der praktizierende Mediziner: „Was bin ich viel besorgt, den Otem aufzugeben? / An mir ist minder nichts, das lebet, als mein Leben."

Zu bewundern ist schließlich noch die **Orgel**, die Johann Sebastian Bach während seines Kirchenkonzerts in Hamburg (1720) als ein „in allen Stücken vortreffliches Werk" hervorhob. Die Restauration des ehedem 58 Register umfassenden Instrumentes kostete weitere 3,2 Mio. Euro. 2013 weihte man den Prospekt mit seinen über 4000 Pfeifen neu ein.

Nicht ganz so rühmlich ist die Geschichte um den einstigen Hauptpastor **Johann Melchior Goeze**, der mit Lessing in Streit geriet. Worum ging es? Unter dem Titel „Fragmente eines Ungenannten" hatte Lessing zwischen 1774 und 1778 einige der religionskritischen Manuskripte des verstorbenen Hamburger Gymnasialprofessors Hermann Samuel Reimarus herausgegeben, in denen u. a. gegen eine buchstäbliche Auslegung der Bibel argumentiert wurde. Als orthodoxer Lutheraner hielt Goeze in einer Reihe von Zeitungsartikeln dagegen, was wiederum Lessing zu polemischen Stellungnahmen veranlasste. Am Ende artete die Geschichte zu einer Serie wechselseitiger Angriffe zwischen Aufklärer und Kirchenmann aus, die als Fragmentenstreit in die Literaturgeschichte eingegangen sind. Rhetorisch und argumentativ war Lessing dem wackeren Kirchendiener hoffnungslos überlegen – genützt hat es ihm wenig: Man verbot ihm, weiterhin zu religiösen Fragen zu publizieren, seine Schriften unterlagen fortan der verstärkten Zensur und selbst seine Bewunderer waren wegen der Schärfe seiner Polemik alles andere als amüsiert, auch wenn sie in der Sache selbst bei ihm waren.

Noch ein Wort zum beeindruckenden **Turmhelm** (zwischen 1955 und 1957 wiedererrichtet) des barocken Baumeisters Peter Marquard: Bei einer der **geführten Begehungen** gelangt man über eine enge Schneckentreppe und einige Geländerkonstruktionen nach oben. Eine gewisse Schwindelfreiheit sollte vorhanden sein, während es an den fünf Kirchenglocken vorbeigeht, die alle 15 Minuten – ziemlich laut! – schlagen. Auf der freien Plattform hat man einen sehr schönen Rundblick über die Neu- und die Altstadt, die Speicherstadt, die Elbphilharmonie und den Hafen.

Katharinenkirchhof 1, U 1 Meßberg, www.katharinen-hamburg.de. Mo–Fr 10–17 Uhr, Sa/So 11–17 Uhr. Ein- bis eineinhalbstündige Turmführungen sind nach Absprache mit dem Gemeindebüro möglich: ✆ 30374744. Kosten 5 €, für Kinder ist die Begehung kostenlos. Von Juni bis August kann man dem Hamburger Orgelsommer auch in St. Katharinen lauschen.

Ausblick Speicherstadt

Die Touristenbusse düsen daran vorbei, doch nur zu Fuß hat man den wunderbaren Blick auf die historische Speicherstadt in Superzeitlupe. Vor allem wenn die schräg hereinfallenden Sonnenstrahlen auf die roten Backsteingebäude treffen, ist Entspannung pur angesagt. Rechts neben der **Jungfernbrücke** gibt es deshalb sogar eine erhöhte und beliebte Aussichtsbank. Wer von der Szenerie angefixt ist, könnte über den Zollkanal sogar zu Tour 1 wechseln.

Alle anderen schlendern die Strecke neben der Straße „Bei den Mühren" entlang, die übrigens auf die alte Stadtmauer anspielt. Nach etwa der Hälfte blickt man rechts in die Reimerstwiete. Die Nummern 17 bis 21 zeigen einige der letzten Beispiele der **Fachwerkhäuser**, von denen die Stadt bis zum Großen Brand übervoll war. Nach der **Brooksbrücke** trifft man auf einen mit Graffiti besprayten **Kran**, den man 1974 nach 117 Jahren in den verdienten Ruhestand schickte: 400 Umdrehungen waren damals nötig, um 15 t in 4 m Höhe zu bringen. Nachträglich elektrifiziert und unter Denkmalschutz gestellt, steht er „arbeitslos" an der Kaimauer. Bevor es in die Deichstraße und auf das Nikolaifleet geht, lohnt es sich, einen Blick in die Straße Cremon zu werfen. In dem Gässlein, das 1251 erstmals erwähnt wurde, befinden sich nämlich **vier Fleetspeicher** (Nr. 33–36) mit historischen Seilwinden. In einem dieser Speicherhäuser (deren Ursprünge bis ins späte 18. Jh. zurückreichen) hat sich das **Nido** bequem eingerichtet, eine Skurrilküche, die österreichischen und asiatischen Kochstil mixt (→ S. 185).

Im winzigen Binnenhafen an der Straße Kajen wiederum liegt die **Flussschifferkirche** (25,5 m lang, 7 m breit, Mo und Do/Fr 9.30–13.30 Uhr), ein Leichter (= antriebsloses Schiff für Ladungen) mit einem eher unspektakulären Inneren. Wer möchte, kann jetzt direkt in die Deichstraße einbiegen.

Deichstraße und Nikolaifleet

Die Deichstraße ist eine urbane Niedlichkeit in der manchmal sterilen und ein wenig kalten Altstadt von Hamburg. Das Besondere: Die wiederhergerichteten Fassaden knüpfen gekonnt an die Vorbrandarchitektur an und sind sowohl von der Straßen- als auch von der Fleetseite sehenswert. Besonders schön sind die Nummern 47 (Sandsteinportal) und 43 (Barockgiebel), besonders spannend die 38 und 42, wo der Große Brand seinen Anfang nahm, und geradezu boulevardesk verhält es sich mit der Nummer 39: Hier (und auf Föhr) lebte die überaus beliebte „Vollblut-Komödiantin" (so Dieter Hallervorden) und Drehbuchautorin Helga Feddersen (1930–1990), die aus ihrer Not – einer Gesichtslähmung aufgrund einer Tumor-OP an der Ohrspeicheldrüse – eine Comedy-Tugend machte. Im Erdgeschoss liegt das **Ti Breizh** (→ S. 186): das einzige, wirklich empfehlenswerte Lokal dieser – zugegeben – sehr schönen Touristenmeile.

Am Nikolaifleet zeigt sich das „alte" Hamburg

Zwischen Nr. 39 und 41 befindet sich ein Fleetgang, der direkt auf das **Nikolaifleet** führt; bei Ebbe wird die Tidenabhängigkeit dieses kleinen Wasserarmes sichtbar. Von den verankerten Pontons aus erkennt man einige der **althamburgischen Bürgerhäuser**, die die wirtschaftliche Keimzelle des historischen Hamburg darstellen. Dabei galt folgender Grundsatz: zum Wasser pfui (Fachwerk), zur Straße hui (Prachtfassaden). Warum? Im Gegensatz zum Kontorhaus arbeiteten und (!) lebten die erfolgreichen Kaufherren in diesen Speicher-, Wohn- und Geschäftsgebäuden.

Etwa 2000 dieser mehrgeschossigen Dielenhäuser existierten bis zum Ausbruch des Zweiten Weltkrieges in der Stadt. Zwischen Nr. 21 und 23 gelangt man durch einen düsteren Fleetgang wieder zurück. Solche Zugänge zum Wasser führten häufig zu nachbarschaftlichem Ärger und sogar Rechtsstreitereien ...

Erwähnenswert sind noch das **Wessendorf'sche Kontorhaus** (Nr. 29/33) mit seinem beeindruckenden Jugendstiltreppenhaus samt Paternoster sowie der **Bardowieker Speicher** (Nr. 27), seines Zeichens der älteste erhaltene Warenspeicher der Stadt (um 1780). Und wer will, kann sogar einen kurzen Blick in die Nr. 37 werfen, wo das Innenleben jenes **Althamburger Baustils** gekonnt konserviert wurde.

Damit sind die fassadentechnischen Leckerbissen allerdings auch erledigt: Nach Nr. 19 wird es architektonisch eher unansehnlich. Dass jedoch überhaupt einige der Häuser an die einstige Architektur angelehnt werden konnten, verdankt Hamburg einer nicht genug zu lobenden Initiative: dem Verein „Rettet die Deichstraße e. V.".

Beruf Fleetenkieker

Im 18. Jh. war Hamburg von 18 Wasserstraßen durchzogen, zu denen 29 schiffbare Kanäle („Fleete", niederdt. für „fließen") führten. Mittels kiel- und motorloser Boote („Schuten"), die bis zu 250 t Ladung aufnehmen konnten, und kleiner Frachtsegler („Ewer"), die man häufig für die Lebensmittelversorgung und den Personenverkehr einsetzte, wurden die Fleete durchquert; den engen Straßen und matschigen Gassen waren sie als Transportwege weit überlegen. Ewerführer oder „Schlickschuber" schleppten, segelten oder stakten ihre Gefährte durch die Gewässer, die aufgrund von Exkrementen und Unrat (z. B. Fleischabfälle der Knochenhauer) empfindlich stanken. Um die Wassertiefe dieser Hamburger Lebensadern konstant zu halten, gab es seit 1555 die sog. Düpekommission. Angestellte Fleetenkieker sorgten für die Beseitigung von Abfall, der sich durch Hasenmoore (= kleine Rinnsaale und Schlammlager, die in die Fleete führten) verbreitete. Gegen den Gezeitenschlick waren sie jedoch mehr oder weniger hilflos.

Jahrhunderte später bezeichnete man die bemitleidenswerten Gestalten, die bei Niedrigwasser nach einem Glücksfund im ekelerregenden Morast suchten, als Fleetenkieker. Man hat sie sich mit Watstiefeln vorzustellen, auch des Nachts mit Laternen die abgeebbten Kanäle durchforstend, manchmal im Auftrag der anliegenden Hausbewohner, denen aus Missgeschick ein Wertgegenstand ins Wasser gefallen war. Im Kontext von Großem Brand, Ausbau der Speicherstadt und Wiederaufbau nach dem Zweiten Weltkrieg schüttete man nach und nach die überwiegende Zahl der Fleete zu – und grub damit den Fleetenkiekern buchstäblich das Wasser ab. Heute gibt es noch 14 Fleete in Hamburg, fünf davon in der Alt- und Neustadt: das Urfleet zu Nikolai, das Mönkedammfleet, das Alsterfleet, das Bleichenfleet und das Fleet am Herrengraben. Inzwischen kümmert sich eine gemeinnützige Kooperative einmal jährlich um die Beseitigung von z. B. rostigen Fahrrädern aus den übrig gebliebenen Kanälen: De Fleetenkieker, eingetragener Verein für Umwelt- und Gewässerschutz.

Auf dem Weg zur Nikolaikirche

Im Nikolaifleet an der Straße Holzbrücke liegt **Das Schiff** (→ S. 72), ein schwimmendes Kabaretttheater, das seine Karriere auf hoher See bereits hinter sich hat und nach einer Bombennacht während des Zweiten Weltkrieges sogar auf Grund lag. 2012 feierte die zähe „Seemöve" (die manchmal auf Reisen geht) ihren Hundertjährigen.

Zur Ruine von St. Nikolai gelangt man über eine Rolltreppen-Brücken-Konstruktion, die über die Willy-Brandt-Straße führt. Lediglich der 147,3 m hohe Turm – er diente alliierten Bombenpiloten zur Orientierung – des bewusst zerschossen belassenen Gotteshauses sowie einige Mauern im Chor „überlebten" den Zweiten Weltkrieg.

Direkt vor dem Mahnmal der Nikolaikirche liegt der **Hopfenmarkt**, auf dem schon im Mittelalter die fürs Bierbrauen nötige Zutat verkauft wurde. Im 19. Jh. etablierte er sich mit dem Markt auf dem Meßberg zum Großmarkt, u. a. für Verkäuferinnen aus der Vierlande (damit waren die Dörfer Altengamme, Curslack, Kirchwerder und Neuengamme gemeint), die die Stadtbewohner mit Obst, Gemüse und Schnittblumen versorgten. Noch heute werden in Neuengamme und Curslack im Bezirk Bergedorf die meisten Schnittblumen der Republik angebaut. Seit 1978 steht der stark sanierungsbedürftige und korrodierte **Vierländerin-Brunnen** auf dem Hopfenmarkt. Der Wasserspeier von 1878 zeigt eine der damals typischen Bäuerinnen in Tracht mit Schulterjoch und Gemüsekorb. Heute bietet der klassische „Büromarkt" auf dem Hopfenmarkt, den die Hamburger donnerstags während einer Kaffee- oder Mittagspause zwischen 11 und 16 Uhr besuchen, neben saisonalen und typischen Marktprodukten auch Wurst- und Fischbrötchen – und sogar eine Automatiktoilette.

Die Reste der Nikolaikirche

St. Nikolai

Ehrlich gesagt: Der **Aussichtsturm** lohnt sich nicht! Obwohl man komfortabel per Fahrstuhl in 76 m Höhe befördert wird, ist auf der kleinen Plattform kein ungestörter Ausblick möglich, da die Streben des neugotischen Kirchturms im Weg sind. Das Rathaus sieht man nur von hinten, auf den Tafeln ist noch das alte SPIEGEL-Gebäude eingezeichnet und bisweilen pfeift einem ein kräftiger Wind um die Ohren. Zusätzlich ist die Sicht bis 2018 extrem eingeschränkt, da der Kirchturm aufwendig renoviert wird und entsprechend eingerüstet ist.

Dafür ist das Mahnmal selbst (das an die Berliner Gedächtniskirche erinnert) überaus faszinierend. Man läuft über einen Platz, der einmal von einer Kirche dominiert war, und hat eine gewisse Ahnung davon, was nach dem Zweiten Weltkrieg von Hamburg übrig geblieben ist. An den Resten des Chors (gegenüber dem von Bombensplittern gezeichneten

Altstadt → Karte S. 164/165

Turm) ist u. a. das nach Entwürfen von Oskar Kokoschka gestaltete Mosaik „Ecce homo“ (1977) angebracht.

Zur Vertiefung lohnt sich die im Herbst 2013 neu konzipierte **Dauerausstellung** in der Krypta. Aber Vorsicht, gezeigt wird u. a. ein grauenerregender und erschütternder Film über die Toten der Operation Gomorrha: Nachdem die „Blockbuster“ (Wohnhausknacker) über Hamburg niedergegangen waren, raste ein Feuerorkan mit 270 km/h und 800 bis 1000 Grad Celsius durch die Stadt, 100.000 Menschen rannten um ihr Leben.

Trotz dieser Schrecknisse bleibt die Ausstellung erstaunlich ausgewogen, da auch die Bombenangriffe der NS-Luftwaffe auf Coventry, Warschau und Rotterdam thematisiert werden. Sogar einen Teil von Thomas Manns hellsichtigen Rundfunksendungen („Deutsche Hörer!“) aus dem amerikanischen Exil kann man nachhören – und ist überrascht, wie viel von den Prophezeiungen des Literaten wahr wurde, allen voran zum Bombenkrieg, den die Nationalsozialisten vom Zaun brachen.

Hopfenmarkt, U 3 Rödingsmarkt, www.mahnmal-st-nikolai.de. Mai–Sept. tägl. 10–18 Uhr, Okt.–Apr. tägl. 10–17 Uhr. Leider ist nur ein Kombiticket (Plattform und Ausstellung) möglich: Erw. 5 €, erm. 4 €, Kinder (6–17 J.) 3 €. Einige Sonderausstellungen, teilweise zu kulturellen, teilweise zu politischen Themen. Kleiner Shop mit Postkarten und einem kleinen Kirchenführer zum Mahnmal. Die Aussichtsplattform hat bei Unwetter, Nebel oder Sturm geschlossen. Halbstündigen Carillon-Konzerten (das Glockenspiel wurde 1993 in den Turm gebaut) kann man samstags um 12 Uhr lauschen.

Rund um die Trostbrücke

An der 1266 erstmals erwähnten Trostbrücke schräg gegenüber den Chormauern von St. Nikolai herrschte im Mittelalter das pralle Leben – direkt davor befand sich der erste Hafen Hamburgs. Es existierte ein hölzerner „Hamsterradkran“, eine Waage, eine Zollbude und ein Niedergericht, das Verurteilte an den Pranger („Kaak“) stellte. Später waren die Alte Börse und die Hamburger Bank hier beheimatet – und dort, wo heute das Gebäude der **Patriotischen Gesellschaft** (→ S. 26) steht, einer aufklärerischen Vereinigung, die einen Bienenkorb als Logo führt, befand sich das 1290 erbaute Rathaus, von dem man die Stadtgesetze („Burspraken“ = Bürgeransprachen) verlas.

Die Brücke selbst stellte die Verbindung zwischen dem gräflichen und erzbischöflichen Bezirk her, worauf die zwei **gegenüberliegenden Brückenfiguren** hindeuten. Ihr ungewöhnlicher Name („pons Trostes“) spielt allerdings nicht auf die Buden der Geldwechsler an, die hier einst standen, sondern vermutlich auf einen Besitzer des Geländes mit Namen Trost.

Durchaus einen Blick wert ist der **Laeiszhof** (der gerne und konsequent auch von Hamburgern falsch geschrieben wird). Das Ur-Kontorhaus des seefahrenden Familienunternehmens, das sich mit Salpeter- und Guanotouren nach Chile einen Namen gemacht hat, lässt sich am besten von der Straße Bei der Alten Börse betrachten. Von dort sieht man einen Pudel, der das Dach bekrönt. Wäre nicht ein Löwe oder zumindest ein Kondor standesgemäßer gewesen? Nun, das possierliche Tierchen spielt auf die Haarpracht der geliebten Ehefrau von Carl Laeisz (1828–1901) an, Sohn des Firmengründers Ferdinand, der einer der führenden Reeder Hamburgs war. Auch die legendären „Flying-P-Liners“, die man erst mit dem Untergang der „Pamir“ ausrangierte (→ St. Katharinen, S. 175), huldigten dem Spitznamen der Sophie Laeisz. Noch immer werden die neuen Schiffe der Firma F. Laeisz (die ihren Hauptsitz inzwischen in Rostock hat) mit P-Namen getauft: die „Paradise N“ beispielsweise, mit 332 m Länge und 58 m Breite das größte Handelsschiff unter deutscher Flagge.

Ein kleiner Geheimtipp:
Neue Börse und Handelskammer

Bevor man über die Straße Börsenbrücke zum Adolphsplatz geht, kann man auf der anderen Seite der Trostbrücke noch einen Blick auf die betont standesgemäß „parkenden" Schiffe auf dem Dach des **Globushofes** werfen.

Neue Börse und Handelskammer

Auf den heruntergekommenen Mauern des Maria-Magdalenen-Klosters entstand zwischen 1839 und 1841 die Neue Börse. Allerdings dauerte es noch bis 1912, bis sich das klassizistische Prunkgebäude des Architekten Carl Ludwig Wimmel (1786–1845) ans Rathaus schmiegte und auch im Inneren einiges hermachte. Den im Zweiten Weltkrieg arg gebeutelten Komplex restaurierte man 1991 aufwendig, er dient heute der Handelskammer.

Durchaus spannend und ein kleiner Geheimtipp ist eine kostenlose, halbstündige Tour mit dem Audioguide durch das Bauwerk. Einfach bei der Rezeption am Haupteingang danach fragen und den Personalausweis als Pfand hinterlegen! Man erfährt, dass man sich in der ältesten deutschen Wertpapierbörse befindet und dass die Getreidebörse, die letzte verbliebene Warenbörse, dreimal jährlich im **Commerzsaal** stattfindet. Außerdem ist ein „**Haus im Haus**" zu besichtigen, errichtet vom Architektenteam, das auch das Münchner Olympiastadion gebaut hat. 160.000 Dioden sorgen dafür, dass das „gläserne Herz der Handelskammer" als ein durchweg filigranes Gebäude aus Chrom und Glas in Szene gesetzt ist. Im dritten Stockwerk bietet die kleine, nett gemachte Dauerausstellung „Handeln für Hamburg" ausgewählte Exponate, dokumentarische Zeugnisse, u. a. zu Themen wie „Napoleon und die Banane" oder „Piraten und Politiker" sowie kleine Hörstationen mit Ausschnitten z. B. aus der „Deutschen Kolonialzeitung". Von hier oben sieht man auch die an der Decke baumelnden Modelle der Konvoischiffe (→ Stadtgeschichte, S. 25). Der Einbau dieses „Hauses im Haus" dauerte übrigens 14 Monate, da man kein schweres Gerät verwenden konnte und alles von Hand installieren musste. Doch auch die **kostenlosen Kunstausstellungen auf der Galerie** und v. a. der geniale **Börsensaal** sind faszinierend – lassen Sie sich überraschen!

Über zwei Seiten gelangt man in den Innenhof des Monumentalgebäudes. Dort kann man das **Rathaus** rückwärtig betrachten. Der extrem grünspanige **Hygieia-Brunnen**, der auf die Cholera-Epidemie von 1892 anspielt (→ Stadtgeschichte, S. 30), ist allerdings nicht über die Maßen beeindruckend.

Adolphsplatz 1, U 3 Rathaus, www.hk24.de. Mo–Do 8–17 Uhr, Fr 10–16 Uhr.

Bucerius Kunst Forum

Das Ex-Zentralgebäude der Reichsbank, das nach dem Medienmagnaten, Mäzen und Ehrenbürger Gerd Bucerius (1906–1995) benannt ist, bietet zwei sehr besondere Ausstellungskammern (Oktogon I und Oktogon II) mit tollen Mosaiksäulen und -decken: ein würdiger Raum für große Kunst und unbedingt einen Besuch wert, sofern eine Ausstellung gezeigt wird, die Ihnen zusagt.

Das Konzept, auf dem die jährlich bis zu **vier Wechselausstellungen** aufgebaut sind, ist ebenfalls ziemlich spannend. Es geht darum, ein Thema, eine Epoche oder einen Künstler neu zu beleuchten. Dafür werden international bedeutsame Exponate nach Hamburg geholt und die Räume sogar jeweils neu gestrichen! Im Obergeschoss – es gab bereits Bilderschauen z. B. zu Frida Kahlo oder Gerhard Richter – wird zu jeder Ausstellung ein spezieller **Film** gezeigt.

Und noch einen Bonus gibt es: Da die Räume relativ klein sind (ca. 850 m^2), können höchstens hundert Exponate ausgestellt werden. So geht man mit dem guten Gefühl heraus, sich nicht geistig überfressen zu haben. Lediglich Kunsthistoriker melden immer mal wieder Zweifel an: Man sähe zu wenig Hauptwerke.

Im Untergeschoss, wo die Tresore standen, befindet sich heute das **Season** (siehe Öffnungszeiten Kunstforum, www.season-food.de, ✆ 01512-4029360), ein Restaurant auch für Vegetarier und Veganer. Für 14,50 € kann man sich am Spezialbüfett beliebig oft bedienen, samstags gibt es das vegetarische Büfett für 9,99 €.

Rathausmarkt 2, U 3 Rathaus, ✆ 3609960, www.buceriuskunstforum.de. Tägl. 11–19 Uhr, Do bis 21 Uhr. Eintritt 8 €, erm. 5 €, Kinder und Jugendliche unter 18 J. frei! Montags kommt man immer für 5 € rein. Ein Audioguide, den ich empfehle, kostet gerade mal 2 € extra. Ebenso verhält es sich mit Führungen, von denen es 30- bis 50-minütige Lunch- (Mo, Mi und Fr 13 Uhr, So und feiertags 12 Uhr), After-Work- (Di, Do 18 Uhr) und Familienführungen (wechselnde Termine) gibt. Diverse Lesungen und Symposien zu den Ausstellungen und überzeitlichen kulturellen Themen stehen auf der Webseite. Im Museumsshop bekommen Sie Postkarten zur aktuellen Ausstellung und den jeweils aktuellen Katalog.

Rathausmarkt

Die wunderbare freie Fläche zu Füßen des Rathauses gibt es in dieser Form erst seit 1982. So verteilen sich die staunenden Touristengruppen, die seine Schönheit bewundern – und vielleicht nicht wissen, dass dieser Platz schon einmal unter Wasser stand: während der Flutkatastrophe von 1962 (→ Stadtgeschichte, S. 32). Auffällig ist das **Ehrenmal** an der Wassertreppe zur Kleinen Alster, das ursprünglich den Gefallenen des Ersten Weltkriegs gewidmet war. Das Relief auf der einen Seite der Stele stammt von Ernst Barlach und stellt eine „Trauernde Mutter mit Kind" dar. Als die Stele hier 1932 aufgestellt wurde, war das eine doppelte Provokation: Zum einen provozierte sie mit ihrer stillen Botschaft, die entgegen dem Zeitgeist auf die Darstellung aller kriegsheroischer Mythen verzichtete und den Blick ganz auf das Leid der Hinterbliebenen richtet; zum anderen wurde zuvor das bisher am Rathaus-

Prunk im Rathaus

markt stehende Reiterstandbild Kaiser Wilhelms I. abgetragen, was die rechtsgerichteten Parteien im Hamburger Senat als Affront gegen Volk und Vaterland werteten. 1938 schlugen Volk und Vaterland in Gestalt der Nazis zurück, das Barlach-Relief wurde beseitigt und durch einen sich aus der Asche des Ersten Weltkriegs aufschwingenden Adlers ersetzt. Der flog nicht lange; als das „Tausendjährige Reich" nach bescheidenen zwölf Jahren seinen vorzeitigen Abschied nahm, hatte auch er ausgedient. 1949 kehrte Barlachs 7,5 m hohes Kunstwerk als Rekonstruktion auf den Rathausplatz zurück, nunmehr als Mahnmal für die Opfer beider Weltkriege. Wer mehr Werke des 1870 in Wedel geborenen Bildhauers sehen möchte: Im Jenischpark gibt es ein herausragendes Ernst-Barlach-Haus (→ Tour 7, S. 230).

Ein zweites Denkmal steht auf der anderen Seite des Platzes und ist Heinrich Heine gewidmet. Die 1982 enthüllte Skulptur ist schon das dritte **Heine-Denkmal** Hamburgs: Eines wurde von den Nazis eingeschmolzen, ein zweites konnte von der Tochter des Heine-Verlegers Campe ins südfranzösische Toulon gebracht werden, wo es heute noch steht. Das jüngste, von Waldemar Otto geschaffene Exemplar scheint seinen Platz in Hamburg gefunden zu haben: Die Bronzeplastik auf dem Granitsockel zeigt den fiesfeinen Romantiker in sich versunken über (seinen) verbrannten Büchern. Lediglich die Stadttauben scheinen dem Geistesmenschen nicht ganz so konsequent zu huldigen: eine urbane Zweckentfremdung, die dem Ironiker wahrscheinlich gefallen hätte – nicht umsonst bezeichnete er Hamburg als „schöne Wiege meiner Leiden" ...

Am Rathausmarkt werden alljährlich neben dem **Weihnachtsmarkt** ein sehr sympathisches **Freiluftkino** (→ S. 79) und das kostenlose **Rockspektakel** (→ S. 80) zelebriert. Von hier kann man außerdem ganz leicht zu Tour 3 wechseln, wo z. B. die Kleine Alster und die Alsterarkaden beschrieben sind (→ S. 157).

Rathaus

Während der auf Superlative getrimmten Stadtrundfahrten erfährt man, dass

Altstadt → Karte S. 164/165

das Hamburger Rathaus mehr Räume als der Buckingham Palace hat. Das ist Quatsch: 775 Zimmer hat die Residenz der Royals, 647 der Regierungssitz des Stadtstaates. Prinzipiell ist der Vergleich aber gerechtfertigt: Der Amtssitz von Parlament („Bürgerschaft") und Landesregierung („Senat") ist so etwas wie das Schloss der Hansestadt.

Das bestätigen bereits die Ausmaße dieses sechsten Rathauses, das mit einer Breite von 113 m und einer Tiefe von 70 m auf über 4000 Eichenpfählen ruht. In den niederen Gefilden des schmucken, 112 m aufragenden Turmes befindet sich ein Balkon, auf dem z. B. die Handballer des HSV ihre Meisterfeier absolvierten oder die Queen huldvoll in die Menge winkte. So viel Eintracht herrschte zu Baubeginn allerdings nicht. Bevor der historistische Musterbau am 26. Oktober 1897 eingeweiht werden konnte, tagten Senat und Bürgerschaft bereits mehr als 55 Jahre lang in der Kirche eines Waisenhauses und im Haus der Patriotischen Gesellschaft, welches immerhin über ein modernes Wasserklosett verfügte.

Im Regelfall fantastisch ausgestattet – das Innere des „Stadtschlosses"

Die Hintergründe: Am 6. Mai 1842, also am zweiten Tag des Großen Stadtbrandes, sprengte man morgens um drei den zur Hälfte eingestürzten Vorgängerbau, in der (vergeblichen) Absicht, dadurch das Feuer aufzuhalten – die Stadtpolitiker mussten auf andere Gebäude ausweichen. Es dauerte jedoch mehr als 40 Jahre, bis ein Architektenclan („Rathausbaumeisterbund") unter der Federführung des geachteten Baumeisters und Bürgermeistersohnes Martin Haller (1835–1925) den Zuschlag erhielt, ein neues Rathaus zu bauen. Zwischenzeitlich hatten sich zwar viele Architekten und Bürger eingebracht, doch man war zu sehr damit beschäftigt, die Alt- und Neustadt großflächig umzubauen. Das Rathaus musste warten, zumal es immer wieder Diskussionen über den perfekten Standort und, selbstverständlich, die Gestaltung gab. Im Stil der flämischen Neorenaissance erbaut, ist das Gebäude, dessen Errichtung damals umgerechnet 80 Mio. Euro verschlang (und heute, würde man es verkaufen, um ein Vielfaches teurer wäre), schließlich ein Touristenmagnet der Extraklasse geworden, der sogar beide Weltkriege „überlebte" – lediglich ein Blindgänger ging vor dem Rathaus nieder.

Lohnt sich eine Besichtigung auch von innen? Unbedingt! Anhand einiger, historisch verbürgter Anekdoten erfährt man viel über das Selbstverständnis der Hamburger Bürger. So gibt es z. B. 56 Porträtmedaillons in der Rathausdiele, die nicht die Regierenden, sondern tatsächlich verdiente Stadtbewohner zeigen. Das Innere im Stil der wilhelminischen Kaiserzeit ist seinerseits fantastisch ausgekleidet – ob mit Büffelleder, marokkanischen Marmorsäulen oder Mahagoni-Arbeiten. In die Ratsstube wurde sogar ein 8 m hoher Lichtschacht eingebaut, der einem das Gefühl vermitteln soll, man tage unter freiem Himmel, wie seinerzeit die Germanen. Was ebenfalls ungewöhnlich ist: Man wird bei jeder Führung durch teilweise unterschiedliche Räume geleitet, je nachdem, wie das „lebendige" Gebäude gerade genutzt wird. Daneben erfährt man Details, die selbst Hamburgern nicht so bekannt sind, z. B. zum Goldenen Buch der Stadt, das als Loseblattsammlung existiert, weswegen man die NS-Verbrecher, die sich dort eingetragen hatten, schnell wieder heraussortieren konnte ...

Noch ein Wort zum Matthiae-Mahl, dem weltweit ältesten heute noch begangenen Festmahl, das mit einer zweihundertjährigen Unterbrechung seit 1356 im Rathaus gegeben wird: Während sich um die 400 Gäste alljährlich Ende Februar im Großen Festsaal versammeln, Reden geschwungen werden, Prominente aus aller Welt und mehrere Ehrengäste geladen sind, feiert sich Hamburg mit dieser Veranstaltung immer auch ein wenig selbst. Man ist schließlich nicht irgendwer hier im Norden an der Elbe.

Rathausmarkt, U 3 Rathaus, www.hamburg.de/rathaus. Da das Rathaus ein aktives Verwaltungsgebäude ist, müssen Führungen immer auch mit Staatsbesuchen oder Veranstaltungen abgeglichen werden. Generell jedoch gelten diese Zeiten: Mo–Fr 10–15 Uhr, Sa 10–17 Uhr, So 10–16 Uhr. Um nicht vor verschlossenen Türen zu stehen, empfiehlt es sich, die Termine unter www.hamburg.de/rathausfuehrung oder unter ✆ 428312470 auszuspähen. Manchmal gehen die ca. 45-minütigen Führungen mit max. 40 Pers. halbstündlich, manchmal stündlich über die Bühne. Ein Ticket kostet 4 €, Kinder bis 14 J. frei. Wer im Besitz der Hamburg Card ist, kann für 3 € mitkommen. Fotos dürfen geschossen werden.

Praktische Infos

→ Karte S. 164/165

Essen & Trinken

››› **Mein Tipp: Tschebull** 4 Achtung, man betritt eine der Topadressen der Hamburger Altstadt! Mit 14 von 20 Gault-Millau-Punkten ausgezeichnet, ist das Lokal des Österreicher-Ehepaares Alexander und Yvonne Tschebull buchstäblich in vieler Munde. Das Ambiente ist okay, reißt einen aber nicht vom Hocker – dafür das kulinarische Angebot umso mehr! Für nicht ganz günstige 65 € erhält man ein 5-Gänge-Menü, bei „glasweiser Weinbegleitung" werden 90 € fällig. Einzelgerichte bekommt man zwischen ca. 20 € (z. B. Tiroler Schlutzkrapfen) und ca. 25 € (z. B. Kaninchen mit Eierschwammerln). Mittags gibt es günstigere 3-Gänge-Menüs und eine Tageskarte mit dem kleinpreisigeren Kalbsfleischpflanzerl oder dem Flakergulasch. Doch wie sagte schon Oscar Wilde: „Ein Zyniker ist ein Mensch, der von jedem Ding den Preis und von keinem den Wert kennt." Angenehmes Genießen! Mo–Sa 12–22 Uhr. Mönckebergstr. 7 (im Levantehaus), ✆ 32964796, www.tschebull.de. ‹‹‹

Daniel Wischer 3 Ausgefeilte Kochkunst geht anders! Das saalartige, gut gefüllte Restaurant hat ein bisschen etwas von einer touristischen „Abfüllhalle". Seit einigen Jahren machen sich sogar die älteren Einheimischen (für die Wischer stets eine Institution war) rarer! Das Traditionshaus bietet eine solide Fischküche – nicht weniger, aber auch nicht mehr. Flinke, aufmerksame Bedienungen servieren z. B. Seelachs, Goldbarsch, Kabeljau oder Scholle, die in einer offenen Küche als Pfannen- oder Grillgerichte gebraten werden. Meines Erachtens ist das „Wischer" eher etwas für die Hand (z. B. Fish & Chips) oder allenfalls für den Mittagstisch, wo man für ca. 10 bis 15 € satt wird; es kann freilich sein, dass man ein wenig nachsalzen muss. Mo–Sa 11–20 Uhr. Spitaler Str. 12 (Fußgängerzone), ✆ 32525815, www.danielwischer.de.

Nido 16 Wer einen einfallsreichen Putz und ein ungewohntes Geschmackserlebnis zu schätzen weiß, ist im Nido richtig. Warum? Das in modernen Rot- und Brauntönen

Altstadt → Karte S. 164/165

gehaltene Lokal punktet mit den abgefahrenen Speisenkombis einer austro-asiatischen Küche, z. B. einem „Sushi und Schnitzel"-Menü zu 32,50 €. Sehr eigen ist auch das Garnelen-Lotuswurzel-Curry mit Thai-Basilikum-Sauce zu 21,50 € und der Kaiserschmarrn aus dem Wok zu 6,50 €. Es gibt diverse Sushi-Specials (zwischen 12 und 18 €) und ein Mittagsgericht zu ca. 10 €. Eine professionell-freundliche Bedienung bringt die Speisen aus einer offenen Küche. Mo–Fr 11.30–15 und 18–23 Uhr, Sa 18–23 Uhr. Cremon 35–36, ✆ 51310317, www.nido-hamburg.de.

››› Mein Tipp: **Ti Breizh** 17 Ein Top-Tipp für alle, die Crêpes oder Galettes lieben! Dabei spielt es keine Rolle, ob man „süß" oder „herzhaft" veranlagt ist, die klassische oder die flambierte Variante bevorzugt. Das grandiose (täglich wechselnde) Grand Menu (Mo–Fr 12–15 Uhr, ca. 9 €) kombiniert beide Sorten (plus kleinem Cidre oder Petit Noir)! Wer das Besondere liebt, bekommt z. B. eine Crêpe mit Honig und Zitrone oder karamelisiertem Bratapfel und Galette mit warmem Ziegenkäse, Räucherlachs oder Weißweinkartoffeln. Die Garçons haben einen herrlich französisch-bretonischen Akzent und sind auch zu Familien mit Kindern charmant. Für mich war der Aufenthalt (den man im

Eines meiner Lieblingslokale in Hamburg

Sommer direkt auf dem Nikolaifleet genießen kann) ein Mini-Urlaub in der Großstadt. Tägl. 12 bis ca. 22 Uhr (wenngleich man bisweilen bis 0.30 Uhr einen Cidre bekommt). Deichstr. 39, ✆ 37517815, www.tibreizh.de. ‹‹‹

Porta Nova 13 In der Straße, in der früher der SPIEGEL saß und Hein Brand lebte, dessen Verhaftung 1410 zu einer allerersten Demokratiebewegung in Hamburg führte, hat sich ein beliebter Italiener niedergelassen. Die Pizza- und Pastagerichte gibt es für ca. 8 €, der Mittagstisch ist noch günstiger. Man sitzt in einem sympathischen Altbau mit hohen Stuckdecken. Durchaus empfehlenswert! Mo–Sa 10–23 Uhr. Brandstwiete 36, ✆ 50745246, www.portanova-hamburg.de.

››› Mein Tipp: **Café Paris** 8 Ein großartiges Café mit weltstädtischem Flair – und tatsächlich das einzige, das man in der Altstadt vorbehaltlos empfehlen kann. Das wissen leider sehr viele, weswegen es häufig voll ist. Auch die summende Gesprächskulisse muss man mögen. Dann jedoch wird man das Ambiente in der ehemaligen Schlachterei unter originalen Jugendstilkuppeln von 1882 genießen und lustvoll die Kreationen der hauseigenen Konditorin verzehren. Sehr gut sind z. B. die Macarons! Beliebt ist außerdem die große Frühstücksauswahl – samstags und sonntags sogar bis 16 Uhr (ca. 8 bis 16 €). Wer Hauptgerichte zu essen wünscht, wird auf der „Carte du Jour" fündig. Mo–Fr 9–23.30 Uhr, an Wochenenden und Feiertagen geht es um 9.30 Uhr los. Rathausstr. 4, ✆ 32527777, www.cafeparis.net. ‹‹‹

Nachtleben

››› Mein Tipp: **Le Lion** 7 Die ideale Location für das erste Date – oder einen Abend (zu zweit) in gediegener Atmosphäre. Eine etwas schickere Garderobe und eine eher gefüllte Geldbörse schaden dabei nicht, da die hervorragenden Drinks (z. B. der selbst kreierte Gin Basil Smash) zwischen 15 und 18 € kosten. Dafür hat man einen höchst sympathischen Kellner, der einen kompetent berät, und Wasser for free, damit sich der angenehme Alkoholnebel genauso angenehm wieder lichtet. Spannend: Jörg Meyers Raubtier belegte zweimal hintereinander Platz 5 der besten Bars der Welt. Vielleicht deshalb, weil er keine Säfte im Alkohol sehen will und Red Bull verabscheut – sehr sympathisch! Mo–Sa 18–3 Uhr, So bis 1 Uhr. Rathausstr. 3, ✆ 334753780 (unbedingt reservieren!), www.lelion.net. ‹‹‹

Gröninger Privatbrauerei 14 In der Willy-Brandt-Str. 47/Ecke Brandstwiete zeigt eine Privatbrauerei, was sie zu bieten hat. Man sitzt an derben Holztischen im alten Braukeller und kann einige Feierabendbiere (Gröninger Pils, Hanseaten Weisse) hinuntergießen. Auf der Suche nach der Toilette wundert man sich, wie lang der Kellerschlauch ist – und kann für 1 € ermitteln, wie es mit der Promillezahl aussieht. Ob man die deftigen Speisen (auch Vegetarisches) unbedingt essen muss, sei dahingestellt, zumal die Preise tendenziell touristisch sind; der Mittagstisch zwischen 11 und 14.30 Uhr ist allerdings preislich top. Seit 1944 steht eines dieser letzten Barockhäuser der Altstadt unter Denkmalschutz und freut sich auch über Studenten und Touristen, die an den langen Holztischen fröhlich feiern. Mo–Fr ab 11 Uhr (open end), samstags geht es um 17 Uhr los, So 15–22 Uhr. ✆ 570105100, www.groeninger-hamburg.de.

Shopping

Vintage & Rags 1 Lässige Einkaufslocation, vollgestopft mit Second-Hand-Klamotten von den 50ern bis zur Gegenwart. „Szene Hamburg" findet die Hüte, Taschen, Schuhe und Lederjacken auf den 350 m^2 „hart an der Grenze zum Tragbaren" und „nicht immer ganz günstig". Doch wer stöbert, der findet! Mo–Fr 11–20 Uhr, Sa 10–20 Uhr. Kurze Mühren 6, www.vintage-rags.de.

Michelle Records 2 Von vielen Hamburgern als bester Plattenladen bezeichnet, auch für seine legendären Schaufensterkonzerte bekannt: Hinter einer der Scheiben sitzt eine Band oder ein Musiker und spielt auf, aktuelle Termine hängen aus. Die Musikauswahl – alles, was gerade bekannt wird, aber noch nicht Mainstream ist – und die überaus kompetenten und freundlichen Mitarbeiter machen den Besuch zu einem reinen Vergnügen. Mo–Fr 11–19.30 Uhr, Sa 11–19 Uhr. Gertrudenkirchhof 10, www.michelle-records.de.

Thomas i Punkt 5 Im Hulbe-Haus werden seit 40 Jahren schöne Klamotten für Männer und Frauen angeboten: von normal bis exklusiv, von stylisch bis sportlich. Im dritten Stock der sechs Etagen finden sich sogar ein paar wirklich coole Birkenstockschlappen. Und im Untergeschoss hat sich urbane „Straßenware" für die tendenziell jüngere Klientel breitgemacht, selbstverständlich untermalt von Hip-Hop. Mo–Sa 10–20 Uhr. Mönckebergstr. 21, www.thomasipunkt.de.

››› Mein Tipp: **Kuball und Kempe** 12 Man muss klingeln, um reinzukommen. Dann steht man in einem Laden, der zu 90 % handgemachte Einrichtungsgegenstände „made in Germany" anbietet. Verkauft wird „alles, was das schöne Leben auszeichnet und uns gefällt". Da kann eine Tasse schon mal 600 € kosten; Firmen stellen sogar Sonderkollektionen für K&K her. Daneben gibt es aber auch Old-School-Schuhe für 90 €. Von der ZEIT wurden sie deshalb bereits als „Jäger der verlorenen Schätze" bezeichnet. Mo–Fr 10–18 Uhr, Sa 10–16 Uhr. Alter Fischmarkt 11, www.kuballkempe.de (auch ein Besuch der Webseite lohnt sich). ‹‹‹

Brendler 11 Wunderbar traditionell, sehr hamburgisch, beinahe ein wenig aus der Zeit gefallen und unbedingt maritim präsentiert sich dieser Laden in der Großen Johannisstraße. Der absolute Bestseller sind Manschettenknöpfe mit Ankermotiv zu 7 €, aber auch ein Troyer mit Rollkragen und Reißverschluss zu 80 € oder eine Krawatte mit goldenem Anker werden gern gekauft. Darüber hinaus gibt es Anzüge in Tropenqualität (ca. 350 €), Tropenhemden und die klassische Bermuda-Short aus reiner Baumwolle in strapazierfähiger Wollzwirnqualität. Sogar einen Tropenhelm und einen Panamahut kann man erstehen, und für die „Lütten" ist ebenfalls etwas dabei, z. B. ein Fischerhemd zu 18 €. Mo–Mi 9.30–18 Uhr, Do/Fr bis 18.30 Uhr, Sa bis 16 Uhr. Große Johannisstraße 15, www.brendler-shop.de.

Firma Carl Feddersen Sea Shop 15 Hier gibt es so coole Klamotten wie einen original Hamburger „Elbsegler" oder einen englischen Dufflecoat. Oder anders gesagt: Man kann sich ideal für Schmuddel- und Schietwetter eindecken – und mit der Großnichte von Helga Feddersen ein Schwätzchen halten. Mo–Sa 10–18 Uhr. Deichstr. 35, www.firmafeddersen.de.

HSV City Store 10 Das Wichtigste: Tickets für die Heim- und Auswärtsspiele des HSV gibt es (1 € Aufschlag)! Wer telefonisch ordern mag: ✆ 41551887. Außerdem werden Trikots und Schals, aber auch Puschen, Puzzles und sogar Campingstühle mit dem Vereinsemblem angeboten. Na dann! Mo–Fr 10–19 Uhr, Sa 10–16 Uhr. Schmiedestr. 2.

Altstadt → Karte S. 164/165

Die Außenalster grenzt an sechs Stadtteile

Tour 5: St. Georg und die Außenalster

St. Georg ist ein widersprüchlicher Stadtteil – und deshalb sehr interessant. In nächster Nähe zum Hauptbahnhof liegen zum einen der Steindamm mit Prostitution und Spielcasinos, zum anderen aber auch zwei tolle Kunstmuseen und am „Hamburger Meer" das 5-Sterne-Hotel Atlantic mit seinem Stamm- und Stargast Udo Lindenberg.

Vor Jahrhunderten und bis vor vielleicht zehn Jahren war St. Georg ein Stadtteil der Außenseiter. Ab 1554 stand hier gar der hamburgische Galgen, der bis ins 19. Jh. erhalten blieb. Auch der „Gassenkummerplatz", die mittelalterliche Form einer Mülldeponie, sowie eine Pulvermühle waren neben Viehweiden und dem namengebenden St.-Georgs-Hospital (um 1200), einer Dauer-Quarantänestation für Leprakranke, angesiedelt; 1564 legte man einen Pestfriedhof an. Erst 1868 wurde die einstige Vorstadt eingegliedert und von da an immer großstädtischer. Und das selbstverständlich auch aufgrund des angrenzenden Hauptbahnhofs, der seit 1906 in Betrieb ist (→ Tour 4, S. 166), und dank des Atlantic Hotels, das 1909 seine Pforten öffnete – v. a. für Reisende erster Klasse, die sich mit den großen Schiffen nach Übersee auf den Weg machen wollten. Von da an etablierte sich auch ein Vergnügungsviertel rund um den Steindamm und einige Straßen weiter.

Obwohl man oft vom „neuen Kiez" spricht, der St. Pauli abgelöst hat – überragend gefährlich ist es hier nicht! Und stellenweise wird der 1,8 km² kleine Szenestadtteil auch immer schicker und hipper; sogar Familien mit Kindern ziehen vermehrt hierher. Wie in St. Pauli ist auch in St. Georg eine Stadt-

teilaufwertung zu beobachten. Opfer sind dabei z. B. alteingesessene Geschäfte und kleine Pensionen, von denen zwei (Blumfeld, Annenhof) in der Langen Reihe, der Hauptschlagader des Viertels, 2013 schließen mussten – die Betreiber konnten die gestiegenen Mieten nicht mehr aufbringen. Und wo früher noch kleine Handwerksbetriebe und Lädchen zu finden waren, haben sich heute schicke Boutiquen, angesagte Cafés und Bio-Supermärkte breitgemacht. Gleichzeitig ist der Handel mit harten Drogen neben einem gerade eröffneten Yuppie-Schuppen namens „Lifestyle Food für jedermann" in diesem ambivalenten Viertel nicht ungewöhnlich; und während man im Steintorweg oder in der Bremer Reihe über zerschlagene Bierflaschen steigt und von uralten Bettlern angesprochen wird, kann einem genauso gut Ole von Beust über den Weg laufen: Der Ex-Bürgermeister besitzt am angrenzenden Hansaplatz eine Wohnung.

Zur Widersprüchlichkeit und zum Wahnsinn dieses Stadtteils passt ebenfalls, dass ausgerechnet im Allgemeinen Krankenhaus St. Georg (1821–23 erbaut), dem ersten städtischen Krankenhaus Hamburgs, der Namensgeber der Creutzfeldt-Jakob-Krankheit praktizierte. Auch der zwiespältig zu sehende Gustaf Gründgens hat in St. Georg gewirkt: Im Deutschen Schauspielhaus feierte er als Intendant und Schauspieler überragende Erfolge (→ S. 201). Heute werden in der **Asklepios Klinik St. Georg** (wie das Hospital inzwischen heißt) in der Lohmühlenstraße rund 80.000 Patienten jährlich versorgt. Und das Theater gilt noch immer als eines der renommiertesten der Republik.

Die meisten der 10.000 Bewohner lieben ihren lebendigen Stadtteil gerade für seine Vielfalt und Andersartigkeit und die Touristen besuchen ihn wegen seiner zwei großartigen Museen (Museum für Kunst und Gewerbe sowie Kunsthalle samt Galerie der Gegenwart) und der **Außenalster** – das „Hamburger Meer" grenzt direkt an St. Georg. Wer an der Uferlinie ein kleines Stück bis nach Uhlenhorst weiterläuft, kann mit dem Hamburger Literaturhaus einer der schönsten Einrichtungen dieser Art in Deutschland einen Besuch

Übernachten (S. 59/60)
2 The George Hotel Hamburg
8 Hotel Wedina
13 Hotel Atlantic
15 motel one Hamburg-Alster
16 Centro Hotel Citygate
19 Hotel-Pension Kieler Hof
20 Hotel Village
Essen & Trinken (S. 202–204)
1 Mercier und Camier
3 Kouros
6 Café Gnosa
9 Café Koppel
11 Central
12 Das Dorf
18 Die Kantine
Nachtleben (S. 204)
2 The George Hotel Hamburg
Einkaufen (S. 204/205)
4 Kuntztstück
5 Icon
7 Chapeau St. Georg
10 Cream
14 The Art of Hamburg
17 Mutterland
Heilandskirche
Herderstraße
Winterhuder Weg
Hofweg
Hofweg-kanal
Langer Zug
Herbert-Weichmann-Str.
Imam-Ali-Moschee
Fachhochschule
B 5
Uhlenhorster Kanal
H.-Weichmann-Brücke
Feenteich
Gästehaus des Hamburger Senats
Uhlenhorst
Schöne Aussicht
Schwanenwik
Literaturhaus Hamburg
Alsterperle
Außen-
Mundsburg
St. Gertrud
Kuhmühlenteich
Lerchenfeld
Alster-vorland
Wilhelm-Gymnasium
Tennisgelände Rotherbaum
Hochschulsport Hamburg
St. Johannis
Budge-Palais
Hochschule für Musik und Theater
UNESCO
Institut Francais
Fakultät der Geisteswissenschaften
Rotherbaum
Mittelweg
Harvestehuder Weg
Pöseldorfer Weg
Alsterufer

Tour 5:
St. Georg und die Außenalster
200 m
alster
Binnen-
alster
Gurlitt-Insel
Hohenfelder Brücke
Moorweide
G.-Mahler-Park
Max-Planck-Institut
US-Generalkonsulat
Sophie-Barat-Schule
Alsterfontäne
Alster-pavillon
Alster-haus
Mellin-Passage
Europa Passage
Bucerius Kunst Forum
Rathaus-markt
Rat-haus
St. Petri
Hulbe-Haus
Bischofs-turm
St. Jacob
Thalia Theater
Niewitz-Haus
"Der Fluss"
Hamburger Kunsthalle
Galerie der Gegenwart
Hotel Atlantic
Ohnsorg-Theater
Bieber-haus
Biedermeier-häuser
St. Georgs Kirchhof
Dreieinigkeits-kirche
Nähmaschinen-haus
Wohnhaus Max Schmeling
Koppel 66
Geburtshaus Hans Albers
Dom St. Marien
Deutsches Schauspielhaus
Hansa-Varieté-Theater
Politt-büro
Centrum-Moschee Hamburg
Polizei-kommissariat 11
Museum für Kunst und Gewerbe
Zentral-bibliothek
Agentur für Arbeit
Sozial-amt
Levantehaus
Hbf.
Hauptbahnhof
Hbf.-Nord
Hbf.-Süd
ZOB
Jungfernstieg
Mönckebergstr.
Rathaus
Lohmühlenstr.
Lübecker Str.
Berliner Tor
Asklepios Klinik St. Georg
Alster-schwimmhalle
Marien-krankenhaus
Zions-kirche
HWA Hochschule für Angewandte Wissenschaften Campus Berliner Tor
Neuapostolische Kirche Borgfelde
Ring 1
Kennedybrücke
Lombardsbrücke
Alsterglacis
Esplanade
An der Alster
Schwanenwik
Sechslingspforte
Lübeckertordamm
Wallstraße
Steinhauerdamm
Mühlendamm
Bürgerweide
Borgfelder Straße
Beim Strohhause
Adenauerallee
K.-Schumacher-Allee
Kirchenallee
Steintordamm
Steintorwall
Steinstr.
Lange Reihe
Koppel
Schmilinsky
Danziger Str.
Steindamm
Holzdamm
Glockengießerwall
Ballindamm
Neuer Jungfernstieg
Colonnaden
Mittelweg
Th.-Heuss-Pl.
Tesdorpfstr.
Kl. Fontenay
Fehlandstr.
Alsterufer
Alsterterrasse
Warburgstr.
Rabenstr.
Gurlittstr.
Alstertwiete
Rautenbergstr.
Kirchenweg
Ellmenreichstr.
Hansaplatz
Bremer Reihe
Steintorweg
Kreuzweg
Böckmannstr.
Brennerstr.
Stiftstr.
Alexanderstr.
Lindenstr.
Lindenplatz
Ferdinand-Beit-Str.
Berliner Tor
Westphalensweg
Klaus-Groth-Straße
Borgfelder Allee
Anckelmannspl.
Beim Berl. Tor
Nagelsweg
Besenbinderhof
Repsoldstr.
Norderstr.
Altmannbr.
Mühren
Lange Mühren
Spitalerstr.
Lilienstr.
Rosenstr.
Georgsplatz
Gertrudenstr.
Ferdinandstr.
Brandsende
Gerhart-Hauptmann-Platz
Hermannstr.
Kreuslerstr.
Speersort
Rathausstr.
Poststr.
Alsterarkaden
Hohenfelder Str.
Neubertstr.
Rossausweg
Hohenfelder Allee
Wandsbeker Stieg
Angerstr.
Schröderstr.
Graumannsweg
Schottweg
Ackermannstr.
Ekhofstr.
Buchtstr.
Barcastr.
Bülaustr.
Lohmühlenstr.
Wallstraßenbrücke
Dompl.
C.-v.-Ossietzky-Pl.
Heidi-Kabel-Pl.
Steintorpl.

abstatten und trifft einige Hundert Meter weiter auf ein beeindruckendes islamisches Gotteshaus, die Imam-Ali-Moschee. Apropos Moschee: Die Freigeistigkeit von St. Georg zeigt sich auch an den ausgefallen gestalteten Türmen der an den Steindamm grenzenden Centrum-Moschee, die ihrerseits in Laufnähe zu einer gewaltigen katholischen Kirche liegt, zur Domkirche St. Marien.

Dass in St. Georg zudem immer einiges los ist, illustriert bereits der **Zentrale Omnibusbahnhof (ZOB)** südlich des Hauptbahnhofs. Über 3 Mio. Reisende nutzen jährlich die offiziell als „Bus-Port" bezeichnete Großhaltestelle an der Adenauerallee. Ihr 190 m langes, sichelförmiges Glasdach hat 16 Mio. Euro gekostet – eine Menge Geld, das auch vielen der älteren Geschäfte sehr gutgetan hätte, die nach und nach aus St. Georg verschwinden, eine Entwicklung, die wohl nicht aufzuhalten ist.

Vom Museum für Kunst und Gewerbe zur Langen Reihe

Museum für Kunst und Gewerbe

Das Museum für Kunst und Gewerbe (MKG) ist eines der schönsten und beliebtesten Museen Hamburgs. Besonders zu loben sind die moderne Präsentation der meisten Exponate sowie die vielen gut gemachten Erklärungen. Auch dass 15 bis 20 Sonderausstellungen jährlich gezeigt werden, spricht unbedingt für das interdisziplinäre Museumskonzept. Würde man sich in dem 1877 eröffneten schlossartigen Neorenaissance-Gründerzeitgebäude komplett von unten nach oben arbeiten, könnte man mehr als 500.000 (!) Exponate bestaunen – und müsste sich wohl mehrere Wochen im MKG aufhalten ... Einige dieser „Spitzenleistungen menschlicher Kreativität und Erfindungsgabe", wie es auf der Website des Museum heißt, sollte man sich aber auch während eines kurzen Besuches nicht entgehen lassen.

Im Erdgeschoss geht es mit der Sammlung der **Antike** weit, weit zurück in der Menschheitsgeschichte. Ein jungsteinzeitlicher Keramikbecher aus Anatolien – das älteste Stück des Hauses – blickt auf satte 7000 Jahre zurück. Die **Renaissance**, die „Wiedergeburt der Antike", wird im Erdgeschoss thematisiert. Zu sehen sind z. B. Multifunktionsmöbel („Neapolitanischer Kabinettschrank", um 1600) und ein in lila gehaltenes Kuriositätenkabinett voller Kunst und Krempel.

Die **Ostasien-Funde** (aus China, Korea, Japan) im ersten Obergeschoss werden wesentlich biederer präsentiert als die Ausstellungsstücke im Erdgeschoss. Unterhaltsamer aufbereitet ist dafür das Thema Samurai – in dieser Abteilung kann man sogar auf einer alten Nintendo-Konsole von 1993 spielen und bekommt Szenen aus dem Tarantino-Streifen „Kill Bill" zu sehen. **Buddhismus und Islam** werden auf dieser Etage ebenfalls angeschnitten und mehrere, bisweilen recht überladene Räume widmen sich den organischen Verschlingungen des **Jugendstil** (z. B. Tiffany-Vasen und Ashbee-Karaffen).

Auf dem neuesten Stand der Museumspädagogik befindet sich die Sammlung der **Moderne** im zweiten Obergeschoss, die von der Präsentation geschickt gewählter Ausschnitte expressionistischer Stummfilme bis zu Exponaten abstrakter Kunst einen breiten Bogen spannt – klar, dass hier auch ein Kandinsky nicht fehlen darf. Aber auch eine Einbauküche ist ausgestellt: Dieses „Haushaltslaboratorium" verkaufte sich über 10.000 Mal und fand internationale Anerkennung. Sogar Art déco und Damenmode, darunter Schuhmode aus 300 Jahren, werden stilvoll präsentiert.

Besonders schön ist dann noch die **Sammlung Design**. Bei zahlreichen Alltagsgegenständen hat man ein regelrechtes Aha-Erlebnis, weil man die ausgestellten Stücke aus der eigenen Kindheit kennt; zu einigen besonderen Objekten werden in Nebenräumen spannende und geistreiche Geschichten erzählt. Ein Höhepunkt ist die einstige SPIEGEL-Kantine in Orange; Verner Panton setzte sie 1969 psychedelisch und peppig in Szene.

Das **Hubertus Wald Kinderreich** im Untergeschoss ist ein Tipp für Familien mit Kindern (5–12 J.) und zeigt auf 250 m² eine wundersam neu arrangierte Welt – mit einem Tisch, der kopfüber von der Decke herunterhängt, und einer Gießkanne, die sprechen kann. Das Beste: Anfassen ist ausdrücklich erwünscht! Außerdem gibt es am Wochenende 90-minütige Audio-Spielführungen (ab 8 J.) und sonntags um 15 Uhr eine Kinderzeit, in der die Kids z. B. Kostüme aus Luftpolsterfolie entwerfen oder Fabelwesen formen können.

Steintorplatz, U 1/3 Hauptbahnhof Süd, ✆ 428134880, www.mkg-hamburg.de. Di–So 10–18 Uhr, Do bis 21 Uhr (an und vor Feiertagen bis 18 Uhr); Hubertus Wald Kinderreich nur Sa/So, in den Hamburger Schulferien Di–So 10–18 Uhr. Eintritt 10 €, erm. 7 €, Kinder und Jugendliche bis 17 J. frei, Familienticket 17 € (2 Erw. + Kinder unter 18. J.), Do ab 17 Uhr 7 €. Kostenlose Audioguides; außerdem viele öffentliche Führungen, u. a. zu den Sonderausstellungen.

Im **Museumsrestaurant Destille** (Di–So 11–17 Uhr, Sept.–Mai Do bis 20 Uhr) darf man snacken und sich erfrischen. Die angeschlossene **Buchhandlung Walther König** bietet alles rund um die Ausstellungen und vieles darüber hinaus.

Steindamm

Der schräg gegenüber abzweigende Steindamm ist (mitsamt den nördlich

Das Museum für Kunst und Gewerbe

gelegenen Nebenstraßen und dem Hansaplatz) die Böse-Buben-Ecke des Zentrums. Ein Leihhaus, schäbige Spielkasinos sowie Sex-Shops und -kinos, ein Penny-Markt und billige Handygeschäfte charakterisieren die Straße, die 1539 zur ersten gepflasterten außerhalb der Stadtmauern wurde. Nein, schön ist am Steindamm wenig, wenngleich das **Hansa-Varieté-Theater** (→ S. 72), das **Hotel Village** (→ S. 60) und auch das **Polittbüro** (→ S. 73) angenehme Lichtblicke inmitten des „neuen" Kiezes darstellen – in dem sich auch das Polizeikommissariat 11 in einem Riesengebäude in Nr. 82 niedergelassen hat.

Centrum-Moschee Hamburg

Genau wie der Steindamm ist auch die Böckmannstraße alles andere als architektonisch eindrucksvoll. Dafür steht hier eine von 42 Hamburger Moscheen, die derzeit von knapp 12.000 Muslimen genutzt werden. Das Besondere dieses

St. Georg und Außenalster → Karte S. 190/191

Gotteshauses: das „Fußballmuster“ der Minarette. Um ihnen einen neuen Anstrich zu verleihen, schraubte man die 20 m hohen und 7,1 t schweren Türmchen ab. Der Künstler Boran Burchhardt versah sie 2009 mit einem grünweißen Wabenmuster. Schließlich seien Sechsecke islamische Symbole, erklärte Imam Ramazan Ucar augenzwinkernd und selbstbewusst, und Grün sei die Lieblingsfarbe Mohammeds. So entstand ein seltenes Zusammenspiel von Ironie und Islam, das durch die Weltpresse ging – und ein christlich geprägter Künstler gestalten durfte. Wer mag, kann den muslimischen Supermarkt **Lindenbazar** mit seinen orientalischen Gerüchen und oberkitschigen Vasen durchqueren und die Minarette auf der anderen Seite in ihrer vollen Schönheit bestaunen.

Natürlich lohnt es sich auch, in die 1977 erbaute Moschee hineinzuschauen. Ornamente und Schriftzeichen beherrschen die Wände, die türkis gekachelt sind. Wer die Schuhe auszieht, darf den mit Teppichen ausgelegten Raum ohne vorherige Anmeldung betreten. Man kann sich auch aus erster Hand über die Moschee informieren: innerhalb von ein- bis zweistündigen Führungen auf Spendenbasis, die man unter ✆ 241607 oder 0173-2464877 buchen kann.

Böckmannstr. 40, U 1/3 Hauptbahnhof Süd oder U 1 Lohmühlenstraße. Tägl. 9.30–20 Uhr, im Winter bis 19 Uhr. Am 3. Oktober findet der „Tag der offenen Moschee“ mit Veranstaltungen und Ausstellungen statt.

Kunst an der Centrum-Moschee

Domkirche St. Marien

Stolz erhebt sich der Mariendom in der Danziger Straße, die vom Steindamm in Richtung Lange Reihe führt.

Das Außergewöhnliche dieser dreischiffigen Kathedralkirche von 1890–93, deren Doppeltürme 64 m hoch in den Himmel ragen, ist nicht nur ihr wuchtiges, imposantes Äußeres, das in seiner Bauweise an den Bremer Dom erinnert: Es handelt sich um den ersten katholischen Kirchenneubau in Hamburg nach der Reformation. Außerdem wurde St. Marien 1995 zum Bischofssitz erhoben – damit haben die Katholiken nach mehr als 1100 Jahren wieder ein Erzbistum in der Elbmetropole. Über 180.000 Katholiken leben derzeit in Hamburg.

Innen ist der Dom trotz des vergoldeten Chors mit den stimmungsvollen Glasfenstern eher schlicht gehalten; er wirkt modern und angenehm hell. Besonders interessant ist das **große Triumphkreuz** von 1993, das aus einer Mooreiche gefertigt wurde, die 4000 Jahre auf dem Buckel hat. Auf der Rückseite ist es mit Medaillons aus versteinertem Holz verziert, die 27 bis 30

Mio. Jahre alt sind. Das **Mosaik im Altargewölbe** hingegen wirkt wesentlich älter, als es tatsächlich ist. Obgleich von 1943, erinnert es an die Mosaiktechniken des römischen Franziskanermönchs Jacopo Torriti (aktiv um 1300). Wer mehr über den Innenraum wissen möchte, kann die gut gemachte Broschüre für Besucher im Eingangsbereich rechts mitnehmen.

Am Mariendom, U 1 Lohmühlenstraße, www.mariendomhamburg.de. Mo–Fr sowie So und feiertags 9–19 Uhr. Besichtigungen nur außerhalb der Gottesdienste! Führungen können auf Spendenbasis unter ✆ 28499070 vereinbart werden.

Domkirche St. Marien

Lange Reihe

Die Lange Reihe ist der Gegenpart zum Steindamm und sicherlich die netteste Ecke des Stadtviertels: lebendig, bunt, alternativ und stilvoll. Klar, dass hier auch die meisten Gastroangebote des (Szene-)Stadtteils zu finden sind. Auch die schmucken Gründerzeithäuser und einige Fachwerkgebäude (von denen es im sich ständig neu erfindenden Hamburg nicht mehr so viele gibt) machen den Charme dieser Straße aus (z. B. Nr. 30–32, 50, 51, 61 und 92). Erst ab der Schmilinskystraße wird die Lange Reihe von eher drögen Wohn- und Geschäftsbauten dominiert.

Aus der Danziger Straße kommend, läutet das Bruno's, eine schwule Buchhandlung, mit seiner Regenbogenfahne die Lange Reihe ein. Um die 20 Häuser sind in dieser Hauptschlagader des Viertels denkmalgeschützt – damit ist die Lange Reihe auch eine der wenigen „alten" Straßen, die in der weltkriegsbombardierten und von einem großen Stadtbrand heimgesuchten Metropole noch existieren. Das **„Nähmaschinenhaus"** (Nr. 61), ein Fachwerkhäuschen, in dem tatsächlich mit Nähmaschinen gehandelt wird, ist das mit Abstand bekannteste und stammt von 1621. Was auch Hamburgern meistens unbekannt ist: Dem Vorgängerbau verdankt der Stadtteil seinen Namen; das St.-Georgs-Hospital (ca. 1200 gegründet) diente über 400 Jahre als Asyl für Leprakranke.

Angenehmeres trug sich in Nr. 71 zu: Wer sich in Hamburg aufhält, wird ihm zwangsläufig „begegnen" – **Hans Albers** (→ S. 125), dem Idol der Großelterngeneration. Wo sich heute die Filiale eines Telefonanbieters niedergelassen hat, brachte die Frau des Großschlachters Wilhelm Philipp Albers das jüngste ihrer sechs Kinder an einem 22. September zur Welt. Bis der spätere Vollblutmime ans Licht der Weltöffentlichkeit gelangte, dauerte es aber noch eine ganze Weile. Wo wir gerade bei Berühmtheiten sind: Auch der Dramatiker und Lyriker **Friedrich Hebbel** (1813–1863) lebte in Hamburg, und zwar

1842–44 in der Langen Reihe 7. Und in Nr. 91 verbrachte der Verfasser des frontenübergreifenden Weltkriegsschlagers „Lili Marleen“ vier Kindheitsjahre: **Hans Leip** (→ S. 227). 2 Mio. Schallplatten, die in über 20 Ländern über den Ladentisch gingen, machten den Schriftsteller und die Interpretin Lale Andersen weltberühmt.

Koppel 66

Das sog. „Haus für Kunst und Handwerk“ in der Langen Reihe 75 ist definitiv einen Besuch wert. Schmuckhersteller, Buchkünstler, eine Schuhmachermeisterin und das vegetarische Café Koppel (→ S. 204) sind in diesem Gebäude daheim, neben zahlreichen anderen (Kunst-)Handwerkern, die hier ein Atelier gemietet haben. Von 1924 bis 1928 als Maschinenfabrik genutzt und während des Zweiten Weltkrieges als Revolverdreherei missbraucht, ist die Koppel 66 seit 1981 ein entspanntes Refugium für Künstler und alle, die sich deren individuelle Kreationen ansehen wollen.

Lange Reihe 75, U 1 Lohmühlenstraße, www.koppel66.de. Beliebt sind auch die Verkaufsmessen während der Adventswochenenden und im Frühjahr vor Ostern, wenn Kunsthandwerker aus ganz Deutschland ihre neuesten Stücke zeigen.

Abstecher an die Außenalster

Zu zwei Sehenswürdigkeiten am Ufer des „Hamburger Meeres“ sollte man auf jeden Fall einen Abstecher machen: zum Literaturhaus und zur Imam-Ali-Moschee in Uhlenhorst. Von dort könnte man sich dann auch eines der Alsterschiffe für eine schnellere Rückfahrt gönnen; eine der Ablegestellen befindet sich kurz vor der Moschee. Wer möchte, kann diesen Spaziergang aber auch gewaltig verlängern und die Außenalster komplett umrunden (→ Kasten S. 198). Alle anderen (die auch das Literaturhaus und die Moschee auslassen wollen) biegen gleich in die Straße Koppel ein (→ S. 198) – immerhin wartet am Ende der Tour noch die riesige Kunsthalle mit der fabelhaften Galerie der Gegenwart (→ S. 200).

Schmilinskystraße

Über die Schmilinskystraße erreicht man die Außenalster. In der Straße selbst sind die Boutique **Icon** (→ S. 205) mit ihren exklusiven Sonderangeboten und das **Kouros** (→ S. 203) mit dem schmackhaften „Otto-Rehakles-Teller“ nicht unspannend. Und dann gab es da noch **Carl von Ossietzky**: Dort, wo heute ein Fahrradladen ist (Nr. 6), lebte der engagierte Militarismuskritiker – bis er 1916 als Armierungssoldat an die Westfront musste ...

Am Ende des Straßenzugs trifft man auf die sehr stark frequentierte Straße An der Alster, die als Schwanenwik schließlich zum Literaturhaus führt.

Literaturhaus Hamburg

Das ehemals dritte Literaturhaus der Republik ist definitiv eines der schönsten. Im Treppenhaus der weißen Villa hängen die Fotos der Schriftsteller, die hier schon gelesen haben – von Clemens Meyer und Herta Müller über John Irving bis Umberto Eco. Peter Peitsch hat die starken Porträts geschossen. Und auch der Gartensaal kann sich mit seinen Kronleuchtern und der stuckverzierten sehr hohen Decke mehr als sehen lassen. Das spätklassizistische Gebäude ist ein typisches Stadthaus, wie es für die Anwesen rund um die Außenalster charakteristisch ist: mit Hochparterre und Beletage. Das Literaturhaus-Team selbst lockt mit Engagement und Fingerspitzengefühl nicht nur Nachwuchsautoren, sondern immer wieder auch Nobelpreisträger nach Hamburg. Zwei- bis dreimal wöchentlich lädt man zu Veranstaltungen, wobei Dauerbrenner wie die alle zwei Jahre stattfindenden Nordischen Literaturtage (mit Autoren aus Skandinavien) und die Reihe „irgendwie komisch" (eine Serie mit bekannten Satirikern) hervorstechen.

Noch kurz zur Geschichte des feudaledlen Hauses: 1868 als Spekulationsobjekt erbaut, wurde es ab 1889 von dem Bankier Adolph entscheidend aufgewertet. Ab Anfang des 20. Jh. gehörte es einem jüdischen Orthopäden, der darin die „Heilgymnastische Privatanstalt Dr. Krieg" betrieb und die Räume in den 20er-Jahren dem weltberühmten Choreografen Rudolf von Laban vermietete. Weniger künstlerisch ging es während der Nazizeit zu, als das Gebäude 50 Betten für Mädchen beherbergte, die zur Disziplinierung in „Schutzhaft" genommen worden waren (z. B. wegen Prostitutionsverdacht oder Verwahrlosung); u. a. existierte ein fensterloser Kellerraum zur „Erziehung". Am 12. September 1989, einen Tag nach der offiziellen Öffnung des Eisernen Vorhangs in Ungarn, erfand sich das von der ZEIT-Stiftung gekaufte und restaurierte Gebäude ein weiteres Mal neu: Es zelebrierte seinen Beginn als Literaturstätte erster Güte.

Schwanenwik 38, Bus 6 Mundsberger Brücke oder U 3 Uhlandstraße, ✆ 22702011, www.literaturhaus-hamburg.de. Mo–Fr 9–24 Uhr, Sa/So 10–24 Uhr. Das **Literaturhauscafé** im Gartensaal ist sehr angenehm (→ S. 203), ebenso die gut sortierte **Buchhandlung Samtleben**. Zu den Nordischen Literaturtagen und dem „jungen literaturhaus" siehe www.nordische-literaturtage.de bzw. www.julit-hamburg.de.

Imam-Ali-Moschee

Auf der Straße Schöne Aussicht geht es weiter, bis ein Wasserbecken den Eingang zur „Blauen Moschee an der Alster" markiert. Wie in der Centrum-Moschee gilt auch hier: Bitte Schuhe ausziehen, dann darf man gerne hineingehen. Dabei beeindruckt besonders der

Die „Blaue Moschee an der Alster"

Betsaal, den bis zu 1500 Gläubige gleichzeitig nutzen können. Auf kunstvollen Mosaiken finden sich Verse aus dem Koran und deren deutsche Übertragungen sowie florale Ornamente. Ein seltenes Schmuckstück ist der von 22 Knüpfern in dreijähriger Handarbeit angefertigte Rundteppich, der laut Website zu den größten des Iran gehört. In konkreten Zahlen heißt das: 1 t Gewicht, 198 m² Fläche, 80 Mio. Knoten.

Das viertälteste muslimische Gotteshaus Deutschlands entstand zwischen 1960 und 1965 – und gehört der zweitgrößten Glaubensrichtung des Islam an: der Schia. Wie auf einem Schild vor der Moschee zu lesen ist, versteht sich der Ort als einer, „an dem Menschen unabhängig von Religion und Nationalität zusammenfinden, um einen aufgeklärten Islam auf der Grundlage der Vernunft kennenzulernen". Demgegenüber wirft der Verfassungsschutz dem dahinterstehenden **Islamischen Zentrum Hamburg** (nicht den Gläubigen, die das Gotteshaus besuchen) politische Einflussnahme und Indoktrinierung vor – und warnte vor dem „Export der islamischen Religion" und vor der Verbreitung der iranischen „Revolutionsidee" in „Religion, Bildung und Sport".

Schöne Aussicht 36, Bus 6 Zimmerstraße, ✆ 22948635, www.izhamburg.com. Tägl. 9–20 Uhr. Führungen sind nach Vereinbarung möglich.

Einmal um die Außenalster

Es ist ein langer, aber durchaus lohnender Spaziergang um die 164 ha große Außenalster, deren Uferlinie immerhin 7,4 km misst. Während des charmanten Rundwegs streift man ganze sechs Stadtteile: St. Georg, Hohenfelde, Uhlenhorst, Winterhude, Harvestehude und Rotherbaum. An unzähligen Stellen hat man einen schönen Blick auf die Silhouette von Alt- und Neustadt, die man andernorts gar nicht so oft zu Gesicht bekommt. Für die Stärkung zwischendurch bieten sich unterwegs immer wieder Cafés an.

Beginnt man den Rundgang vis-à-vis der Schmilinskystraße, wird es ab der Straße Schöne Aussicht verkehrstechnisch ruhiger. Bereits hier bekommt man einige der großspurig, aber auch schlicht gebauten Villen in Ufernähe zu sehen. Auf der gegenüberliegenden Uferseite haben zahlreiche Konsulate ihren Sitz, z. B. das brasilianische und das österreichische. Am schönsten sind die Ausblicke auf Wasser und Stadtsilhouette natürlich in den Straßen Schöne Aussicht, Bellevue und Fernsicht. Die Highlights an der Außenalster sind aber selbstverständlich das stilvolle Literaturhaus (→ S. 196) und die Imam-Ali-Moschee (→ S. 197).

Von der Koppel zur Hamburger Kunsthalle

Koppel

Entscheidet man sich gegen die Außenalster, kann man in der Schmilinskystraße via Koppel an der eher unspektakulären und selten geöffneten **Dreieinigkeitskirche** von 1957 vorbeischlendern (April–Sept. Sa 12–16 Uhr, Okt.–März Sa 12–14 Uhr). Für den zugänglichen Kirchhof hat Gerhard Marcks – bekannt durch das Denkmal der Bremer Stadtmusikanten – eine Skulptur des Drachentöters St. Georg geschaffen. Gegenüber befindet sich seit 1661 das Restaurant Alte Flöte; im Haus nebenan wohnte **Max Schmeling** (1905–2005) als Kind. Der Werdegang des „vorbildlichen Sportsmannes“ wird auf einer eigens angebrachten Tafel beschrieben.

Hotel Atlantic

Über die St.-Georg- und die Rautenbergstraße gelangt man zum Holzdamm, der in Richtung Norden zum „weißen Schloss an der Alster“ führt: zum legendären Hotel Atlantic. 1909 eröffnet und erst 2010 unter Denkmalschutz gestellt, wurde dieses seltene noch erhaltene Beispiel eines Grandhotels aus der Kaiserzeit häufig instrumentalisiert. Aus der Anfangszeit sind z. B. ein Kachelmosaik des kriegerischen Monarchen Wilhelm II. und die charakteristischen Weltkugelteppiche ohne England erhalten; das Wettrüsten mit dem Bruderfeind hinterließ eben auch in der Inneneinrichtung seine Spuren …

Nichtsdestotrotz oder gerade deswegen: Das Hotel Atlantic ist eine Hamburger Institution. In der es allerdings wesentlich lockerer zugeht als im Vier Jahreszeiten – was möglicherweise an **Udo Lindenberg** liegt. Der erste Rocker, der deutsche Liedtexte salonfähig machte, lebt seit etwa 17 Jahren in einer 70-m^2-Suite (Nr. 212) des neoklassizistischen Hauses und erfüllt Autogramm- und Fotowünsche sehr gern und unkompliziert. Falls man ihn nicht persönlich antrifft – Autogrammkarten sind auch an der Rezeption erhältlich. Apropos Promis: In den 30er-Jahren war der Nobelpreisträger Gerhart Hauptmann Stammgast; auch Robbie Williams logierte – einige Jahre später – hier. Und wer „Tomorrow Never Dies" gesehen hat, könnte meinen, dass James Bond in einer Suite des Atlantic residiert hätte. Doch leider, die Hotelszenen entstanden in einem Luxushotel in Südengland, lediglich die Außenfassade des Hamburger Grandhotels diente als Kulisse.

An der Alster 72–79, U 2 Hauptbahnhof Nord oder S 1/2/3 Hauptbahnhof. Infos zum Übernachten im Grandhotel → S. 59.

Heidi-Kabel-Platz

Geht man nun den **Holzdamm** zurück in Richtung Süden, passiert man ein hübsches Ensemble an Biedermeierhäusern (z. B. Nr. 41–51), die gerne als Filmkulisse genutzt werden. Der Straßenzug führt zum Heidi-Kabel-Platz, wo eine Statue der Namensgeberin und das **Ohnsorg-Theater** (→ S. 71) stehen.

Von hier aus könnte man noch einen kleinen Umweg auf sich nehmen, um beim Deutschen Schauspielhaus mit seiner supergünstigen Kantine (→ S. 204) vorbeizuschauen. Eine Stärkung vor einem ausgiebigen Besuch der Kunsthalle ist schließlich nicht verkehrt. Alle anderen gelangen von hier über die Ernst-Merck-Brücke direkt zum Museum.

Deutsches Schauspielhaus

1899/1900 wurde das Deutsche Schauspielhaus auf die Initiative einiger Bürger hin errichtet, die mit dem bisherigen Theaterschaffen der Elbmetropole nicht mehr zufrieden waren. Die korinthischen Kolossalsäulen, die einzig und allein dem Prestige dienten, zeigen, was man mit dem Haus erreichen wollte. Und wirklich: Mit seinen 1831 Plätzen war das im Neobarock und Neorokoko ausgestaltete Gebäude eines der größten

Ein Theater der Extraklasse: das Deutsche Schauspielhaus

St. Georg und Außenalster → Karte S. 190/191

Sprechtheater des Kaiserreichs; selbst Wilhelm II. ließ sich mehrmals blicken.

Gleich der erste Intendant, der Wiener Alfred Freiherr von Berger, wollte mit seinen klassischen Aufführungen ein (Wiener) „Burgtheater an der Alster" erschaffen. Später standen Stücke von Brecht und Hans Henny Jahnn auf dem Spielplan. Und einen nationalen Theaterskandal, den jede Spielstätte, die etwas auf sich hält, schließlich auch haben muss, löste Peter Zadek mit seiner Version des „Othello" aus; 1976 war nackte Haut auf Bühnen noch etwas ungeheuerlich Ungehöriges.

Trotz derzeit nur noch 1200 Plätzen hat man das einstige Prestige sogar noch ausgebaut und darf sich inzwischen als größte Sprechbühne Deutschlands bezeichnen – und, was noch wichtiger ist, als eine der renommiertesten. Zwischen 1996 und 2005 wurde das Deutsche Schauspielhaus vier Mal zum „Theater des Jahres" gewählt.

Kirchenallee 39, U 2 Hauptbahnhof Nord oder S 1/2/3 Hauptbahnhof. Infos zum Theaterbesuch → S. 71.

Hamburger Kunsthalle und Galerie der Gegenwart

Auf dem Weg zur Kunsthalle sieht man hinter dem Glockengießerwall am Georgsplatz das in Rot-Weiß gehaltene **Niemitz-Haus** (Nr. 16). 1846–48 errichtet, ist es eines der wenigen erhaltenen Beispiele für die Bauweise nach dem Großen Brand und erinnert an die florentinische und venezianische Frührenaissance.

Vor dem Haupteingang der repräsentativen Kunsthalle entdeckt man eine **Plastik des Bildhauers Aristide Maillol**: Zu sehen ist eine nackte Frau, die ein wenig schief auf einem Sockel liegt; ihr Titel: „Der Fluss" (1938/39). Der Volksmund meint, er spiele auf den Verkehrsfluss an, der am Glockengießerwall in beiden Richtungen ziemlich heftig ist ... Doch zum Museum selbst: Wer in ein Kunstmeer der Extraklasse eintauchen möchte, kommt um diesen Kulturtempel nicht herum. Dabei bieten die versammelten Dauer- und Sonderausstellungen für jeden Geschmack etwas – für Anhänger der alten Meister genauso wie für glühende Verehrer moderner Kunst.

Wer die Könner des 20. Jh. und 21. Jh. betrachten mag, beginnt am besten mit den fünf Stockwerken der **Galerie der Gegenwart**, also mit dem modernen Quaderbau linker Hand. Während Unter-, Erd- und erstes Obergeschoss Wechselausstellungen vorbehalten sind, dienen die oberen Abteilungen der Werkschau von Klassikern wie z. B. Gerhard Richter, Georg Baselitz oder Thomas Schütte. Klar, dass einer der Räume Andy Warhol gewidmet ist. Aber auch Bruce Naumans Installation „Marching Man" (1985), Rosemarie Trockels 3-minütiger Film „Blick von der anderen Seite (Sprengung)" (1999) oder Annette Wehrmanns Ausstellungsstücke zum „Ort des Gegen" (2003) beeindrucken. Sehr schön ist außerdem der „Apparat, mit dem eine Kartoffel eine andere Kartoffel umkreisen kann". Sigmar Polke hat ihn 1969 erfunden, zu Zeiten der ersten Mondlandung ...

Über das Untergeschoss – dort befindet sich eine „Tropfsteinmaschine", die bis 2496 „reibungslos funktionieren" soll – und einen schummrigen Tunnel mit Rotlichtlaufschrift gelangt man in den Altbau. Die **klassische Moderne** im Obergeschoss ist mit Werken prominenter Künstler wie beispielsweise Edvard Munch oder Christian Schad vertreten. Die üblichen Verdächtigen – z. B. Nolde, Barlach, Picasso, Braque, Beckmann, Chagall oder Ernst – werden mit ihren grandiosen Werken in großer Fülle gezeigt.

Gustaf Gründgens – Abgründe und Sternstunden

1955 wurde der Düsseldorfer Gustaf Gründgens (1899–1963) Generalintendant des Deutschen Schauspielhauses in Hamburg, ein Posten, den er bis 1962 innehatte. Die Erfolgsgeheimnisse des in sich zerrissenen Mannes waren sein Minimalismus und seine Werktreue. Gerade die aufs Wesentliche reduzierte Faust-Inszenierung darf als Meilenstein der deutschen Theatergeschichte des 20. Jh. gelten. Die Aufführungen von 1957 im Deutschen Schauspielhaus (mit Gründgens in seiner Paraderolle als Mephistopheles) waren überragende Erfolge, die Zuschauer standen stundenlang dafür Schlange. Die Verfilmung von 1960 begeisterte ein Millionenpublikum. Einige wie der 2013 verstorbene Reich-Ranicki sahen in Gründgens gar den „größten deutschen Schauspieler des 20. Jahrhunderts".

Ein weniger glorreiches Licht wirft Klaus Mann in „Mephisto. Roman einer Karriere" von 1936 auf den Theaterkönner, in welchem er diesen als skrupellosen Opportunisten während des Dritten Reichs darstellt. Und in der Tat erhielt der Schauspieler, Regisseur und Intendant während der Nazi-Zeit ein staatliches Gehalt und eine Dienstwohnung im Berliner Schloss Bellevue. Er war Generalintendant der Preußischen Staatstheater und Preußischer Staatsrat – und damit Nutznießer und Unterstützer der nationalsozialistischen Diktatur. Außerdem drohte er Journalisten, die sein gottgegebenes Genie nicht anerkannten, mit dem Ausschluss aus der Reichsschrifttumskammer. Das alles war möglich, weil der Mime beste Kontakte zu Hermann Göring unterhielt, seinem Gönner und Förderer.

Dann wieder setzte er sich vorbehaltlos für jüdische, linke und schwule Bekannte, Kollegen und Freunde ein. Und er verbannte die Ideologie von der Bühne; wegen einer „Hamlet"-Inszenierung flüchtete Gründgens 1936 sogar für kurze Zeit in die Schweiz. Zwar musste er in „Humpelstilzchens" (so bezeichnete er Goebbels) anti-englischem Historien- und Hetzfilm „Ohm Krüger" (1941) als Schauspieler mitwirken, doch verweigerte das Honorar, das ihm dafür zustand. Einem offenen Bekenntnis zum Führer in der „Deutschen Wochenschau" ging er aus dem Weg, indem er am Interviewtermin mit dem Auto durch Berlin kutschierte – und nicht erreichbar war. Gleichzeitig meldete er sich 1943 freiwillig an die Front. Göring war es, der schützend die Hand über Gründgens hielt und ihn im Frühjahr 1944 nach Berlin zurückbeorderte. Gründgens erhielt einen Eintrag in der Gottbegnadeten-Liste, jener Aufzählung von 1041 Künstlern, die nicht in den Krieg ziehen mussten. Sein Talent (das er eben auch in den Dienst der Partei stellte) wollte das Ministerium für Volksaufklärung und Propaganda nicht gefährdet wissen.

Wie viele Intellektuelle suchte auch Gründgens einen Weg, in der Diktatur (künstlerisch) weiterzuexistieren. Ob man diese Überlebensstrategie aus heutiger Sicht verurteilen kann, ist sehr schwer zu sagen. Gründgens ist es jedenfalls gelungen, die hohe Theaterkunst der Weimarer Republik über das „Tausendjährige Reich" bis in die Nachkriegszeit zu retten. Das bleibt eine seiner großen künstlerischen Leistungen.

Bieder eingerichtet sind die Räume zur **deutschen Romantik** und zu den **alten Meistern**. Hervorzuheben sind dafür viele der Exponate: z. B. „Altaraufsatz und Retabel des ehemaligen Hochaltars der Petrikirche in Hamburg" (1379/83) von Meister Bertram, darüber hinaus ein Rembrandt, ein Rubens sowie mehrere Tiepolos. Dank zweier Monets, darunter „Die Waterloo-Brücke" von 1902, und mehrerer Spitzwegs, darunter der „Sterndeuter" (um 1863), wird es wieder moderner. Zwei Räume sind zudem Philipp Otto Runge (z. B. „Der Morgen", 1808) und Caspar David Friedrich gewidmet (z. B. „Wanderer über dem Nebelmeer", 1817).

Für die Jüngeren und Jüngsten (ab 6 J.) ist das **Hamburger Kinderzimmer** unterhaltsam, ein „Kunst-Spiel-Erlebnisraum" des dänischen Künstlers Ólafur Elíasson, bei dem auch die „erwachsenen" Werke der Kunsthalle thematisiert werden.

Zuletzt noch drei Sätze zu der 12.000 m² großen Gebäude-Trias: Die Ur-Kunsthalle, zwischen 1863 und 1869 auf der Alsterhöhe erbaut, ist das mittlere der drei Häuser. Von 1912 bis 1919 hat man sie um einen neoklassizistischen Neubau mit Rotunde erweitert. Erst 1997 eröffnete der moderne Quaderbau, der die Galerie der Gegenwart beherbergt.

Glockengießerwall, U 2 Hauptbahnhof Nord oder S 1/2/3 Hauptbahnhof, ✆ 428131200, www.hamburger-kunsthalle.de. Di–So 10–18 Uhr, Do bis 21 Uhr (vor Feiertagen bis 18 Uhr); Hamburger Kinderzimmer Di–Fr 15–18 Uhr und Sa/So 10–18 Uhr. Eintritt 12 €, erm. 6 €, Familienticket 18 € (2 Erw. + Kinder unter 18. J.), Kinder und Jugendliche bis 17 J. frei. Nett ist der „Goldene Nachmittag" (Di–Fr 14.30–17 Uhr), der Senioren ab 65 J. den Eintritt zu 10 € mit einem Stück Kuchen und einem Kaffee versüßt. Besonders günstig ist die kurze Mittwochsführung, wo es um 12 Uhr für 3 € (inkl. Eintritt!) durch einige Räume geht. Andere öffentliche (Themen-)Führungen finden Do um 19 Uhr, Sa um 15 Uhr und So um 11, 12 und 15 Uhr statt (3 € + Eintritt). Audioguide 2 €.

In der Galerie der Gegenwart gibt es das Café-Restaurant **The Cube** (Mittagstisch 11.30–17 Uhr), in der Rotunde kann man sich im Café **George Economou** stärken.

Praktische Infos

→ Karte S. 190/191

Essen & Trinken

Das Dorf **12** Sobald man es im Keller unter der Apotheke Zum Ritter St. Georg gefunden hat, ist man durchaus angetan: vom Ambiente aus dem Revolutionsjahr 1848 mit den Kirchenbänken, Kachelöfen, original-originellen Bildern und ineinander übergehenden Separees. Während es sich früher Harry Rowohlt, Monica Bleibtreu, Peggy Parnass und Ulrich Tukur in diesem Gewölbe gutgehen ließen – Letztgenannter soll 47.465,50 € in der ehemaligen Spelunke gelassen haben –, steht heute gehobene deutsche Hausmannskost auf der Speisekarte. Seit 2010 hat die einstige Kultkneipe neue Pächter. Riesig ist die Auswahl zwar nicht, doch für ca. 20 € wird man mit „Österreichs Goldstück" (= original Wiener Schnitzel vom Kalb) oder „Ein Glas auf die

Imposant und wuchtig: die Kunsthalle mit ihren Meisterwerken

Kuh und eins auf die See" (= Muttis Rinder-Roulade mit cremigen Spargel-Bärlauchgemüse) satt und zufrieden, doch auch die hanseatischen Klassiker wie „Hamburger Seemanns-Labskaus" oder der „Pannfisch" sind eine gute Wahl. An langen und lauen Abenden sitzt man auf rustikalen Holztischen direkt an der „Hauptschlagader" von St. Georg. Tägl. ab 18 Uhr. Lange Reihe 39, ✆ 245614, www.restaurant-dorf.de.

››› **Mein Tipp: Mercier und Camier 1** Dass das Literaturhaus auf jeden Fall einen Besuch wert ist, habe ich schon geschrieben (→ S. 196). Darüber hinaus befindet sich darin ein Restaurant (das auch als Bar und Café fungiert), welches für ca. 25 € ein Fjordforellenfilet oder eine Perlhuhnbrust auf den Teller zaubert, die ein gesondertes Lob verdienen. Doch auch die Nachspeisen zu ca. 10 € sind großartig, z. B. das Pistazienbisquit oder das Schokoladen-Panna-cotta. Das nächste Mal werde ich jedoch gleich das 4-Gänge-Menü für ca. 50 € versuchen, bei dem man den Küchenkünstlern die freie Wahl lässt ... Übrigens: Wer möchte, kann in den sehr schön gestalteten, im besten Sinne altehrwürdigen Räumlichkeiten in Außenalsternähe auch frühstücken, und zwar Di–Fr 9–12 Uhr und Sa/So und an Feiertagen 10–15 Uhr. Ansonsten gilt: Di–Sa 12–15 und 16–22 Uhr, So 12–18 Uhr. Schwanenwik 38, ✆ 2201300, www.merciercamier.de. ‹‹‹

Central 11 Das schlauchartige Lokal ist wunderbar minimalistisch schwarz-weiß gehalten. Angenehme klassische Musik plätschert im Hintergrund. Die Kellner sind herzlich, ohne aufdringlich zu sein. Und die mediterranen Speisen zu fairen Preisen (v. a. zur Mittagszeit zwischen 12 und 15 Uhr) haben eine frische, sehr feine Note – was will man mehr? Dass zudem Bioland-Fleisch und -Fisch, einige Demeter-Weine und Saitlinggerichte für Vegetarier angeboten werden, passt perfekt in die alternative Lange Reihe. Mo–Fr 12–1 Uhr, Sa/So 17–23.30 Uhr. Lange Reihe 50, ✆ 28053704, www.central-hamburg.de. ■

Kouros 3 Wichtig für alle, die gerne griechisch essen gehen: Hier wird einem kein Ouzo hingestellt und die Portionen sind kleiner, als man es gewöhnt ist. Was dem Vergnügen allerdings keinen Abbruch tut, denn der mehrfach von Hamburg-Magazinen zertifizierte und empfohlene Grieche hat sich längst seinen guten Ruf verdient. Es gibt „biologisch reines" Schweinefleisch (keine Antibiotika, keine chemischen Zusätze) aus Schleswig-Holstein und einige besondere Angebote wie eine Zickleinkeule oder Lammcarrékoteletts. Stilvoll-schlicht ist das Innere und mit „Likörellen" von Udo Lindenberg geschmückt, der des Öfteren selbst vorbeischaut. Die Preise sind sehr bezahlbar, zumindest für Hamburger Restaurants in der Innenstadt: 15 € kostet durchschnittlich ein Hauptgericht. Dass auch noch die griechischen Weine gut ausgewählt sind, setzt einen schönen Schlusspunkt. Mo–Sa 18–24 Uhr. An der Alster 25, ✆ 244540, www.kouros-restaurant.de. ■

Die Kantine 18 Wer es sattmachender und günstiger mag, macht mit der öffentlichen Kantine des Deutschen Schauspielhauses alles richtig, wo man mit ca. 5–7 € bei Tages-, Wochen- und Pastagerichten dabei ist. Bio-Fleisch oder -Fisch kann man bei diesen Preisen allerdings nicht erwarten. Dafür Vegetarisches und einen sehr freundlichen, entgegenkommenden Service. Ungewöhnlich ist das Theaterambiente mit dem üppigen Licht-Equipment an der Decke. Ab 14 Uhr wird der Andrang weniger und es gibt ein alkoholfreies Getränk (0,2 l) obendrein. Mo–Fr 11.30–15 Uhr. Kirchenallee 29, ✆ 24871273, www.restaurant-kantine.de.

Das Niemitz-Haus, eines der letzten Beispiele der Nachbrandarchitektur

››› Mein Tipp: **Café Gnosa** 6 Das in sympathischen Tönen gehaltene Szenelokal besticht durch einen angenehmen Lautstärkepegel. Und das, obwohl das Gnosa mit seiner hauseigenen Konditorei meist gut bis sehr gut besucht ist. Die Bestseller lauten: Birnenrahmtorte, Philadelphiatorte, Rhabarberstreusel. Auch richtig tolle Frühstücke gibt es hier und der ziemlich günstige Mittagstisch ab 11.30 Uhr schmeckt. Wer sich von der Regenbogenfahne abschrecken lässt, ist selber schuld. So–Do 10–24 Uhr, Fr/Sa bis 1 Uhr. Lange Reihe 93, ✆ 243034, www.gnosa.de. ‹‹‹

Café Koppel 9 Alle Kuchen und Torten werden selbst gebacken, auch vegane und glutenfreie Varianten gibt es! Man kann auch oben in der Galerie sitzen und in den Sommermonaten den Garten nutzen. Nett: „Langschläfer können jeden Tag bis 22 Uhr ein reichhaltiges Frühstück bei uns genießen." Allerdings muss man wissen, dass dazu keine Wurst gereicht wird. Tägl. 10–23 Uhr. In der Koppel 66 in der Langen Reihe 75, ✆ 249235, www.cafe-koppel.de.

Nachtleben

››› Mein Tipp: **The George Hotel Hamburg** 2 Falls einem das britische und ziemlich moderne Hotel zum Übernachten zu teuer ist (→ „Übernachten", S. 59), kann man den ziemlich exklusiven Blick auf die Außenalster für wesentlich weniger Cash bekommen: Zwischen 18 und ca. 23 Uhr hat die Camparilounge auf der Dachterrasse geöffnet, samstags und sonntags geht es schon um 14 Uhr los. Die einzige Einschränkung: Das Wetter muss „schön" sein und die Temperatur mindestens 18 Grad betragen. Einen Campari Aperitivo bekommt man für ca. 12 €, Cocktails sind etwas teurer. Barcastr. 3, ✆ 2800300, www.thegeorge-hotel.de. ‹‹‹

Shopping

››› Mein Tipp: **The Art of Hamburg** 14 Handbemalte Unikate von Hamburger Künstlern gibt es in diesem stylish eingerichteten, weiß gestrichenen Laden. Der coole „Maschinist" geht am besten, ob als Shirt (ca. 45 €) oder Kapuzenpulli (ca. 80 €). Wer ein Souvenir und gleichzeitig ein Handyversteck sucht, findet „smart homes für smart phones" für allerdings 60 €, Tablet-Taschen können noch einige Zehner mehr kosten. Sehr schön sind auch die „Hafenaugenblicke" für die Zeit, wenn man die schönste aller möglichen Städte wieder verlassen hat. Mo–Sa 11–19 Uhr (im Winter leicht eingeschränkte Öffnungszeiten). Lange Reihe 48 (ein Ableger existiert in der Dietmar-Koel-Str. 19 im Portugiesenviertel), ☎ 77180814, www.the-art-of-hamburg.de. «

Kuntztstück **4** Die Öffnungszeiten des Ladens von Annette Kutz sind nicht gerade perfekt: Mo–Fr 15–18 Uhr, nur im Advent ist auch samstags von 10 bis 16 Uhr auf. Doch nach Terminabsprache kann man auch außerhalb dieser Zeiten einen Blick in den winzigen Verkaufsraum mit seinen besonderen Schmuckstücken riskieren. Es geht mit handgefertigten Ohrsteckern bei 75 € los und endet bei Silberketten, die 925 € wert sind. Sonderanfertigungen sind möglich. Koppel 94, ☎ 28051991, www.kuntztstueck.de.

Icon **5** Lässiger Laden an der Ecke zur Straße Koppel. Immer mal wieder um bis zu 50 € Reduziertes von Diesel, RVLT, Scotch & Soda und Preventi. Insgesamt nicht überteuer, aber auch nichts für totale Schnäppchenjäger. Mo–Fr 12–20 Uhr, Sa 11–19 Uhr. Schmilinskystr. 20, ☎ 28057799, www.get-icon-ized.de.

Cream **10** Schuhe, Jacken, Taschen. Preislich vergleichbar mit dem Icon. Die Verkaufsstücke werden minimalistisch-cool auf Europaletten präsentiert. Mo–Fr 12–19.30 Uhr, Sa 12–18.30 Uhr. Lange Reihe 88, ☎ 188811670, www.saintcream.com.

» Mein Tipp: **Chapeau St. Georg** **7** Sie sind beinahe ausgestorben, die klassischen Kopfbedeckungen für die elegante Dame und den nicht minder eleganten Herren. Hier glücklicherweise noch nicht: Für 70–350 € kann man sich in Silke Kühlings „Hut-Universum" das passende Stück aussuchen – von der Melone bis zur Schiebermütze, von Wollfilz bis Seide, wobei auch Strohhüte, Mützen, Caps und federbewehrte Haarreifen zum Sortiment gehören. Ein Teil der Kollektion wird direkt im Laden hergestellt, von einer Modistin, der man beim Hutmachen zuschauen kann. Mo–Sa 11–20 Uhr. Lange Reihe 94, ☎ 28004375, www.chapeau-stgeorg.de. «

Illustre Balkonage

Mutterland **17** Wie der Name schon sagt, ist Regionalität das große Thema dieses sympathischen Feinkostladens. Dabei geht es um die Erzeugnisse kleiner oder mittelgroßer familiengeführter Manufakturen, nicht um Produkte mit künstlichen Aromen oder wahnwitzigen Anfahrtswegen. Konkret heißt das: Von der „Beleidigten Leberwurst" bis zur „Schnapsdrossel" wird man fündig, von Slow-Food-Marmeladen bis zu handgefertigten Pralinen und Heimathafen-Schokoladen. Dass man sich überdies im denkmalgeschützten (und etwas klotzigen) Bieberhaus befindet, ist eine kleine Randbemerkung weil, zumal es sich in diesen Räumen auch regional-biologisch snacken lässt. Vom „Mutterland" existieren Filialen in Eppendorf (Lenhartzstr. 1) und in der Neustadt (Poststr. 14–16). Mo–Sa 8–21 Uhr, So 9–19 Uhr (nur Café!). Ernst-Merck-Str. 9, ☎ 28407978, www.mutterland.de. ■

Industrierelikt meets Moderne: die Zeise-Hallen

Tour 6: Ottensen und Altona-Altstadt

Ottensen ist ein Erlebnis! Sehr schnell bemerkt man die Kinderfreundlichkeit dieses liebenswerten Stadtteils, der weniger durch überragende Sehenswürdigkeiten als vielmehr durch eine entspannte Mentalität beeindruckt. Die angrenzende Altonaer Altstadt bietet den ältesten jüdischen Friedhof der Stadt und am Altonaer Balkon einen großartigen Blick auf die Elbe.

Der Weg durch Ottensen führt zu mehreren verlassenen und neu genutzten Fabriken und diversen Relikten, die an die industrielle Vergangenheit dieses „Städtchens" erinnern. Außerdem entdeckt man einen jüdischen Friedhof in einem Einkaufszentrum und trifft auf einen Hühnerhof. Quasi nebenbei kann man in individuellen Läden shoppen und kulinarische Gelüste befriedigen: Von vegan bis edel ist alles geboten. Ein wenig irritierend sind lediglich die austauschbaren Franchise-Unternehmen, die in den teilweise sehr schönen gründerzeitlichen Gebäuden untergekommen sind.

Anschließend wird dann noch die Altonaer Altstadt mit einem echten Museums-Highlight für (kleine) Kinder angesteuert. An zwei hochherrschaftlichen Straßenzügen, die zu beiden Stadtteilen gehören, an Klopstocks Grabstätte und einem kleinen Gartenhaus, mit dem Heinrich Heine durchaus zwiespältige Erinnerungen verband, kommt man ebenfalls (nicht) vorbei. Zum Schluss sollte man unbedingt einen Blick vom Altonaer Balkon auf die Elbe werfen. Wer dann noch lauffreudig ist (oder in ein Busticket investieren mag), könnte vom Neuen Rathaus Altona aus einen Abstecher zum ältesten jüdischen Friedhof innerhalb der heutigen Stadtgrenzen unternehmen.

Noch kurz zur Historie von „Tottenhusen“ (bereits 1310 erwähnt): 1567 nahm das damals unbeachtete Bauern- und Handwerkerdorf erstmals niederländische Glaubensflüchtlinge auf – und zeigte sich schon einige Jahrzehnte vor Altona ziemlich freigeistig; die Straße „Holländische Reihe“ existiert bis heute. Da Ottensen im Handelsgebiet des Deutschen Zollvereins lag, erlebte es im 19. Jh. einen enormen Aufschwung. Als preußische Stadt (die sich mit dem südlich an der Elbe gelegenen Neumühlen vereinigt hatte) stieg es zu einem alles andere als sozial- und gesundheitsverträglichen Industriestandort auf; die schlechten Arbeits- und Lebensbedingungen handelten dem Ort vermutlich den Spitznamen „Mottenburg“ ein (→ Kasten S. 209).

Mit dem schrittweisen Niedergang der industriellen Anlagen wandelte sich Ottensen – mittlerweile Hamburger Stadtteil – in den 1970ern erneut. Migranten, Studenten und Autonome belebten den 3 km² kleinen Flecken. Heute wohnen tendenziell gut situierte Mittelstandsfamilien und Akademiker in dem rund 34.000 Einwohner zählenden „Örtlein“, in dem auch Künstler und Kreative heimisch sind – Fatih Akın (geb. 1973) beispielsweise, der Teile seiner genialen Streifen in Ottensen spielen ließ. Der DDR-ausgebürgerte Sängerpoet Wolf Biermann (geb. 1936) lebt ebenfalls hier.

Wie Ottensen ist auch das angrenzende Altona-Altstadt ein Stadtteil im Hamburger Bezirk Altona, der auf eine Vergangenheit als eigenständige und durchaus bedeutende Stadt zurückblickt (→ Stadtgeschichte, S. 25). Nachdem das zum Königreich Dänemark gehörende Altona 1664 von Friedrich III. zur Stadt erhoben worden war, besaß es großzügige Handels- und Zollprivilegien (im Gegensatz zur benachbarten Hansestadt), und die ebenfalls wichtigen, schon gut 50 Jahre zuvor gewährten Religions- und Gewerbefreiheiten bestanden weiterhin. Bald konkurrierte Altona, das im frühen 16. Jh. gerade mal eine kleine Fischer- und Handwerkersiedlung gewesen ist, mit der finanzstarken Elbmetropole in vielen Bereichen, u. a. im

Fischhandel (→ Stuhlmannbrunnen, S. 212). Der Hamburger Rat und die Bürgerschaft werden sich zu diesem Zeitpunkt vermutlich geärgert haben: Vor der großzügigen Förderung durch die Dänen war ihnen Altona bereits dreimal zum Kauf angeboten worden ... Zu Beginn des 19. Jh. übertraf die Altonaer Handelsflotte schließlich die Handelsflotte der Nachbarstadt. Erst mit dem Groß-Hamburg-Gesetz (→ S. 30), einer Verfügung der Nationalsozialisten von 1937, wurden die beiden Städte (Altona gehörte inzwischen zu Preußen) zusammengelegt und mussten fortan miteinander auskommen.

Rundgang durch Ottensen

Besonders schön ist er nicht, der Bahnhof Altona, an dem die Tour durch Ottensen startet und den man z. B. mit der S 1 erreicht. Dafür beginnt hier die **Ottenser Hauptstraße**, eine luftig wirkende Einkaufsmeile mit Bäumen und Bänken, die gleich einen guten Eindruck vom vielleicht entspanntesten Viertel Hamburgs vermittelt.

Ehemaliger Jüdischer Friedhof im Mercado

Inmitten des Einkaufszentrums **Mercado** trifft man an einer Treppe, die ins Tiefgeschoss führt, auf ein deutsches Unikum: einen jüdischen Friedhof in einer Shoppingmall. 78 Glasplatten erinnern an Tausende Verstorbene, die vom 17. Jh. bis 1934 einige Meter tiefer bestattet wurden. Das einstige „beth olam" („Haus der Ewigkeit") wurde 1663 an dieser Stelle gegründet und im Dritten Reich entweiht und zweckentfremdet; auf dem Gelände errichtete man zwei Luftschutzbunker. Nachdem das Grundstück der jüdischen Gemeinde nach dem Zweiten Weltkrieg zurückgegeben worden war, verkaufte diese es in den 50er-Jahren als Baugrund. Daraufhin entstand an selber

Der Friedhof in der Shoppingmall

Spitzname „Mottenburg“

Obgleich alternative Worterklärungen existieren – aller Wahrscheinlichkeit nach geht Ottensens Spitzname auf die extremen Lebens- und Arbeitsbedingungen im 19. Jh. zurück, als viele Industriebetriebe dort angesiedelt waren. Besonders hart hatten es die Glasarbeiter und die Zigarrendreher, die mit durchschnittlich 35 Jahren starben: nicht selten, weil sie „die Motten“ bekommen hatten. Damit war Tuberkulose gemeint, eine bakterielle Infektionskrankheit, mit der sich die Fabrikarbeiter ansteckten. Ihr Immunsystem ging durch die 16- bis 18-stündigen Arbeitstage ohne Sonntagsruhe und Arbeitsschutz im Regelfall gegen null. Die befallenen Organe (meistens die Lungen) sahen regelrecht mottenzerfressen aus, weshalb sich die Bezeichnung „Mottenburger“ für die in Ottensen lebende Bevölkerung etabliert haben soll. Heute gibt es in Ottensen die Mottenburger Straße, die Mottenburger Twiete und das Hotel Mottenburger Hof.

Stelle zum ersten Mal ein Kaufhaus; die dabei zutage geförderten Grabsteine und sterblichen Überreste bettete man auf den Ohlsdorfer Friedhof um. Anfang der 90er-Jahre entbrannte ein Streit um das Gelände, denn die Störung der Totenruhe – im Erdreich wurden weitere Gräber vermutet – sollte sich mit der Errichtung eines neuen Einkaufszentrums wiederholen. Schließlich fand sich ein Kompromiss: Der Boden, der einst vermutlich weit über 4000 Gräber enthalten hatte, wurde mit einer Betonplatte bedeckt und blieb somit unangetastet; statt der geplanten Tiefgarage entstand ein Parkplatz auf dem Dach.

Ottenser Hauptstr. 10, S 1/2/3 Altona oder Regionalbahn Hamburg-Altona. Mo–Mi und Sa 10–20 Uhr, Do/Fr 10–21 Uhr.

Rund um die Eulenstraße

Biegt man links in die Bahrenfelder Straße, gelangt man zur **Mottenburger Twiete**, einer entspannten Ministraße, in der im Sommer an Tischen im Freien geschnackt und Kaffee getrunken wird. Von hier leuchtet das einige Hausnummern entfernte und sehr liebenswert geführte Möbel-Accessoire-Lädchen **Adele & Clodwig** (→ S. 222), in dem man sogar Kuchen und andere Leckereien bekommt, türkisfarben herüber. Wer lieber gleich den Spaziergang fortsetzt, stößt nach der Twiete auf die Eulenstraße, in der das **Leaf** (→ S. 219), ein veganes Restaurant, und das **Kulturzentrum Motte** (Eulenstr. 43) zu finden sind. In der 1976 gegründeten Einrichtung, einer ehemaligen Zigarrenfabrik, finden diverse Workshops und Veranstaltungen statt (www.diemotte.de); hier gab man 1999 übrigens den entscheidenden Anstoß zur wunderbaren altonale (→ S. 78).

Die links gelegene Rothestraße bietet einen ungewöhnlichen Hingucker: die sog. „**Mottenburger Hühnertwiete**“. Inmitten der Hamburger City ist ein „Stammplatz einer mit Beton und Abgas verfolgten Kleintierrasse“ entstanden, sprich: ein kleiner Hühnerhof nebst Bienenstock, der vom Kulturzentrum Motte betreut wird. Auch der dahinterliegende Spielplatz mit mehreren Sandarealen ist ein guter Zwischenstopp für Familien. Einige Schritte weiter trifft man aufs Restaurant **Cuore Mio** (→ S. 219).

Es lohnt sich, von hier einen Schlenker über die abzweigende **Keplerstraße** zu machen, in der grandiose Gründerzeitbauten zu sehen sind, bevor es via Große Brunnenstraße zurück zur Ottenser Hauptstraße und Richtung Norden geht.

Ottensen und Altona-Altstadt → Karte S. 210/211

Nöltingstraße

Über die Nöltingstraße gelangt man in den nördlichen Teil des Viertels. Nicht wenige stillgelegte und umfunktionierte Fabriken verweisen auf den einstigen Industriestandort. Besonders augenfällig ist der **blaue Bagger** an der Ecke zur Straße Am Born. Der 40 t schwere M 152 (Baujahr 1954) erinnert als „Menckmal" an Menck & Hambrock. Obwohl seine Konstrukteure bereits im Kaiserreich zu den weltweit führenden Baggerherstellern zählten, verschliefen die Ingenieure den Umstieg von Seilzug- auf Hydraulikgeräte – weshalb das Maschinenbauunternehmen in den 60er-Jahren von einem amerikanischen Unternehmen geschluckt wurde.

Alma-Wartenberg-Platz

Der zweite Abschnitt dieser eher funktional bebauten Straße führt zum bunten

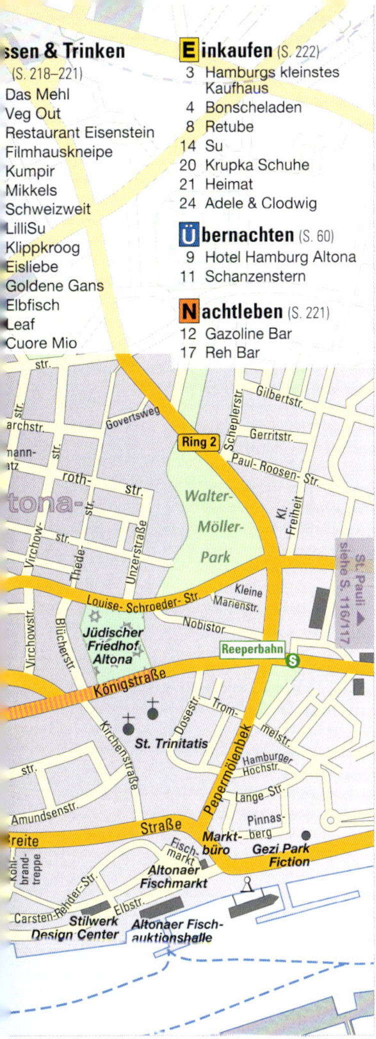

und von einigen Alkis bevölkerten Alma-Wartenberg-Platz. Er ist nach einer sozialdemokratischen Frauenrechtlerin (1871–1928) benannt, die, aus Ottensen stammend, im prüden und patriarchalischen Kaiserreich viel besuchte Lichtbildervorträge zur Geburtenkontrolle hielt; anschließend verkaufte sie illegal Verhütungsmittel. Obwohl der Platz seit 1997 an die emanzipierte Kämpferin erinnert, sucht man ihren Namen im Hamburg-Lexikon vergeblich …

An der nördlichen Seite des Platzes befindet sich mein Lieblingsfalafelladen des Stadtteils, das **Kumpir** (→ S. 220). Wer eher Lust auf ein nettes Café hat, kann rechts vom Alma-Wartenberg-Platz in die Kleine Rainstraße einbiegen – und das **mikkels** (→ S. 220) ansteuern.

Friedensallee

In der Friedensallee trifft man in der Nr. 7 auf die **Filmhauskneipe** (→ S. 219). Das Gelände dahinter führt zu einer verlassenen Fabrikhalle. Bis zum Ende der 70er-Jahre war die Theodor Zeise GmbH & Co für die Herstellung von Schiffsschrauben verantwortlich und damit auch sehr erfolgreich – selbst für die Onassis-Gruppe fertigte man Schiffspropeller. Ein Blick hinter die denkmalgeschützten Kulissen ist spannend: Die **Zeise-Kinos** (→ S. 74) und das Restaurant **Eisenstein** (→ S. 219) nutzen das Ambiente der heruntergekommenen Grundmauern recht gekonnt. Auch auf der anderen Gehwegseite befindet sich eine kulturelle Einrichtung hinter ehemals industriell genutzten Mauern – das in einer alten Lagerhalle beheimatete **Monsun Theater** (Nr. 20, → S. 71).

Die Fabrik

Das nächste industrielle Überbleibsel empfängt die Besucher in der Barnerstraße; den Stahlkran von Menck & Hambrock sieht man bereits aus der Ferne. Er bekrönt das erste Kultur- und Kommunikationszentrum der Republik: die Fabrik. Dort, wo heute Konzerte über die Bühne gehen und mit Kindern und Jugendlichen gearbeitet wird, wurden früher Maschinen und Munition hergestellt. 1971 modelte man das Geister-Gelände zum Kulturzentrum um, das sich, politisch links engagiert, zu einem Vorbild für Zentren dieser Art entwickelte. 1977 bis auf die Grundfesten niedergebrannt – vermutet wurde ein Anschlag von Rechtsextremen –, mauserte

Ottensen und Altona-Altstadt → Karte S. 210/211

sich die wiedererrichtete Fabrikhalle zum zweiten Mal zu einem legendären Szenetreff. Diesmal griff man auf feuerfestes Bongossiholz zurück.

Barnerstr. 36, S 1/2/3 Altona oder Regionalbahn Hamburg-Altona bzw. Bus 288 Fabrik oder Bus 37 Friedensallee. Mehr zum Angebot des Kulturzentrums → S. 74.

Stadtteilarchiv Ottensen

Über die Bahrenfelder Straße gelangt man in die Zeißstraße, wo der „postindustrielle" Spaziergang weitergeht. Die kleinen einstigen Arbeiter- und Handwerkerhäuschen an der Ecke zum Nerstweg sehen heute superidyllisch aus – und dürften eine ziemliche Mietsteigerung hinter sich haben. Schräg gegenüber hat sich das Stadtteilarchiv Ottensen niedergelassen. Stilecht wählte man dafür eine alte Drahtfabrik, in der Drahtstifte für z. B. Fischkisten und Zigarrenkistchen gefertigt wurden. Ein ironischer Spruch findet sich auf einer der im Hinterhof angebrachten Info-Tafeln. Dabei zitiert Horst Feldtmann, der die Firma im Verbund mit seinem Bruder 1977 übernommen hatte, seinen Vater, der der Vorbesitzer war: „Das ist eine prima Gegend, wir machen den Krach, die Fischräuchereien machen den Gestank und die Sägerei hinten macht den Staub. Herrlich, hier zu leben!"

Von 1874 bis 1985 konnte das Unternehmen gehalten werden. Das denkmalgeschützte Fabrikgebäude kann man heute besichtigen und sich sogar die alten Krachmacher vorführen lassen. Wer sich die Zeit nehmen mag, könnte zusätzlich einen der historischen Rundgänge mitmachen, bei denen es um die Geschichte der „kleinen Leute" geht, ums frühere Alltagsleben in Ottensen.

In Nr. 74 der Zeißstraße, die erst 1896 an die öffentliche Kanalisation angeschlossen wurde, lebte außerdem der Hamburger Serienkiller Fritz Honka (→ Tour 2, S. 125). Über die Zeißtwiete mit ihren ausgedienten Schranken und über die Große Rainstraße geht es wieder zurück zur Ottenser Hauptstraße und zum Bahnhof.

Zeißstr. 28, S 1/2/3 Altona oder Regionalbahn Hamburg-Altona bzw. Bus 288 Fabrik oder Bus 37 Friedensallee, www.stadtteilarchiv-ottensen.de. Di/Mi 9.30–13 und 14–16.30 Uhr, Do 14–19 Uhr oder nach Vereinbarung unter ✆ 3903666. Die historischen Rundgänge (6 €, erm. 4 €) finden meist sonntags um 11 oder 15 Uhr statt (Ende März bis Ende Nov.); bei Nr. 30 sind die aktuellen Themen angeschlagen.

Durch die Altonaer Altstadt

Wer möchte, kann jetzt noch die Altstadt von Altona unsicher machen. Ihr südlicher Zipfel wird vom sog. Altonaer Balkon begrenzt, von dem man einen sehr guten Ausblick hat. Um dorthin zu kommen, läuft man einfach die Museumsstraße entlang, die Grenzlinie zwischen Ottensen und Altona, und entdeckt auf dieser schnurgeraden Strecke en passant noch die eine oder andere Sehenswürdigkeit.

Stuhlmannbrunnen

Nachdem man die Lobuschstraße überquert hat, stößt man linker Hand auf den Platz der Republik, eine Parkfläche, die der Stuhlmannbrunnen schmückt. Er galt während und einige Jahre nach seiner Einweihung als Hamburger „Sehenswürdigkeit ersten Ranges". Das ist heute natürlich nicht mehr so; gleichwohl beeindruckt die Brunnenanlage von 1900 noch immer durch ihre Ausmaße. Dargestellt sind zwei Zentauren, die um einen riesigen Fisch ringen. Bei der Bevölkerung galt die Skulpturengruppe als Sinnbild für den Kampf zwischen Hamburg und Altona, die in der fischverarbeitenden Industrie stark konkurrierten.

Seit 2000 ist das zu Beginn der 1990er stark einsturzgefährdete Kupfer- und Bronzedenkmal von Paul Türpe wieder umfassend restauriert und in voller Größe zu bewundern. Kolportiert wird, dass sich der Berliner Bildhauer im Gesicht des am Netz zerrenden Pferdemenschen verewigt hat. Doch auch die flankierenden Nixen und anderen Wasserwesen sind sehr ausdrucksstark. Die Finanzierung des bedeutenden Wasserspiels geht auf Günther Ludwig Stuhlmann zurück, den Gründer der Altonaer Wasserwerke.

Platz der Republik, S 1/2/3 Altona oder Regionalbahn Hamburg-Altona bzw. Bus 36 oder 112 bis Rathaus Altona.

Altonaer Museum

Das Altonaer Museum ist ein Paradies für kleine Besucher. Erwachsene müssen wissen, dass sie ein Heimatmuseum betreten, nicht weniger, aber auch nicht mehr. So handeln die **Dauerausstellungen** in dem viergeschossigen norddeutschen Landesmuseum z. B. von norddeutschem Kunsthandwerk, Holzschiffbau, Nordseefischerei oder der Geschichte örtlicher Firmen. Am spannendsten ist die elblastige und modern präsentierte Sammlung „**Alles im Fluss**", wo man u. a. eine originale Wurlitzer-Jukebox unter einem stacheligen Kugelfisch bedienen kann und Erhellendes über beschlagnahmte Waren (z. B. Sumpfkrokodil- oder Gepardentaschen) erfährt. Interessant sind auch die Dioramen aus dem 19. Jh. von Schlesien und Böhmen im zweiten Obergeschoss sowie ein begehbares Papier- und ein Wolkentheater in der „Optischen Wunderkammer" im ersten Obergeschoss. Etwas überraschend ist, dass im Galionsfigurensaal keine Informationen zu den Exponaten vorhanden sind.

Geradezu grandios ist die Abteilung für (kleine) Kinder. Das beginnt bereits mit dem gut gemachten **Kinderbuchhaus** im zweiten Obergeschoss: mit Bildern,

Symbolik am Stuhlmannbrunnen

Büchern zum Angucken, roten Couches und einer Bastelanleitung zur Entstehung von (Kinder-)Büchern. Über genaue Termine und Ausstellungen in der eigenständigen Einrichtung kann man sich auf www.kinderbuchhaus.de informieren. Noch schöner ist es ein Stockwerk höher – im **Kinderolymp**: Die jungen Gäste erwarten pfiffige Präsentationen zu jährlich wechselnden Themen (z. B. „Helldunkel! Spiele mit Licht und Schatten"), auch gibt es viele Erkundungsmöglichkeiten für Kinder ab vier Jahren. Hörstationen und ein Schiff zum Toben („Altonia") runden die sympathischen Räume ab, in denen „Spielen ausdrücklich erwünscht" ist.

Museumstr. 23, S 1/2/3 Altona oder Regionalbahn Hamburg-Altona bzw. Bus 36 oder 112 bis Rathaus Altona, ✆ 4281353582, www.altonaer-museum.de. Di–So 10–17 Uhr; der Museumsshop hat sogar eine Stunde länger geöffnet. Eintritt 7,50 €, erm. 4,50 €, Kinder und Jugendliche bis 17 J. frei. Zahlreiche öffentliche Führungen (So 14 und 15 Uhr), „Familienführungen" (So 13–14 Uhr) plus „Sonntagskinder" (So 14–15.30 Uhr), die jeweils 2 € extra kosten; bei beiden Kinderführungen ist von Mitte Juli bis Ende Aug. Sommerpause. Das Wolkentheater setzt sich So um 15.30 Uhr (außer in der Sommerpause) in Bewegung, Vorführungen in der „Lauenburger Raths-Apotheke" finden Mi um 15 Uhr statt. Zu den Bauernstuben gibt's einen Gratis-Audioguide.

Neues Rathaus Altona

Wieder zurück im Park hat man einen sehr guten Blick auf das weiß glänzende Neue Rathaus. Der unübersehbare **schwarze Mauerblock** davor ist der zerschlagenen jüdischen Gemeinde gewidmet; in den 20er-Jahren lebten 2000 Juden in Altona. Die Fassade der repräsentativen, vierflügeligen Renaissance-Anlage hinter dem großen Kaiserdenkmal zeigt ein Giebelrelief, das Ernst Barlach mitgestaltet hat. Zu sehen ist ein Genius, der das Stadtschiff anführt. Auch von hinten macht das heutige Bezirksamt Altona einiges her. In das zwischen 1896 und 1898 errichtete Gebäude integrierte man die Empfangshalle des stillgelegten Altonaer Kopfbahnhofs als Südflügel, in dem sich inzwischen das Standesamt befindet.

Übrigens: Das alte Rathaus von 1716–20, das zwischen König- und Dosestraße stand, wurde 1943 während der Operation Gomorrha zerstört (→ Stadtgeschichte, S. 31).

Platz der Republik, S 1/2/3 Altona oder Regionalbahn Hamburg-Altona bzw. Bus 36 oder 112 bis Rathaus Altona.

Palmaille und Elbchaussee

Hinter dem Neuen Rathaus verlaufen Palmaille bzw. Elbchaussee. Was einst des Großbürgers Stolz war, lädt heute nicht unbedingt zum Flanieren ein, beide Prachtstraßen sind stark befahren. Es genügt, wenn man an diesen – zugegeben – beeindruckenden Straßenzü-

Das Neue Rathaus in Altona ist ein stilvoller Ort zum Heiraten

gen einmal mit dem Auto entlangfährt. Schon der impressionistische Dichter Detlev von Liliencron (1844–1909) bezeichnete die 8,5 km lange Elbchaussee, die geradewegs nach Blankenese führt, um 1900 als „schönste Straße der Welt". Damit hat er bis heute nicht so unrecht: Klassizistische Landhäuser mit öffentlich zugänglichen Parks säumen die Strecke. Wären da nur nicht die vielen Autos …

Auch die Palmaille fällt mit ihren zahlreichen Gründerzeithäusern auf, in Nr. 100 logierte Liliencron höchstselbst. Der seltsame Straßenname geht auf drei 647 m lange Bahnen für ein dem Crocket verwandtes Spiel zurück. Es war in Italien als „palle a maglio" (= Spiel mit „Bällen" und „Holzschläger") bekannt. Die Idee zu dieser 1638/39 geplanten und umgesetzten Spielstraße hatte der Schauenburger Graf Otto V., sie entpuppte sich jedoch als Fehlinvestition. Im 19. Jh. etablierte sich die mit vielen Linden bepflanzte Allee als großbürgerliche, noble Wohngegend.

Klopstocks Grab

Direkt vor der meistens verschlossenen Christianskirche mit dem wenig gepflegten Friedhof liegt das eingezäunte Grab von Friedrich Gottlieb Klopstock (1724–1803). Heine schwärmte: „Ich kenne keine Gegend, wo ein toter Dichter so gut begraben liegen kann wie dort." Heute würde er das vermutlich ein wenig anders sehen …

Zu Lebzeiten war das älteste von 17 Kindern einer pietistischen Rechtsanwaltsfamilie Star und Spottobjekt zugleich. Als Wegbereiter der deutschen Klassik wurde Klopstock große Bewunderung entgegengebracht; das letzte Geleit gewahrten ihm 25.000 Menschen. Lessing frotzelte dagegen einst: „Wer wird nicht einen Klopstock loben? / Doch wird ihn jeder lesen? – Nein! / Wir wollen weniger erhoben / und fleißiger gelesen sein." Das tragischste Ereignis in Klopstocks Leben war der Tod

Klopstocks Grab in der Klopstockstraße

seiner geliebten ersten Ehefrau Margareta („Meta") bei einer Totgeburt, den er lange nicht verwinden konnte. Von 1770 bis zuletzt lebte der populäre Schriftsteller in der Poststraße 36 (→ S. 153).

Die **Christianskirche** hinter dem Grab ist ein Barockbau von 1735–38. Ihr Name spielt auf Christian VI. von Dänemark an, damals Herzog von Holstein. Bedeutend ist das Carillon, das älteste Turmglockenspiel Deutschlands von 1938. Konzerte mit anschließender Führung werden jeden ersten Samstag im Monat von 15.30 bis 16 Uhr gegeben.

Eingang Klopstockstraße, Bus 36 oder 112 bis Rathaus Altona, www.kirche-ottensen.de. Die Christianskirche ist Do 12–17 Uhr geöffnet; das Team der „Offenen Kirche" bietet nach Vereinbarung Kirchenführungen an: ✆ 3986170.

Heine-Haus

„Vermaledeiter Garten! Ach, / Da gab es nirgends eine Stätte, / Wo nicht mein Herz gekränket ward, / Wo nicht mein Aug geweinet hätte. / Da gabs wahrhaftig keinen Baum, / Worunter nicht Beleidigungen / Mir zugefüget worden sind / Von feinen und von groben Zungen."

Ottensen und Altona-Altstadt → Karte S. 210/211

So sah Heinrich Heine (1797–1856) die Zeit, die er bei seinem Onkel Salomon Heine verbracht hatte. Der Banker, der als „Rothschild von Hamburg" galt und ein lebenslanger Mäzen des Dichters werden sollte, empfand wenig Verständnis für die lyrischen Obsessionen seines Neffen: „Hätt' er gelernt was Rechtes, müsst er nicht schreiben Bücher." Weder die kaufmännische Lehre noch das Tuchgeschäft („Harry Heine & Co.") – beides hatte ihm sein Onkel verordnet – verfolgte der aufstrebende Künstler ernsthaft. Dass er auch noch die Tochter des schwerreichen Verwandten, Amalie, unerwidert liebte, war nicht gerade förderlich für das angespannte Verhältnis zu seinem Onkel. Hamburg blieb für Heine, nicht zuletzt wegen dieser unglücklichen Liebe, die „schöne Wiege meiner Leiden": ein Ort, „wo mich die abscheulichsten Gefühle martern und wo ich mich dennoch hinwünsche".

Das 1832 erbaute Heine-Haus in der Elbchaussee 31 war das Gartenhaus Salomons. Es handelte sich um einen kleinen Rückzugsort innerhalb des großen Sommersitzes, den der erfolgsverwöhnte Bankier 1816 erworben hatte. In dem klassizistischen Häuschen, das durch einen privaten Verein vor dem Verfall gerettet wurde, finden immer wieder Vorträge und Lesungen statt.

Das Heine-Haus in der Elbchaussee 31

Elbchaussee 31, Bus 36 bis Susettestraße oder 112 bis Rathaus Altona, ✆ 85509787, www.heine-haus-hamburg.de.

Altonaer Balkon

Überquert man die Palmaille, liegt er vor einem: der wunderbare Altonaer Balkon mit seiner Aussichtsplattform 27 m über der Elbe. Links liegt häufig ein Kreuzfahrtschiff, geradeaus blickt man auf die lang gezogene **Köhlbrandbrücke**, die sich seit 1974 über einen Arm von Deutschlands drittgrößtem Strom spannt. Nicht selten manövriert sich einer der Containerriesen, der rechts im Hafengelände be- oder entladen wurde, unter der knapp 4 km langen, vierspurigen Autobahnbrücke hindurch. Ihre zwei 135 m hohen Pylone werden von 88 Stahlseilen gehalten. Was schon aus der Ferne imposant aussieht und als eines der Wahrzeichen Hamburgs gilt, ist inzwischen ziemlich sanierungsbedürftig. Seit 2012 denkt man über einen Abriss und Neubau nach, unter dem dann auch die immer größer werdenden Containerriesen besser hindurchnavigieren sollen. Die Sache hat jedoch einen Pferdefuß: 1,1 Mrd. Euro soll das Projekt kosten. Zu viel für die Stadt, weswegen man für 2015 ein Gutachten in Auftrag gegeben hat, das feststellen soll, wie lange es die alte Köhlbrandbrücke über der Elbe noch macht. Manche gehen von 19, andere von höchstens 12 Jahren aus ...

Apropos **Elbe**: Der Fluss selbst hat seine „Sanierung" bereits hinter sich, und es sieht so aus, als könnte er sich wieder einigermaßen erholen. Die rund 1000 km lange Elbe galt über Jahrzehnte hinweg als schmutzigster Fluss der Republik. Inzwischen leben in ihm wieder über 90 Fischarten (die aber noch zu belastet sind, um auf den Tellern der Restaurants zu landen).

Bus 36 oder 112 bis Rathaus Altona.

St. Trinitatis sollte ein barockes Gegengewicht zur Hamburger Gotik sein

Ottensen und Altona-Altstadt → Karte S. 210/211

Abstecher ins östliche Altona-Altstadt

Im östlichen Teil von Altona-Altstadt könnte man noch den bedeutendsten jüdischen Friedhof Hamburgs und die „Kirche am Fischmarkt" (wie St. Trinitatis auch genannt wird) aufsuchen. Da die Königstraße, in der sich beide Sehenswürdigkeiten befinden, nicht gerade ein Glanzlicht der Hamburger Straßenszenerie ist, lohnt es sich, auf Bus 36 oder 37 zurückzugreifen und vom Altonaer Rathaus eine (Bus 36) bzw. zwei Stationen (Bus 37) zur Reeperbahn zu fahren. Von dort ist es ein Katzensprung bis zu den beiden Besonderheiten des einstigen Nachbarortes.

Jüdischer Friedhof Altona

Das Altonaer „Haus der Ewigkeit" geht auf 1611 zurück – und ist damit der älteste der elf jüdischen Friedhöfe im heutigen Hamburg. Da die Hansestädter eine israelitische Grabstätte innerhalb ihrer Herrschaftsgrenzen nicht haben wollten, kauften sefardische und aschkenasische Juden zwei Grundstücke auf dem Altonaer Heuberg. Samson Heine, der Vater des Dichters, Fromet Mendelssohn, die Frau des Aufklärers Moses Mendelssohn, und die Großmutter des in Hamburg geborenen Komponisten Felix Mendelssohn Bartholdy sind hier begraben.

Von den ehemals 9000 Denkmalen („Mazewa") sind noch 7600 erhalten. Wegen seiner besonderen Grabkunst (z. B. sefardische Zeltgräber) steht der knapp 2 ha große Gottesacker seit 1960 unter Denkmalschutz; sogar eine UNESCO-Zertifizierung fordern einige Wissenschaftler.

Königstr. 10 a, S 1/2/3 Reeperbahn oder Königstraße, www.jüdischer-friedhof-altona.de. April–Sept. Di und Do 15–18 Uhr, So 14–17 Uhr; Okt.–März Di, Do und So 14–17 Uhr. Jeden So um 12 Uhr gibt es eine öffentliche Führung für 5 €, Kinder frei. Achtung, an gesetzlichen und jüdischen Feiertagen (siehe Website!) ist geschlossen.

St. Trinitatis

Kirchenbau ist immer auch Politik gewesen. Deshalb entstand um 1742/43 diese damals hochmoderne barocke Hauptkirche ausgerechnet in Altona, der zweitgrößten Stadt des dänischen Königreiches (nach Kopenhagen). Der Bau mit seinem mehrfach gebauchten Kupferhelm gegenüber dem jüdischen Friedhof stand architektonisch in klarem Gegensatz zu den anderen, überwiegend gotischen Kirchen Hamburgs. 1970 erhielt das wiedererrichtete Gotteshaus – es war während der „Operation Gomorrha" übel getroffen worden – den Hamburger Architekturpreis. Heute freistehend, befand sich das klerikale Schmuckstück vor seiner Zerstörung im Zentrum Altonas, unweit des alten Rathauses.

Kirchenstr. 40, S 1/2/3 Reeperbahn oder Königstraße, www.hauptkirche-altona.de.

Praktische Infos

→ Karte S. 210/211

Essen & Trinken

»» Mein Tipp: **Goldene Gans** 19 Dieses Lokal wurde mir von mehreren Ottensern ans Rechercheherz gelegt. Zwar kosten die Abendgerichte gern über 20 €. Dafür ist der Service freundlich und zuvorkommend – und man speist in einem auf nobel gemachten Gründerzeithaus. Das Wichtigste: Die französisch inspirierten Gerichte sind pfiffig, wie das Lamm-Carré mit glasierten Mispeln sowie das Wolfsbarsch-Filet mit Tomatenmarmelade und Perlgraupen-Risotto zeigten. Bei den Mittagsgerichten („Plat du Jour", 11.30–15 Uhr) zu ca. 10 € macht man noch weniger falsch. Die Weinkarte ist zu loben und man bemüht sich, auch saisonal und regional zu kochen. Mo–Sa 9–24 Uhr, So bis 23 Uhr. Rothestr. 70, ✆ 39909878, www.goldene-gans.eu. ««

Urban imkern in Ottensen

Schweizweit 13 Seit September 2004 ist die Stadt um dieses für Hamburg einzigartige Lokal reicher. Leider ist die Auswahl nicht überragend groß, dafür sind die Preise für Ottensen in Ordnung. So belastet z. B. die „Perlhuhnbrust mit jungen Rüebli und Chnöpfli" mit etwa 20 € die Reisekasse. Von Einheimischen hörte ich, dass das Käse-Fondue ein Muss sei! Originell fand ich den Gastraum selbst: ein alter Milch- und Eierladen („Meierei-Geschäft"), der an Tante-Emma-Laden-Zeiten erinnert, mit wenigen (Außen-)Tischen. Zur Mittagszeit (12–15 Uhr, außer So) werden Hauptgänge um die 10 € angeboten; Schweizer Spezialitäten kann man ebenfalls erstehen. Tägl. 10–24 Uhr (Abendessen 18–22 Uhr). Große Rainstr. 20, ✆ 39907000, www.schweizweit.de.

»» Mein Tipp: **Klippkroog** 16 Mein Spaziergang führt nicht direkt dran vorbei; dafür gelangt man von der S-Bahn-Station Hamburg-Altona ziemlich einfach in die Große Bergstraße 255. Warum man dorthin sollte? Weil es ganz einfach lecker schmeckt, egal ob man zur Mittagszeit (günstig) oder abends herkommt, weil die Produkte aus dem Umland stammen und weil es ein 3-Gänge-Menü für sensationelle 27 € gibt (mal sehen, wie lange noch ...). Beeindruckt haben mich die Fjordforelle mit Apfel-Salbei-Ragout und der Schweinebauch mit Zweierlei vom Mais & Weißbiersauce – wobei die Chance gering ist, dass ich diese Speisen zum zweiten Mal essen werde: Die Gerichteauswahl wechselt täglich. Auch das minimalistisch eingerichtete Lokal mit den Dielentischen behagte mir, da man sich auf das konzentriert, was man wirklich kann. Mo–Sa 9–24 Uhr, So 9–

19 Uhr. Große Bergstraße 255, ✆ 57244368, www.klippkroog.de. «<

Cuore Mio 25 Pastagerichte kosten zwischen 12 und 14 €, für Fisch- und Fleischgerichte zahlt man um die 20 €. Gespeist wird an kleinen Tischchen mit roten und weißen Decken in angenehm schlicht gehaltenen Räumlichkeiten. Einige Hamburger sind der Ansicht, dass man von den Nudeln mit Meeresfrüchten süchtig würde; ein Grund, weshalb ich in dieser *cucina italiana* im Tiefparterre stets reserviere! Di–So ab 18 Uhr geöffnet. Rothestr. 38, ✆ 39906029, www.cuoremio.de.

Restaurant Eisenstein 5 Ganz klar, das extrem stylishe Industrieflair der Zeisehallen – verwaschener Marmor, Stahlkorsette und cremegelbe Ziegelsteine – zahlt man mit! Ein Steinbeißerfilet auf Frühlingsgemüse oder ein Kalbssteak unter Kräuterkruste kosten ca. 25 €, Vegetarisches ist günstiger. Auf der Mittagskarte stehen aber auch Gerichte unter 10 €. Die meisten Gäste kommen allerdings wegen der sehr guten Pizza aus dem Holzofen (z. B. „Blöde Ziege" oder „Feuer und Flamme") für 11–14 € in das ehemalige Fabrikgebäude. Da das Restaurant besonders abends recht gut besucht ist, sollte man immer reservieren! Tägl. 11–1 Uhr (Essen bis 23 Uhr), Mittagstisch Mo–Sa 12–16 Uhr. Friedensallee 9, ✆ 3904606, www.restaurant-eisenstein.de.

»> **Mein Tipp: Das Mehl** 1 Ein kleines bisschen abseits von meiner Tour, doch unbedingt einen Abstecher wert, ist das eindoutig kreativste Pizzarestaurant von ganz Hamburg. Und das nicht nur, was die Namen der Teigräder anbelangt: Bestellen kann man die „Dunkle Seite der Macht" oder eine „Scharfe Else". Allerdings kann man sich auch selbst eine Pizza kreieren, wobei vegane Wünsche berücksichtigt werden. Zugegeben, man zahlt ca. 16 € für den italienischen Klassiker, also ein wenig mehr als anderswo, doch hier schmeckt er und pfiffigerweise wird eine Getränkcompfehlung gleich mitgegeben. Wunderbar passend zur etwas raueren Atmosphäre ist dann noch eine Bar angeschlossen, die länger geöffnet hat und – sehr angenehm! – folgende Cocktails nicht anbietet: Mojito, Caipirinha, Hugo, Aperol Spritz, Piña Colada, Prosecco. So–Do 17.30–22 Uhr, Fr/Sa bis 23 Uhr. Gaußstr. 190, ✆ 73449969, www.dasmehl.com. «<

Der sehr gute Falafel-Laden am Alma-Wartenberg-Platz

»> **Lesertipp: Elbfisch** 22 Gelobt wurden der nette Service und das leckere Essen in diesem kleinen, familiengeführten Fischrestaurant, wobei speziell die Fischfrikadellen und selbstgemachten Kartoffelchips „weltklasse" gewesen seien – und das für unschlagbare 9,50 €. Warum es also nicht ausprobieren, zumal auch der berühmte Hamburger Pannfisch, der Backfisch und die Scholle „Büsumer Art" (= mit Nordseekrabben) auf der Karte stehen. Di–Sa 12–22 Uhr, Mittagstisch bis 17 Uhr, So 15–22 Uhr. Bahrenfelder Str. 88, ✆ 39909277, www.restaurant-elbfisch.de. «<

Leaf 23 Um es kurz zu machen: Selbst „eingefleischte" Veganer loben die ausgefallenen Kreationen! Und die Hauptgerichte sind preislich für diesen beliebten Stadtteil in Ordnung: ca. 17 €. Das Restaurant mit seinen rustikalen Stühlen, die teilweise mit herrlichen Oma-Polstern bezogen sind, kann mit hohen Decken und angenehmer Atmosphäre punkten. Einziger Wermutstropfen: Wer Kuchen möchte, bekommt ihn zwar, doch eben nicht am Nachmittag. Di–So 17–22 Uhr. Eulenstr. 38 (Ecke Rothestraße), ✆ 87095177, www.restaurant-leaf.de.

Filmhauskneipe 6 In die Filmhauskneipe im schlichten 70er-Jahre-Stil mit Glitzer-Collagen an den Wänden geht man, wenn man nach einem Essen ohne Schnickschnack zu fairen Preisen sucht. Die (Mittags-)Karte ist überaus reichhaltig – von Roter Bete in Meerrettichsoße bis Wiener Schnitzel –, auch abends ist man mit 7 bis 10 € dabei. Man sitzt an eher derben

Ottensen und Altona-Altstadt → Karte S. 210/211

Holztischen, draußen auf Bierbänken. Wer will, darf natürlich auch zum Genuss geistiger Getränke in die an Sommerabenden beliebte Ottenser Kneipe pilgern. Dann ist es allerdings schwerer, einen der Plätze vor der Kulisse des einstigen Zeise-Fabrikgeländes zu ergattern. Tägl. 12–1 Uhr (Essen bis 23 Uhr), Mittagstisch Mo–Fr 12–16 Uhr. Friedensallee 7, ✆ 39908025, www.filmhauskneipe.de.

Veg out 2 Wenn es einfach nur ein schneller vegetarischer Imbiss sein soll, macht man mit diesem frisch wirkenden Mini-Restaurant mit seinen wenigen Außentischen alles richtig. Das Veg out fungiert auch als To-go-Schuppen. Preise zwischen 6 und 8 € machen die Gerichte (viel Pasta, aber auch Kichererbsen-Curry und Seitan- bzw. Tofuspeisen) noch attraktiver. Mo–Do 12–18 Uhr, Fr bis 17 Uhr. Bahrenfelder Str. 212, ✆ 29812501. ■

››› Mein Tipp: Kumpir 7 Mein Lieblings-Falafel-Dealer hat am Alma-Wartenberg-Platz einige Holzgarnituren aufgestellt, auf denen es sich wunderbar sitzen lässt. Im Inneren ist es dank des großen Fernsehers mit dem oberkitschigen Kaminfeuer (und anderen zweifelhaften Szenarien) nicht so gemütlich. Was wesentlich wichtiger ist: Für kleines Geld kann man satt werden oder zwischendurch snacken – und das sogar mit vegetarischen und veganen Angeboten! Die Spezialität des Imbissladens ist ein Balkan-Gericht: Kumpir, eine große Kartoffel, die bei 300 Grad gebacken und z. B. mit Spinat, Thunfischcreme, russischem Salat oder Auberginenpaste gefüllt wird. Tägl. ab 11 Uhr bis tief in die Nacht. Bahrenfelder Str. 168, ✆ 63655200, www.kumpir-altona.de. ‹‹‹

Mikkels 10 Die kleine Parterre-Stube mit ihren Schulstühlen wirkt einladend und familiär. Auch Kunst an den Wänden und eine individuelle Deko machen das winzige Café sehr persönlich. Man setzt nicht auf dicke Torten, sondern auf kleine, feine, franko- und anglophile Besonderheiten: also auf Scones, Brioches und Nonnettes. Aber auch Linzer Törtchen und Gugelhüpfchen werden angeboten. „Was die anderen in Groß machen, machen wir in Klein“, bringt es die Inhaberin Geli Fuchs auf den Punkt. Beliebt ist das Sonntagsfrühstück zwischen 10 und 16 Uhr zu ca. 4–10 € (Reservierung empfohlen!). Alle tierischen Produkte werden dann in Bio-Qualität serviert. Di–Sa 9–18 Uhr, So 10–16 Uhr. Kleine Rainstr. 10, ✆ 76995072, www.mikkels.de.

Ottenser Straßentreiben

Die Mottenburger Twiete bietet eine kleine Auszeit vom hektischen Großstadtreiben

LilliSu 15 Seit 2007 gibt es das LilliSu, das saisonale, hausgemachte Blechkuchen in Demeter-Qualität anbietet. Auch die schwedischen Zimtschnecken und das marokkanische Mandelgebäck sind biozertifiziert. Am Freitag, Samstag und Sonntag gibt es vegane Torten. Die entspannte Einrichtung (Sofa, einige Möglichkeiten zum Draußensitzen, Holztische) spiegelt sich im entspannten Publikum und Kinder sind eindeutig erwünscht: Eine Auswahl an Kinderbüchern steht zum (Vor-)Lesen bereit. Das für beide Geschlechter zur Verfügung gestellte Klo ist erfreulicherweise und passend zu diesem Stadtteil mit Wickelstation ausgestattet. Mo–Fr 9–19 Uhr, Sa/So 10–19 Uhr. Große Reinstr. 18, ✆ 3902491, www.lillisu.de. ■

››› Mein Tipp: **Eisliebe** 18 Das ist mal wieder echt Hamburg: An einem gar nicht soo warmen 1. Mai steht man hier Schlange. Oder anders: Wenn endlich mal ein paar Sonnenstrahlen den Frühling einläuten, muss man selbstverständlich ein Eis essen. Ob es das beste Hamburgs ist, darauf wage ich mich nicht festzulegen. Doch ein sehr gutes ist es, das Franz Hansert an seine Kunden weiterreicht, darunter Sorten wie Pampelmuse-Joghurt, Mandelsplitter und Sesam oder Crema di Riso. Was noch? Große Kugeln für 1 €, keine Eisbecher. Auch das: sympathisch. Tägl. 12–19 Uhr (im Sommer bis 21 Uhr und länger). Bei der Reitbahn 2, ✆ 39808482. ‹‹‹

Nachtleben

››› Mein Tipp: **Reh Bar** 17 Tagsüber ist die Reh Bar ein Café mit „kostenfreiem Keks & WLAN", abends eine klassische Nicht-Raucher-Bar (es gibt einen Raucherraum) mit Caipis, die die ganze Nacht nur 4,50 € kosten. Abends kann es relativ voll werden und manchen ist die Musik zu laut. Trotzdem hat die in grünen Farben gehaltene Location mit ihren Kugellampen etwas Intimes. Tägl. ab 10 Uhr. Ottenser Hauptstr. 52, ✆ 18058072, www.rehbar.de. ‹‹‹

Gazoline Bar 12 Die schlauchartige Cocktailbar mit längerem Rundtresen, abgewetzten Polstern und Holzstühlen gewinnt durch die lässige und ungewöhnlichere Musik. Von 18 bis 21 Uhr ist „Tankstunde" – dann gibt es die Longdrinks und Caipis für 5 €; von 0 bis 2 Uhr darf man Nachttanken und erhält alle Cocktails, die sonst zwischen 6 und 8 € kosten, für 5,90 €. Ab 19 Uhr füllt sich der Laden, ab 20 Uhr ist meistens einiges los. Wer geht hin? Dreißiger, Mitt-Dreißiger, End-Dreißiger. Mo–Fr ab 12 Uhr, Sa ab 10 Uhr, So ab 15 Uhr. Bahrenfelder Str. 132, ✆ 37429028, www.gazoline-bar.de.

Ottensen und Altona-Altstadt → Karte S. 210/211

Shopping

››› Mein Tipp: Adele & Clodwig 24 Wer keine Kinder mag, sollte lieber nicht herkommen. Und verpasst definitiv was. Der bisweilen von Mamagruppen okkupierte Laden ist ein echtes Kleinod. Seit Oktober 2011 gehört zu den Accessoires und regionalen Produkten (u. a. Senf Pauli, Marmelade aus der Schanze), die hier verkauft werden, auch die Einrichtung. Wer möchte, kann also sogar die 50-jährigen Stühle und die Tische, die ein Jahrhundert auf der Platte haben, erstehen. Daneben werden Quiche und Bauernbrot mit Quark zu kleinem Preis sowie schwedischer Apfelkuchen aus einer Eppendorfer Konditorei angeboten, im Winter kredenzt man Suppen. Die hausgemachte, sehr geschmackvoll dekorierte Holunderblütenlimonade mit frischen Früchten und Minze schmeckt hervorragend. Im kleinen Hof kann man draußen sitzen. Mo–Sa 11–19 Uhr, Okt.–Juni auch So 14–18 Uhr. Bahrenfelder Str. 43, www.adeleundclodwig.de. ‹‹‹

Krupka Schuhe 20 „50 % meiner Schuhe sind von dort", sagen nicht wenige Ottenserinnen. Hier findet man andere Marken als die der großen Konzerne. Außerdem: keine synthetischen Produkte, nur Leder. Die Schuhe stammen größtenteils aus Italien, manche aus Portugal und Spanien. Da kein Stiefel über 200 € kostet und Pumps die 120-Euro-Marke nicht überschreiten, ist eigentlich immer was los. Der einzige Nachteil versteckt sich schon im ersten Satz: Es gibt nur Damenschuhe. Mo–Fr 10–19 Uhr, Sa 10–16 Uhr. Ottenser Hauptstr. 55, www.krupka-schuhe.de.

Hamburgs kleinstes Kaufhaus 3 Die Dinge, die hier seit 35 Jahren verkauft werden, stammen größtenteils aus Haushaltsauflösungen. So trifft man auf uralte Riesen-Radios für Bastler und Gegenstände, die einen an Omas Küche erinnern. Teilweise stöbert man Sachen auf, die auch im Museum für Kunst und Gewerbe (→ S. 192) ausgestellt sind. Zwischen viel Kitsch und Krempel finden Liebhaber vergangener Accessoire-Epochen immer mal wieder ganz besondere Schnäppchen. Mo–Fr 10–18.30 Uhr, Sa 10–14 Uhr. Bahrenfelder Str. 207, www.hamburgs-kleinstes-kaufhaus.de.

Su 14 Der zweite Laden, der nur für Frauen spannend ist! Dabei geht es um sportliche Mode für Mädels ab Mitte 20, genauer: um Pullis, Hosen, Shirts. Auf der Schanze in der Susannenstraße 21 A ist der Ur-Su mit denselben Öffnungszeiten vertreten. Mo–Sa 10–19 Uhr. Bahrenfelder Str. 107, www.upagency.de.

Retube 8 Innovativ und mal etwas ganz anderes war der Einfall von Björn Claßen, Taschen aller Couleur (von sportlich bis elegant) aus alten Traktor-, Lkw-, Motorrad- und Fahrradschläuchen herzustellen. Kulturbeutel, Notebooktaschen, Handyhüllen, Badezimmer- und Kräutertaschen sowie Portemonnaies gibt es inzwischen auch. Im sehr kleinen Verkaufsraum werden die Einfälle umgesetzt und die Erzeugnisse angeboten. Es geht bei 25 € los und hört bei 229 € auf. Die Langlebigkeit der Werkstücke machen sie auch ökologisch sinnvoll. Mo/Di nach Vereinbarung, Mi–Fr 14–19 Uhr, Sa 11–16 Uhr. Hohenesch 54, www.retube-taschen.de. ■

Heimat 21 „Schönes und Nützliches" bietet Suscha Vogel-Lobeck in ihrem Laden an. Dabei geht die Kostümbildnerin und Informationsdesignerin auf den Standort Hamburg ein (z. B. mit Schlüsselanhängern, Hamburg-Krimis). Daneben warten diverse Hut-Kollektionen auf die passenden Köpfe; „behütet" wird man für ca. 20 €. Seit acht Jahren gibt es das etwas kruschelige Geschäft. Mi–Fr 12–18 Uhr, Di und Sa 11–15 Uhr und nach Vereinbarung. Große Brunnenstr. 70, ✆ 0162-1900980, www.heimat-ottensen.de.

››› Mein Tipp: Bonscheladen 4 Angefangen hatte alles mit einer beruflichen Neuorientierung und einer Dänemarkreise. Dort im Nachbarland stießen die einstige Erzieherin Andrea Bock und der Sozialpädagoge Uwe Sponnagel auf eine Bonbonmanufaktur, in der man den Manufakteuren bei ihrer Arbeit zusehen konnte. Also dachten sie darüber nach, diese Idee nach Hamburg zu importieren. Gedacht, gemacht! Seit November 2005 beeindruckt das Familienunternehmen nicht nur die Ottenser Bevölkerung durch Bonsche- und Fudge-Bonbons, womit harte und sahnekaramellweiche Lutschbonbons gemeint sind. Mehrmals täglich kann man außerdem bei der Herstellung zusehen (Mo–Fr 16.15 Uhr, Sa 14.30 Uhr), die handgefertigten Leckereien (z. B. Hamburger Hafenbonsche Steuerbord, Cointreau Fudge) probieren und wird wohl nicht darum herumkommen, einige Päckchen als Reiseproviant zu kaufen, diese jedoch schon vor der Heimreise zu vertilgen … Di–Fr 11–18.30 Uhr, Sa bis 16 Uhr. Friedensallee 12, www.bonscheladen.de. ‹‹‹

zeise kinos
ZEISE HALLEN
NAUTILUS
Buchhandlung
KURZ FILM FESTIVAL HAMBURG
4. – 10. JUNI 2013

Bei schönem Wetter zieht es viele Hamburger an den Elbstrand

Tour 7: Das Elbufer – von Övelgönne bis Blankenese

Dieser Spaziergang ist eine echte Genusstour: Er beginnt an einem der schönsten Flecken der Metropole – in Övelgönne am Elbstrand –, von wo man bis Blankenese laufen kann. Währenddessen „begegnet" man Schriftstellern von Weltrang, kann das Barlach-Haus mit seinen großartigen Kunstwerken besuchen und streift einen ca. 400.000-jährigen schwedischen Exilanten.

Die ehemalige kleine Lotsen- und Fischersiedlung **Övelgönne** besteht heute überwiegend aus sympathisch wirkenden Fachwerk- und Backsteinhäuschen. Einige Gründerzeitbauten mit gar nicht so kleinen Gärten gibt es auch. Sie entstanden, nachdem die Schiffsbauanlagen, Leimsiedereien und Trankochereien am Elbstrand endgültig geschlossen hatten. Woher der merkwürdige Name stammt, ist nicht ganz sicher. Vermutlich spielt er auf die Missgunst („übel gegönnt") der Bewohner des angrenzenden Ottensen an, die die Övelgönner um ihre flussnahe Lage beneideten –, oder auf das den Elbinseln gegenüberliegende Ufer („gönne" bedeutet auf Plattdeutsch „jenseitig").

Heute bezeichnet Övelgönne streng genommen nur noch einen 1200 m langen Fußweg, der zwischen dem Elbstrand und der Siedlung am Hang entlangführt. Der Spazierpfad und die Siedlung gehören seit 1890 wieder zum Stadtteil Othmarschen, wo u. a. der engagierte Schriftsteller und Weltkriegs-Deserteur Siegfried Lenz (2014 verstorben) zu Hause war. 1926 in Ostpreußen geboren, blickte der passionierte Pfeifenqualmer und Hamburger Ehrenbürger auf mehr als 25 Millionen verkaufte Buchexemplare.

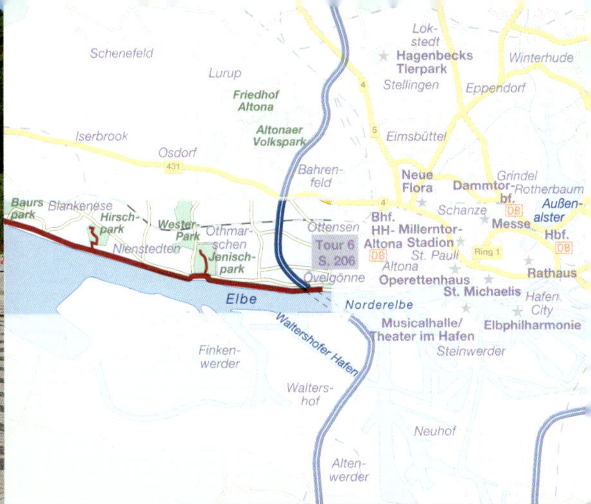

Die insgesamt ca. 8 km lange Strecke lässt sich auch hervorragend mit dem Rad bewältigen. Fußgänger können an mehreren Stellen auf öffentliche Verkehrsmittel zurückgreifen oder einfach nur eine der beiden Etappen zurücklegen.

Schiff-Spotting

Da man ganz nah an die Elbe herankommt, lohnt es sich, die Schiffspositionen auf Deutschlands drittgrößtem Strom abzurufen, und zwar auf http://vesseltracker.abendblatt.de. Die Ankunftsdaten der Giganten mit gut gemachten Bildern und allen technischen Daten findet man unter www.hafen-hamburg.de/de/schiffe/eta.

1. Etappe: Von Övelgönne zum Jenischpark

Zur Haltestelle Neumühlen/Övelgönne fährt der Bus 112, z. B. vom Bahnhof Altona tagsüber alle 10 Minuten; man kann aber auch mit der Fährlinie 62 von den Landungsbrücken alle 15 Minuten dorthin schippern. Während der kleinen Bus- bzw. Bootstour streift man **Neumühlen**, einen Ortsteil von Ottensen. Der Name spielt auf eine Wassermühle von 1420 an, die allerdings nicht mehr steht: die „Nie Moel". Heute finden sich in direkter Elbnähe mehrere Kaianlagen mit Speichern, am rückwärtigen Elbgeesthang kleben vereinzelte Landhäuser mit zugänglichen Parks. Auffällig ist das wuchtige Augustinum, Hamburgs edelste Seniorenresidenz. Wer in dem ehemaligen Kühlhaus dauerhaft wohnen möchte, muss monatlich zwischen 2200 und 4000 € hinlegen.

Sehr nett gemacht und aufschlussreich ist dieses kleine historische Portal zu Övelgönne und Neumühlen mit vielen Zeitzeugen-Erzählungen: www.oevelgoenne.net.

Museumshafen Övelgönne

23 Schiffe und zwei ausrangierte Kräne liegen im Oldtimerhafen von Övelgönne. 1977 eröffnet, handelt es sich um den ältesten deutschen Museumshafen. Auf einem schwankenden Ponton kann man sich den historischen Segel-, Dampf- und Motorschiffen nähern, die zahlreiche Elb- und Nordseefahrten bestritten haben. Der **Dampf-Eisbrecher Stettin**, der 2013 sein 80-jähriges Jubiläum feierte, kann sogar besichtigt werden (tägl. 10–18 Uhr, Erw. 3 €, Kinder 1,50 €, www.dampf-eisbrecher-stettin.de). Wer allerdings schon auf der Rickmer Rickmers oder der Cap San Diego (→ Tour 1) gewesen ist, muss meines Erachtens nicht unbedingt hinein, zumal größere Erläuterungen oder Erklärungen fehlen. Für Kinder ist der Maschinenraum mit seinen steilen Treppen zudem nicht ganz ungefährlich! Möglich ist außerdem eine Besichtigung des **Feuerschiffs Elbe 3**, eines der ältesten Schiffe des Hafens, das 1888 vom Stapel lief (Mi 12–17 Uhr, Sa 14–17 Uhr, Erw. 2 €, Kinder 1 €, www.elbe3.org). Während des beliebten Hafengeburtstags (→ S. 77) im Mai wird man nicht so viele Boote im Museumshafen antreffen; dann schippern die Oldtimer über die Elbe.

Ponton Neumühlen, Bus 112 oder Fährlinie 62 bis Övelgönne/Neumühlen. Unter www.museumshafen-oevelgoenne.de sind sämtliche technischen Daten und einige Hintergründe zu den Schiffen des Museumshafens angegeben. Wer bereit ist, zwischen 30 und 50 € zu zahlen, kann an ausgewählten Tagen (siehe Website!) sogar mitfahren (Kinder zahlen weniger).

Fußweg Övelgönne und Elbstrand

Jetzt kann man sich entscheiden, ob man gleich nach oben zum Fußweg Övelgönne oder erstmal am Elbstrand entlangflanieren will. Nur so viel: Es macht Laune, in einer Weltstadt über Sand zu laufen. Auch das Schwappen der

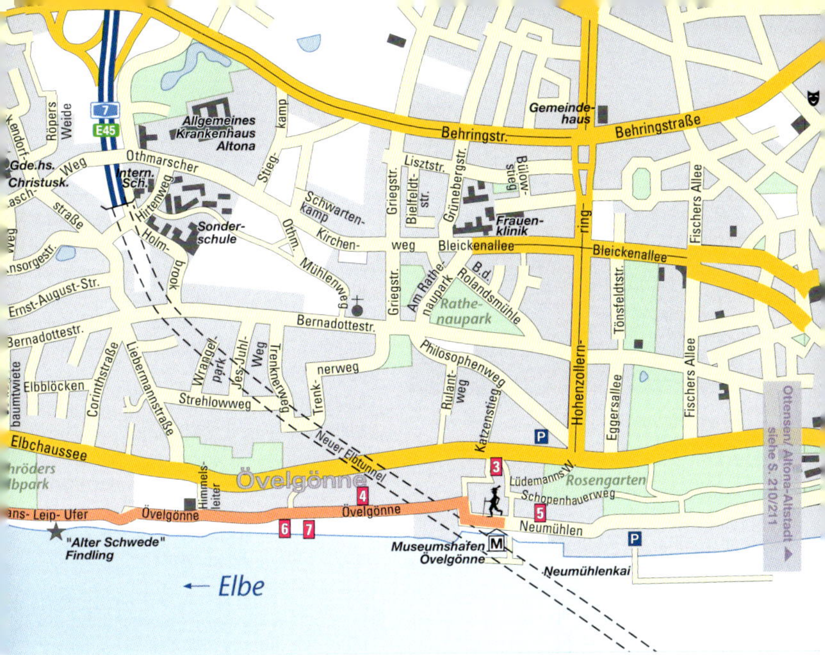

Wellen, wenn die Ozeanriesen und Touristenfähren vorübergleiten, vermittelt ein beinahe maritimes Feeling. Und es hat etwas ziemlich Einzigartiges, die Hafenkräne des Athabaskakais zu beobachten, während man mit anderen Städtern unter einem Sonnenschirm oder bei einem Nachtdrink die Szenerie genießt. Um die 30 Schiffe – vom Fahrzeugtransporter bis zum Containerschiff – erreichen den Hamburger Hafen täglich.

Steigt man die Treppe zwischen dem ahoi (→ S. 234) und der Strandperle (→ S. 234) hinauf, befindet sich einige Schritte weiter rechts das Süßwasser (→ S. 234), links liegt die **Övelgönner Seekiste** in der Övelgönne 61 (nach Nr. 60 geht's rein!). Eine Besichtigung dieses kleinen Museums mit seinen maritimen Schätzen und Seemannsgarn ist leider nur im Rahmen einer Führung ab 4 Personen möglich (Erw. 7 €, Kinder 6 €, Anmeldung unter ✆ 85358825, www.museum-seekiste.de).

Noch was: Direkt unter einem verläuft der „neue" **Elbtunnel**. Etwas spektakulärer formuliert, heißt das: Seit 1975 liegen 46.000 t Stahlbeton teilweise 27 m unter dem Elbspiegel. Täglich brummen um die 110.000 Fahrzeuge durch die vier Röhren des gigantischen Bauwerks.

Wenige Meter nach der Himmelsleiter – die 126 Stufen führen direkt zur parallel verlaufenden Elbchaussee – beginnt das ebenfalls sehr angenehme Hans-Leip-Ufer.

Hans-Leip-Ufer

Der Namensgeber des Ufers war früher in aller Ohren, heute kennt man nur noch sein bekanntestes Werk: das Gedicht „Lili Marleen" von 1915, das erst 23 Jahre später vertont zu einem Welthit wurde. Dabei war Hans Leip (1893–1983), Sohn eines Hamburger Seemanns und Hafenarbeiters, seinerzeit ein durchaus angesagter Bestsellerautor; einige seiner unterhaltsamen Bücher sind sogar preisgekrönt.

Am Hans-Leip-Ufer stößt man zunächst auf den sog. **Alten Schweden**.

Alter Schwede!

Kurz vor der Jahrtausendwende fand man während einer Vertiefung der Elb-Fahrrinne in 15 m Tiefe diesen bislang ältesten Großfindling der Republik. Das aus Växjö-Granit bestehende Riesenteil ist 217 t schwer, hat einen Körper-, äh, Steinumfang von 19,7 m und ragt 4,5 m in die Höhe. Während der Elster-Eiszeit – vor ca. 400.000 bis 320.000 Jahren – gelangte es aus Ostsmåland hierher. Wer genauer hinschaut, erkennt Schrammen und Transportspuren. Heute dient der Koloss häufig als Treffpunkt für Jugendliche und manchmal wird daran sogar herumgeklettert.

Während man weiter am Ufer entlanggeht, streift man **Schröders Elbpark**, angelegt im Stil eines englischen Landschaftsgartens: Erst in den 1950er-Jahren machten die Erben des schwerreichen Kaufmannes und Bankiers Johann Heinrich Schröder einen Teil dieses ausladenden Elbgrundstücks öffentlich zugänglich.

Der steinerne Treppenaufgang nach einem Biergarten („Elbkate") ist übrigens Joachim Ringelnatz (→ Kasten) gewidmet. Über die **Ringelnatztreppe** käme man hinauf zur Elbchaussee; schöner ist es aber, noch ein Stück weiter am Ufer entlangzulaufen.

Der **Hindenburgpark** am Ende des Hans-Leip-Ufers wurde ebenfalls als englischer Landschaftsgarten angelegt; wer ihn „erklimmen" mag, legt ca. 25 Höhenmeter zurück. Geht man in einem kleinen Bogen um ihn herum, stößt man auf die Elbchaussee, an der sich das nächste Etappenziel befindet.

Ringelnatz und Rühmkorf – zwei Poeten in Hamburg

Joachim Ringelnatz (1883–1934, bürgerlich Hans Bötticher), der im Laufe seines Lebens in rund 40 (Neben-)Berufen arbeitete, begann in Hamburg eine Kaufmannslehre und verdingte sich z. B. als Riesenschlangenträger eines Schaustellers auf dem Heiligengeistfeld. Außerdem malte er und schrieb. Über seine Zeit an der Elbe textete der „schief ins Leben gebaute" Auftrittskünstler in den „Reisebriefen eines Artisten" (1927) trotzig: „Hier trink ich morgens Bier auf nüchtern Magen / Und häufe Wurst auf grobes, schwarzes Brot, / Und fühle mich so stark in jeder Not, / Ich würde mich hier schämen, je zu klagen." Auch die schrägen Gedichte um den sympathischen und trinkfesten Seebären Kuttel Daddeldu und die Ameisen, die nach Australien reisen wollten (aber schon bei Altona umkehrten, da ihnen die Füße weh taten), sind Fantasiegewächse, die außerhalb der Millionenstadt wohl nie entstanden wären.

Peter Rühmkorf (1929–2008), selbst ein Meister des Humoristischen, der jahrelang in Övelgönne lebte, wünschte sich „für die Tage nach Ladenschluss, / nein, keinen Ordensstern, keine Ehrenschleppe, / aber dass ihr vielleicht in die unterste Stufe / der Ringelnatztreppe / meinen Namen einkerbt". Wann wird dieser Wunsch erfüllt? Kann sich wenigstens ein Sprayer dazu durchringen?

Jenischpark

Der 42 ha große spätklassizistische Landschaftspark an der Elbchaussee war lediglich ein Teil des gewaltigen Anwesens von Caspar Reichsfreiherr von Voght (1752–1839). Der kluge Kaufmann und leidenschaftliche Sozialreformer – Voghts Ideen verbesserten entschieden die Armenfürsorge z. B. in Wien, Berlin, Paris, Marseille und Lyon – ließ seine Rasenflächen nach englischem Vorbild gestalten. Sein Verwalter Lucas Andreas Staudinger, der die Nutz- und Zieranlagen gekonnt miteinander verknüpfte, gründete 1798 im nahe gelegenen Groß Flottbek gar die erste landwirtschaftliche Lehranstalt Deutschlands. 1828 erwarb der Hamburger Bankier und Senator Martin Johan Jenisch die Südseite des Mustergutes; er gab der Anlage ihr heutiges Aussehen. Dabei entstanden u. a. das Jenisch-Haus sowie die Gewächshäuser mit ihren tropischen und subtropischen Pflanzen nahe dem Nordeingang (tägl. 10–16 Uhr geöffnet). Der beliebte Park mit dem Barlach-Haus steht heute sogar unter Denkmalschutz.

Elbchaussee Richtung Blankenese bei Teufelsbrück, Bus 36 bzw. Fähre 64 bis Teufelsbrück (südlicher Zugang) oder S 1/11 Klein Flottbek bzw. Bus 15 bis Hochrad (nördlicher Zugang), www.jenischparkverein.de. Es finden auch Führungen durch den Jenischpark statt (Termine erfährt man auf der Website oder unter ✆ 829744).

Jenisch-Haus

Das klassizistische Jenisch-Haus kann als Koproduktion von Karl Friedrich Schinkel und dem Hamburger Baurat Franz Gustav Forsmann verstanden werden. Da der Hausherr mit Forsmanns Entwürfen nicht ganz d'accord war, bat er den populären preußischen Baumeister um einen Gegenentwurf. Zwei Köche verdarben ausnahmsweise mal nicht den Brei: Herausgekommen ist ein eindrucksvolles kubisch-kompaktes Gebäude mit vier dorischen Säulen am Haupteingang.

In dem fürstlichen Landschlösschen, in dem ehedem der Senator samt seiner Familie lebte, kann man heute eine Dauerausstellung zur großbürgerlichen Wohnkultur sowie einige Sonderausstellungen mit Hamburg- und Parkbezug ansehen. Dabei geht es durch neun Säle, die vom Barock bis in den Biedermeier führen. Wer einfach

Övelgönne war einst eine Fischersiedlung

Elbufer → Karten S. 226/227 und S. 232/233

nur snacken oder einen Kuchen verspeisen möchte, darf natürlich umsonst ins Museumscafé.

Baron-Voght-Str. 50, ✆ 828790, www.jenischhaus.org. Di–So 11–18 Uhr. Erw. 5,50 €, erm. 3,70 €, Kinder unter 18 J. frei. Wer auch ins Barlach-Haus möchte, kann eine Kombikarte für 8 € erwerben.

Ernst-Barlach-Haus

In den hellen, klar gegliederten Räumen kommen die ausdrucksstarken Werke des expressionistischen Bildhauers, Grafikers und Dramatikers Ernst Barlach (1870–1938) ganz ausgezeichnet zur Geltung. Die Exponate strahlen eine fast schon meditative Ruhe aus, die sich in der behutsam austarierten Präsentation wiederfindet. Für die schlichte Gestaltung des Gebäudes zeichnet Werner Kallmorgen verantwortlich, der das 1962 erbaute, erste private Kunstmuseum Norddeutschlands entwarf.

Welche Exponate erwarten einen? Aus ca. 140 Plastiken und über 400 Zeichnungen wählte man z. B. Skulpturen aus Nussbaum, Eichenholz oder Bronze. Besonders beeindruckend ist sicherlich der „Fries der Lauschenden" (1930–35), der ursprünglich für ein Beethoven-Denkmal konzipiert war. Auch Unbekannteres wie „Der Melonenesser" (1907), Schrofferes wie „Der Wüstenprediger" (1912) oder „Moses" (1919) sowie außergewöhnlich Berührendes wie „Das Wiedersehen" (Sapeli-Mahagoni, 1926), „Der Asket" (1925) oder „Verhüllte Bettlerin" (1919) findet sich in der spartanisch angelegten Ausstellung. Darüber hinaus werden jährlich ungefähr drei Sonderausstellungen zu Barlach und zur Kunst der Klassischen Moderne und Gegenwart ausgearbeitet. Sehr gut gemacht ist der kostenlose 45-minütige Audioguide, der sogar ein pfiffiges Kinderprogramm anbietet.

In einem der letzten Räume wartet eine 30-minütige Dokumentation („Radikal unangepasst. Ernst Barlach"). Man erfährt spannende und tragische Hintergründe zum Leben des Künstlers und seiner Ächtung in Nazi-Deutschland. Barlachs Tragik war es, das Ende der Schreckensdiktatur nicht mehr zu erleben. Er starb am 24. Oktober 1938 höchst symbolisch an Herzversagen.

Baron-Voght-Str. 50a, ✆ 826085, www.ernst-barlach-haus.de. Di–So 11–18 Uhr (an Feiertagen auch Mo). Eintritt 6 €, erm. 4 €, Familienticket 9 €, Kinder und Jugendliche unter 18 J. frei! Öffentliche Führungen So 11 Uhr (im Preis inbegriffen). An ausgewählten Sonntagen Konzerte unter dem Motto „Klang & Form" (15 €, erm. 5 €, Museum schließt bereits um 17 Uhr); auch Vorträge, Kuratorenführungen oder Lesungen. Im kleinen Museumscafé kann man sich selbst bedienen („Geld auf Ehre"), Heißgetränke und Kuchen je 1 €.

2. Etappe: Vom Jenischpark nach Blankenese

Wieder an der Südseite des Jenischparks angelangt, hat man die Qual der Wahl. Entweder man spaziert weiter bis zum Hirschpark und nach Blankenese – ab jetzt auf einem nicht mehr ganz so urigen und asphaltierten Weg. Oder aber man lässt sich vom Bus Nr. 36 bzw. 286 dorthin bringen; die Haltestelle „Mühlenberg" liegt direkt am Blankeneser Hirschpark. Während dieser letzten Streckenetappe kann man die Flugzeuge beobachten, die vom Airbus-Werksflugplatz in Finkenwerder auf der anderen Elbseite in den Himmel starten (→ Kasten).

(Wer hier schon umkehren mag: Mit Bus 36 geht es auch ins Zentrum oder man schippert mit der Teufelsbrücker Fähre (Nr. 64) nach Finkenwerder, um dort mit der Linie 62 zum Ausgangspunkt Neumühlen/Övelgönne zurückzukommen.)

Finkenwerder – von der Fischerei zum Flugzeugbau

Die Silhouette der ehemaligen Elbinsel, die nach der Sturmflut im Februar 1962 zu einer Halbinsel umgestaltet wurde, wird von den Airbus-Werkshallen geprägt. Seit 2007 wird der Airbus A380, das derzeit größte Personenflugzeug mit zwei Passagierdecks und maximal 853 Fluggästen, in Finkenwerder lackiert und ausgeliefert; auch die Kabinen stellt man dort fertig. Die Tanks des Megaliners fassen satte 320.000 l und können ihn 15.200 km lang mit Kerosin versorgen.

Westlich der Fertigungshallen beginnt das Natur- und Vogelschutzgebiet Mühlenberger Loch/Neßsand. Das größte Süßwasserwatt Europas umfasst eine Gesamtfläche von 645 ha; die Fischdichte dort (z. B. Zander, Stint, Flunder, Aal) ist zeitweise 100-mal höher als in anderen Unterelberegionen.

Nur von Weitem zu betrachten: die Werkshallen des A380

Ursprünglich war die Fischerei das prägende Gewerbe dieses Hamburger Stadtteils; die „Scholle Finkenwerder Art", die noch immer in einigen Lokalen angeboten wird, zeugt von der einstigen Bedeutung des Standortes. Seit dem 17. Jh. hatten sich die „Finkenwärder" demzufolge als Fischer verdingt. Gorch Fock (1880–1916), der Finkenwerder Heimat- und Bestsellerautor, schrieb über die ehemalige Insel, dass sie „nach Salz und Fisch" schmecke. Die enorme Konkurrenz durch die Hochseefischerei und die zunehmende Elbverschmutzung führten im 20. Jh. allerdings dazu, dass die Fischerei hier an Bedeutung verlor; stattdessen siedelten sich nach und nach Werften und eben die Flugzeugbauindustrie an.

Elbufer → Karten S. 226/227 und S. 232/233

Hirschpark

Gegenüber dem Mühlenberger Hafen liegt der Hirschpark. Vor dem Mühlenberger Segel-Club führt eine Treppe direkt hinauf. Hält man sich oben rechts, kommt man zunächst zu einem etwas versteckt gelegenen Aussichtspunkt mit halbrunder Bank. Vis-à-vis geht's durch eine Mini-Unterführung ins Parkgelände, wo man kurz rechts, dann links und dann einfach geradeaus weitergeht. Rechter Hand liegt das namensgebende **Wildgehege**: Mit seinen Damhirschen, Rentieren, Wasservögeln und Pfauen ist es ein v. a. bei Kindern beliebter Anziehungspunkt. Aber auch Liebhaber von Rhododendren kommen im Hirschpark auf ihre Kosten – 1200 dieser Heidekrautgewächse ließ Johann César VI. Godeffroy, einer der Besitzer des Parks, hier um 1860 pflanzen.

Noch ein Wort zu den Godeffroys: Bereits 1786 hatte ein Vorfahr, Johann César IV., einen Teil des heute 25 ha großen Grundstücks bei einer Versteigerung erworben. Er beauftragte den später bekannten Architekten Christian Frederik Hansen, ein klassizistisches **Landhaus** – heute eine Schule für Tanz und Performance – für ihn zu bauen. 1890 stieß Johann César VII. den Hirschpark wieder ab. 37 Jahre später wurde er für die Öffentlichkeit endlich zugänglich. Neben dem in Weiß gehaltenen Angeberbau

von 1789–92 entstand zur selben Zeit das ehemalige Kavaliershaus, heute das Restaurant **Witthüs** (→ S. 235). Unter dem reetgedeckten Krüppelwalmdach wohnte von 1931 bis 1934 und von 1950 bis 1959 der provozierende und pazifistische Schriftsteller und Orgelbauer Hans Henny Jahnn („Ich selbst habe keine Ähnlichkeit mit den Gerüchten über mich"): Während des Dritten Reichs lebte der bekennende Homosexuelle und Erschaffer der Romantrilogie „Fluss ohne Ufer" auf Bornholm.

Alternativ können sich Hungrige zum ebenfalls reetgedeckten **Knusperhaus** aufmachen (neben den Tennisplätzen, → S. 235).

Von April bis Okt. finden jeden zweiten Mi im Monat Spaziergänge durch den Hirschpark statt. Treffpunkt ist vor dem Witthüs um 15 Uhr.

Blankenese

Am nördlichen Ende des Hirschparks gelangt man über die Elbchaussee zur Bushaltestelle „Mühlenberg", von wo man sich ins Blankeneser „Stadtzentrum" fahren lassen kann. (Alternativ geht es hier mit dem 36er – schöne Aussicht auf die Elbe! – oder dem 1er wieder zurück zum Ausgangspunkt.) Oder man steigt wieder hinab ans Elbufer, läuft straight on zum Blankeneser Strand und erkundet den Stadtteil aus dieser Richtung.

Sehr malerisch und wie hingewürfelt wirken die Häuser und Villen am Geesthang. Und: Nirgendwo sonst sind die Immobilienpreise exklusiver. Dabei war „Blanke Ness“ (= plattdeutsche Bezeichnung für eine weiße, sandige Landzunge, die eine Sturmflut im 17. Jh. verschluckte) einst ein unbedeutendes Fischerdorf, genau wie Övelgönne am Elbstrand. Nach dem Großen Brand von 1842 erfand sich Blankenese als Villenvorort neu. Marion Gräfin Dönhoff, der Künstler K. R. H. Sonderborg, Stefan Aust, der Musiker Rolf Zuckowski, Otto Waalkes und viele andere Prominente und Halbprominente ließen sich im 20. Jh. in dem „Elbdorf“ nieder. Heute umfasst der Altonaer Stadtteil eine Fläche von 8,3 km², auf denen rund 13.000 gut Situierte wohnen. Dass auch Bruno Tesch, verantwortlicher Chemiker und Lieferant des Zellgifts Zyklon B, und Ulrike Meinhof in diesem einstigen Vorörtchen der Elbmetropole logierten und dass es eine Kiezgröße hierher geschafft hat (→ Tour 2, S. 128), ist weniger bekannt und will so gar nicht in die Idylle des SPD-geführten Stadtteils passen.

Der beliebte 74,7 m hohe **Süllberg** mit seinem unter Denkmalschutz stehenden Gebäudeensemble ist eine der höchsten Erhebungen Hamburgs. Im 11. und 13. Jh. standen an selber Stelle sogar zwei Höhenburgen, von denen heute aber nichts mehr übrig ist.

Praktische Infos

→ Karten S. 226/227 und S. 232/233

Essen & Trinken

Schon im Kaiserreich war der Hamburger Stadtstrand ein beliebtes Ausflugsziel. Bei den dicht an dicht liegenden Lokalen am Beginn von Övelgönne zahlt man zweifelsohne für den ziemlich genialen Ausblick mit … Bei den folgenden Häusern ist das Preis-Leistungs-Verhältnis allerdings gut bis sehr gut.

das weisse haus **5** Hier kann man Hauptgänge ab ca. 25 € ordern (z. B. Zanderfilet mit Spargel-Blaubeer-Risotto und Trüffel-Hollandaise). Oder man entscheidet sich gleich für ein 3- bis 4-Gänge-Menü für ca. 45–60 €. Zwei monatlich wechselnde Mittagsgerichte gibt es günstiger. Das Restaurant punktet mit sympathischem Servicepersonal und liegt gegenüber dem Museumshafen. (Direkte Aussicht auf den Hafen hat man leider nicht.) Mittagstisch Di–Fr 12–15 Uhr, Di–So ist außerdem abends von 18 bis ca. 23 Uhr offen. Neumühlen 50, ✆ 3909016, www.das-weisse-haus.de.

Süßwasser **4** Direkt in Övelgönne befindet sich dieses bewusst schlicht eingerichtete Lokal (cremefarbene Polstersessel und -sofas sowie funktionale Lampen). Hier gibt es viele Fischgerichte, darunter sechs Nordseeschollen-Variationen, z. B. die bekannt gewordene „Finkenwerder Art“, oder einen Pannfisch auf Dijon-Senfsauce. Die Fleischspeisen fallen entsprechend rarer aus, dafür gehört der berüchtigte Hamburger Labskaus dazu und Vegetarier können die Nudeltaschen mit Feige-Pecorino-Füllung genießen. Die Abendgerichte bewegen sich preislich um die 20 €, Mittagstischgerichte zu kleinerem Preis sind nach Anfrage möglich. April–Sept. tägl. ab 12 Uhr, Okt.–März nur Do–So ab 12 Uhr. Övelgönne 38, ✆ 8801242, www.suesswasser-hamburg.de.

Strandperle **6** Laut WELT ist die 1973 eröffnete, kultige Strandperle die „Mutter aller Beachclubs“. In lockerer Atmosphäre speist man auf der überdachten Veranda oder an den Strandtischen und hat dabei einen fantastischen Ausblick. Obgleich die Gerichte nicht die allerhöchsten Ansprüche befriedigen, kann man in der Strandbar sehr gut einen Kaffee trinken oder ein Bierchen zischen. Geöffnet meist zwischen 10 und 23 Uhr im Sommer (Sa/So und an Feiertagen bereits um 9 Uhr), im Winter je nach Wetterlage. Övelgönne 60, ✆ 88099508, www.strandperle-hamburg.de.

ahoi/Strandkiosk **7** Wer gleich am Morgen am Elbstrand sein möchte, kann im ahoi schon um 8 Uhr aufschlagen. Die Stühle und Tische stehen im Sand und man hat eine genauso gute Aussicht auf die Elbe und ihre Kaianlagen wie in der nebenan liegenden Strandperle. Nachmittags gibt es ein wenig Kuchen, abends Drinks. April–Okt. tägl. 8–22 Uhr, Nov.–März Mo–Fr ab 8 Uhr (außer bei dauerhaftem Regen), Sa/So 8–17 Uhr. Övelgönne 57, www.strandkiosk-hamburg.de.

>>> Mein Tipp: Le Canard Nouveau 3 Ali Güngörmüş, der einzige türkische Koch mit Michelin-Stern, zeigt in der Elbchaussee 139 seine Künste; seit 2005 beherbergen die lichtdurchfluteten Räume diesen Gourmettempel. Logo, dass man sich auch das mittägliche „Business-Lunch-Menü" einiges kosten lassen muss! 39 € zahlt man für zwei Gänge, weitere werden mit 12 € extra berechnet. Dafür gibt es Erlesenes wie Fenchel-Currysuppe mit Falafel und Garnelen oder rosa Kalbstafelspitz mit Zitronen-Parmesan-Spargel und Erbsencreme. Abends gehen 4 Gänge für 89 € über den Tisch, 5 Gänge für 10 € mehr. Längst sind Artikel über Güngörmüş' Können in der ZEIT und der FAZ erschienen – wunderbar! Di–Sa 12–14.30 und 18.30–22.30 Uhr. ✆ 88129531 oder -32, www.lecanard-hamburg.de. <<<

Das Knusperhaus 10 „Richtige" Speisen gibt es erst ab 18 Uhr, vorher werden in dem nett eingerichteten, reetgedeckten Häuschen Snacks wie z. B. Frikadelle Spezial zu 4,50 € zubereitet. Die wöchentlich wechselnde Speisekarte offeriert eine Handvoll Hauptgerichte für ca. 12–17 €, z. B. karamelisiertes Blumenkohl-Püree mit zweierlei Austernpilzen und Rauchmandeln oder vegane Thymianpolenta mit Spinat, Artischocke und Portweinschaum. Nette Bedienung. April–Okt. Di–So 12–22 Uhr, Nov.–März Di–Fr 18–22 Uhr, Sa/So 14.30–21.30 Uhr. Elbchaussee 477, ✆ 863742, www.das-knusperhaus.net.

>>> Mein Tipp: Witthüs 9 Ganz günstig ist es in dem einstigen Schriftstellerhäuschen nicht, das mit netter Einrichtung, hübschem Außenbereich in den warmen Monaten und – das Wichtigste – sehr gutem Essen punktet. Sogar beim Guide Michelin ist man auf die Küche schon aufmerksam geworden. Die Fleisch- und Fischgerichte (z. B. Filet vom Durocschwein an geschmortem Pfeffer-Spitzkohl und Rhabarber-Konfit oder auf der Haut gebratener Lachs an Mangold mit Sellerie-Ingwer-Mousse) kosten zwischen 22 und 30 €; Vegetarisches ist günstiger. Da lohnt es sich durchaus, über eins der Menüs nachzudenken ... Auch die Kaffee- und Tee-Kreationen am Nachmittag sind beliebt. Di–Sa 14–23 Uhr, So/Feiertage ab 10 Uhr mit einem Büfett für Brunchliebhaber, die Küche des Restaurants öffnet um 19 Uhr. Elbchaussee 499a, ✆ 860173, www.witthues.com. <<<

Filón 8 In Blankenese Am Kiekeberg liegt eine landauf, landab gelobte Tapasbar, die auch über sehr flexible Öffnungszeiten verfügt: Mo–Fr 12–24 Uhr, Sa 11–24 Uhr, So 14–23 Uhr. Die täglich wechselnde Karte bietet z. B. Rindfleisch mit Schokolade oder Hühnchen in Zitronensauce. Wenn das Wetter mitspielt, sitzt man im Garten unter alten Linden und lässt es sich gut gehen, während man über Blankenese spricht, in das langsam, aber stetig auch gut verdienende Eltern mit Kindern ziehen – die sind manchmal sogar im Filón. Am Kiekeberg 1a, ✆ 86646746, www.tapasfilon.de.

Die Strandperle – der Kulttreff am Elbstrand

Elbufer → Karten S. 226/227 und S. 232/233

Imposante Fassaden schmücken das Grindelviertel

Durchs Grindelviertel

Wer sich für studentisches und jüdisches Leben in der Elbmetropole interessiert, wird einen Abstecher ins kleine Grindelviertel genießen. Vergangenheit und Gegenwart berühren sich hier: Während man nach den Resten der einstigen Hauptsynagoge Hamburgs sucht, betritt man schon universitäres Gelände, auf dem man heute Jiddisch erlernen kann.

Das Grindelviertel, ein ehemals verlassenes Gelände, das erst 1752 von Hamburg gekauft wurde, hat sich extrem gewandelt: Vom einst jüdischen Viertel der Stadt („Klein-Jerusalem") zu Beginn des 20. Jh. ist es zum studentischen „Hauptbezirk" geworden. Dabei hat die Besiedlungsgeschichte dieses Quartiers erst nach dem Großen Brand von 1842 und der Aufhebung der Torsperre von 1860 begonnen. Während des kleinen Rundgangs stößt man auf einige der wiedereröffneten israelitischen Institutionen, auf ein alternatives Kino, drei Museen und einen Bahnhof, der als schönster Hamburgs gilt. Nebenbei bekommt man einen kleinen Überblick über die große Universität der Stadt.

Wer jetzt interessiert ist, erkundet das Grindelviertel – es liegt westlich der Außenalster und nördlich von Planten un Blomen – am besten ab der U-Bahn-Station **Hallerstraße**. Hält man sich sofort rechts, könnte man in der Hallerstraße einen „vergitterten" Blick auf das bei Tennisprofis und -fans bekannte **Sandplatzstadion am Rothenbaum** werfen. Das ATP-Turnier, das Boris Becker nie gewinnen konnte, hat seine einstige Bedeutung als „International German Open“ jedoch verloren. Über die Rothenbaumchaussee gelangt man in die **Hartungstraße**, die von weißen Jugendstil- und Gründerzeitbauten und den ziemlich attraktiven **Hamburger Kammerspielen** geprägt ist (→ S. 71).

Danach befindet man sich bereits im Herzstück des Quartiers: dem **Grindelhof**. Wer sich rechts hält, kann bei Nr. 59 in ein gut besuchtes jüdisches Café einkehren: das **Leonar** (→ S. 238). Läuft man links, trifft man bald auf die **Talmud-Tora-Realschule** (Grindelhof 30) mit ihren traurigen Stolpersteinen davor. Erst 2004 gelangte das Gebäude wieder in den Besitz der jüdischen Gemeinde. Karl Kaufmann, der mächtigste und einer der skrupellosesten Nazis Hamburgs (→ Stadtgeschichte, S. 32), hatte sich 1939 für die Schließung ausgesprochen. Seit 2007 wird in dem Gebäude endlich wieder unterrichtet.

Am sich anschließenden **Joseph-Carlebach-Platz** entdeckt man heutzutage eine klitzekleine Polizeistation. Früher stand auf dem ehemaligen Bornplatz die Hauptsynagoge Hamburgs. 1906 erbaut, konnte der stolze Kuppelbau über 1100 Gläubige fassen. 40 % der Hamburger Juden, also um die 24.000 Menschen, lebten vor dem Zweiten Weltkrieg im Grindelviertel. Seit 1987/88 schmückt ein Bodenmosaik den Platz, das dem Deckengewölbe nachempfunden ist; Margrit Kahl hat es entworfen. Während der Nazizeit musste die Gemeinde ihre Synagoge weit unter Wert an die Stadt verkaufen und zynischerweise sogar für ihren Abriss aufkommen. Zu allem Überfluss wurde auch noch ein Hochbunker auf das Gelände gestellt. Am 26. März 1942 erschossen die Schergen des KZs Jungfernhof bei Riga dann noch den Hamburger Oberrabbiner Joseph Carlebach (1883–1942) – er leitete von 1921 bis 1926 als Direktor die Talmud-Tora-Realschule – sowie seine Frau Charlotte und seine drei Töchter Ruth, Noemi und Sara. Auch die weithin bekannte Psychologin Martha Muchow (1892–1933) wurde Opfer der Nationalsozialisten, die sie in den Suizid trieben. Zwei Zitate Muchows, die sich intensiv mit der Lebenswelt von Großstadtkindern beschäftigte, sind an einer Wand vor dem Gebäude der **Fakultät für Erziehungswissenschaften, Psychologie und Bewegungswissenschaft** am Joseph-Carlebach-Platz angebracht. Seit 1960 können die ungefähr 4000 Juden, die heute wieder in Eimsbüttel wohnen, die Synagoge Hohe Weide nahe dem Isebekkanal nutzen.

Der angrenzende **Allende-Platz** mit dem alternativen Abaton-Kino (→ S. 74) ist während der Mittagszeit von Studierenden und Jungverliebten bevölkert. Leckere Snacks auf die Hand gibt’s z. B. im **Café da Gama** (→ S. 239) im Grindelhof 10. Im benachbarten Kumpirladen stehen die Leute bis auf die Straße Schlange. In der Rentzelstraße geht’s in Sachen Fast Food und Copyshops erst so richtig los – getreu dem studentischen Motto: „Was man kopiert, muss man nicht mehr lesen“ ... Hier und in der stark befahrenen Grindelallee kommt man auch ziemlich einfach an Bio-Leckereien und Bücher. Außerdem befindet sich in Nr. 18 das **Mineralogische Museum**. Von den ca. 80.000 Objekten sind ca. 1500 ausgestellt, darunter Mineralien, Edelsteine, Erze und sogar Meteoriten. Auf den zwei Stockwerken mit ihren 550 m² kann man die Naturkunstwerke in den gut ausgeleuchteten Vitrinen ansehen (Grindelallee 18, geöffnet nur Mi 15–18 Uhr und So 10–17 Uhr, Eintritt frei). Auch das **Zoologische Museum** (Martin-Luther-King-Platz 3, Di–So 10–17 Uhr, Eintritt frei) und das **Museum für Völkerkunde** (Rothenbaumchaussee 64, Di–So 11–18 Uhr, Do bis 21 Uhr, Erw. 8,50 €, erm. 4 €) befinden sich im Grindelviertel.

Bevor die Grindelallee in die Edmund-Siemers-Allee übergeht, steht an der Ecke zur Moorweidenstraße schräg gegenüber dem Congress Centrum Hamburg die „Stabi" oder **Staats- und Universitätsbibliothek Hamburg Carl von Ossietzky**, wie sie amtssprachlich korrekt heißt. Den unermüdlichen Pazifisten und Publizisten hätte es sicher gefreut, wenn er gewusst hätte, dass 45 Jahre nach seinem Tod eine ganze Bibliothek mit einem geschätzten Bestand von über 5 Mio. Druckwerken, Autografen, (E-)Zeitschriften und elektronischen Materialien nach ihm benannt werden würde; etwa 500.000 Besucher nutzen alljährlich die Lesesäle. Direkt vor der Stabi, am westlichen Zipfel des Moorweidenparks, liegt der **Platz der Jüdischen Deportierten**, eine einstige Sammelstelle, von der Tausende in die Vernichtungslager des Nazi-Regimes gekarrt wurden.

Spätestens hier steht man auf universitärem Boden. Die **Universität Hamburg** ist eine der größten Hochschulen der Republik und bietet 150 Studiengänge in acht Fakultäten an. Knapp 700 Professoren sind für über 41.000 Studierende zuständig, darunter knapp 5000 ausländische Hochschüler. Passend zum Grindelviertel kann man im germanistischen Institut sogar Jiddisch lernen. Zuletzt stand vor dem Vorlesungsgebäude („Der Forschung – Der Lehre – Der Bildung") an der Edmund-Siemers-Allee die „Hamburger Vermögens- und Schuldenuhr". Kontrastiert wird der Eurozuwachs des reichsten Zehntels der Bevölkerung mit dem Schuldenzuwachs der Stadt ... Nur so viel: Die Unterschiede sind gewaltig.

Last, not least ist der **Dammtorbahnhof** von 1903 ein Hingucker. Der Jugendstil-Hallenbau gilt als schönster Bahnhof der Stadt, manche meinen sogar Europas. Obgleich die Hamburger das seinerzeit unerhört moderne Gebäude sehr stolz als „Kaiserbahnhof" bezeichneten, spielten sie damit nicht auf den deutschen Monarchen an. Wilhelm II. kanzelte das besondere Bauwerk mit zwei Worten ab: „Ganz nett". Der starke Verkehrsfluss vor dem Haupteingang mindert jedoch das visuelle Vergnügen gewaltig. Und wer die bronzene „Reclining Figure" (1979) von Henry Moore im daneben liegenden **Moorweidenpark** nicht gesehen hat, kann ebenso entspannt weiterleben.

Wer möchte, könnte von hier aus z. B. Planten un Blomen unsicher machen oder über den Stephansplatz bis zum Jungfernstieg weiterlaufen (→ Tour 3). Alternativ gelangt man über die Heimhuder Straße mit ihren vielen frisch renovierten Villen und dem Generalkonsulat von Venezuela wieder zurück zum Ausgangspunkt. Wer eher die Außenalster (→ Tour 5) ansteuern mag, biegt einfach in eine der Seitenstraßen rechts ab.

Die neugotische **Johanniskirche** am Ende der Heimhuder Straße ist nicht so spannend – obwohl sie die Bombenangriffe im Zweiten Weltkrieg unbeschadet überstand. Wer zufällig vor Ort ist, könnte sich die 120 Jahre alten Glasfenster aus dem Künstlerkreis des Nazareners Julius Schnorr von Carolsfeld ansehen (geöffnet ist die Kirche Di–Do 10–13 Uhr, Do zusätzlich 15–18 Uhr). Glück hat derjenige, der während des großartigen **Turmweg-Flohmarkts** auf dem Kirchenvorplatz aufschlägt; manche Hamburger halten ihn für den schönsten Flohmarkt des kleinen Bundeslandes. Leider findet er nur zweimal jährlich, einmal im April und einmal im September, zwischen Mittelweg und Rotherbaumchaussee (U 1 Hallerstraße) statt. Aktuelle Infos unter www.hamburg.de/flohmarkt.

Essen & Trinken

››› Mein Tipp: Café Leonar. Obwohl das gut besuchte Café mit seinen Bücherregalen eine eindeutige Richtung vorgibt – wirklich koschere Speisen findet man nicht. Warum? Dafür müsste es eine spezielle Küche geben, erklärte mir der sympathische Service. Egal – die Angebote sind auch so

In der Talmud-Tora-Realschule wird seit 2007 wieder unterrichtet

besonders: Auf den Tisch kommen arabische Mezze (auch vegetarisch!), russischer Borschtsch oder amerikanische Bagel. Außerdem ist das Leonar für seinen Kaffee, seinen koscheren Wein, sein jüdisches Bier und das Kuchengebäck (jüdischer Apfelkuchen) ohne tierische Produkte berühmt. Frühstücken kann man bis 15 Uhr, Abendgerichte bekommt man meist bis 22.30 Uhr. Der **„Jüdische Salon"** des Hauses ist sogar so etwas wie eine kleine Institution des Grindelviertels geworden: Man feiert die israelitische Lebensart durch Lesungen und Konzerte (www.salonamgrindel.de, Eintritt 10 €). Nett: Der jüdische Humor hat es sogar bis an die Tür zur Herrentoilette geschafft ... Mo–Do 8–24 Uhr, Fr bis 1 Uhr, Sa 9–1 Uhr, So bis 22 Uhr. Grindelhof 59, ✆ 27881012, www.cafeleonar.de. «««

Café da Gama. Mit Stuckdecken, nettem iberischem Flair, einigen Magazinen und seiner schlichten und sauberen Schnell-Theke eignet sich das kleine Café gut für eine Stärkung während einer Sightseeing-Pause. Man bekommt u. a. vegane Bio-Falafel (wenn sie nicht gerade von den vielen Studenten weggekauft worden sind ...) oder ganz gute Croques – gefüllte halbe Baguettestangen; man hat die Wahl zwischen erstaunlich vielen Sorten. Die kleinen portugiesischen Pasteis de Nata („Natas") als Nachspeise sind ziemlich lecker. Die ungefähren Öffnungszeiten (die sich in diesem Viertel immer mal wieder ändern): Mo–Fr 10.30–20 Uhr, Sa 11–18 Uhr. Grindelhof 10, ✆ 41172819. ■

Balutschistan. Wenn ein pakistanisches Restaurant drei Anlaufpunkte in Hamburg hat, die allesamt in szenigen Ecken liegen (Grindelallee 91, Schulterblatt 88, Bahrenfelder Str. 169), hat das seinen Grund. Zumal die Geschmacksrichtung der gut austarierten Spezialitäten ja nicht jedermanns Sache ist. Geboten werden z. B. Dumba Tikka Masalah Karhai oder Gosht Bhendi Thali. Sie wissen nicht, was das ist? Wie gut, dass die Karte mit einem „kleinen Speisenlexikon" beginnt und sämtliche Gerichte in Übersetzung dastehen. Nur so viel: Rindfleisch- und Lammliebhaber werden glücklich, Vegetarier sowieso und auch die Geflügel- und Fischfraktion findet etwas. Und zwar zu fairen Preisen zwischen 12 und 15 €. Richtig günstig wird es Mo–Fr zwischen 12 und 17 Uhr, wo man tatsächlich für 7 € satt wird und kleine Menüs für 9 € bekommt. Ein Leser lobte überdies den freundlichen Service. Tägl. ab 12 Uhr geöffnet. ✆ 41280246, http://balutschistan-grindel.de.

Abgerockt und linksautonom zeigt sich die „Schanze" an der Roten Flora

Durchs Schanzenviertel

Gerade die Schanze ist für eine Erkundung „nebenbei" wie geschaffen. Durch keinen anderen Stadtteil kann man sich so entspannt treiben lassen – vorausgesetzt, man mag den abbröckelnden Charme des linken und alternativen Altbauquartiers an der Grenze zu St. Pauli.

Als jung, multikulturell, politisch engagiert und irgendwie anders als alles, was man sonst von Hamburg kennt, könnte man das Schanzenviertel beschreiben. So war das Quartier aber beileibe nicht immer: Im nördlich gelegenen Sternschanzenpark befand sich von 1682 bis ins 19. Jh. eine Befestigungsanlage, die – wie der Name schon vermuten lässt – sternförmig war und den heranstürmenden Dänen im 17. Jh. standhielt. Im Herzen und „Hauptquartier" der Schanze zwischen Stresemann- und Schanzenstraße sowie Max-Brauer-Allee und Altonaer Straße wurde nach dem Bau eines Bahnhofs (1866) und des Central-Schlachthofs (1892) die Arbeiterschaft ansässig. Auch Unternehmen wie Steinway & Sons (1880) oder Montblanc (1910) ließen sich in dem Bezirk nieder.

Heute ist der kleinste Stadtteil Hamburgs (ca. 0,6 km^2) nicht gerade für seine Sehenswürdigkeiten-Dichte berühmt, eher für heruntergekommene Altbauten, viele Cafés, coole Läden und Kneipen und graffitibesprühte Wände mit antifaschistischen und antikapitalistischen Slogans. Dabei staunt man manchmal, welch gegensätzliche Lebenskonzepte in dem von 7800 Bewohnern dicht besiedelten Quartier aufeinandertreffen: Während Rastas und Kapuzenpulli-Frauen mit Punkerhunden an einem vorbeilaufen, parken wenige Meter entfernt BMWs und Corvettes und die gut verdienenden Kreativen der Medienbranche (z. B. die Angestellten von Jung von Matt) unterhalten sich beim Mittagstisch lautstark über ihre neuesten Projekte. Dass die Schanzianer ziemlich stolz auf ihr lebendiges und authentisches Viertel sind, merkt man an einigen Firmennamen, die den Standort bewusst betonen: Neben dem „Schanzenschnitt" (einem Friseur) und dem Kopierladen „Schanzenblitz" existiert der „Schanzenstern": ein Hotel mit Bio-Restaurant in der Bartelsstraße 12 (→ S. 60).

Am besten beginnt man seinen Spaziergang an der U-Bahn-Station **Sternschanze** nahe dem bulligen und ehemals größten Wasserturm Europas von 1907–10 im Sternschanzenpark. Westlich des Parks liegt die Schanzenstraße mit ihrem (Programm-)**Kino 3001** (Nr. 75), von der man leicht in die Bartelsstraße einbiegen kann und direkt auf wild plakatierte, besprühte Wände und einige St.-Pauli-Fahnen trifft. Hält man sich an der querenden Susannenstraße links, gelangt man schnurstracks zum **Schulterblatt**: „Latte-Macchiato-Strich" und Hauptschlagader der Schanze. Besonders augenfällig ist hier die **Rote Flora**, ein seit 1989 besetztes Kulturzentrum der linksautonomen Szene, das immer wieder in die Medien gerät, auch wegen des unverhältnismäßig brutalen Vorgehens von Einsatzkräften bei Demonstrationen. Das angebrachte Banner sagt eigentlich alles: „Wer das kaufen will", heißt es dort, „muss Stress mögen". Man mag darüber urteilen, wie man will. Fest steht jedenfalls, dass eine neue Nutzung der „Flora" (der ein millionenschwerer Umbau vorausgehen würde) und eine Vertreibung der Hausbesetzer (die schwierig werden dürfte) den Stadtteil aufwerten und dadurch die Mieten gewaltig ansteigen ließe: ein Grund, weshalb viele Bewohner die Interessen der Besetzer teilen. Nach starken Unruhen im Winter 2014 kaufte die Stadt das Gebäude im Herbst desselben Jahres für 820.000 Euro von einem privaten Investor (der insolvent gegangen war) zurück – weswegen vorerst die Wogen wieder geglättet sind ... Schon 1987/88 gab es beträchtlichen Ärger: Damals wollte man an selber Stelle ein Musicaltheater eröffnen, ein Vorhaben, das die Schanzenbewohner kippen konnten; daraufhin wurde die sog. „Neue Flora" in Altona-Nord errichtet (→ S. 69).

Der seltsame Straßenname („Schulterblatt") geht übrigens auf ein Wal-Schulterblatt zurück, das in dieser Straße als Wirtshausschild auf sich aufmerksam machte und heute im Hamburgmuseum zu sehen ist (→ S. 146). Hier und in den angrenzenden Straßen und Sträßchen stößt man auf viele Klamotten- und Secondhandläden, auf Cafés und Restaurants, darunter auch vegetarische und vegane. Wer jetzt erst mal einen ordentlichen Koffeinschock braucht, kann im angrenzenden Straßenzug Beim Grünen Jäger im „Schlafen kannste, wenn du tot bist"-Deathpresso (Nr. 24) einkehren.

Wer allerdings am Samstag zwischen 8 und 16 Uhr unterwegs ist, sollte bis zum Neuen Pferdemarkt weiterlaufen (wo Hagenbeck 1874 seinen ersten Tierpark eröffnete), in den Neuen Kamp einbiegen und nördlich der U-Bahn-Station Feldstraße auf die „**Flohschanze**" gehen, einen sehr beliebten Flohmarkt.

Essen & Trinken

Neben den vier folgenden Lokalitäten ist das Bio-Restaurant im Hotel Schanzenstern empfehlenswert (→ S. 60).

hin & veg! Vegetarischer Schnellimbiss? Auf der Schanze ist das möglich. Dabei hören sich die Gerichte an, als würde man bei einer typischen Rollbude bestellen: Hotdog, Döner, Currywurst, Cheeseburger- und Gyrosteller … Doch keine Sorge, alles ist rein vegetarisch und auch preislich annehmbar. Kenner der vegetarischen und veganen Küche sagen jedoch, dass es im Veg Out in Ottensen (→ S. 220) noch besser schmeckt. Mo–Do 11.30–22.30 Uhr, Fr/Sa bis 24 Uhr, So 12.30–22 Uhr. Schulterblatt 16, www.hinundveg.de.

»»» **Mein Tipp: Nil.** An der Grenze zu St. Pauli kann es vorkommen, dass man trotz Reservierung warten und eine gewisse Geräuschkulisse aushalten muss. Seit 2010 ist das äußerst beliebte Restaurant im Michelin erwähnt, außerdem in zahlreichen anderen Gourmet- und Restaurantführern. Ein Vier-Gänge-Menü erhält man für 42 €, ein „Kleines Menü" für maximal 29 €. Wer einfach nur ein Hauptgericht möchte (z. B. Loup de Mer mit geschmorten Kirschtomaten oder Coq au vin blanc mit krossem Speck), legt dafür um die 20 € hin. Schwarze Polstersessel, eine schöne 70er-Jahre-Treppe führt auf eine Galerie, außerdem Souterrain und Sommergarten. Seit 2006 unterstützt das Nil die Slow-Food-Bewegung. Mi–Mo 18–22.30 Uhr, im Dezember ist auch Di geöffnet. Neuer Pferdemarkt 5, ✆ 4397823, www.restaurant-nil.de. «««

Erika's Eck. Geschlossen ist eigentlich nur zwischen 14 und 17 Uhr und an Wochenenden und Feiertagen zwischen 9 und 17 Uhr. In den anderen „Zeitzonen" kann man sich restlos sattessen, was Otto, Johannes Mario Simmel oder Udo Lindenberg auch schon getan haben. Sehr beliebt sind die großen Schnitzelportionen um die 12 €. Da das Eck im einstigen Schlachterviertel mit der authentischen Einrichtung inzwischen so etwas wie ein Kulttipp ist – auch einheimische Nachtschwärmer verirren sich in die nicht gerade vegetarierkonforme Örtlichkeit –, sollte man unbedingt reservieren. Wie es allerdings immer ist, mit solchen „Geheimtipps": Alle sind nie zufrieden und manche Hamburger finden den grundehrlichen Laden auch überschätzt … Sternstr. 98, ✆ 433545, www.erikas-eck.de.

»»» **Mein Tipp: Herr Max.** Vintage, Vintage! Oder anders: Ein sehr stimmungsvolles,

Entspannt, entspannt

weil wunderbar aus der Zeit gefallenes und trotzdem cooles Café befindet sich direkt auf dem „Latte-Macchiato-Strich", vulgo: Schulterblatt. Das einstige Milchgeschäft von 1905 glänzt mit Kacheln aus ebenjener längst vergangenen Zeit und natürlich mit einer Apfeltarte mit selbstkreierter Vanillesoße, einem Mohn-Limonenkuchen mit Kirschen, einem „granatengeilen" (ja, das ist Schanzeslang!) kanadischen Käsekuchen, aber auch glutenfreien Buchweizen- und Haselnussböden. Und von den Torten und Tartes war noch gar nicht die Rede ... Tägl. 10–21 Uhr. Schulterblatt 12, ✆ 69219951, www.herrmax.de. «

Nachtleben

Mobile Blues Club. Vier umgebaute Zirkuswagen sind in Hamburger Stadtvierteln unterwegs, um eine mobile Bühne für Künstler und Musiker zu bieten, die noch am Anfang stehen oder ganz einfach Freude an Hutspenden und freien Drinks haben. Das heißt aber nicht, dass das Programm nicht gut wäre: Bluesig und jazzig geht es an zahlreichen Freitag- und Samstagabenden ab 21 Uhr zu, doch auch Singer-Songwriter, Hiphopper und handfeste Rocker haben sich hierher schon „verirrt". Bezahlbares Bier, Hochprozentiges, aber auch alkoholfreie Getränke erhält man an der Bar und kann es sich im Garten vor dem größten der Wagen, ein ausgebauter LKW-Auflieger, bequem machen. Oder man sitzt im Inneren: auf einem Ohrenbackensessel, auf Sitzkissen, am Holzofen. Eintritt frei! Schulterblatt 102/Ecke Max-Brauer-Allee, ✆ 0176-63717196, www.mobile-blues-club.de.

Durch Eppendorf

Eppendorf ist etwas ganz Besonderes im Vergleich zum stellenweise verödeten Stadtkern Hamburgs. Die gut erhaltene Architektur aus der Kaiserzeit passt hervorragend zum grandiosen Isemarkt und der schönen Kaffeerösterei Burg, beides kleine Highlights für Urlauber, die etwas mehr Zeit in der Stadt an der Elbe verbringen.

„Wenn Sie's schön haben wollen, steigen Sie hier aus", schallt es aus den Lautsprechern der U 3 bei der Haltestelle Eppendorfer Baum; Jan Delay hat die Ansage als kleine Werbung für diesen gewachsenen und eleganten Stadtteil auf Band gesprochen.

Einen Besuch dieses Viertels in Hamburg-Nord mit seinen vorzeigbaren bürgerlichen Stadthäusern und Geschossbauten aus der Kaiserzeit würde ich vor allem an Dienstagen oder Freitagen empfehlen. Zwischen 8.30 und 14 Uhr findet nämlich einer der Höhepunkte des von Weltkriegsschäden verschont gebliebenen „Örtchens" statt: der **Isemarkt** (Hunde und Fahrräder sind verboten). Da sich die Standbesitzer unter der U-Bahn-Trasse gegenüber der Haltestelle Eppendorfer Baum eingerichtet haben, darf das Wetter sogar ziemlich hamburgisch sein. Neben Vierländer Blumen kann man hier Obst und Gemüse aus dem Alten Land, Wurst- und Fleischwaren aus eigener Herstellung (bisweilen in Bio- und Demeter-Qualität) oder Exotisches wie Spargel-Marmelade und geflochtene Taschen aus Wasserhyazinthen erstehen. Jede Menge Möglichkeiten zu Kaffee- und Snackpausen gibt es natürlich auch. Während des Marktbesuchs lohnt es sich, einen Blick auf die grandiosen Jugendstilgebäude (erbaut 1905–12) zu beiden Seiten der **Isestraße** zu werfen.

Der Markt selbst zieht sich bis zur nächsten U-Bahn-Station, der Hoheluftbrücke. Da sich die Stände nach etwa zwei Dritteln der Marktlänge, also ungefähr ab der Klosterallee, mehr oder weniger wiederholen, wäre alternativ auch ein Abstecher zur **Kaffeerösterei Burg** möglich (Eppendorfer Weg 252, Mo–Fr 8–19 Uhr, Sa 9–18 Uhr). Dafür überquert man den Isebekkanal und gelangt über den Falkenried in den rechts abzweigenden Eppendorfer Weg. Der gelernte Kaffeekaufmann und Kaffeetester Jens Burg („Kaffee ist nur gefährlich, wenn mir ein Sack auf den Kopf fällt.“) führt den vollgestopften Laden von 1923 jetzt schon in vierter Generation. Besonders angenehm ist es auf seiner „Kaffeeplantage“ im Hinterhof, wo jeder Vorbeiziehende zwischen Mai und Oktober ein kostenloses Koffeingetränk und ein Stück Butterkuchen bekommt. Man sitzt neben einigen Zitronenbäumchen und Kaffeepflanzen und sogar einen Mini-Sandkasten und ein Set zum Malen für die Kleinen gibt es. Die Spenden für Speis und Trank gehen an Hinz & Kunzt, die Hamburger Obdachlosenzeitung. Ein kleines, etwas rumpeliges **Kaffeemuseum** (z. B. historische Kaffeedosen und -mühlen) existiert im ersten Stock, außerdem eine Bibliothek zum Thema mit 800 Bänden. Auch im Inneren dieser koffeingeschwängerten, kleinen Goldgrube geht es sehr entspannt und nostalgisch zu. Man kann wählen zwischen feinen Schokoladen und Marmeladen, einigen Büchern und vielen Tees und findet überhaupt gute Mitbringsel. Natürlich wird auch das Substrat des Hauses angeboten: Kaffee, und zwar 75 – auch aromatisierte – Sorten. Obwohl es mir ziemlich gut gefallen hat, war der Laden einer Leserin zu „proppevoll mit Gedöns“ und auch der Besitzer zeigte sich „eher genervt“.

Noch ein paar Sätze zur Eppendorfer Historie und zu einigen Sehenswürdigkeiten: Erstmals erwähnt wurde der heute 2,7 km^2 kleine Stadtteil, in dem inzwischen nahezu 24.000 Menschen leben, im Jahr 1140. Eine der ältesten Kirchen im heutigen Stadtgebiet ist **St. Johannis** (Ludolfstr. 66, Mo–Fr 10.30–12.30 Uhr und 15.30–17.30 Uhr, So 15–17 Uhr). Ihr klobiger Rundturm aus Findlingen reicht wahrscheinlich bis ins Jahr 1200 zurück und dürfte ein Wehrturm gewesen sein; heute wird in dem Gotteshaus gerne geheiratet. 1871 mauserte sich Eppendorf zum Hamburger Vorort, 1894 wurde es eingemeindet. Binnen 80 Jahren stiegen die Einwohnerzahlen rasant, vor allem aufgrund der Umgestaltung von Hamburgs Stadtkern in ein Büroviertel, was die Außenbezirke der Metropole attraktiver mach-

Der Isemarkt ist der schönste Wochenmarkt Hamburgs

te. Waren es 1841 gerade mal 1400 Menschen, die hier lebten, sollten es 1925 erstaunliche 85.948 Einwohner werden. Während im Norden des Stadtteils 1889 das Allgemeine Krankenhaus eröffnete (heute Universitätsklinikum Hamburg-Eppendorf) und ein Arbeiterquartier entstand, ging es im südlichen Teil wesentlich repräsentativer zu: Die typischen Hamburger Stadthäuser mit Hochparterre und Beletage schossen aus dem Boden – und blieben erhalten, da der Zweite Weltkrieg woanders wütete.

Apropos Arbeiterquartier: In der Tarpenbekstraße 66 lebte **Ernst Thälmann** (1886–1944). Dort, wo der Widerstandskämpfer 1933 verhaftet wurde – er war zehn Jahre zuvor mit einem kommunistischen Putschversuch in Hamburg gescheitert, der 78 Tote zur Folge hatte –, befindet sich heute eine **Gedenkstätte** mit Ausstellung (Mo 14–18 Uhr, Di–Do und Sa 10–13 Uhr, Fr 10–17 Uhr; da ehrenamtlich gearbeitet wird, können die Öffnungszeiten nicht immer eingehalten werden, weshalb eine Nachfrage unter ✆ 474184 sinnvoll ist). **Wolfgang Borcherts Geburtshaus** steht einige Meter weiter (Nr. 82). Ein Auszug aus Borcherts beeindruckendem politischem Statement „Dann gibt es nur eins!“ – das gleichzeitig auch sein letztes Werk werden sollte – befindet sich seit 1984 neben der Friedenseiche am Eppendorfer Marktplatz.

Essen & Trinken

Chez Bernard. Im etwas feineren Eppendorf darf es ruhig ein französisches Lokal der etwas feineren Sorte sein. Während meines Besuchs standen z. B. mit Comté gerösteter weißer Spargel oder halbroh gegrillte Thunfischmedaillons zu je 17 € auf der Tageskarte. Spezialitäten, die es wirklich nur hier gibt, sind die mit Cognac flambierten Kalbsnieren in Senf oder ein „Tartare Frites“ vom „mageren“ argentinischen Rind zu einigen Euro mehr. Die Auswahl ist gut und die Gäste sind meist zufrieden. Dank der Weinkarte holt man zudem den Südwesten Frankreichs nach Hamburg. Di–So 18–24 Uhr. Eppendorfer Landstr. 10, ✆ 46773227, www.chezbernard-restaurant.de.

Der Kaffeeröster Jens Burg

››› Mein Tipp: Dionysos. Zwar schon in Eimsbüttel, doch immerhin noch im Eppendorfer Weg wartet ein ägäisches Restaurant, das es in sich hat und jeden Vergleich mit den handelsüblichen „Griechen“ scheuen muss. Weshalb? Hier schmeckt es einfach viel besser, weil die Gerichte raffinierter zubereitet sind. Das fängt bereits mit den Vorspeisen an, mit denen man schon einen Abend bestreiten könnte (sofern man genügend bestellt). Vier Beispiele: Schnitzel vom Schweinefilet und Ruccola-Pesto (6,50 €), Kalbsleber vom Grill auf orientalischem Salat (ca. 7 €), Feta-Saganaki in Filo-Teig mit Früchtekompott (ca. 5 €) oder Oktopus vom Grill mit dem Zusatz „so einfach, so lecker“ (ca. 7 €). Doch auch die Hauptgerichte wie gekonnt zubereiteter Fisch und nicht minder auf der Zunge zergehendes Fleisch sind zu loben, kosten allerdings zwischen 17 und 23 € (wobei es Ausreißer nach oben und unten gibt). Lassen Sie sich überraschen – und: reservieren Sie! Mo–Fr 12–15 Uhr (Mittagstisch) und 17.30–23 Uhr, Sa nur abends. Eppendorfer Weg 67, ✆ 498800, www.dionysos-hamburg.de. ‹‹‹

Multimedial auf dem allerneuesten Stand: BallinStadt auf der Veddel

Ziele außerhalb des Zentrums

Wer bei einem längeren Aufenthalt in der Stadt noch Zeit hat, sich über die innerstädtischen Grenzen hinauszubewegen, findet fünf weitere Anlaufpunkte, die schlichtweg dazugehören zu einem Besuch an der Elbe. Zur Auflockerung des Sightseeingprogramms bietet sich v. a. für Familien mit Kindern ein Besuch des weitläufigen Tierparks Hagenbeck im Hamburger Norden an (sofern man akzeptiert, dass dieses Vergnügen nicht ganz günstig ist). Eine Auszeit von der großstädtischen Betriebsamkeit kann man sich auch auf dem Ohlsdorfer Friedhof, dem größten Parkfriedhof des Planeten, oder der folkloristisch anmutenden Schiffsbegrüßungsstelle Willkomm Höft nehmen. Wer sich für die Geschichte Hamburgs als eine der wichtigsten Auswandererstädte im 19. und 20. Jh. interessiert, wird auf unterhaltsame und vielschichtige Weise im 2007 eröffneten Auswanderermuseum BallinStadt unterhalten. Mit einem wesentlich dunkleren Kapitel der Hamburger Geschichte ist man bei einem Besuch des KZs Neuengamme konfrontiert, wo 55.000 Inhaftierte unter menschenverachtenden Bedingungen starben.

Tierpark Hagenbeck

Alles begann mit sechs Seehunden auf dem Spielbudenplatz (heute St. Pauli). 1848 hatte sie der Aal- und Störhändler Gottfried Claes Carl Hagenbeck von Finkenwerder Fischern als Beifang erhalten – und den Einfall, sie in einem Waschzuber auszustellen. Sein Jahre später am Spielbudenplatz gegründetes Tierhandelsgeschäft wurde 1866 vom ältesten Sohn, **Carl Hagenbeck** (1844–1913), übernommen. Er baute das einstige Ein-Mann-Unternehmen mithilfe professioneller Tierfänger, die für Menagerien und Zirkusse auf Großwildjagd gingen, zum weltweit größten Tierhandelshaus aus und verlegte es unter dem Namen „Carl Hagenbecks Thierpark" an den Neuen Pferdemarkt, die heutige Schanze. Nach der Eröffnung eines eigenen Zirkus (1887) experimentierte Carl Hagenbeck als Erster mit der „zahmen Dressur" (= gewaltfreie Dressur, die die natürlichen Reaktionen der Tiere berücksichtigt) und gitterlosen Gehegen, die er sich 1896 patentieren ließ. 1907 eröffnete er in Stellingen (heute Eimsbüttel) als Weltneuheit den ersten gitterfreien Zoo überhaupt, wo Tiere in Gehegen leben konnten, die ihrem natürlichen Lebensraum nachempfunden waren – und wo die Zuschauer eine freie Sicht genossen.

Auch heute noch ist der Tierpark Hagenbeck eine Institution und so bekannt wie die Weltmetropole, in der er steht. Auf 25 sehr publikumswirksam gestalteten Hektar Gesamtfläche – allein 8 Hektar groß sind die Freianlagen – kann man auf insgesamt 7 km langen Wegen an „Klassikern" wie Elefanten, Zebras, Giraffen oder Raubtieren vorbeischlendern. Zum 100-jährigen Jubiläum entstand ein beeindruckendes **Tropen-Aquarium** mit knapp 14.300 Tieren aus annähernd 300 Arten. Wer es besuchen möchte, sollte dafür etwa zwei Stunden extra einplanen und bedenken, dass Kinderwagen nicht mit hineingenommen werden dürfen. Ein Besuchermagnet ist auch das neu gestaltete, mehr als 8000 m² große **Eismeer-Areal**, das 21 Mio. Euro gekostet hat.

Für die kleinen und kleinsten Besucher gibt es u. a. ein **Streichelgehege** mit Zwerg- und Owambo-Ziegen (frisches Obst und Gemüse kann verfüttert werden), **Pony-Reiten** auf Shetland-Ponys (2 €, bis 35 kg) und eine **Märchenbahn** (2 €).

Der letzte sich in Privatbesitz befindende und unter Denkmalschutz stehende Großzoo der Republik wird derzeit in siebter Generation von Friederike Hagenbeck und Stephan Hering-Hagenbeck geführt. Ca. 41.000 Euro kostet die Unterhaltung der Anlage täglich, sodass in sorgenvollen Jahren manchmal die Stadt einspringen muss, die genau weiß, was sie an ihrem Vorzeige-Tierpark hat.

Schade nur, dass man nicht mutig genug ist, im Tierpark selbst oder wenigstens auf der Website ein wenig genauer über die „großen Völkerschauen" zu informieren (→ Kasten S. 248), bei denen den Zoobesuchern der deutschen Kaiserzeit „exotische" Menschen präsentiert wurden: ein Einfall eines mit Hagenbeck befreundeten Malers, weil der weltweite Tierhandel nicht mehr die großen Gewinne abwarf ...

Lokstedter Grenzstr. 2, U 2 Hagenbecks Tierpark, ✆ 5300330, www.hagenbeck.de. Ende Okt. bis Ende Febr. 9–16.30 Uhr, März bis Ende Juni bis 18 Uhr, Juli bis Ende Aug. bis 19 Uhr, Sept. bis Ende Okt. bis 18 Uhr, an Heiligabend und Silvester bis 13 Uhr. Tropen-Aquarium tägl. 9–18 Uhr, an Heiligabend und Silvester bis 13 Uhr. Das Eismeer-Areal schließt 30 Min. vor den regulären Öffnungszeiten. Erw. 20 €, Kinder (4–16 J.) 15 €, Familienkarte (2 Erw. + 2 Kinder) 60 €, bei drei Kindern 70 €. Tropen-Aquarium zusätzlich: Erw. 14 €, Kinder (4–16 J.) 10 €, Familienkarte (2 Erw. + 2 Kinder) 43 €, bei drei Kindern 49 €. Auch Kombikarten (Tierpark und Tropen-Aquarium) sind möglich.

Infos zu **Fütterungszeiten** an den Gehegen oder auf der Website. Unter „Tierpark/Tiere" werden dort auch die aktuellen **Tierbabys** vorgestellt, und man erhält eine Übersicht aller Zootiere vom Achilles-Doktorfisch bis zur Zylinderrose (Stichwort „Datenbank").

Besuchermagnet Eismeer-Areal

Hagenbecks Völkerschauen. Oder: Der Menschenzoo

In Stadtgeschichten und selbst im Stadtlexikon liest man nur eingeschränkt oder überhaupt nichts davon, dass Carl Hagenbeck zwischen 1875 und 1913 auch Menschen in 54 sog. Völkerschauen ausstellte und mit ihnen auf Europatournee ging, eine „Tradition", die seine Söhne Heinrich und Lorenz bis 1931 fortführten. Der Hamburger Geschäftsmann wusste die Sensationslust der Bürger und ihren Wunsch nach Abgrenzung gegenüber anderen Völkern in großem Stil zu bündeln. In der Zeit von Kolonialismus und Karl-May-Bewunderung war man von der „europäischen Überlegenheit" gegenüber „halbzivilisierten" oder „unzivilisierten" Ethnien überzeugt, was sich später auch andere Aussteller wie z. B. Ludwig Ruhe oder Carl und Heinrich Reiche zunutze machten. Die ausgestellten „Wilden" – meist waren es Afrikaner und (Südost-)Asiaten, aber auch Samen, Inuit, Feuerländer und Indianer – wurden bisweilen unter falschen Versprechungen angeworben und für das lukrative Spektakel häufig unanständig gering entlohnt. Dabei gab es auch Todesfälle unter den „lebenden Exponaten": So starben 1880 acht Inuit, darunter auch Kinder, an Pocken, gegen die man sie nicht geimpft hatte. Obgleich sich Kommerzienrat Hagenbeck sehr besorgt zeigte, holte er bereits zwei Wochen später fünf Feuerländer, die ihrerseits an Schwindsucht, Masern und Lungenentzündung zugrunde gingen. Dass die meisten der nach Hamburg transportierten Menschen vom Bahnhof bis zum Tierpark werbewirksam geleitet wurden, in Vorführungen brüllen und mit den Augen rollen mussten und es gerne gesehen war, wenn sie während ihrer „Gefangenschaft" heirateten oder Kinder zur Welt brachten und ihre Körperlichkeit zur Schau stellten, verfestigte Klischees und Stereotypen, die später die Nationalsozialisten für ihre Propaganda gebrauchen konnten; eine seltsame Ironie der Geschichte bleibt es, dass ausgerechnet sie diese Völkerschauen verboten, weil sie keinen Schwarzen auf einer Bühne sehen wollten ... Der Mediziner Rudolf Virchow vermaß einige Jahrzehnte zuvor sogar die von Hagenbeck ausgestellten „Exoten", um die Entwicklungsgeschichte des Menschengeschlechts zu erklären.

Immerhin wurden die hinter Zäunen, vor Kulissen, in Zirkussen und „Eingeborenendörfern" vorgeführten Menschen ärztlich betreut und nach Erfüllung des Kontraktes häufig in ihre Heimatländer zurückgesandt. Dass Hagenbeck für solche Völkerschauen die Ehrenmitgliedschaft einer anthropologischen Gesellschaft angetragen wurde (die er selbstverständlich auch annahm), sagt viel über die westeuropäische Gesinnung im ausgehenden 19. Jh. aus. Zumal die Inszenierungen höchst profitabel für den Tierpark- und Zirkusdirektor waren: Eine Wild-West-Show mit Sioux aus South Dakota besuchten an die 1,1 Mio. zahlende Zuschauer. Zudem versorgte der unbedingte Unternehmer und „Menschenfreund" (O-Ton Hagenbeck über Hagenbeck) die kaiserlichen Truppen während eines Kolonialkrieges mit 2000 Dromedaren.

Joachim Ringelnatz kommentierte die Praktiken des Mannes, der sich gerne mit einem Löwen abfotografieren ließ und dessen Südseemädchen er als Schüler selbst anhimmelte, in einem zwanzigzeiligen Gedicht. Schon der Anfang sagt eigentlich alles: „Hilfe Hagenbeck kommt an, / Rette sich wer irgend kann."

Ohlsdorfer Friedhof

Ziemlich eigen erzählt Samuel Beckett von einem Besuch des Ohlsdorfer Friedhofs in seiner Erzählung „Erste Liebe“ (1945): „Es war im Dezember, ich habe nie so arg gefroren, die Aalsuppe war mir nicht bekommen, ich hatte Angst vor dem Tod, ich blieb stehen, um mich zu übergeben [...].“ Keine Sorge, wer die ausladende Begräbnisstätte in den warmen Monaten besucht, wird einen sonnendurchfluteten Park erleben, der alle düster-depressiven Gedanken sehr schnell vertreibt. Lang ist die Liste prominenter Hamburger, die es auf diesen Ehrenfriedhof geschafft haben. Der frühromantische Maler Philipp Otto Runge, der Heinrich-Heine-Verleger Julius Campe, der Dramatiker Friedrich Hebbel, der Theaterkritiker und Stilist Alfred Kerr („Ich habe das Leben sehr geliebt, aber beendet, als es zur Qual wurde.“), die weltbekannten Physiker Heinrich und Gustav Hertz, der Schauspieler und Vorzeige-Hamburger Hans Albers, der Essayist und Romancier Hans Erich Nossack, der umstrittene Schauspieler und Theaterregisseur Gustaf Gründgens, das Komiker-Urgestein Heinz Erhardt und der Kriegsheimkehrer Wolfgang Borchert (→ Kasten S. 250), um nur die berühmtesten zu nennen. Auch der erste Friedhofsdirektor Wilhelm Cordes, der dem Gelände seine neoromantische Gestalt gab, ist hier begraben.

Wer möchte, kann mit einem der alle zwanzig Minuten verkehrenden Busse (Linie 170 oder 270) durch den Park fahren. Sie steuern jedoch lediglich die Kapellen und Kolumbarien (= oberirdische Bauwerke für Urnen) an. Die verschlungenen, versteckten Schönheiten entdeckt man besser zu Fuß. Das **Beratungszentrum** (Eingang Fuhlsbüttler Straße, Mo–Do 9–16 Uhr, Fr 9–15 Uhr) bietet dafür die kostenlose Broschüre „Reizvolle Spaziergänge über den Ohlsdorfer Friedhof“ an; der dort beschriebene ca. einstündige Spaziergang „Nordteich und Stiller Weg“ (ca. 1 km) führt beispielsweise zur **Grabstätte der Hagenbecks** und zum gewaltigen **Mausoleum** des „Tankerkönigs“ **Wilhelm Anton Riedemann**, das der Geschäftspartner von Rockefeller für seine verstorbene 19-jährige Tochter Sophie errichten ließ.

Einer von zahlreichen Prominenten

Ein kleines und kostenloses **Museum** (Mo, Do und So 10–14 Uhr) in der Nähe des Beratungszentrums beschäftigt sich, ein wenig verstaubt, mit Friedhofskultur und Denkmalpflege. Zu sehen sind viele Texttafeln und einige Exponate, z. B. ein silbernes Aschenbesteck aus dem Alten Krematorium (1892), und es geht um die Berühmtheiten, die hier begraben sind.

Fazit: Wer Friedhöfe spannend findet, sollte schon einen Blick riskieren. Es handelt sich immerhin um die vielleicht schönste Begräbnisstätte der Welt und um den **größten Parkfriedhof** des Planeten. In nüchternen Zahlen ausgedrückt: 391 ha Fläche, ca. 235.000

Grabstellen, 17 km Straßennetz, mehr als 36.000 Bäume, bislang um die 1,4 Mio. Bestattungen und bis zu 2 Mio. Besucher jährlich. 1877, im Jahr der Werftgründung von Blohm & Voss, eröffnete das spirituelle Gelände, das inzwischen mit Straßennamen und 22 Bushaltestellen versehen ist. 2012 hat die konfessionsoffene Ruhestätte gar den Bestattungen.de-Award gewonnen, worauf man stolz auf der Website hinweist ...

Haupteingang Fuhlsbüttler Str. 756, S 1/U 1 Ohlsdorf, www.friedhof-hamburg.de (sehr gute Internetseite mit einem Verzeichnis aller Prominenten, die hier begraben sind). April–Okt. 8–21 Uhr, Nov.–März 8–18 Uhr (Öffnung und Schließung der Tore). Einen ausführlichen Friedhofsführer bietet die Edition Temmen für 14,90 € an. Zahlreiche Themenführungen (z. B. „Bürgermeister und hanseatische Persönlichkeiten"), aber auch die „Ohlsdorfer Märchenspaziergänge", eine Fahrradführung oder ein literarischer Spaziergang werden in der weitläufigen Anlage veranstaltet. Wer sich informieren möchte, findet sämtliche Infos zu Anmeldung, Treffpunkt und Teilnahmegebühr auf der Website unter Service/Führungen & Veranstaltungen.

Das unsterbliche Leben der Toten

Das letzte Wort zum Ohlsdorfer Friedhof hat selbstverständlich Wolfgang Borchert, der genau dort begraben ist. „Hamburg! Das sind die tropischen tollen Bäume, Büsche und Blumen des Mammutfriedhofes, dieses vögeldurchjubelten gepflegtesten Urwaldes der Welt, in dem die Toten ihren Tod verträumen und ihren ganzen Tod hindurch von den Möwen, den Mädchen, Masten und Mauern, den Maiabenden und Meerwinden phantasieren. Das ist kein karger militärischer Bauernfriedhof, wo die Toten (in Reih und Glied und in Ligusterhecken gezwungen, mit Primeln und Rosenstöcken wie mit Orden besteckt) auf die Lebenden aufpassen und teilnehmen müssen an dem Schweiß und dem Schrei der Arbeitenden und Gebärenden – ach, die können ihren Tod nicht genießen! Aber in Ohlsdorf – da schwatzen die Toten, die unsterblichen Toten, vom unsterblichen Leben! Denn die Toten vergessen das Leben nicht – und sie können die Stadt, ihre Stadt, nicht vergessen!" (Hamburg, Heimat am Strom, Verlag Hamburgische Bücherei, 1946)

Willkomm Höft

Nicht jedermanns Fall, aber auf jeden Fall ein Klassiker unter den touristischen Zielen Hamburgs: die Schiffsbegrüßungsstelle Willkomm Höft in Wedel. Hier kann man vom Schulauer Fährhaus (s. u.) oder einfach von einer der in Steinnischen eingelassenen Holzbänke aus die vorbeiziehenden Containerfrachter beobachten, die sich von oder nach Hamburg durch die Wassermassen der Elbe wälzen. Ein ächzender, rumpelnder Steg führt auf einen bei Schiffsverkehr ziemlich schwankenden Ponton. In weiter Ferne sieht man die Hafenanlagen der großen Stadt. Die Besonderheit dieser Einrichtung am breiten Fluss: Wann immer einer der dicken Pötte vorüberzieht, wird die Hamburger Flagge „gedippt" (d. h. automatisch herabgezogen). Ein Begrüßungskapitän gibt per Lautsprecher einige Infos zum Schiff (z. B. zu Bauart, Maßen, Reiseroute, Eigner), und die jeweilige Nationalhymne ertönt. Das alles findet seit 1952 statt. Über 150 Begrüßungstexte und Hymnen in der Landessprache sind dafür verfasst und aufgenommen worden, außerdem existieren mehr als 17.000 Karteikarten zu Schiffen und Schiffstypen. Um die 30 dieser wuchtigen Wellenteiler passieren das Schulauer Fährhaus täglich.

Wer möchte, kann noch einen Teil des Höhenweges entlanggehen, am kleinen, nicht immer sauberen Uferstrand zu-

Ein Klassiker: die Schiffsbegrüßungsanlage in Wedel

rücklaufen und sich abschließend noch ein Mittag- oder Abendessen (oder einfach Kaffee und Kuchen) im Schulauer Fährhaus gönnen. Frisch renoviert, wirkt das ehemals so traditionelle Restaurant allerdings etwas steril, Massengastronomie eben (was es allerdings auch schon vorher war). Die tendenziell ältere Klientel erfreut sich dennoch an der Kulinarik, wenngleich die Preise ziemlich touristisch sind. Das Buddelschiffmuseum im Keller hat sich mit der Renovierung verabschiedet – schade! Unbedingt zu loben ist dafür der nette und schnelle Service. Und der Ausblick, der gerade bei Sonnenuntergang sehr entspannend wirkt. Für viele Hamburger kommt ein Ausflug zur Schiffsbegrüßungsanlage Willkomm Höft einem Nostalgiebesuch ihrer Kindheit gleich.

Übrigens: Von Brücke 2 der Landungsbrücken kann man von Anfang April bis Anfang Oktober an Samstagen, Sonntagen und Feiertagen in einer Stunde hierher schippern. Für die Hin- und Rückfahrt zahlen Erwachsene 30 €, Kinder (4–15 J.) 15 €.

Schulauer Fährhaus, Parnaßstr. 29, S 1 Wedel, dann Bus 189 Elbstraße, ✆ 04103-92000, www.schulauer-faehrhaus.de. Tägl. 11–23 Uhr.

BallinStadt – Auswandererwelt Hamburg

Das Geschäft mit den Auswanderern, also das Geschäft mit der Sehnsucht, war schon immer ein gewinnbringendes – zumindest für diejenigen, die die Emigration organisierten. Für die Auswanderer selbst (die man vor der Abreise noch erheblich erleichterte, → Kasten S. 253) erfüllte sich der Traum vom sorgenfreien Leben in der neuen Heimat nur selten. Seit 2007 widmet sich das Erlebnismuseum BallinStadt auf vielschichtige und kritische Weise diesem für Hamburg so bedeutenden Thema; nach Bremerhaven war die Elbmetropole eines der wichtigsten Zentren für Emigranten aus ganz Europa.

Das Museum präsentiert sich in drei Gebäuden – und zwar genau dort, wo alles stattfand: in den einstigen Auswandererhallen der damals weltgrößten Reederei HAPAG auf der Veddel. Vor allem Haus 2 und 3 sind sehr anschaulich gestaltet; so sehr, dass man sich zunächst an den überbordenden Einsatz von Multimedia gewöhnen muss ... Nichtsdestotrotz, man erfährt auf sehr unterhaltsame Weise sehr viel über Ursachen und Hintergründe der Emigration. Besonders gelungen sind die authentisch erzählten **Monologe von acht Auswanderern**, die zu Beginn und am Ende dieser (Museums-)Reise zu hören sind. Das „Leben im Zwischendeck" wird in **Haus 2** nachgestellt. Auf einem **„Ship of Dreams"** kann man z. B. einen Blick in die kargen Holzkajüten werfen, in denen die Passagiere die meiste Zeit der Überfahrt zubringen mussten, denn bis 1870 durften die Passagiere nur zwei Stunden täglich an Deck gehen, und das auch nur, wenn die Wetterlage entsprechend günstig war. Kinder können an anderer Stelle durch ein enges Bullauge schlüpfen und in einem kleinen Kämmerchen Probe liegen. Der dritte Abschnitt der Hauptausstellung erzählt, wieder anhand vieler Hörstationen, Bildschirme und originaler Utensilien, sehr plastisch von der Neuen Welt. Ebenfalls schön: ein spezielles **Auswanderer-Quiz** für Kinder und Jugendliche, bei dem spielerisch Wissen vermittelt wird, mit Fragen, die auch Erwachsenen einiges abverlangen; die Chipkarte dafür erhält man an der Rezeption.

Last, not least ist auch **Haus 3** ganz auf Erlebnispädagogik gepolt. Hier dreht sich alles um die Auswanderungshallen selbst: Wie wurden die Emigranten empfangen? Wie gestaltete sich das – übrigens kostspielige – Leben in der Warteschleife? Unter anderem sieht man sogar eine **Rekonstruktion des großen Schlafsaals** und kann nach Familienmitgliedern suchen, die einst über Hamburg ausgewandert sind.

Der Eintrittspreis von 12,50 € für einen Erwachsenen ist nicht ganz gering. Doch der Unterhaltungs- und Erkenntniswert sucht seinesgleichen.

Veddeler Bogen 2, S 3/31 Veddel, ✆ 31979160, www.ballinstadt.de. April–Okt. 10–18 Uhr, Nov.–März bis 16.30 Uhr. Erw. 12,50 €, erm. 10 €, Kinder (5–12 J.) 7 €, Familienkarte (2 Erw. + 2 Kinder) 26 €. Restaurant und ein Museumsshop in Haus 3. Wer auf dem Wasserweg herkommen mag: Die Maritime Circle Line hält auf der Veddel vor dem Museum → Tour 1 („Hafenrundfahrt"), S. 102.

Die Träume der Auswanderer entpuppten sich oft als Luftblasen

Auswanderung aus Hamburg – der Umsatz mit den (unerfüllten) Träumen

Besonders beliebt waren sie nie: die (europäischen) Auswanderer in Hamburg. Das Geld, das sie brachten, allerdings schon. Viele Logierhäuser und Privatpensionen buhlten um die Emigranten, die sich nicht selten über Gebühr lange in der teuren Hafenstadt aufhalten mussten und sich dabei ruinierten – der Schiffsverkehr war zu Beginn des 19. Jh. noch sehr unregelmäßig. 1892 hatte HAPAG die ersten Auswandererbaracken am Großen Grasbrook außerhalb der Stadt erbauen lassen (ausgerechnet dort, wo heute das Kreuzfahrtterminal steht), ab 1901 hielten sich die Emigranten auf der Veddel auf (→ BallinStadt).

Was gerne vergessen wird: Die Auswanderung von ca. 5 Mio. Europäern war von mehreren Regierungen durchaus gewollt. So ließ sich die soziale Frage (= Verelendung der Arbeiter und Bauern) wunderbar nach Amerika verlagern (nur zehn bis zwanzig Prozent der Emigranten flüchteten nach Kanada oder Australien). Auch ca. 2,7 Mio. osteuropäische Juden sahen in der Emigration den einzigen Ausweg, Pogromen und Ausgrenzung zu entgehen. Da sie keinen preußischen Boden betreten sollten, transportierte man sie – schon damals, wenn auch einigermaßen freiwillig – in Güterzügen.

Längst nicht alle Auswanderer erreichten ihr Ziel. Nach Schätzungen starben zu Beginn der ersten Emigrationswelle von 1830 bis 1840 zwischen 7000 und 8000 Menschen bei Schiffbrüchen und während der Überfahrt. Die Überfahrt selbst muss man sich im Rückblick eher als eine mit Sklaventransporten vergleichbare „Tortour“ denn als angenehme Schiffsreise vorstellen. Obwohl die Emigranten nicht selten ihren kompletten Besitz für ein Ticket verhökert hatten, erwarteten sie an Bord der Schiffe u. a. katastrophale hygienische Zustände im Zwischen- und Unterdeck, die von den Agenten der großen Reedereien verschleiert wurden. Als besonders skrupelloser Profiteur gebärdete sich der Hamburger Reeder Henry Brarens Sloman. Zeitzeugen beschrieben diese sechs- bis achtwöchigen Seereisen als „wahre Hölle“ und „Menschenstall“, während er wie selbstverständlich zum Millionär aufstieg.

Erst Albert Ballin (1857–1918), Sohn eines Auswanderer-Agenten und späterer Generaldirektor der HAPAG, begriff, dass die zahlenden Passagiere kein Stückgut, sondern Kunden waren, um die man sich an Bord kümmern musste (z. B. durch ausreichende Verpflegung und einen Arzt für Notfälle). Die technischen Neuerungen zu Beginn des 20. Jh. waren ebenfalls ausschlaggebend für eine Verbesserung der Reisebedingungen – und machten Hamburg zum größten Auswandererhafen Deutschlands und Ballin zu einem der erfolgreichsten Geschäftsmänner der Kaiserzeit. Zwischen 1905 und 1912 schaffte man eine Atlantiküberquerung auf den neuesten Schnelldampfern in sechs bis zehn Tagen.

Am Ziel ihrer Träume angelangt, halbwegs bei Kräften oder extrem ausgezehrt, begann für die Auswanderer mit dem Blick auf die Lady Liberty eine ungewisse Zukunft mit ganz anderen, ganz neuen Schwierigkeiten.

Konzentrationslager Neuengamme

„Und hier war einst ein KZ", lautete das stumme Graffito von 1995 (!) an einer Gefängnismauer der Justizvollzugsanstalt Vierlande. Wie lange der Stadtstaat brauchte, dieses ehemalige und vielfach verdrängte Konzentrationslager zu einer Gedenkstätte zu machen, zeigt schon das Datum seiner Eröffnung: der 4. Mai 2005. Zwar existierte seit 1953 eine Gedenksäule, seit 1965 ein Mahnmal, seit 1981 gab es ein Ausstellungsgebäude und auch die Zufahrtsstraße war seit 1986 als Jean-Dolidier-Weg nach einem Überlebenden des KZs benannt. Trotzdem gehörten Teile der verklinkerten Riesenanlage bis 2006 zum bundesrepublikanischen Strafvollzug. Bei Nieselregen und verhangenem Himmel wirkt alles noch bedrückender, als es ohnehin schon ist. Das Einzige, was denn erfreut: die tiefschürfende und sehr sensible Aufarbeitung des für Hamburg so lange so schwierigen Themas (siehe auch Meßberghof, S. 169).

Gegenüber den mit Steinen aufgefüllten Umrissen der Häftlingsbaracken befindet sich das zweistöckige **Informationszentrum** mit seiner modern und medial gehaltenen Haupt- und Dauerausstellung „Zeitspuren: Das Konzentrationslager Neuengamme 1938–1945 und seine Nachgeschichte". Es bietet sich an, sich zunächst einen Überblick mittels des im Obergeschoss gezeigten 20-minütigen Films zu verschaffen, in dem u. a. erschütternde Bleistiftzeichnungen von Überlebenden zu sehen sind. Man erfährt, dass das südöstlich von Bergedorf gelegene Neuengamme seit 1938 ein Außenlager von Sachsenhausen und seit Frühsommer 1940 ein Konzentrations- und Vernichtungslager mit 87 eigenen Außenlagern war – in dem ca. 106.000 Menschen körperlich ausgebeutet und seelisch zerrüttet wurden und ca. 55.000 Gefangene unter menschenverachtenden Bedingungen starben. Die Inhaftierten aus mehr als 20 Ländern, darunter auch viele Frauen, Jugendliche und Kinder, mussten u. a. für die Arbeit in Rüstungsfirmen und zur Trümmerbeseitigung nach alliierten

Seit 2005 wird die Vergangenheit vorbildlich aufgearbeitet: KZ Neuengamme

Überleben als Widerstand, Kunst half

Luftangriffen zur Verfügung stehen. Bis zu 500 SS-Leute bewachten und beaufsichtigten die 10- bis 12-stündige Zwangsarbeit, die medizinischen Versuche, die Vergasung und die Lagerkapelle, die bei Erhängungen aufspielen musste.

Besonders wichtig und auch beeindruckend sind die aufschlussreichen Opfer- und Augenzeugenberichte ehemaliger Gefangener. So ist z. B. von einer über alle Schrecknisse hinweg entstandenen Liebesbeziehung zwischen zwei Gefangenen zu lesen, die über die Befreiung hinaus anhielt und aus der später sogar Kinder hervorgingen. Die vielen Text- und Info-Tafeln, aber auch Filme und Hörstationen mit Originalstimmen in den zahlreichen Gebäudetrakten des einstigen Häftlingsblocks beschäftigen sich z. B. mit Themen wie „Alltag und Arbeit", „Selbstbehauptung, Kultur, Widerstand" (Überleben galt bei den Gefangenen als eine Form des Widerstands!), „Vernichtung und Tod" oder „Weiterleben nach der Befreiung".

Im Audioguide, der die ca. 25 Stationen des **Außengeländes** mit weiteren Ausstellungen abdeckt, kann man zwischen vier Touren wählen und erfährt wissenswerte Hintergründe, u. a. zur Verschleierungstaktik der SS nach Kriegsende sowie zur Cap-Arcona- und zur Thielbek-Katastrophe; sogar die Hamburger Firmen werden genannt, die das Krematorium gebaut haben.

Im **Haus des Gedenkens** kann man per Computer nach Familienmitgliedern suchen, die in Neuengamme gefangen waren.

Jean-Dolidier-Weg 75, S 2/21 Bergedorf, dann Bus 327 oder 227, ✆ 428131500, www.kz-gedenkstaette-neuengamme.de. Mo–Fr 9.30–16 Uhr, Sa/So und Feiertage April–Sept. 12–19 Uhr, Okt.–März 12–17 Uhr, 24.12., 25.12., 31.12. und 1.1. geschlossen. Eintritt frei. Audioguide 2 €. So 12 und 14.30 Uhr (mit Ausnahme der letzten beiden Sonntage im Jahr) kostenlose Führungen des Arbeitskreises kirchliche Gedenkstättenarbeit (Spenden erwünscht); Treffpunkt Plattenhaus, Nähe Klinkerwerk. Einen aktuellen Veranstaltungskalender zu besonderen Führungen und Bootstouren sowie Sonderausstellungen findet man online. Büchertische und Cafeteria im Informationszentrum.

NOTIZEN

Register

Die (in Klammern gesetzten) Koordinaten verweisen auf die beigefügte Hamburg-Karte.

STRANDGUTFISCHER
MAGNET-
BRETTER
FABRIK+
KAUFLADEN

Kolonialwaren
JEVER
TOYOTA

Über den Autor

Matthias Kröner, 1977 in Nürnberg geboren, lebt und arbeitet seit 2007 als Autor, Journalist, Redakteur und Kolumnist in der Nähe von Lübeck. Diverse Veröffentlichungen, u. a. in mare, ZEIT ONLINE, Geo Saison, ÖKOTEST, spiegel online sowie bei ars vivendi und Rowohlt. Für den Michael Müller Verlag verfasste er die Reiseführer „Lübeck MM-City" und „Hamburg MM-City". Matthias Kröner erhielt sieben Literaturpreise für Prosa und Lyrik und schreibt regelmäßig fürs Feiertags-Feuilleton des Bayerischen Rundfunks. 2014 erschien sein Erzählband „Junger Hund. Ausbrüche und Revolten" (Stories & Friends Verlag). Weitere Informationen im Internet unter www.fair-gefischt.de.

ISBN 978-3-95654-235-0

 Druck: Phoenix Print GmbH, Würzburg.

myclimate
Protect our planet

Klimaschutz geht uns alle an.

Der Michael Müller Verlag verweist in seinen Reiseführern auf Betriebe, die regionale und nachhaltig erzeugte Produkte bevorzugen. Ab Januar 2015 gehen wir noch einen großen Schritt weiter und produzieren unsere Bücher klimaneutral. Dies bedeutet: Alle Treibhausgasemissionen, die bei der Produktion der Bücher entstehen, werden durch die Ausgleichszahlung an ein Klimaprojekt von myclimate kompensiert.

Plan Vivo
Carbon management and rural livelihoods

Der Michael Müller Verlag unterstützt das Projekt »Kommunales Wiederaufforsten in Nicaragua«. Bis Ende 2016 wird der Verlag in einem 7 ha großen Gebiet (entspricht ca. 10 Fußballfeldern) die Wiederaufforstung ermöglichen. Dadurch werden nicht nur dauerhaft über 2.000 t CO_2 gebunden. Vielmehr werden auch die Lebensbedingungen der lokalen Bevölkerung deutlich verbessert.

In diesem Projekt arbeiten kleinbäuerliche Familien zusammen und forsten ungenutzte Teile ihres Landes wieder auf. Eine vergrößerte Waldfläche wird Wasser durch die trockene Jahreszeit speichern und Überschwemmungen in der Regenzeit minimieren. Bodenerosion wird vorgebeugt, die Erde bleibt fruchtbarer. Mehr über das Projekt unter **www.myclimate.org**

myclimate ist einer der weltweit führenden Anbieter im Bereich der freiwilligen CO_2-Kompensation. myclimate Klimaschutzprojekte erfüllen höchste Qualitätsstandards und vermeiden Treibhausgase, indem fossile Treibstoffe durch alternative Energiequellen ersetzt werden. Das Projekt »Kommunales Wiederaufforsten in Nicaragua« ist zertifiziert von Plan Vivo, einer gemeinnützigen Stiftung, die schon seit über 20 Jahren im Bereich Walderhalt und Wiederaufforstung tätig ist und für höchste Qualitätsstandards sorgt.

www.michael-mueller-verlag.de/klima

myclimate
neutral
Drucksache

MetroBusse / Metro Buses

Stand / Date of issue: 14.12.2014

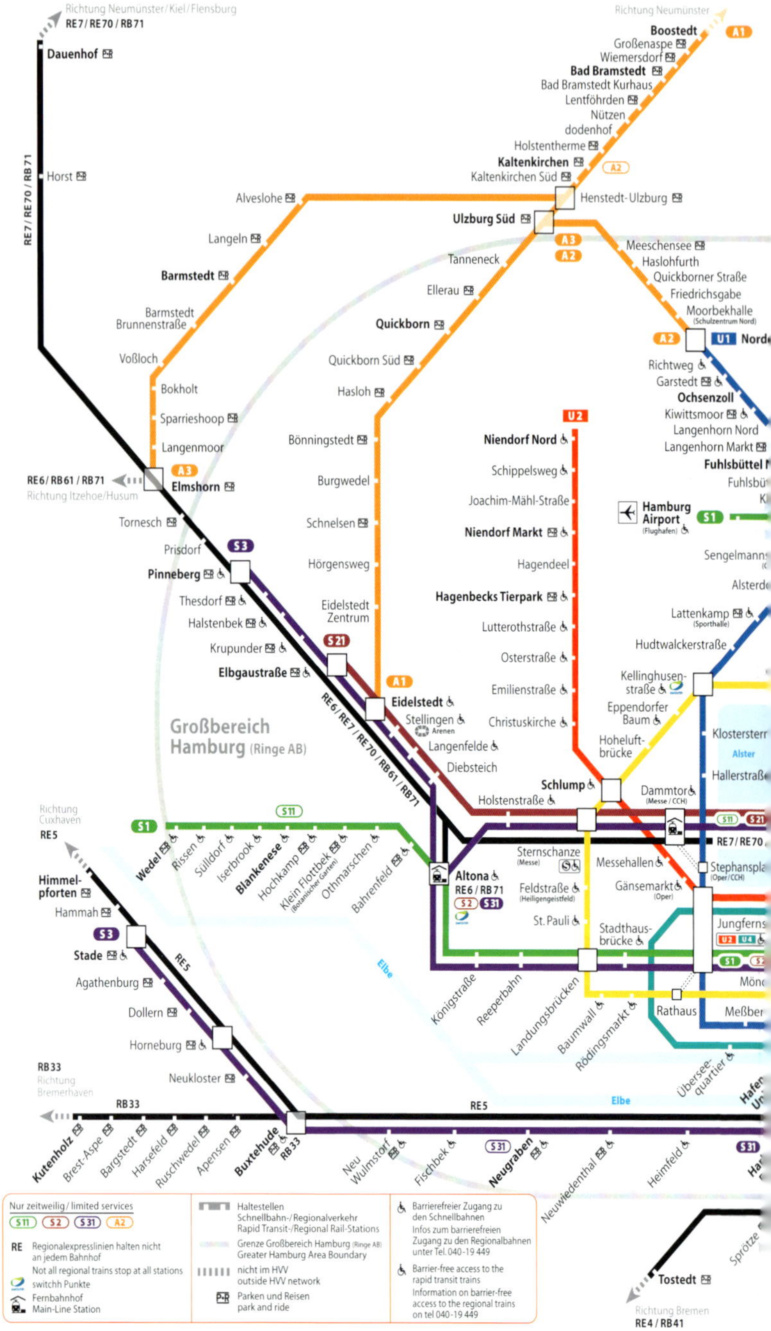
Richtung Neumünster/Kiel/Flensburg
RE7/RE70/RB71
Dauenhof
RE7/RE70/RB71
Horst
Richtung Neumünster
Boostedt
A1
Großenaspe
Wiemersdorf
Bad Bramstedt
Bad Bramstedt Kurhaus
Lentföhrden
Nützen
dodenhof
Holstentherme
Kaltenkirchen
A2
Kaltenkirchen Süd
Alveslohe
Henstedt-Ulzburg
Ulzburg Süd
Langeln
A3
A2
Tanneneck
Meeschensee
Haslohfurth
Barmstedt
Ellerau
Quickborner Straße
Friedrichsgabe
Barmstedt Brunnenstraße
Quickborn
Moorbekhalle
(Schulzentrum Nord)
A2
U1
Voßloch
Quickborn Süd
Richtweg
Garstedt
Bokholt
Hasloh
Ochsenzoll
Kiwittsmoor
Sparrieshoop
U2
Langenhorn Nord
Niendorf Nord
Bönningstedt
Langenhorn Markt
Langenmoor
Fuhlsbüttel
A3
Schippelsweg
RE6/RB61/RB71
Elmshorn
Burgwedel
Richtung Itzehoe/Husum
Joachim-Mähl-Straße
Hamburg Airport
(Flughafen)
S1
Tornesch
Schnelsen
Niendorf Markt
S3
Prisdorf
Hörgensweg
Hagendeel
Pinneberg
Thesdorf
Hagenbecks Tierpark
Eidelstedt Zentrum
Halstenbek
Lutterothstraße
Lattenkamp
(Sporthalle)
S21
Krupunder
Hudtwalckerstraße
Osterstraße
Elbgaustraße
A1
Kellinghusenstraße
Emilienstraße
Eidelstedt
Eppendorfer Baum
Stellingen
Arenen
Christuskirche
Großbereich Hamburg (Ringe AB)
Langenfelde
Hoheluftbrücke
Alster
Hallerstraße
RE6/RE7/RE70/RB61/RB71
Diebsteich
Schlump
Dammtor
(Messe / CCH)
Holstenstraße
Richtung Cuxhaven
RE5
S1
S11
S11
S21
Wedel
Rissen
Sülldorf
Iserbrook
Blankenese
Hochkamp
Klein Flottbek
(Botanischer Garten)
Othmarschen
Bahrenfeld
RE7/RE70
Sternschanze
(Messe)
Messehallen
Stephansplatz
(Oper/CCH)
Himmelpforten
Altona
RE6/RB71
S2
S31
Feldstraße
(Heiligengeistfeld)
Gänsemarkt
(Oper)
Hammah
St. Pauli
Jungfernstieg
Stadthausbrücke
U2
U4
S3
Stade
RE5
Elbe
S1
S2
Agathenburg
Königstraße
Reeperbahn
Landungsbrücken
Baumwall
Rödingsmarkt
Rathaus
Meßberg
Dollern
Horneburg
Überseequartier
RB33
Richtung Bremerhaven
Neukloster
Elbe
RB33
RE5
Kutenholz
Brest-Aspe
Bargstedt
Harsefeld
Ruschwedel
Apensen
Buxtehude
RB33
Neu Wulmstorf
Fischbek
S31
Neugraben
Neuwiedenthal
Heimfeld
S31
Nur zeitweilig/limited services
S11
S2
S31
A2
RE Regionalexpresslinien halten nicht an jedem Bahnhof
Not all regional trains stop at all stations
switchh Punkte
Fernbahnhof
Main-Line Station
Haltestellen Schnellbahn-/Regionalverkehr
Rapid Transit-/Regional Rail-Stations
Grenze Großbereich Hamburg (Ringe AB)
Greater Hamburg Area Boundary
nicht im HVV
outside HVV network
Parken und Reisen
park and ride
Barrierefreier Zugang zu den Schnellbahnen
Infos zum barrierefreien Zugang zu den Regionalbahnen unter Tel. 040-19 449
Barrier-free access to the rapid transit trains
Information on barrier-free access to the regional trains on tel 040-19 449
Tostedt
Richtung Bremen
RE4/RB41

Schnellbahn-/Regionalverkehr
Rapid Transit/Regional Rail

U S A R HVV

Information · Fahrpläne | Timetables · Service

www.hvv.de

040-19 449

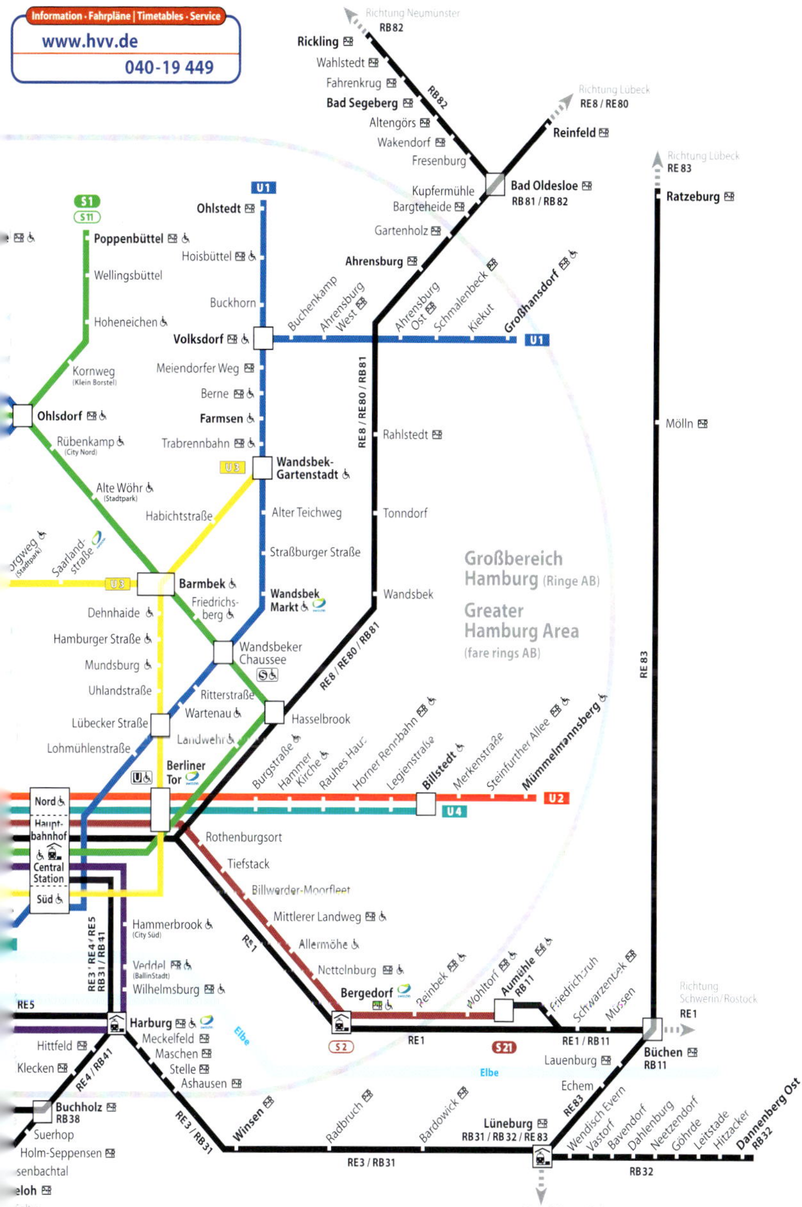

Stand: 14.12.2014 © HVV

Pressestimmen

»Dem gebürtigen Franken (und Wahl-Lübecker) Matthias Kröner gelingt es, die Metropole in ihrer ganzen Vielfalt (und Widersprüchlichkeit) derart fachkundig, historisch packend und detailverliebt vorzustellen, dass die Leser – wenn sie (der Statistik entsprechend) die üblichen zwei Tage für ihren Hamburg-Törn einplanen – in schwere Zeitnöte kommen dürften.«

HNA – Hessische/Niedersächsische Allgemeine, Gisela Busch

»Es sind die immer gleichen Superlative in Hamburg-Reiseführern, deren inflationärer Gebrauch einem die Lektüre vergällt. Dass es auch ohne Klischees geht, beweist dieses Buch.«

FAZ

»Noch ein Reiseführer über Hamburg? Ja! Und was für einer! Dem Autor ist mit diesem Werk ein so hervorragender – nämlich informativer und vor allem auch unterhaltsamer – Hamburg-Begleiter gelungen, dass ich ihn einfach vorstellen muss. [...] Dabei weicht dieser Reiseführer wohltuend von dem üblichen, d. h. meist trocken-sachlich gehaltenen Angebot ab: Er ist nicht nur ausgesprochen informativ, sondern auch sehr unterhaltsam – manchmal sogar richtig spannend – und enthält zahlreiche persönliche Ratschläge: z. B. im Sinne eines ›Lieber-Nicht‹, ›Vorsicht Abzocke‹, zu Umgangston und -form von Angestellten, der Behandlung Einzelreisender, Bekleidungstipps.«

The Huffington Post, Annette Traks

»Sehenswertes auch abseits der Klassiker.«

Merian

»Reiseführerperle. Verlässliche Informationen unterhaltsam und kurzweilig verpackt erwarten einen hier. [...] Dabei werden auch Dinge wie die Gentrifizierung in St. Pauli und die explodierenden Kosten für die sündhaft teure Elbphilharmonie nicht verschwiegen. [...] Ein sehr gelungener Reiseführer, vollgepackt mit Infos, in dem für jeden was dabei ist – für alternativ bis hochkulturell Interessierte.«

rezensionen.ch, Florian Englert

»Die Faszination des Autors für die Stadt ist in den kurzen, aber informativen Texten deutlich zu spüren. Ergänzt mit Bildern und kleinen Karten, wird schon beim Durchblättern die Stadt lebendig. Ein klar strukturierter, handlicher Führer, der bei keiner Hamburg-Reise fehlen sollte.«

buchprofile, Tina Schröder

»Neben jeder Menge Bilder, Übersichtskarten, Plänen und Verkehrsnetzen schildert der Autor alles, was man über Hamburg wissen muss und sehen kann. [...] Jede einzelne Tour wird in einem eigenen Kapitel sehr ausführlich beschrieben. Das Buch dient so als perfekter Guide für die nächste Reise nach Hamburg.«

Passauer Neue Presse, Karin Polz

»Sie meinen, Sie kennen Hamburg? Dann lassen Sie sich von dem neuen Städteführer von Matthias Kröner auf einen der sieben ausgeklügelten Spaziergänge mitnehmen, die Sie nicht nur zu den Top-Sehenswürdigkeiten geleiten werden, sondern auch zu den versteckten Orten, die diese Stadt so liebenswert machen. [...] Nebenbei wagt Kröner auch einen kritischen Blick auf die Hafenstadt, so auch auf die Gentrifizierung in St. Pauli und St. Georg oder die Völkerschauen bei Hagenbeck.«

Quadrat – Das Kulturmagazin über das Leben in Lüneburg, Natascha Mester

»Als Einwohner wird man [...] betriebsblind. Deshalb lohnt sich der Erwerb dieses Buches auch für den Einheimischen. Selbst der intime Kenner der Hansestadt wird hier noch viel Neues über Geschichte, Sehenswürdigkeiten und das kulturelle Leben erfahren. Und darüber hinaus kann er sich darüber kaputtlachen, wie viel Kohle Besucher für eine Unterkunft hinblättern müssen. Wenn der Autor bloß nicht verraten würde, wie es auch preisgünstig geht, diese Petze! [...] Hamburg, auch als Buch meine Perle!«

Trendjournal, André Wesche

»Der mir hier vorliegende Begleiter in Buchform ist auf eine besondere Art verfasst. Sie ist sehr persönlich und auf unaufdringliche Weise emotional. Diese Tatsache macht auch die Empfehlungen bestimmter Hotels und Pensionen so glaubhaft und nachvollziehbar.«

Fotografische Reisen und Wanderungen, ein Blog, Elke Bitzer